FENOMENOLOGIA E TEOLOGIA EM HEIDEGGER

Luís Gabriel Provinciatto

FENOMENOLOGIA E TEOLOGIA EM HEIDEGGER

EDITORA
IDEIAS&
LETRAS

1ª impressão

Avenida São Gabriel, 495
Conjunto 42 - 4º andar
Jardim Paulista – São Paulo/SP
Cep: 01435-001
Televendas: 0800 777 6004
vendas@ideiaseletras.com.br
www.ideiaseletras.com.br

Dados Internacionais de Catalogação na Publicação (CIP) de acordo com o ISBD

P969f Provinciatto, Luís Gabriel

Fenomenologia e teologia em Heidegger / Luís Gabriel Provinciatto. – São Paulo : Ideias & Letras, 2023.

336 p. ; 16cm x 23cm.

Inclui bibliografia.

ISBN: 978-65-87295-54-1

1. Filosofia. 2. Fenomenologia. 3. Teologia. 4. Heidegger. I. Título.

2023-1391 CDD 142.7
CDU 165

Elaborado por Vagner Rodolfo da Silva - CRB-8/9410
Índice para catálogo sistemático:

1. Filosofia : Fenomenologia 142.7
2. Filosofia : Fenomenologia 165

Para a tão amada Eloisa, por sua paciência e sabedoria.

E para a Rita, o Agnaldo e a Dona Lena, pelo sempre incondicional apoio.

AGRADECIMENTOS

Agradeço especialmente aos professores Paulo Afonso e Irene, que viram esta obra ser gestada, acompanharam-na de perto e me honraram com a primeira leitura deste livro.

À Eloisa, minha esposa, que esteve sempre presente, mesmo a um Oceano Atlântico de distância, e foi paciente com essa minha jornada.

À Laiz, a irmã que a vida me deu, por ter me ensinado que quando uma mulher se mexe, tudo ao seu redor se agita, tudo muda.

À minha mãe, Rita de Cássia, ao meu pai, Luís Agnaldo, e à minha avó, Dona Lena, por terem sonhado junto a mim e, em certas vezes, custeado algumas daquelas aventuras doutorais, os livros, todos os módulos do curso de alemão no Goethe-Institut etc.

Ao meu amigo Renato, por ter despertado em mim o interesse pela filosofia heideggeriana e por ser, desde 2012, companheiro de caminhada.

Ao Diego e à Deborah, pela gentileza de sempre se preocuparem e se atentarem comigo de diferentes maneiras.

À Editora Ideias e Letras e, em especial, ao Pe. Edvaldo por ter incentivado e apoiado pessoalmente essa publicação.

Entscheidend ist nicht, die einmal gewonnenen Wege in der Endlosigkeit doch zu Ende gehe zu wollen, sondern je wieder einen neuen Weg einzuschlagen.

"Decisivo não é querer trilhar infinitamente, mas até o fim, os caminhos uma vez conquistados. Decisivo é a cada vez se enveredar em um novo caminho."

Martin Heidegger (*Einleitung in die Philosophie*, 2001, p. 24)

Sumário

Lista de abreviaturas

AGS – *Aus einem Gespräch von der Sprache: zwischen einem Japaner und einem Fragenden* (1953/1954)

AN – *Augustinus und der Neuplatonismus* (1921)

BH – *Brief über den Humanismus* (1946)

BwBH – *Briefwechsel zwischen Bultmann und Heidegger* (1925-1975)

BwHB – *Briefwechsel zwischen Heidegger und Blochmann* (1918-1969)

BwHL – *Briefwechsel zwischen Heidegger und Löwith* (1919-1973)

Conf. – *Confissões*

EPR – *Einleitung in die Phänomenologie der Religion* (1920/1921)

EWiM – *Einleitung zu »Was ist Metaphysik?«* (1949)

FT – *Die Frage nach der Technik* (1953)

KnS – *Kriegsnotsemester: die Idee der Philosophie und das Weltanschauungsproblem* (1919)

MWP – *Mein Weg in die Phänomenologie* (1963)

NB – *Natorp Bericht* (1922)

PGM – *Die philosophischen Grundlagen der mittelalterlichen Mystik* (1918/1919)

PuT – *Phänomenologie und Theologie* (1927)

SA – *Der Spruch des Anaximander* (1946)

SuZ – *Sein und Zeit* (1927)

VWG – *Vom Wesen des Grundes* (1929)

WiM – *Was ist Metaphysik?* (1929)

Lista das obras de Heidegger utilizadas

GA 2 – Sein und Zeit

GA 3 – Kant und das Problem der Metaphysik

GA 5 – Holzwege

GA 7 – Vorträge und Aufsätze

GA 9 – Wegmarken

GA 10 – Der Satz vom Grund

GA 12 – Unterwegs zur Sprache

GA 14 – Zur Sache des Denkens

GA 15 – Seminare

GA 17 – Einführung in die phänomenologische Forschung

GA 19 – Platon: Sophistes

GA 20 – Prolegomena zur Geschichte des Zeitbegriffs

GA 21 – Logik. Die Frage nach der Wahrheit

GA 22 – Grundbegriffe der antiken Philosophie

GA 23 – Geschichte der Philosophie von Thomas von Aquin bis Kant

GA 24 – Die Grundprobleme der Phänomenologie

GA 25 – Phänomenologische Interpretation von Kants Kritik der reinen Vernunft

GA 26 – Metaphysische Anfangsgründe der Logik im Ausgang von Leibniz

GA 27 – Einleitung in die Philosophie

GA 32 – Hegels Phänomenologie des Geistes

GA 40 – Einführung in die Metaphysik

GA 56/57 – Zur Bestimmung der Philosophie

GA 58 – Grundprobleme der Phänomenologie

GA 59 – Phänomenologie der Anschauung uns des Ausdrucks. Theorie der philosophischen Begriffsbildung

GA 60 – Phänomenologie des religiösen Lebens

GA 61 – Phänomenologische Interpretationen zu Aristoteles. Einführung in die phänomenologische Forschung

GA 62 – Phänomenologische Interpretation ausgewählter Abhandlungen des Aristoteles zu Ontologie und Logik.

GA 63 – Ontologie. Hermeneutik der Faktizität

GA 64 – Der Begriff der Zeit

GA 66 – Besinnung

GA 79 – Bremer und Freiburger Vorträge

GA 80.1 – Vorträge. Teil 1: 1915 bis 1932

PREFÁCIO

Para uma fenomenologia do ser-crente: a experiência religiosa à luz heideggeriana

Prefaciar uma obra tão coesa, fluida, refletida e profunda sobre um tema tanto filosófico quanto existencial é uma tarefa gostosa e desafiante. É gostosa porque dá gosto seguir um discurso tão claro, coerente e corajoso, que não evita os escolhos nem contorna as dificuldades das línguas em diálogo, permitindo saborear os seus sabores e dissabores. Mas é também desafiante, pois o tema, aparentemente tão acadêmico, é sobretudo humano, demasiado humano. É um tema que arranca a leitura do pano de fundo disciplinar, que une interdisciplinarmente a filosofia e a teologia, para trazê-la ao vivido, onde tudo se confunde na radicalidade da experiência temporal, na sua duplicidade ôntico-ontológica.

Este primeiro livro do Luís Gabriel Provinciatto nasceu da sua tese de doutoramento sobre Heidegger. Esta, surgida de uma inquietude pessoal, trouxe-o num percurso singular que começou em Campinas e o levou a Juiz de Fora. Levou-o também, com igual força lançado, à tranquila cidade de Évora, com um oceano de permeio, facilmente vencido. Entre Évora e Lisboa foi crescendo o conhecimento da língua alemã, sem a qual o enfrentamento com os textos heideggerianos não teria podido frutificar tão plenamente. Para quem – como é o meu caso – defende a incontornabilidade da experiência linguística no jogo hermenêutico e na análise fenomenológica do discurso articulador da compreensão, foi uma experiência prazerosa assistir ao crescente domínio da língua original do texto que motivou esse trabalho, assim como assistir, em paralelo a esse domínio, à outrossim crescente expertise dos conceitos heideggerianos e do horizonte do seu surgir formal. Esse horizonte se converteu em um desenho da situação hermenêutica heideggeriana, em 1927, e da sua mudança com a posterioridade. Sem se modificar no seu cerne – limpidamente presente desde o primeiro encontro, no meu gabinete do Colégio do Espírito Santo em Évora –, a interpretação do Autor foi ganhando riqueza, amplitude e segurança. As conversas, assim como as viagens, foram abrindo terrenos adjacentes, alguns até mais longínquos, na exploração dos caminhos heideggerianos: os caminhos dos que se perdem, pensando, na floresta, e assim a descobrem; os caminhos dos que atravessam o campo e desfrutam, pensando, da região de encontro – uma região que se desenha ou que se desencobre ao andar –; e os caminhos daqueles que se encobrem para além das paredes e janelas, que a súbita invasão da pandemia transformou em fronteira.

Em Évora, o estudo do método fenomenológico heideggeriano se aclarou na passagem pela experiência de Hegel e no contraste com a sua *Fenomenologia do Espírito*. Outrossim, aclarou-se no enfoque aletheiológico da época da tecnologia enquanto fenômeno planetário, ou no que pode significar *pensar* como ofício de mãos e como gesto de acolhimento do que se dá, à maneira de um recinto sagrado, aberto como um *cromlech* à aurora do dia mais longo. E a conversa de Heidegger consigo mesmo – a que dedicamos dois dias intensos de Seminário Permanente no Conventinho da Mitra, em amigável convivência do grupo heideggeriano português – ajuda a compreender o que ele quer dizer, recolhendo essas idas e voltas, que caracterizam e marcam o(s) seu(s) caminho(s) polissemicamente. Tudo isso – e uma breve passagem por Madri – se interpôs entre os eixos estritos da filosofia e da teologia, no projeto do Luís Gabriel Provinciatto e na acuidade da sua análise da conferência de 1927, *Fenomenologia e Teologia*, em suas versões publicadas, cuidadosamente tratadas nesse livro. É uma história rica, como a vida das ideias que constituem o aí-ser e o seu ser espaço de jogo do tempo, de todos, e de cada um. Em especial, é uma história de um feliz encontro transatlântico que, com esse trabalho notável, enriqueceu a Universidade de Évora para além da sua origem, criando laços acadêmicos e de amizade que nasceram e cresceram com ele, e que decerto perdurarão para além dele. Porque o pensar – que dá forma à compreensão afetiva articulando-a dialogicamente – une.

Por outro lado, nesses tempos nossos, em que assistimos tão habitualmente à manifestação invasiva da opinião pretensamente avalizada, segundo a qual a fenomenologia é uma corrente filosófica ultrapassada com prazo de validade caducado, o esforço investigativo desenvolvido nessa obra revela toda a sua potência e fecundidade metódicas. E realiza isso pela via da Ontologia Fundamental, que funda o contributo da conferência heideggeriana em análise. A coerência do percurso fenomenológico do filósofo alemão, levando a hermenêutica da facticidade do ser-crente à sua radicação no fundo ontológico da voz da consciência e do cuidado, álgido de angústia, mas aberto à dádiva, consegue desse modo mostrar e instituir a possibilidade da ciência positiva como teologia cristã. O rigor da análise e da argumentação, partindo das bases textuais e do diálogo com autores secundários numa bela exibição do estado da arte nesse campo de pesquisa, permite esperar que esse trabalho possa contribuir também, com renovado entusiasmo, para a defesa da importância e atualidade da fenomenologia, não como uma antiguidade histórico-filosófica, mas sim como um método de investigação do ser-no-mundo, fecundo nas suas diferentes modalidades e correlações.

Do meu ponto de vista, só posso, pois, recomendar a leitura desse excelente trabalho. E recomendo que se fique atento ao que, no futuro, possa dar continuidade a esse projeto, quer pela via expressa de uma "fenomenologia da religião *a partir de* Heidegger", como diz o Autor, quer pura e simplesmente como modo de pensar filosoficamente tudo quanto continua a nos dar o que pensar. Atenta fico. Valerá a pena, com certeza.

Entre Évora e Lisboa, em Domingo de Ramos, 2 de abril de 2023.

Irene Borges-Duarte

INTRODUÇÃO

Quantas coisas podem ser – e são – ditas no âmbito de uma conferência? Porém, quantas também não deixam de ser ditas, mas estão ali pressupostas? E deixam de ser ditas também por questões triviais, como o tempo de duração de uma conferência, o prévio interesse do público e o humor do conferencista. Mais fundamentalmente, muitas coisas deixam de ser ditas porque, para expô-las, seria necessário estar *pari passu* com o todo do próprio pensamento, ciente senão de todos, pelo menos de boa parte dos seus pressupostos, das suas implicações, dos seus desdobramentos etc. Uma conferência oferece muito mais *indicações* sobre a forma do pensar, sobre o que é pensado e sobre quem pensa do que um todo já acabado. Enfim, talvez um dos seus principais propósitos seja de fato fazer um convite aos interlocutores para seguirem alguns passos. Sumariamente, *Fenomenologia e teologia em Heidegger* é uma obra sobre uma conferência, ou seja: o que aqui se encontrará é a tentativa de seguir alguns passos para reconstruir um caminho – ora *ex-posto*, ora *su-posto* pelo filósofo alemão Martin Heidegger.

A conferência aqui em voga é intitulada *Fenomenologia e teologia* e foi ministrada por Heidegger em Tübingen, em 1927, e repetida em Marburgo, em 1928. Nessa conferência expõe-se a seguinte tese: a teologia é uma ciência ôntico-positiva, radicalmente distinta da filosofia, a ciência ontológico-transcendental por excelência. Também é proposta nessa conferência uma relação entre uma e outra, estrita à cientificidade, nos moldes de uma correção ontológica do conteúdo ôntico dos conceitos teológico-fundamentais. Essa relação, no entanto, implica o fato de que, para Heidegger, o filosofar e o ser-crente (*Gläubigkeit*) são distintos e radicalmente opostos modos de ser do ser-aí (*Dasein*), o que mostra que a conferência não trabalha exclusivamente com uma única gramática, que assume filosofia e teologia somente como ciências, mas sim também com outra, que fala de filosofia e fé como modos de ser.

Fenomenologia e teologia está dividida em duas partes, respectivamente intituladas: *A ciência não-filosófica como ciência positiva e a filosofia como ciência transcendental*; e *A positividade da teologia e sua relação com a fenomenologia*. A primeira parte dá as diretrizes gerais que, na segunda, são especificadas de acordo com a positividade e a cientificidade próprias da teologia cristã. No entanto, até 2016, o que se tinha à disposição na *Edição Integral* (*Gesamtausgabe*) era somente a segunda parte da conferência, publicada em 1976[1] em *Marcas do caminho* (cf. GA 9: 47-67). Essa segunda parte aparecia precedida por um *Prefácio* (cf. GA 9: 45-46), datado de 27 de agosto de 1970, e seguida de um *Apêndice*, (cf. GA 9: 68-78), composto por uma carta de 11 de março de 1964, enviada por Heidegger em razão da realização de um diálogo teológico na Drew-University, Madison, Estados Unidos da América. Esse diálogo era sobre o *Problema de um pensar e dizer não-objetivantes na teologia atual*, cuja intenção, de acordo com Hans Jonas (1966: 235), era debater "o uso do pensamento tardio de Martin Heidegger pela teologia protestante".

Em 2016, publicou-se o volume 80.1 da *Edição Integral*, onde está a primeira parte da conferência, que apresenta precisamente a condição de possibilidade da ciência em geral, dividindo-a a partir daquilo que ela tematiza: o ente, de onde decorrem as ciências ôntico-positivas em geral, das quais faz parte a teologia cristã; e o ser, de onde decorre a caracterização da filosofia como ciência ontológico-transcendental. Na primeira parte são melhor trabalhados os três elementos estruturantes das ciências ôntico-positivas: em primeiro lugar, o fato de o ente, de algum modo, já ter sido descoberto para poder ser encontrado de antemão em um certo âmbito de abrangência como possível tema de uma investigação, o que já delimita um campo à ciência

---

1 Na verdade, a conferência foi publicada originalmente em 1969, no periódico *Archives de Philosophie*, em alemão e em francês, e, posteriormente, em 1970, em separado pela casa editorial Vittorio Klostermann. Em 1976, deu-se a publicação do volume 9 da *Edição Integral* dos trabalhos de Heidegger, onde se encontra publicada a segunda parte da conferência.

ôntico-positiva; em segundo lugar, o fato de esse *positum* ser apreendido pré-científicamente; e, em terceiro lugar, o fato de essa apreensão pré-científica já ser orientada por uma prévia compreensão de ser, mesmo que pré-ontológica.

Essas três características são sucintamente (re)colocadas por Heidegger na abertura do texto presente em *Marcas do caminho*. Elas retomam o conceito ontológico-existencial de ciência tal qual exposto em linhas gerais no §69b de *Ser e tempo* (1927). Esse conceito é reapresentado sucintamente no §2 das preleções do semestre de inverno de 1927/1928, *Interpretações fenomenológicas da Crítica da Razão Pura de Kant*, e melhor ainda trabalhado ao longo de toda a primeira parte das preleções de 1928/1929, *Introdução à filosofia*.

No entanto, esse ainda não é o cenário geral no qual estão dadas as condições para uma investigação integral da conferência *Fenomenologia e teologia*.[2] Outro ponto ainda deve ser observado: a precisa indicação feita no *Prefácio*, onde Heidegger afirma que "sobre o conceito de fenomenologia, que serve aqui de guia, e sua relação com as ciências positivas, nos instrui a introdução de *Ser e tempo*, §7" (*PuT*, Pref.: 45). Trata-se portanto de um guião metodológico, pois o que o §7 expõe é o método de investigação da ontologia fundamental proposta em *Ser e tempo*, cujo ponto de partida é indubitavelmente a hermenêutica da facticidade. Tal indicação, contudo, foi feita em 1970 e pode ser entendida como o posicionamento preciso da conferência no seu contexto específico: o da ontologia fenomenológico-hermenêutica, tornada pública em 1927 com a publicação de *Ser e tempo*, mas gestada anteriormente, desde as preleções de 1919-1923, onde se nota de fato o desenvolvimento de uma hermenêutica da facticidade que dá origem à ontologia fundamental. Portanto, indicar o §7 como guião equivale a posicionar a conferência como um todo no horizonte de *Ser e tempo*.

Com essa indicação metodológica, também já se diz algo de suma importância: a fé, que será apresentada como o *positum* originário da teologia cristã,

2 Doravante, as citações retiradas de *Fenomenologia e teologia* serão referenciadas pela abreviação PuT, seguida de um numeral romano, que indica sua primeira ou segunda parte (presentes, respectivamente, em GA 80.1 e em GA 9), e seguida da paginação. Quando a abreviação PuT vier seguida de Pref. ou de Ap., faz-se menção respectiva aos textos contidos no Prefácio e no Apêndice.

não é tomada senão na condição de fenômeno. Em momento algum ela é assumida como condição ontológico-fundamental do ser-aí, mas sim como um possível modo de ser. A conferência parte do princípio de que a análise da possível referência do ser-aí à fé não cabe à filosofia, mas sim à teologia. À filosofia cabe investigar as condições de possibilidade de manifestação e compreensão de tudo aquilo que é. Para tanto, ela parte da análise do ente capaz de compreender e perguntar pelo próprio sentido de ser – o ser-aí. E dessa análise se desenvolve, em *Ser e tempo*, uma analítica da existência do ser-aí enquanto tal. À teologia cristã, por sua vez, cabe a investigação a respeito da fé em Cristo, tematizando a existência cristã. Por isso, na conferência, filosofia e teologia não são assumidas como pontos de vista alternativos sobre um mesmo tema: elas são opostas em função do estatuto epistemológico de cada uma.

O que as distingue não é o fato de a filosofia ser um "ponto de vista racional" e a teologia um "ponto de vista fideísta". Cada uma delas possui um estatuto científico distinto. Disso decorre, na conferência, a afirmação de que a teologia está mais próxima da química e da matemática, ciências também ôntico-positivas, do que da filosofia, a ciência ontológico-transcendental por excelência. Para demonstrar isso, Heidegger parte da "construção ideal das ideias das duas ciências" (*PuT*, II: 58). Ou seja, faz parte da conferência tanto a construção do conceito de filosofia que, para Heidegger, nesse período, nada mais é do que uma ontologia fenomenológico-hermenêutica, quanto a construção do conceito de teologia. Logo, "não se trata aqui de comparar o estado factual de duas ciências" (*PuT*, II: 58). Ambas as construções fazem parte da lógica interna da conferência, e dizem respeito a um necessário aspecto formal para se compreender a articulação entre elas que será aí proposta.

No entanto, por se tratar de uma conferência e não de um tratado sobre a relação entre filosofia e teologia, alguns pontos ficam somente indicados, aparecendo mais como pressupostos de seu autor do que expostos ao(à) leitor(a). Pode-se dizer que a conferência como um todo percorre uma "via curta", devidamente exposta, que se intercala com uma "via longa", onde estão trabalhados alguns dos seus principais pressupostos, por exemplo, a ideia de fenomenologia, o conceito ontológico-existencial de ciência e os conceitos de ser-culpado e de pecado.

Para compreender a conferência como um todo,[3] de acordo com as suas duas partes agora disponíveis, opta-se aqui por investigar os pontos de intercalação, ou melhor, de implicação entre a "via curta" e a "via longa", com ênfase em três principais pontos: primeiro, a ideia de fenomenologia, que, como se verá, guia a conferência como um todo; segundo, o conceito ontológico-existencial de ciência, a partir do qual é possível afirmar a positividade e cientificidade teológica, distinguindo-a da filosofia; e terceiro, a construção ideal da relação entre filosofia e teologia como uma correção – ou codireção – ontológica, valendo-se para tanto do exemplo do conceito teológico-fundamental do pecado, nada aleatório à conferência, como se poderia concluir a partir de uma primeira leitura.

Tais pontos se refletem na estrutura desse trabalho. A *Primeira seção* objetiva apresentar sucintamente a construção da ideia de fenomenologia, tal qual exigida pela conferência. Isso significa que aqui se trabalha a partir daquilo que está posto no §7 de *Ser e tempo*, cientes de que a investigação a respeito da ideia de fenomenologia em Heidegger requereria um trabalho à parte. A *Segunda seção* trabalha a construção ideal da ideia de teologia, apresentando também a concepção ontológico-existencial de ciência, sustentada em dois aspectos constituintes do ser-aí: o ser-no-mundo e o ser-livre. Construída tanto a ideia de fenomenologia quanto a de teologia, pode-se partir para a também ideal construção da relação entre elas, o que é feito na *Terceira seção*. Esta tem um duplo objetivo: primeiro, o de mostrar que essa relação está restrita à cientificidade; segundo, o de mostrar que há, ao final da conferência, o emprego de uma segunda gramática para falar da radical oposição entre filosofia e fé. Tais seções são antecedidas por um breve relato do entrecruzamento entre o itinerário histórico-biográfico e filosófico de Heidegger com a teologia cristã.

Cientes, por fim, de que já há uma certa quantidade de obras de Heidegger traduzidas para o português, opta-se por, quando disponível uma tradução em português, cotejá-la com a sua versão original em alemão para verificar a

---

3 O recorte epistemológico aqui proposto põe um limite ao presente trabalho, fazendo-o não abordar o Apêndice da conferência, datado de 1964, e tudo aquilo que nele também está implicado.

tradução, utilizando-a ou não. Quando for utilizada uma tradução, a citação aparecerá com a indicação do volume da *Edição Integral*, abreviada pela sigla GA (*Gesamtausgabe*), ou com a indicação da abreviação do título do texto, seguida de uma dupla paginação separada por uma barra, por exemplo: GA 24: 26/34 (o número à esquerda da barra sempre fará referência à edição alemã, *e o à* direita à tradução consultada). Quando for necessária alguma modificação e/ou ajuste na tradução utilizada, ela será indicada pela abreviação *mod.* após a paginação. Nos casos de uma paginação simples, a tradução é de nossa autoria, mesmo quando já houver uma tradução disponível para o português. Quando for necessário, justifica-se a escolha pela tradução de um ou outro termo em nota de rodapé, que nesse trabalho cumpre a função de complementar algum ponto que excede o corpo do texto, mas que traz alguma contribuição para o seu bom andamento. Todos os trechos em itálico no interior das citações são marcações próprias dos textos, independentemente da autoria.

Condizente com a literatura especializada, não há aqui a intenção de adotar um tom combativo, o que não elimina a possibilidade de se tomar uma posição crítica a algumas interpretações, quando necessário. Na maioria das vezes, a sua utilização visa corroborar as interpretações aqui oferecidas. Por consequência, a escolha da literatura especializada diz algo sobre o viés de interpretação aqui adotado, que, sem dúvida, não esgota o tema em questão.

HEIDEGGER E A TEOLOGIA: UM BREVE ITINERÁRIO (AUTO)BIOGRÁFICO

> "Sem essa proveniência teológica,
> eu jamais teria chegado ao caminho do pensamento."
>
> Martin Heidegger
> (*AGS*, GA 12: 91)

À primeira vista, essa epígrafe, retirada do diálogo sobre a linguagem entre Heidegger e um japonês (1953/1954) (cf. *AGS*, GA 12: 79-146), parece isenta de problemas – pois é amplamente sabido que o jovem Heidegger, em 1909, entrou para o noviciado jesuíta, tendo iniciado os seus estudos na Universidade de Friburgo, na Faculdade de Teologia, da qual viria a se desligar em 1911, também sendo desligado do noviciado por problemas cardíacos. No mesmo diálogo, Heidegger ainda afirma que foi precisamente nesse período da sua formação inicial que ele tomou conhecimento do termo "hermenêutica":

> Heidegger: A palavra "hermenêutica" me era familiar pelos meus estudos de teologia. Naquela época, eu estava particularmente motivado pela pergunta acerca da relação entre a palavra da Sagrada

> Escritura e o pensamento teológico-especulativo. Se quiser, era a mesma relação, nomeadamente, entre linguagem e ser, só que para mim ainda velada e inacessível, tanto que procurei em vão por um fio condutor em muitos desvios e extravios.
>
> Japonês: Sei pouco sobre teologia cristã para entender o que o senhor diz. Mas é óbvio que o senhor, por sua proveniência e seus estudos da teologia, tem um conhecimento muito diferente daqueles que, estando de fora, leem algo para saber o que pertence a esse âmbito.
>
> Heidegger: Sem essa proveniência teológica, eu jamais teria chegado ao caminho do pensamento. Mas proveniência é sempre porvir (*AGS*, GA 12: 91).

Outro texto em que ainda pode ser vista essa proveniência é *Meu caminho na fenomenologia* (1963), no qual, fazendo um breve relato autobiográfico, Heidegger apresenta algumas outras pistas a respeito dessa sua origem teológica e afirma que, mesmo após 1911, ele ainda frequentava uma específica aula de teologia, a sobre dogma, dada por Carl Braig:

> Levava-me a esta [aula] o interesse pela teologia especulativa, mas sobretudo a maneira penetrante de pensar que o professor desenvolvia em cada aula. Dele ouvi, pela primeira vez, por ocasião de alguns passeios a pé, em que me foi dado acompanhá-lo, algo sobre a importância de Schelling e de Hegel para a teologia especulativa, em contraste com o sistema doutrinal da escolástica. Desta maneira, a tensão entre ontologia e teologia especulativa como estrutura da metafísica passou ao horizonte de meus questionamentos (*MWP*, GA 14: 94/86).

Pode-se dizer que tanto o primeiro quanto o segundo excerto desempenham algo como uma performance, pois eles dão a ver, com alguma precisão, as qualidades do ator em cena, com quem e onde contracena, mas sem dar a ver o todo do cenário – o que, longe de enviesar a interpretação, na verdade oferece ao(à) leitor(a) uma perspectiva de leitura. Essa perspectiva é a de que o desenvolvimento da obra de Heidegger, como um todo, pode ser lida desde sua origem teológica, e desde essa confrontação entre ontologia e teologia especulativa, que estão ambas na base da metafísica. Porém, não se trata de querer encontrar a relação entre filosofia e teologia, dita em termos gerais, em todo e qualquer escrito heideggeriano. Trata-se de justificar a aparição da e a menção à teologia cristã enquanto ciência, e sobretudo justificar a sua relação com a filosofia, já que ambas aparecem em *Fenomenologia e teologia*, o que evidencia a sua não casualidade no pensamento heideggeriano.

No entanto, em primeiro lugar, deve-se ter em vista que a tematização da relação entre filosofia e teologia cristã em Heidegger é matizada por seu crescente afastamento da sua formação católico-conservadora, como pode ser visto em outra reflexão autobiográfica, *Um olhar retrospectivo sobre o caminho* (1937/1938), presente na forma de apêndice em *Meditação* (1938/1939):

> E quem poderia desconhecer o fato de que, ao longo de todo esse caminho até aqui, a confrontação com o cristianismo estava silenciosamente presente – uma confrontação que não era nem é nenhum "problema" pinçado, mas antes a defesa da proveniência mais própria – da casa dos pais, da terra natal e da juventude – e, *ao mesmo tempo*, um doloroso desligamento daí. Só quem se viu de tal modo enraizado em um mundo católico efetivamente vivido pode pressentir algo das necessidades, que atuavam no caminho até aqui de meu questionamento como abalos subterrâneos. O tempo em Marburgo trouxe consigo, além disso, a experiência mais próxima de um cristianismo protestante – tudo, porém, já como aquilo que precisava ser fundamentalmente superado, mas não destruído (GA 66: 415/347, mod.).

Nascido e criado na pequena cidade de Meßkirch, em Baden, Heidegger recebeu toda a sua educação em um meio católico, marcado cultural, política e intelectualmente pelo antimodernismo decorrente do Primeiro Concílio Vaticano (1869-1870). Esse concílio foi responsável por declarar a infalibilidade papal e estabelecer um tipo de movimento contracultural e contrapolítico entre Igreja, Estado e sociedade (cf. Souza; Gonçalves, 2013: 33-40); "na esfera intelectual, essa oposição era dirigida contra uma ampla gama de tendências, vistas como ameaças a uma compreensão católica tradicional da existência, do conhecimento, da fé e da moralidade" (Wolfe, 2014: 10).

O seu afastamento e posterior rompimento com esse sistema, de acordo com as pesquisas biográficas de Ott (1988) e Safranski (1997), deram-se a partir de um conjunto de fatores de ordem pessoal, profissional e intelectual, dos quais se destacam: o rompimento do seu noivado com uma jovem católica e seu posterior casamento com Elfride Petri, de origem protestante, e quem, apesar de ter exposto a intenção de se converter ao catolicismo, não o fez (cf. Safranski, 1997: 86-87); a tentativa fracassada de aceder à Cátedra de Filosofia Cristã em Friburgo; e, sobretudo, a sua insatisfação quanto ao neoescolasticismo, imposto a teólogos e filósofos cristãos a partir de uma determinação proveniente da Encíclica *Pascendi Dominici Gregis* (1907), do Papa Pio X – a qual exigia que se proferisse um juramento que declarasse a *Suma Teológica* de Tomás de Aquino como a única linha de inspiração e orientação do ensino. Basicamente, tudo isso aconteceu entre 1916 e 1919, justamente quando Heidegger, após ter concluído os seus estudos doutorais em 1913, e ter apresentado a sua tese de habilitação em 1915, começou a lecionar como *Privatdozent* em Friburgo, aproximando-se da fenomenologia e, consequentemente, de Husserl (cf. Ott, 1988: 124-132).

No entanto, esse afastamento de Heidegger da Teologia Escolástica, defendida no interior do sistema do catolicismo, não coincide com o seu afastamento total da teologia, ou melhor, do cristianismo como um todo, pois o que se nota em sua trajetória é uma aproximação à Mística Medieval, ao cristianismo das origens e à teologia luterana. O seu desligamento do sistema oficial do catolicismo, mas não do cristianismo, é testemunhado na carta endereçada ao Padre Engelbert Krebs em janeiro de 1919:

> Muito estimado Senhor Professor,
>
> Os últimos dois anos, nos quais me esforcei para esclarecer fundamentalmente minha posição filosófica, deixando de lado toda tarefa científica particular, me levaram a alguns resultados pelos quais eu, estando em um vínculo extrafilosófico, não poderia garantir a liberdade da convicção e do ensino.
>
> O estudo da teoria do conhecimento, estendido até à teoria do conhecimento histórico, fizeram o *sistema* do catolicismo problemático e inaceitável para mim – mas não o cristianismo, nem a metafísica, entendendo esta última em um novo significado.
>
> Acredito ter sentido fortemente – talvez mais do que seus porta-vozes oficiais – quais são os valores da Idade Média católica, da qual ainda estamos muito longe de uma interpretação autêntica;

> minhas investigações de fenomenologia da religião, que entrarão a fundo na I. M. [Idade Média], ao invés de iniciar uma discussão, devem dar testemunho de que uma mudança em meu fundamental ponto de vista não me impeliu a substituir o juízo nobre e objetivo e a grande estima ao mundo da vida católica por uma polêmica apóstata, amarga e estéril.
>
> Para mim é particularmente valioso – e eu gostaria de vos agradecer cordialmente por isso – não perder o bem de vossa valiosa amizade. Minha esposa, que já vos informou [sobre esta mudança], e eu mesmo, gostaríamos de manter a particularíssima confiança em vós. É difícil viver como filósofo – a íntima veracidade consigo mesmo e com aqueles aos quais se quer ensinar exige sacrifício, renúncia e luta, que sempre permanecerão estranhas ao operário da ciência.
>
> Eu acredito ter uma vocação interna para a filosofia e, através de sua realização na investigação e na docência, para a determinação eterna do homem interior – *e só em virtude disso* acredito realizar aquilo de que são capazes minhas forças e, então, justificar minha existência e meu trabalho diante de Deus.
>
> Cordiais agradecimentos,
>
> Martin Heidegger (Heidegger *apud* Ott, 1988: 106-107).

A aproximação à Idade Média pode ser vista, por exemplo, no curso programado, mas não realizado, do semestre de inverno de 1918/1919, *Os fundamentos filosóficos da mística medieval*. Nesse mesmo período, Heidegger também aborda o cristianismo das origens, destacando-o como paradigma histórico da acentuação da vida fática em direção ao mundo próprio (*Selbstwelt*) (cf. GA 58: 61-62). Logo, ele vê nesse mundo a temática da vida em sua facticidade, possível de ser percebida e analisada a partir das cartas paulinas – da *Primeira* e *Segunda aos Tessalonicenses* e da *Carta aos Gálatas* – e a partir do *Livro X* das *Confissões* de Santo Agostinho, respectivamente nas preleções *Introdução à fenomenologia da religião* (do semestre de inverno de 1920-1921), e *Agostinho e o neoplatonismo* (do verão de 1921). Em síntese, ao rechaço do dogma da infalibilidade papal, do qual decorre a imposição do escolasticismo como única doutrina, segue-se a busca por uma religiosidade de nível pessoal, desde a situação fática da vida. De acordo com Adrián (2016b: 313-314), tal sequência "se enquadra no projeto fenomenológico de uma destruição da metafísica e de um novo começo da filosofia que começa a se encorpar nos primeiros cursos de Friburgo (1919-1923)".

Nesse seu primeiro período como docente em Friburgo, Heidegger ainda se aproxima da teologia protestante de Lutero, conforme escreve à esposa Elfride em 20 de agosto de 1920: "A obra de Lutero se tornou imprescindível para mim" (Heidegger, 2008: 125). Precisamente, a princípio trata-se de uma aproximação à teologia da cruz (cf. McGrath, 2005), pois só ela, ao contrário da teologia da glória, diz de fato como as coisas são (cf. *AN*, GA 60: 281-282). Posteriormente, trata-se de uma aproximação à concepção de pecado e de fé em Lutero (cf. Heidegger, 2009: 263-271). Esse engajamento com a teologia luterana se intensificou a partir da ida de Heidegger a Marburgo em 1923, onde ele se tornou amigo de Rudolf Bultmann, um teólogo protestante de origem luterana, que escreveu uma interpretação do Evangelho de João muito sob influência da filosofia desenvolvida por Heidegger.

O afastamento de Heidegger da Teologia Escolástica, que culminou no seu rompimento com o sistema do catolicismo em 1919, ainda o manteve próximo da temática religiosa e da experiência religiosa (cf. Provinciatto, 2021) propriamente dita, levando-o a se aproximar da teologia protestante de confissão luterana. Esse "manter-se" próximo da teologia não é negado por Heidegger. Pelo contrário, é confirmado em um trecho de uma carta enviada em 1921 ao seu aluno Karl Löwith:

> Eu trabalho concreta e faticamente a partir de meu "eu sou" – a partir de minha origem (de meu meio espiritual totalmente fático) [...]. A esta minha facticidade pertence aquilo a que brevemente me refiro ao dizer que eu sou um "teó*logo* cristão". Nisso reside uma determinada e radical preocupação comigo mesmo, uma determinada e radical cientificidade – uma objetualidade [*Gegenständlichkeit*] estrita *na facticidade*; nisso reside a consciência historiográfica da "história espiritual" [*geistesgeschichtliche historische Bewußtsein*] – e eu sou isso no contexto vital da *Universidade* (*BwHL*: 53).

Ao situar o seu trabalho como o de um "teó*logo* cristão", Heidegger grifa somente uma parte da palavra, justamente a que deriva de λόγος, que é a ação de λέγειν: é a *fala* do *falar*, o trazer à palavra. É mediante a *fala* que o "ser" de algo se abre ao pensar, e assim o pensamento tem no λόγος o seu fundamento. O que dessa forma se mostra denomina-se "fenômeno". Com isso, Fenomenologia é o "falar do fenômeno" (λέγειν τά φαινόμενα). Como o λόγος é o fundamento do pensar, então o fenômeno, antes de ser pensado propriamente, é acolhido, compreendido. No entanto, tal compreensão não é abstrata, mas sim se realiza somente desde a própria vida fática. O "abrir-se ao ser" é sempre disposto afetivamente de uma determinada maneira (cf. Borges-Duarte, 2012: 44-52). Logo, tal abertura nunca é isenta de perspectivas e tonalidades.[1] E assim, a manifestação do fenômeno não diz respeito somente ao vir à palavra fundada na fala (*Rede*), como também diz respeito à compreensão (*Verstehen*) e à disposição afetiva (*Befindlichkeit*). Isso torna a vida fática essencialmente fenomenológica, pois a Fenomenologia é o "pôr-se de quem a faz, na atitude de audiência e vidência que deixa ao fenômeno falar-se e nesta fala mostrar-se" (Enes, 1971: 12).

Nesse sentido, se Heidegger situa o seu trabalho como o de um "teó*logo* cristão", e se λόγος tem justamente esse significado, então, conforme anota Adrián (2016b: 313), "este *logo* em cursiva aponta para a fenomenologia como único método capaz de chegar à raiz dos fundamentos filosóficos da teologia, isto é, apreender a verdadeira essência da experiência da vida religiosa". Por isso, na carta a Löwith, Heidegger evidencia a articulação do fenômeno religioso em palavra, como fala afetivamente compreendida. Ele não está se (im)pondo a tarefa de perito e/ou cientista da fé, tampouco se expondo como um. Ao afirmar que é um "teó*logo* cristão", ele diz algo justamente sobre a sua própria realização fática, logo, sobre a sua proveniência histórico-originária – sobre *como* é a sua existência, não sobre *o que* ela faz. Isso apenas confirma a sua proveniência, fazendo-o apropriar-se dela e manifestar em palavra a sua própria facticidade, na qual ele vive e a partir da qual ele se orienta. Assim, ele pode dizer (tal como o faz no diálogo com o japonês) que, sem essa sua proveniência teológica, ele jamais teria chegado ao caminho do pensamento. Heidegger faz filosofia partindo disso, evidenciando que, para ele, nesse período, "as condições que fazem a alma receptiva à religião também a fazem receptiva à filosofia" (Adrián, 1999: 240).

---

1 Cf. Primeira seção, capítulo 2.3.

Ainda na conversa com o japonês, Heidegger atribui o nascimento do seu interesse pela hermenêutica à sua familiaridade com a teologia. Isso não pode ser visto como um mero apontamento biográfico, pois, conforme foi posteriormente descrito no texto de 1963, o que lhe interessou foi a relação entre a "palavra da Sagrada Escritura e o pensamento teológico-especulativo" (*AGS*, GA 12: 91). Essa relação foi destinada a se desdobrar primeiro naquela relação entre teologia e ontologia, e, posteriormente, naquela entre linguagem e ser. Como dito, foi Carl Braig quem chamou a atenção de Heidegger para a relação entre teologia e ontologia. Heidegger passa a ver essa tensão como sendo o elemento estruturante da metafísica como um todo. Esta se estrutura, então, como ontoteologia[2] (cf. GA 19: 221-224).

Como se nota, teologia não tem apenas um único significado no pensamento heideggeriano. Ora ela pode designar aquele proceder específico a respeito da fé cristã, sendo nesse caso teologia cristã propriamente dita; ora ela pode designar a autocompreensão da vida fática, dando a ver um modo de realização, e não um conteúdo, como é o caso da afirmação "eu sou um teó*logo* cristão". Além disso, a teologia também pode designar um dos pilares fundantes e fundamentais da metafísica como um todo. Nesse último caso, teologia e ontologia compõem a ideia de "filosofia primeira", conforme destacado sobretudo pelos escritos de Aristóteles, retomados por Heidegger ao longo da década de 1920. Quanto a esses escritos – isto é, em sentido aristotélico –, a ideia de teologia não está vinculada a nenhuma confissão religiosa, mas sim à própria concepção da metafísica como ontoteologia. Por fim, nos escritos após a década de 1930, sobretudo a partir de *Contribuições à filosofia* (1936-1938), a ideia de uma teologia confessional dá lugar à tentativa de se buscar preparar um novo espaço para a experiência do sagrado. Nesse período, a ideia de teologia está relacionada à passagem do deus derradeiro, e o seu significado está mais próximo de um "dizer não-objetivante do sagrado" (*PuT*, Ap.: 74-75) ou, ainda, de um "dizer mítico-poético dos deuses" (Pieper, 2015: 100).

No entanto, as seções a seguir não resultam da soma de todos esses significados, presentes ao longo do pensamento heideggeriano, mas sim resultam

2 Cf. Primeira seção, capítulo 3, nota de rodapé n. 1.

do recorte específico a respeito de um deles, justamente o que designa o proceder a respeito da fé cristã – mais precisamente, o proceder científico que faz teologia, como dá a ver a conferência de 1927.

PRIMEIRA SEÇÃO

A FENOMENOLOGIA COMO MÉTODO DA ONTOLOGIA FUNDAMENTAL

Como foi pontuado introdutoriamente, já no primeiro parágrafo do Prefácio de Fenomenologia e teologia Heidegger indica qual será o seu guião: o conceito de fenomenologia, tal qual apresentado no §7 de Ser e tempo. Como é próprio de toda indicação, ela apenas indica e, por isso, a conferência não se ocupa com o conceito de fenomenologia propriamente dito. O retorno ao §7 é imprescindível. Contudo, o que quer dizer fenomenologia aí? "A expressão 'fenomenologia' significa primeiramente um conceito de método" (*SuZ*:[1] 27). Por ora, compreender essa afirmação é o primeiro e principal objetivo, pois só assim se compreenderá como é possível afirmar a relação entre a teologia como ciência ôntico-positiva e a filosofia como ciência ontológico-transcendental. Para tanto, o guião oferecido exige um retorno àquilo com o que a conferência não se ocupa, e isso será feito desde a estrutura do §7. Em outras palavras: serão investigados os conceitos de φαινόμενον e de λόγος para se chegar ao conceito prévio (*Vorbegriff*) de fenomenologia. Com isso, ver-se-á que aí está sintetizado todo o cerne do projeto ontológico fundamental de Heidegger.

1 As referências a *Sein und Zeit* (*SuZ*) aqui presentes serão feitas a partir do volume 2 da *Gesamtausgabe* (Frankfurt, Klostermann, 1977ss). Elas manterão a paginação condizente com a 7ª edição (Tubinga, Niemeyer, 1953), reproduzida à margem. A exceção é quanto à transcrição de comentários do próprio Heidegger ao seu exemplar, que serão referenciados como GA 2, seguidos da respectiva página.

A princípio, será preciso perceber o postulado heideggeriano da vida fática como o conteúdo próprio da investigação fenomenológica, e a hermenêutica da facticidade como o seu ponto de partida. Em primeiro lugar, isso permitirá compreender, justificar e sustentar que "fenômeno não significa o objeto temático ele mesmo, mas apenas a maneira como vem ao encontro da investigação e como se lhe apresenta" (Von-Herrmann, 2003: 166); e, posteriormente, que "o logos da fenomenologia diz como deve ser investigado o objeto temático que vem ao nosso encontro no modo do mostrar-se-a-respeito-de-si-mesmo" (Von-Herrmann, 2003: 166). Com isso, dando a conhecer o conceito prévio de fenomenologia, cuja intenção é "deixar e fazer ver por si mesmo aquilo que se mostra, tal como se mostra a partir de si mesmo" (*SuZ*: 34), o §7 não define um objeto, mas sim "só informa sobre como [*Wie*] mostrar e tratar o que [*Was*] nesta ciência deve ser tratado" (*SuZ*: 34). Portanto, a indicação feita no Prefácio de Fenomenologia e teologia não é uma casualidade. É uma indicação precisa do método condutor daquilo que ali será posteriormente afirmado. Só desse modo é que se poderá retornar às duas partes da conferência.

Capítulo 1
A ESTRUTURAÇÃO INICIAL DA FENOMENOLOGIA

1.1 A posição diante da fenomenologia husserliana

> Quanto mais genuinamente opera um conceito de método e quanto mais abrangente determina o curso fundamental de uma ciência, tanto mais originariamente está radicado na discussão com as coisas elas mesmas e tanto mais se afastará do que chamamos um artifício técnico, do qual há muito também nas disciplinas teóricas (*SuZ*: 27).

Se de fato a fenomenologia é um conceito de método, qual é o conteúdo por ela investigado? "A pergunta pelo sentido de ser deve ser *posta*. Se ela é uma, ou melhor, *a* pergunta fundamental, então este perguntar requer a devida transparência" (*SuZ*: 5). O conteúdo da investigação fenomenológica é a pergunta pelo *sentido de ser*, uma ontologia, cujo método é a fenomenologia. Tal conteúdo se apresenta como aquilo que se põe em discussão acedendo às coisas mesmas. Contudo, isso requer que algo mostre-se-a-respeito-de-si-mesmo, justamente para que a fenomenologia não faça nenhuma prescrição, mas faça uma descrição do que assim se mostra. O conteúdo da investigação não pode aparecer mediante um artifício teórico posterior àquilo que mostra-se-a-respeito-de-si-mesmo (*Sich-an-ihm-selbst-zeigende*). Por ser o método de uma investigação ontológica, a fenomenologia não coincide com nenhum outro método científico, tampouco com qualquer outro método no sentido de ser uma técnica de investigação aplicada e/ou verificada nesse ou naquele caso.

Todavia, "só há ser se há compreensão de ser, ou seja, se o ser-aí existe. Por conseguinte, este ente exige uma proeminência notável na problemática da ontologia" (GA 24: 26/34, mod.). A fenomenologia é o método de investigação de uma ontologia que parte da proeminência do ser-aí, o qual, por sua vez, compreende o próprio sentido de ser. O fundamento da ontologia, com isso, não é puramente ontológico, mas sim ôntico, de modo que, "no interior do esclarecimento do caráter científico da ontologia, a *primeira tarefa* é a *demonstração de seu fundamento ôntico* e a caracterização dessa fundação" (GA 24: 27/35). Como o ponto de partida da ontologia é a compreensão de ser própria do ser-aí, a fenomenologia é o método de investigação de uma óntologia-hermenêutica. Esta, ao pretender colocar a pergunta pelo sentido de ser em geral, põe a princípio a pergunta específica pelo sentido de ser do ser-aí. Portanto, a analítica existencial dá a conhecer uma ontologia do ser-aí, da qual parte a Ontologia Fundamental.

Contudo, conforme anota von Von-Herrmann (2003: 166):

> O conceito formal de fenomenologia tomado deste modo quer dizer: só dar como um estado de coisas verdadeiramente conhecido aquilo que é *levado* ao mostrar-se-a-respeito-de-si-mesmo num ter à vista pensante. Seja qual for o objeto temático tratado, ele deve, para um tratamento científico, ser encontrado e apresentar-se, em qualquer caso, no modo do mostrar-se-a-respeito-de-si-mesmo, a fim de que o tratamento científico, partindo do seu próprio objeto, isto é, sem o falsificar, possa fazer vê-lo tal como este se mostra a partir de si mesmo.

Por isso, a primeira tarefa do método fenomenológico é tornar possível que se esclareça a compreensão de ser própria do ser-aí. Em outras palavras: tal método deve conduzir a ontologia a se ocupar das condições de possibilidade de uma Hermenêutica da Facticidade, justamente para que o proceder científico ontológico-transcendental não falsifique o que mostra-se-a-respeito-de-si-mesmo – isto é, não o assuma ôntico-positivamente. Assim sendo, o λόγος como ação de λέγειν – a *fala* do *falar*, o trazer à palavra –, não diz respeito ao caráter epistemológico da fenomenologia, pois, antes disso, ele é a "mais essencial forma do abrir-se com que o ser humano [sic] se manifesta e põe à luz do ver quanto é" (Enes, 1971: 12). Mediante o λόγος, o ser se abre ao pensar: este (o pensar) tem naquele (o λόγος) o seu fundamento. Fenômeno é o que se abre e se põe à luz do ver, de modo que a fenomenologia é o falar do fenômeno (ἑγειν τά φαινόμενα). Como o λόγος é o fundamento do pensar, então o fenômeno, antes de ser pensado propriamente, deve se mostrar e, com vistas a ser questionado em seu ser, ser compreendido pré-reflexivamente ou, como se verá adiante, pré-teoreticamente. Porém, tal compreensão, sempre se realiza desde a perspectiva do próprio ser-aí, que, projetando, pensa o ser de tudo quanto é. Como não é possível projetar sem perspectiva, o cerne da fenomenologia, como método de uma investigação ontológico--hermenêutica, diz respeito a uma compreensão projetiva: isso corresponde ao "pôr-se de quem a faz, na atitude de audiência e vidência que deixa ao fenômeno falar-se e nesta fala mostrar-se" (Enes, 1971: 12).

Ao afirmar a Hermenêutica da Facticidade como o ponto de partida da sua investigação fenomenológica, Heidegger toma posição diante da fenomenologia transcendental-reflexiva do seu mestre, Edmund Husserl.[1] Isso aparece muito sutilmente em *Ser e tempo*, no mesmo §7: "As seguintes investigações só

1 Tem-se em vista aqui que essa posição – esse distanciamento, caso se queira dizer – entre Husserl e Heidegger não diz respeito a uma total negação da fenomenologia transcendental-reflexiva, senão à leitura fenomenológica que Heidegger faz da própria fenomenologia, o que o conduzirá à apropriação de seus aspectos originários, a saber, a intencionalidade, a intuição categorial e o sentido do *a priori*: "A fenomenologia husserliana é a filosofia de referência no projeto da hermenêutica da facticidade, [...] [dando-lhe] *o* estilo e *o* modo de compreensão filosófica capaz de levar a cabo com êxito o projeto de autointerpretação da facticidade" (Rodríguez, 2019: 24). Além disso, a relação entre Husserl e Heidegger ganhou novos desdobramentos a partir da publicação de obras inéditas tanto de Husserl na *Husserliana* quanto de Heidegger na *Gesamtausgabe*. A esse respeito, destaca-se o quinto volume de *Studia Heideggeriana* (2016), cujo dossiê está dedicado a pensar essa relação desde a perspectiva aberta pelas publicações supramencionadas, e do qual se destacam: os textos de Adrián (2016a), que faz um panorama da crítica heideggeriana; os textos de Walton (2016), que traça aspectos paralelos entre a elaboração husserliana de imperativo categórico e a heideggeriana de indicação formal, tendo em vista os primeiros cursos de Heidegger em Friburgo (1919-1923); e os textos de Xolocotzi (2016), que, detendo-se nas preleções de ambos os autores em 1919, mostra como o "mundo da vida" é o terreno comum deles e é aquilo a partir do que Husserl desenvolve uma "estética transcendental" e Heidegger uma "ciência originária pré-teorética".

se tornaram possíveis sobre a base estabelecida por Edmund Husserl, em cujas *Investigações lógicas* a fenomenologia irrompeu" (*SuZ*: 38). Aí está, claramente, o reconhecimento da importância de Husserl por e para Heidegger, principalmente no que diz respeito à sua introdução na fenomenologia, como comprova a nota de rodapé subsequente a esse trecho:

> Se a seguinte investigação dá alguns passos em frente no sentido de abrir as "coisas elas mesmas", o autor o deve, em primeiro lugar, a *Edmund Husserl*, que, durante seus anos de ensino em Friburgo, familiarizou o autor com os mais diversos domínios da investigação fenomenológica através de sua solícita direção pessoal e do livre dar a conhecer investigações inéditas (*SuZ*: 38, nota de rodapé n. 2).

Em *Ser e tempo*, porém, o que se tem são "só os traços fundamentais de uma primeira e provisória crítica (mais indireta do que direta) à fenomenologia de Husserl" (Pöggeler, 1983: 73), de modo que o explícito reconhecimento vela uma crítica, presente principalmente na afirmação sobre dar "alguns passos em frente no sentido de abrir as 'coisas elas mesmas'". Na verdade, essa crítica já pode ser percebida de maneira embrionária nas preleções de 1919, *A ideia da filosofia e o problema da visão de mundo*, nas quais já se percebe a construção de uma relação entre compreensão e intuição (cf. *KnS*, GA 56/57: 109-117): aí a compreensão designa o modo originário no qual o ser-aí vive e a intuição constitui a tematização da vida em sua originariedade (cf. Xolocotzi, 2012).

Posteriormente, nas preleções de 1923/1924, *Introdução à investigação fenomenológica*, Heidegger mostra que a escolha de Husserl pela questão do ser diante da consciência como campo temático é uma posição assumida já pela modernidade, tratando-se por isso de uma investigação que não chega às coisas mesmas. A última e decisiva indicação está nas preleções de 1925, *Prolegômenos para uma história do conceito de tempo*, onde a relação entre compreensão e intuição será exposta como aquela entre intencionalidade e intuição categorial, descobrindo o ser como *a priori* por excelência, e fazendo da fenomenologia uma "'ontologia principial' (ou dos princípios), cujo trabalho consiste senão na 'descrição analítica da intencionalidade no seu *a priori*'" (Borges-Duarte, 2003: 102). É justamente nessas preleções de 1925 que Heidegger apresenta as descobertas originárias da fenomenologia – a intencionalidade, a intuição categorial e o sentido originário do *a priori* –, demonstrando a condição de possibilidade da intencionalidade e o caráter indiscutido do seu fundamento em Husserl.

Heidegger não faz uma mera retomada de conceitos, pois o que lhe importa em um primeiro momento é investigar a condição de possibilidade da própria fenomenologia e, por isso, "seguir o 'como' processual da mostração daquilo que, assim, acede a mostrar-se, sendo captado e guardado como tal" (Borges-Duarte, 2003: 92). E, conforme ainda afirma Borges-Duarte (2003: 92), "a via escolhida para compreender esta dinâmica investigativa será, pois, ela própria, 'fenomenológica'". Com isso, a menção às *Investigações lógicas* não é um mero agradecimento. Ela é sobretudo o reconhecimento dos pontos fundantes e fundamentais da fenomenologia, dos quais Heidegger se apropria. Ao mesmo tempo, trata-se da indicação daquilo que *Ser e tempo* não é.

1.1.1 A exigência de independência à investigação fenomenológica

Uma das características marcantes das *Investigações lógicas* (1900/1901) é a tentativa de formulação de uma teoria pura do conhecimento, isenta de pressupostos e radicada na εποχή. Para Husserl, a fenomenologia se apresenta como *a* ciência de rigor "para *toda* a filosofia ulterior" (Husserl, 1965: 73). A sua tarefa é exatamente postular as perguntas filosóficas fundamentais condizentes ao ser, bem como à essência da realidade:

> Com esta teoria das teorias, a Teoria do Conhecimento formal que a elucida está antes de toda e qualquer teoria empírica: portanto, antes de toda e qualquer ciência explicativa real, antes da ciência da natureza física, de um lado, e da Psicologia, de outro, e, naturalmente, também antes de toda e qualquer Metafísica. Ela não quer *explicar* o conhecimento, o acontecimento *fático* na natureza objetiva, no sentido psicológico ou psicofísico, mas antes *explicar* a *ideia* de conhecimento segundo os seus elementos constitutivos ou as suas leis; ela não quer perseguir as conexões reais de coexistência e de sucessão em que os atos fáticos de conhecimento estão inseridos, mas antes *compreender o sentido ideal das* conexões *específicas* em que a objetividade do conhecimento

> se documenta; ela quer levar à clareza e distinção as formas e leis puras do conhecimento, por meio do retorno à intuição adequadamente preenchente (Husserl, 2015: 19).

Ao se antecipar à toda metafísica e ao mostrar as condições de possibilidade para o conhecimento, a fenomenologia, para Husserl, delega a si mesma a função de fundamentar a ciência em geral, não fazendo uma mera epistemologia da consciência, mas sim se ocupando com a demonstração da condição da possibilidade de ela conhecer algo. Para tanto, o primeiro passo dessa "teoria das teorias" é a εποχή, que, como primeiro ato fenomenológico, descobre o ser em sua imanência: "Por um lado, essa imanência fenomenológica é 'pura' e sem mistura com elementos transcendentes e, por outro, ela dá acesso às essências e não às coisas fatuais" (Taminiaux, 1991: 11). Nesses termos, o que importa a esse "puro olhar" é a essência da vivência (*Erlebnis*) como aquilo que se apresenta como objeto à consciência:

> *Toda vivência intelectiva e toda vivência em geral*, ao ser levada a cabo, *pode fazer-se objeto de um puro ver e captar e, neste ver, é um dado absoluto*. Está dada como um ente, como um isto-daqui (*Dies-da*), de cuja existência não tem sentido algum duvidar. Posso, certamente, refletir sobre que ser será esse e como este modo de ser se comporta relativamente a outros; posso, ademais, considerar que significa *aqui* "dado" e posso, se prosseguir na reflexão, incluir no meu ver o próprio ver, em que aquele dado, ou este modo de ser, se constitui. Mas, em tudo isso é sobre um fundamento que constantemente me movo: esta percepção é e permanece, enquanto dura, um absoluto, um isto-aqui, algo que é em si o que é, algo com que posso medir, como se fora uma medida definitiva, o que podem querer dizer, e aqui devem dizer, "existir" e "estar dado", pelo menos, naturalmente, no tocante à espécie de existência e de dado que mediante o "isto-aqui", se exemplifica. E é para todas as configurações intelectuais específicas que isto vale, onde quer que estejam dadas (Husserl, 2017: 53).

O primeiro ponto decisivo para a percepção da vivência é captar a sua essência. Isso sem dúvida incide sobre a concepção de ser aí presente, a qual designa o que é dado previamente (*vorgegeben*), que existe em si próprio. O que a εποχή suspende é que há um mundo tal qual uma φύσις e/ou uma ψυχέ, de modo que "o que importa ao puro olhar dirigido às vivências não é observar se elas realmente ocorrem, mas 'considerar intuitivamente sua essência, sua constituição, seu caráter intrínseco'" (Taminiaux, 1991: 8). Além disso, a εποχή mostra que há uma relação intencional entre consciência e mundo, de modo que, ao levá-la a cabo, realiza-se concomitantemente uma redução da experiência à consciência. A redução circunscreve o ser. Isso significa que o ser é descoberto em sua imanência pela εποχή, e, pela redução, é posto como o âmbito próprio da investigação fenomenológica. Portanto, o retorno à intuição[2] visa alcançar a essência do fenômeno, que não lhe é algo agregado, mas que lhe pertence, justificando a descoberta do ser em sua imanência. Dessa maneira, a máxima husserliana de "ir às coisas mesmas" não indica um mero retorno à intuição, mas sim a consecução da essência a partir da redução fenomenológica que, por sua vez, é um ato reflexivo. Nesses termos, a análise fenomenológica diz respeito a uma descrição reflexiva da vivência, na qual já não há nada fatual que a determine, pois o que se tem em vista são as partes que a compõem e constituem enquanto tal.

---

2 Esse é um termo fundamental para a compreensão de todo o projeto fenomenológico transcendental-reflexivo, uma vez que ele está diretamente relacionado à εποχή e, consequentemente, à consecução da essência. Sua caracterização mais precisa está em Ideias I, §3, onde também aparece a distinção entre intuição empírica e intuição de essência: "Visão de essência também é, precisamente, intuição, assim como objeto eidético é, precisamente, objeto. A generalização dos conceitos correlativos e interdependentes 'intuição' e 'objeto' não é um achado arbitrário, mas forçosamente exigida pela natureza das coisas. Intuição empírica, e, em especial, experiência, é a consciência de um objeto individual e, como consciência intuitiva, 'é ela que traz o objeto à doação': como percepção, ela o traz à doação originária, à consciência que apreende 'originariamente' o objeto em sua ipseidade 'de carne e osso'. Exatamente da mesma maneira, a intuição de essência é consciência de algo, de um 'objeto', de um algo para o qual o olhar se dirige, e que nela é dado como sendo 'ele mesmo'; mas também é consciência daquilo que então pode ser 'representado' em outros atos, pode ser pensado de maneira vaga ou distinta, pode tornar-se sujeito de predicações verdadeiras ou falsas" (Husserl, 2006: 36). Dessa maneira, "visão de essência" significa somente "intuição". Destaca-se ainda uma diferença vocabular entre Investigações lógicas e Ideias I: naquela Husserl utiliza o termo "ideação", nesta ele é substituído por "visão de essência originariamente doadora", pois o autor entende que o segundo termo é mais abrangente que o primeiro e, portanto, capaz de abarcar a consciência em sua plenitude posicional.

Ademais, a imanência do ser mostra que o significado de "transcendental" em Husserl não diz respeito somente ao sentido kantiano – ou seja, ao fato de a possibilidade de experimentar os objetos de maneira geral pertencer às condições subjetivas. Isso caracteriza a filosofia transcendental como o conhecimento *a priori* dessas mesmas condições. Para Husserl, "transcendental" também diz respeito às "estruturas universais de qualquer experiência possível e, além disso, é um campo de investigação, um 'ser' devidamente caracterizado como 'consciência do mundo (enquanto vivenciado)'" (Drummond, 2008: 204). Desse modo, o caráter transcendental da fenomenologia remete à relação intencional entre consciência e mundo, fazendo referência antes de tudo ao sentido (*Sinn*), que surge como "o campo aberto pela redução fenomenológica à investigação" (Drummond, 2008: 204). Só o retorno reflexivo à intuição é capaz de mostrar o caráter transcendental do sentido. Por isso, o "sujeito transcendental", para Husserl, é aquele que está direcionado intencionalmente para o mundo, descobrindo o seu significado.

Ao mesmo tempo, a fenomenologia é transcendental-reflexiva e ciência de rigor, pois, "no ponto de partida e na sua materialização enquanto ciência que se torna filosófica, não quer fazer uso dos pontos de vista e correntes previamente existentes" (Von-Herrmann, 2003: 161). Ela está fundada na ausência de pressupostos justamente porque a εποχή é o seu primeiro ato, que ainda mostra a relação intencional entre consciência e mundo tanto quanto o sentido como algo transcendental.

Essa caracterização da fenomenologia husserliana é decisiva para Heidegger, pois se a fenomenologia, como ciência de rigor, deve ser isenta de pressupostos, então ela deve alcançar o seu conteúdo de investigação sempre e a cada vez, não determinando-o definitivamente. "Ir às coisas mesmas" é a máxima fenomenológica, porque é a sua tarefa inicial:

> Na máxima fenomenológica ouvimos uma dupla exigência: por um lado, às coisas mesmas, no sentido de investigar de maneira demonstrativa permanecendo ancorado à base [*bodenständig ausweisend forschen*] (a exigência de um trabalho demonstrativo); por outro, [no sentido de] conquistar e assegurar esse solo uma vez mais (a exigência da exposição do fundamento). A segunda é a fundamental, na qual está incluída a primeira (GA 20: 104).

Assumir a fenomenologia transcendental-reflexiva husserliana não é tê-la como essa base? Precisamente. Por isso, Heidegger sutilmente no §7 de *Ser e tempo* "reivindica independência do panorama da fenomenologia até aí existente" (Von-Herrmann, 2003: 162): "O essencial nela não consiste em ser uma 'corrente' filosófica *real*. Mais acima da realidade está a *possibilidade*. A compreensão da fenomenologia consiste unicamente em apreendê-la como possibilidade" (*SuZ*: 38). A mesma independência exigida por Husserl é agora exigida por Heidegger. Trata-se, pois, de cumprir a máxima fenomenológica, fazendo com que a própria fenomenologia não seja "corrente", tampouco "ponto de vista", uma vez que em ambos os casos ela já seria a aplicação técnica de um método a um determinado conteúdo. O rigor do método consiste em ele ser capaz de determinar o curso de uma investigação, alcançando para si um conteúdo. Com isso, "ir às coisas mesmas" se torna uma exigência constante.

Dessa forma, segundo von Von-Herrmann (2003: 162), há dois tons na referência a Husserl no §7:

> Se, em *Ser e tempo*, Heidegger se refere ao método fenomenológico desenvolvido pela primeira vez por Husserl (primeiro tom), ele tem simultaneamente de dar a entender ao leitor que isso não o leva a dedicar-se ao ponto de vista fenomenológico concreto de Husserl, nem a nenhuma outra corrente fenomenológica existente previamente – por exemplo, a de Max Scheler – (segundo tom).

O rigor do método dá à investigação um conteúdo que lhe é próprio. Porém, na perspectiva de Heidegger, a fenomenologia transcendental-reflexiva não cumpre tal rigor, na medida em que assume a consciência como um pressuposto incontornável e não põe em questão a máxima cartesiana que o funda: "O *cogito sum* não só *não é discutido* por Husserl, senão *assumido* como *compreensível em si mesmo*. A consciência, para a qual toda redução está orientada, é o ponto de partida que sequer é questionado" (GA 17: 267). Ao não empregar a pergunta pela própria condição de possibilidade da consciência, a fenomenologia transcendental-reflexiva não pergunta pelo "ser" de maneira fundamental, centrando-se numa região específica, a saber, na consciência do sujeito transcendental:

> O *cogito sum* não só é assumido como uma trivialidade não discutida, senão o caráter de compreensível em si mesmo [*Selbstverständlichkeit*] se amplia em um sentido fundamental, uma vez que esta *certitudo* é expressamente utilizada não só para uma determinada proposição ontológico-formal, construída sobre o *cogito*, ou para *cogitationes* particulares, mas também para a totalidade deste peculiar âmbito objetual [*Gegenstandsbereiches*] como tal. O *cogito* é agora proposto como a norma explícita para a apreensão desta mesma *região absoluta do ser*. Assim, o caráter de compreensível em si mesmo se amplia nesse sentido fundamental (GA 17: 267).

A exigência de independência demonstra a leitura fenomenológica da fenomenologia, colocando em questão a perspectiva transcendental-reflexiva husserliana. Como a investigação fenomenológica está direcionada ao ser, ela não pode pura e simplesmente assumir que o sentido é transcendente porque o ser é imanente. É necessário investigar a própria condição de possibilidade do sentido de ser. Como na fenomenologia transcendental-reflexiva a εποχή é o ponto de partida, descobrindo a intencionalidade da consciência e reduzindo o ser à consciência, é necessário investigar a própria condição de possibilidade da intencionalidade, para assim chegar à conclusão sobre a possibilidade do próprio sentido de ser.

1.2 A virada hermenêutica

As supramencionadas preleções de 1919 são o primeiro passo em direção à fenomenologia como método da ontologia-hermenêutica. Elas já marcam um primeiro contraste entre Husserl e Heidegger. Para o primeiro, a descoberta do sentido de ser é transcendental-reflexiva. Para o segundo, porque a via transcendental-reflexiva deixa a consciência – e consequentemente o *cogito sum* – inquestionada, é necessário romper com a primazia da reflexão que, por assim dizer, funda o sentido de ser numa via teorético-conceitualista. Tal rompimento não é para proclamar o prático no lugar dessa primazia, mas sim para identificar o pré-teorético, logo, o pré-reflexivo, como o campo fundamental da investigação fenomenológica:

> A preferência pelo teorético está fundada na convicção de que ele representa o estrato básico que fundamenta de determinada maneira todas as outras esferas. Isso se anuncia quando alguém diz, por exemplo, sobre "verdade" moral, artística ou religiosa. Afirma-se que o teorético abrange todos os outros domínios valorativos [*Wertgebiete*] e é capaz disso quando concebe a si mesmo como valor. Essa primazia do teorético deve ser quebrada, mas não com *o* propósito de proclamar um primado do prático, nem para introduzir algo que mostre os problemas desde uma nova perspectiva, mas porque o teorético mesmo e enquanto tal remete a algo pré-teorético (*KnS*, GA 56/57: 59).

A princípio, a proposta é romper com o primado do teorético, o que já mostra, mesmo que indiretamente, uma avaliação da fenomenologia de Husserl: por não colocar em questão o âmbito teórico no qual ela mesma se move, logo, por ser incapaz de compreender o caráter originário do pré-teorético, ela não cumpre a sua própria máxima. Trata-se de uma avaliação radical que, além de tudo, mostra que o ponto de partida de Heidegger é diferente do de Husserl. No §7 de *Ser e tempo* isso se torna explícito ao se afirmar que aí se tenta dar "alguns passos em frente no sentido de abrir as 'coisas elas mesmas' [...]" (*SuZ*: 38). Heidegger pretende levar tal máxima à realização, justificando por que desde as suas primeiras preleções a fenomenologia foi assumida fenomenologicamente – isto é, não como um pressuposto, tampouco como um método técnico a ser aplicado a certos conteúdos, mas sim como um proceder metodológico que é capaz de dar a si, justamente na condição de método, um conteúdo de investigação. Dessa forma, o "dar-se a si mesmo um conteúdo a ser investigado" não é algo isento de perspectiva. Contudo, isso não implica uma ausência de rigor. Para Heidegger, o rigor da investigação não deixa de estar vinculado à percepção da perspectiva, como se aquele dependesse da suspensão desta. Isso não quer dizer que os problemas próprios da investigação fenomenológica, isto é, o seu conteúdo conquistado sempre e a cada vez, sejam arbitrários:

> As tendências implícitas nos problemas devem se tornar transparentes e seguras. Um problema não é algo arbitrário e descomprometido, mas, como pergunta determinada, é uma pergunta sobre e dirigida a algo em uma determinada perspectiva. Deste modo, a

> pergunta já é uma determinada decisão sobre o modo de apreender a coisa perguntada. Na colocação do problema se põe, assim, o modo determinado de acesso à coisa e, ao mesmo tempo, também se põe e se decide o método (GA 17: 299).

A pergunta sobre qual é o conteúdo da investigação está dirigida antes ao *como* (*Wie*) esse conteúdo está posto e mostra-se-a-respeito-de-si-mesmo, do que ao *que* (*Was*) propriamente dito. A pergunta "há algo? [*gibt es etwas?*]" (*KnS*, GA 56/57: 63), por exemplo, não está primeiramente direcionada a *algo* determinado, pois pergunta se *há algo em geral*. A εποχή funciona da mesma maneira, pois suspende algo determinado em vista de algo em geral, reduzindo a vivência à consciência e retirando do concreto aquilo que é quiditativo. Além disso, a εποχή descobre a consciência como intencional, ou seja, como sempre "estando direcionada a...": "Em última instância, o sentido de algo em geral implica estar de alguma maneira referido a algo concreto, pelo que o caráter de sentido de esse 'estar referido a' ainda permanecer problemático" (*KnS*, GA 56/57: 68). A intencionalidade é o *como* do acesso ao *conteúdo* da investigação. A pergunta "há algo?" não soluciona o problema de qual é o conteúdo de investigação da fenomenologia, mas permite perceber que a própria intencionalidade permanece inquestionada.

Aqui estamos como se diante de um abismo: "Ou nos precipitamos no nada, isto é, na objetividade [*Sachlichkeit*] absoluta, ou conseguimos dar o salto para outro mundo ou, mais exatamente, pela primeira vez no mundo em geral" (*KnS*, GA 56/57: 63). O salto a "outro mundo" passa sobretudo pela pergunta sobre a condição de possibilidade da intencionalidade, ou seja, passa pelo *como* (*Wie*) da vivência, no sentido de posicioná-la antes da reflexão, possibilitando assim o acesso ao pré-teorético. Neste, originariamente o algo da vivência não é objeto, mas sim aquilo que mostra-se-a-respeito-de-si-mesmo. Por isso, a redução da vivência à consciência pressupõe não só esse mostrar-se-a-respeito-de-si-mesmo, como também a compreensão daquilo que originariamente se mostra. Logo, o sentido não é descoberto mediante a reflexão, senão através da imediata relação intencional, pois "*o vivido é primordialmente as coisas mesmas e estas são, antes de tudo, sentidos*, significados que imediatamente compreendo, com os quais estou constantemente lidando" (Rodríguez, 2019: 36).

Além disso, na essência alcançada pela εποχή está pressuposto que "a vivência tem um *agora*, é aí – e, de alguma maneira, é mesmo *minha* vivência" (*KnS*, GA 56/57: 69). Em outras palavras: porque a vivência é sempre *minha* vivência, esse *agora* não diz respeito às coisas em geral, a uma temporalidade cronológica, mas sim somente a um aspecto histórico de quem vivencia. Isso acaba por vincular a vivência à facticidade, logo, àquilo que o eu-histórico traz consigo como sendo sua própria história e suas expectativas. A vivência não pode ser apreendida mediante um *processo* (*Vorgang*) reflexivo, pois este corresponde a "um procedimento objetivante que contempla as vivências de um modo neutro e distante, isto é, desvinculadas do eu fático que vive, afastadas do eu-histórico que vivencia, separadas artificialmente do eu-histórico" (Adrián, 2009: 188). Apreender a vivência reflexivamente, logo, como *processo*, é conduzi-la à sua própria desvivificação (*Entlebung*). Nesse sentido, não é possível afirmar que há um "eu" ante "algo", senão que "a relação entre o vivido e o eu que o vive, a intencionalidade primária que aqui se encontra, aparece, para Heidegger, como uma integração plena, na qual ambos estão submetidos ao mesmo 'ritmo da vivência'" (Rodríguez, 2019: 37). O sentido não surge como algo para que esse eu-histórico o tenha tal qual uma posse. Tampouco surge como algo a ser por ele alcançado mediante um ato reflexivo. Surge como um acontecimento do qual ele pode se apropriar: "A vivência não se dá para mim como uma coisa que eu coloco aí, como objeto, senão que eu mesmo me aproprio [*er-eigne*] dela, e ela mesma se apropria [*es er-eignet sich*] segundo sua essência" (*KnS*, GA 56/57: 75).

Portanto, a incursão ao pré-teorético faz aparecer os três momentos fundamentais da vivência: (1) a sua significação imediata, que por sua vez (2) acontece efetivamente porque quem vivencia é um eu-histórico, tornando possível (3) uma apropriação dessa significação (cf. *KnS*, GA 56/57: 63-70). Não se trata de uma mera contraposição à fenomenologia husserliana, mas sim de sua radicalização, conduzindo-a àquilo que para Heidegger ela não é capaz de alcançar. O conteúdo da investigação advém do caráter originariamente pré-teorético da vivência. Com isso, o ponto de partida da fenomenologia não é isento de pressupostos, pois ela não é um *processo* de apreensão da vivência que se inicia com a εποχή.

Por não estar desvinculada do eu-histórico, a intencionalidade está sempre direcionada a algo desde uma determinada perspectiva: "A interpretação é o que dá ao 'aí' do ser-aí fático o caráter de um estar orientado, o que delimita muito bem seu possível modo de ver e o alcance de sua visão" (GA 63: 32/40). Trata-se de uma intencionalidade que já é interpretativa e que se direciona a algo sempre a partir de uma situação hermenêutica, à qual o *aí* remete. Onde algo mostra-se-a-respeito-de-si-mesmo é também onde o ser-aí se apropria do sentido. Logo, trata-se do *aí*, o ponto de partida da fenomenologia, o seu conteúdo de investigação, pois é no aí-do-ser que o sentido de tudo aquilo que é vem à tona. Em suma, é o postulado do *aí* que rompe com o primado do teorético.

Isso é o que o exemplo da cátedra faz ver:

> O que "eu" vejo? Superfícies marrons que se cortam em ângulo reto? Não, vejo outra coisa. Vejo uma caixa, nomeadamente, uma caixa maior com outra menor por cima? De modo algum. Eu vejo a cátedra da qual devo falar, vocês veem a cátedra da qual se lhes fala, na qual eu mesmo já falei. Não há na vivência pura – como se diz – nenhum nexo de fundamentação [*Fundierungszusammenhang*], como se, primeiro, eu visse superfícies marrons que se entrecortam, que depois se apresentariam a mim como caixa, depois como púlpito e, posteriormente, como púlpito acadêmico, como cátedra, de modo que eu colasse as características da cátedra à caixa como uma etiqueta. Tudo isso é interpretação ruim e equivocada, um desvio do puro olhar no interior da vivência [*Hineinschauen in das Erlebnis*]. Eu vejo a cátedra como de chofre, não a vejo isolada, vejo o púlpito posto alto demais para mim. Vejo um livro sobre o púlpito, como algo que imediatamente me incomoda (um livro, e não um número de folhas sobrepostas com borrões pretos espalhados), vejo a cátedra em uma orientação, em uma iluminação, em um pano de fundo (*KnS*, GA 56/57: 71).

A cátedra só significa "cátedra" dentro de um horizonte possível de significação, de modo que o seu sentido só é possível de ser compreendido se ele for assumido enquanto histórico, não sendo algo anexado a ela, mas sim o que a transcende no seu mostrar-se-a-respeito-de-si-mesma. A descoberta do sentido só é possível como *aí do ser*, portanto, mostrando que o sentido de ser não advém da εποχή. Só é possível ver a cátedra enquanto tal porque, para Heidegger:

> [...] "ver" não significa aqui outra coisa que o "simples aperceber-se do que está aí adiante" [*schlichte Kenntnisnahme des Vorfindlichen*]. Se mantemos essa expressão, então compreendemos e não temos nenhuma dificuldade em tomar o imediatamente dado tal como se mostra (GA 20: 51).

O "viver direcionado a..." mostra que a vivência não é a princípio mediada conceitualmente, pois "vivendo em um mundo circundante, encontro-me rodeado sempre e em qualquer lugar por significados, tudo é mundano, '*vem-a-ser mundo*' [*es weltet*], o que não coincide com 'vale' [*es wertet*]" (*KnS*, GA 56/57: 73). A vivência imediata do sentido evidencia que a sua compreensão só é possível enquanto algo que *vem-a-ser mundo*, revelando que a intencionalidade já é hermenêutica, porque toda intuição capta o sentido de ser. Dessa forma, como essa intencionalidade hermenêutica é o modo fundamental de toda e qualquer vivência, a situação hermenêutica é anterior ao binômio consciência-objeto. Uma vez que não há tal binômio reflexivo-conceitual, há uma identificação entre o *quem* e o *como* da vivência – ou seja, entre o *viver* (*leben*) e o *vir-a-ser mundo* (*welten*),[3] entre o ser-aí e o sentido: "Só estando em sintonia com o eu em cada caso próprio se vivencia um mundo circundante, podendo dizer que se faz mundo. Onde e quando algo se faz mundo para mim, *eu* estou de alguma maneira inteiramente aí" (*KnS*, GA 56/57: 73). A cátedra, como o que mostra-se-a-respeito-de-si-mesmo, não é a princípio objeto de uma consciência, mas sim algo que está aí no *mundo circundante* (*Umwelt*).

3 A tradução de *welten* como "vir-a-ser mundo" guarda mais fidelidade ao seu sentido do que à sua literalidade, que exigiria que se traduzisse tal termo como "mundear" ou "mundar", no sentido preciso do *fazer-se mundo* (outra tradução possível). Trata-se de um neologismo criado a partir do substantivo *Welt* (mundo), e a sua utilização tem em vista alcançar a condição de possibilidade de o mundo ser o que é. Consequentemente, o termo traz consigo um par de outros elementos implicados na própria dinâmica de concretização de seu vir-a-ser. E nem por isso esses elementos estão evidentes em um primeiro momento.

Por isso, o *vir-a-ser mundo* é um acontecimento singular para o desenvolvimento de uma Hermenêutica da Facticidade, já que tal expressão – *es weltet* – é utilizada para "designar um processo que, a princípio, parece evidente, mas quando observado de perto apresenta uma complexidade para a qual ainda não há nome" (Safranski, 1997: 114). Afirmar que algo *se faz mundo* é expressar somente a complexidade da vivência do sentido, reunindo aí "todo um mundo, espacial e temporal" (Safranski, 1997: 115). Com isso, Heidegger rompe a barreira epistemológica do conhecimento *de* algo. Mais especificamente, ele rompe a estabelecida cisão reflexiva entre uma consciência que conhece e um objeto que é conhecido. A expressão *vir-a-ser mundo* mostra a compreensão de algo como um acontecimento devidamente situado, logo, mostra o acontecimento do sentido como algo mundano:

> O termo "mundano", na medida em que é derivado de "mundo", não deve ser compreendido em oposição ao "espiritual", mas pretende dizer de modo formal: ser-aí como "mundo". Seu caráter de ser-aí é designado através de um termo técnico, a saber, como *significância* [*Bedeutsamkeit*]. Significativo [*Bedeutsam*] quer dizer: ser, ser-aí ao modo de um significar que vem ao encontro de maneira determinada. A expressão não se refere a um ser-aí que, além disso, significaria algo, mas que seu ser é constituído pela significância que vem ao encontro de modo determinado, pelo manter-se nessa significância. Assim, portanto, o que deve ser compreendido é como a significância constitui o *ser-aí* mundano (GA 63: 96/102, mod.).

O "viver direcionado a..." nunca é isento de pressupostos, nunca é neutro. Ele sempre parte de uma situação determinada, tendo tanto um *aí* quanto um *agora*, que remetem ao pré-teorético. A partir disso, compreende-se que o aspecto histórico só pode ser concebido desde a temporalidade[4] como

4 Faz-se notar aqui a importância da conferência *O conceito de tempo* (1924), fundamental para entender por que a compreensão do ser acontece no horizonte ekstático do tempo, e na qual já se encontra a dinâmica temporal do ser-aí, a qual será posteriormente apresentada na segunda parte de *Ser e tempo*. Essa dinâmica temporal se caracteriza como a antecipação do porvir no presente, significando e atualizando o ter-sido. Note-se: o tempo é aí compreendido tal qual a vida fática, ou seja, de maneira *ek-stática*, o que o vincula à apropriação da situação hermenêutica. O ter-sido, o presente e o porvir não

o horizonte de compreensão do que mostra-se-a-respeito-de-si-mesmo. Tal aspecto concerne ao acontecer (*geschehen*) mesmo da história (*Geschichte*). Por isso, é um elemento estruturante do viver e do vir-a-ser mundo, referindo-se à "finitude inigualável de cada eu singular que vive e encarna toda vivência do mundo circundante" (Cáceres, 2014: 228). Então, não há nenhuma imposição de sentido, mas somente a sua descoberta, e isso não devido ao sentido ser perene e estar anexado ao que mostra-se-a-respeito-de-si-mesmo tal qual uma etiqueta, mas sim porque ele se origina nessa relação entre o aí da compreensão e o mundo – porque, no limite, o sentido se faz mundo.

---

estão aí dispostos como em uma linha sequencial, mas sim como *ek-stases*. Por isso, "o ser-aí, à medida que existe, experimenta o tempo" (Kirchner, 2017: 115). A compreensão de que o tempo é o horizonte de acontecimento do "ser" se dá na experiência da finitude: "A autointerpretação do ser-aí que supera qualquer outro enunciado quer no que diz respeito à certeza, quer ao ser-em-propriedade, é a interpretação da sua morte, *a certeza indeterminada da mais própria possibilidade do estar-no-fim*" (GA 64: 116/45). O *como* da experiência fática da vida passa a ter primazia diante do *que*, justamente quando o tempo passa a ser compreendido como o horizonte no qual a existência pode ser enquanto tal. Heidegger havia encontrado isso em sua leitura fenomenológica das cartas paulinas: o fenômeno da παρουσία, que enquanto tal não possui momento determinado para acontecer, podendo na verdade acontecer a qualquer momento. Orientar a vida a partir desse evento futuro, certo por um lado, e incerto por outro, significa orientá-la desde uma fragilidade que só pode ser compreendida a partir daquilo que se é, ou seja, *sendo aquilo que se é*. As cartas paulinas mostram a vida no seu viver mais próprio. Com isso, o sentido de conteúdo da experiência fática da vida acontece a partir do *como*, de modo que "em toda e qualquer passagem do tempo, o ser-aí se temporaliza, seja de maneira própria ou imprópria" (Kirchner, 2017: 115). De acordo com Heidegger, essa dinâmica própria da temporalidade implica a manifestação do ser em seu trânsito (*Vorbei*) – um trânsito que "não é um 'quê', mas um 'como' e, justamente, o 'como' que é próprio do meu ser-aí" (GA 64: 117/49). A pergunta pelo tempo é o fio condutor da pergunta pelo ser, de modo que, "concebido na sua possibilidade de ser mais extrema, o ser-aí não é *no* tempo, ele é mesmo o tempo" (GA 64: 118/51). O tempo não é lido em sentido ôntico-positivo, como algo mensurável, mas em sentido ontológico-transcendental, conforme mostra o §36 de *Prolegômenos para uma história do conceito de tempo*: "O tempo não é algo que esteja aí fora em qualquer lugar como uma estrutura para o que acontece no mundo; o tempo tampouco é algo que esteja isolado no interior da consciência, mas é o que torna possível o ser-se-antecipadamente-já-sendo-junto-a [*Sich-vorweg-sein-im-schon-sein-bei*], ou seja, o ser do cuidado [*Sein der Sorge*]" (GA 20: 442).

A apropriação do sentido vincula o viver e o vir-a-ser mundo de modo que aquele (o viver) se encontra sempre imerso nos sentidos advindos neste (o vir-a-ser mundo). A significação imediata da vivência, estando relacionada ao eu-histórico, não desvincula acontecimento e apropriação: "As vivências são acontecimentos [*Er-eignisse*], na medida em que vivem a partir do que lhes são próprios [*Eigenen*] e é só assim que a vida vive" (*KnS*, GA 56/57: 75). Esse caráter histórico é o que efetivamente individualiza a vida. Logo, é o que mostra que o eu-histórico já está sempre lançado no mundo: ele já está sempre numa situação dada e por isso "não pode ser tipificado [...] É este eu-histórico que está presente na mais elementar das percepções e para quem as coisas aparecem desta ou daquela maneira" (Rodríguez, 2019: 37).

É nesse cenário que se entende a proposta de o eu-histórico ser caracterizado por meio do termo "vida fática", que originariamente dá a ver um acontecimento histórico-apropriativo no qual se unem o viver e o vir-a-ser mundo. Isso transforma essa proposta no conteúdo próprio e inicial da investigação fenomenológica. Além disso, a facticidade se apresenta como "uma palavra contra o que estava em voga no Idealismo Alemão, como consciência, autoconsciência, espírito, ou, mesmo em Husserl, como sujeito transcendental" (Gadamer, 2003: 328). A determinação da ideia de vida fática não envolve "nada em si da ideia de 'eu', pessoa, egoidade, centro de atos" (GA 63: 29/37). Ela não prioriza a esfera subjetiva porque não é por ela fundamentada. Logo, a investigação fenomenológica se dirige diretamente a ela, alcançando-a em seu caráter pré-teorético.

A fenomenologia não pleiteia ser o método de uma ciência isenta de pressupostos, o que, desde a perspectiva heideggeriana, é inviável (para tanto, seria necessário partir da cisão entre viver e vir-a-ser mundo, prescindindo da relação entre vida fática e mundo). Isso porque ausência de pressupostos de maneira alguma significa liberdade de perspectiva: "Estar livre de perspectiva = ser sujeito viciado. A configuração da perspectiva é o primeiro no ser. O adequado, o conhecer os preconceitos [*Vorurteile*], e não só pelo que implica ao conteúdo, mas ao ser" (GA 63: 82/88). Portanto, o próprio método fenomenológico não pode pretender orientar uma investigação isenta de pressupostos. A liberdade de e na investigação acontece como apropriação da própria perspectiva do olhar: "*Liberdade de perspectiva*, se essa expressão deve significar algo, não é outra coisa que a explícita *apropriação da posição do olhar*. Esta posição é ela mesma algo histórico, ou seja, inseparável do ser-aí [...], ninguém é em-si [*Ansich*] quimérico e fora do tempo" (GA 63: 83/89).

A intencionalidade mostra também a perspectiva desde a qual o sentido será apropriado. Em Heidegger, a fenomenologia assume de fato uma intencionalidade hermenêutica, porque o âmbito pré-teorético do qual ela parte está fundamentado na compreensão e não na reflexão. Com isso, ela se ocupa a princípio com o *vir-a-ser mundo* e não com a εποχή, com a vida fática e não com a consciência. Para tanto, ela deve tornar clara para si mesma sempre e a cada vez a situação hermenêutica a partir da qual o sentido é apropriado:

> O conteúdo de cada interpretação – ou seja, o objeto temático no "como" do seu ser-interpretado – só se mantém em pé, se se explicitou com suficiente clareza a sua correspondente situação hermenêutica, a que cada interpretação é relativa, nas suas características. Uma interpretação tem sempre, em qualquer caso e seja qual for o seu âmbito temático e a sua pretensão de objetividade: 1) um ponto de vista [*Blickstand*], que se fixou e apropriou de modo mais ou menos explícito; 2) uma perspectiva [*Blickrichtung*], que dele parte, e segundo a qual se determina preconceptualmente o ser captado do objeto da interpretação "enquanto tal [coisa]" e "em que direção" deverá ser interpretado; e 3) um horizonte [*Sichtweite*], delimitado pelo ponto de vista e pela perspectiva, dentro do qual a exigência de objetividade da interpretação se move (*NB*, GA 62: 346).[5]

---

5 A redação de *Informe Natorp*, cujo título é *Interpretações fenomenológicas sobre Aristóteles: indicação da situação hermenêutica*, e que se encontra publicado como anexo ao volume 62 da *Edição Integral*, dá-se diante da possibilidade de Heidegger vir a ocupar um lugar de professor catedrático em Marburgo. Paul Natorp (1854-1924), responsável por administrar a sucessão, confidencia numa carta a Husserl que estava inclinado a "pensar seriamente" em Heidegger. Contra este, porém, pesava o fato de ainda não ter nenhuma publicação como fenomenólogo. A partir disso, dá-se a confecção desse texto, que na verdade se apresenta como o que hoje seria um projeto de investigação, no qual Heidegger já traz seu propósito a respeito de uma investigação fenomenológica. Na verdade, pode-se dizer que *Informe Natorp* é o primeiro esboço de uma ontologia fenomenológico-hermenêutica, devendo-se destacar a remissão a Aristóteles: ela se dá na esteira de uma hermenêutica

Diante disso, o método fenomenológico está sempre devidamente situado, devendo ser alcançado como uma possibilidade e não como uma "corrente". Aquele aspecto reflexivo da fenomenologia husserliana é abandonado e dá lugar à situação hermenêutica – o marco inicial da investigação sobre o sentido de ser do ser-aí. A afirmação escrita por Heidegger na condicional – "Se a seguinte investigação dá alguns passos em frente no sentido de abrir as 'coisas elas mesmas'" (*SuZ*: 38) – explicita, ao mesmo tempo, aquilo que *Ser e tempo* não é e a virada hermenêutica da fenomenologia, anunciando também a radicalização da máxima fenomenológica:

> Nisso se fundamenta o fato de que "às coisas elas mesmas" já não pode significar aqui: trazer diante da mente as coisas livremente, por si mesmas; trata-se, antes, de um específico modo de perguntar, que quer dizer: deixar vir ao nosso encontro aquilo sobre o que se pergunta, dentro de uma problemática prefigurada de um modo totalmente específico (GA 17: 102).

O conteúdo da investigação fenomenológica nunca é algo neutro e isento de perspectiva. Logo, a redução fenomenológica, que vai do ente ao ser, já denota o assumir de uma determinada situação hermenêutica. Husserl, ao propor a fenomenologia como a única ciência de rigor, está inicialmente conclamando o advento de um específico modo de ser previamente determinado: o da consciência transcendental. "Dizer que o *sentido* do ser em

---

fenomenológica da facticidade, que já nas preleções de 1921/1922, *Interpretações fenomenológicas sobre Aristóteles: introdução à investigação fenomenológica*, havia alcançado as categorias da vida fática. Nesse sentido, o que *Informe Natorp* apresenta é um programa filosófico que recupera o que já havia sido exposto e indica a sua continuidade. O texto já antecipa a reabilitação da pergunta pelo ser a partir do horizonte da hermenêutica da facticidade como o seu principal objetivo. Com isso, em certo sentido, o texto também já indica a de-struição fenomenológica como método de acesso à tradição filosófica como um todo: "Caráter de ser é o que, definitivamente, reivindica umas interpretações tais como as que Heidegger leva a cabo. De fato, a análise do ponto de partida, a vida fática, mostra a necessidade inevitável de uma apropriação destrutiva do passado. Isso evidenciará os motivos implícitos contidos nas distintas interpretações entregues pela tradição" (Segura, 2002: 18). De fato, esse texto consolida o percurso da investigação fenomenológica por Heidegger, uma vez que já assume a hermenêutica da facticidade como ponto de partida para a reabilitação da pergunta pelo sentido de ser.

geral se constitui na consciência é dizer que o ente em sua totalidade só pode 'valer' como objeto" (Valentim, 2009: 229). Porém, para Heidegger, o caráter transcendental do sentido de ser não é descoberto mediante a εποχή, mas sim mediante a apropriação da situação hermenêutica. Esta, por isso, está vinculada ao acontecer do ser em seu aí: "Esse transcender não significa apenas, nem primariamente, o relacionar-se de um sujeito com um objeto, mas transcendência significa *compreender-se a partir de um mundo*" (GA 24: 425/435). Nesses termos, a intencionalidade funciona como a "a *ratio cognoscendi* da transcendência. Essa é a *ratio essendi* da intencionalidade em seus diversos modos de ser" (GA 24: 91/100). De tal maneira, qualquer pergunta pelo sentido de ser pressupõe um ponto de vista, uma perspectiva e um horizonte. Por isso, "o meu relacionar-me compreendendo com o ente atém-se já a um compreender preliminar do ser deste ente, a partir do qual compreendo, já sempre, em cada caso, o ente ao levar a cabo o meu relacionamento com ele" (Von-Herrmann, 2003: 172).

A ontologia-hermenêutica não é uma mera reflexão teórico-conceitual, mas sim o pôr explícito da pergunta sobre o sentido de ser que, para ser posta, já precisa em todo caso ter alguma compreensão do que é ser: "Compreensão em que o que compreende não está para o compreendido como a consciência para os seus objetos, mas de tal modo que o que compreende é 'interpelado', 'determinado' e, por isso, 'concebido' pelo próprio compreendido – o ser" (Valentim, 2009: 232). Heidegger, portanto, dá uma guinada hermenêutica na fenomenologia, fazendo dela o método não de uma investigação reflexivo-transcendental, mas sim ontológico-hermenêutica.

1.3 As três descobertas originárias da fenomenologia

Uma vez que a intencionalidade já é sempre hermenêutica e está direcionada ao que "vêm ao nosso encontro" (GA 24: 424/434) no mundo, o mundo enquanto tal é descoberto como transcendente: "Se o mundo é o transcendente, o *propriamente transcendente* é o *ser-aí*" (GA 24: 424/434). O sentido de ser não é descoberto à luz da consciência transcendental, mas sim da hermenêutica da facticidade. Por isso, se em certo sentido "mundo" é o que está para além de todo objeto – sendo "o mais objetivo de todos os objetos [*Objetkte*] e não possui, contudo, o modo de ser dos objetos" (GA 24: 424/434) –, então o seu modo de ser não pode coincidir com o dos objetos, mas sim com o do ser-aí:

> Com isso, alcançamos pela primeira vez *o sentido ontológico autêntico de transcendência* [...]. *Transcendere* significa ultrapassar; o *transcendens*, o transcendente, é *aquele que ultrapassa enquanto tal* e não aquilo em direção ao que eu ultrapasso. O mundo é o transcendente porque, pertencendo à estrutura do ser-no-mundo, ele constitui o ultrapassar em direção a... enquanto tal. O ser-aí mesmo é em seu ser, na medida em que ultrapassa, e, com isso, precisamente ele *não é o imanente* (GA 24: 425/434).

O ser-aí nunca é radicalmente "para dentro". Ele é sempre direcionado *para além*, ou seja, para fora. Ele é sempre "aberto a...": "A abertura pertence ao seu ser. Ele é seu aí [...]" (GA 24: 426/436). O ser-aí descobre o sentido de ser não como algo imanente ao que mostra-se-a-respeito-de-si-mesmo, mas sim como *projeto* (*Entwurf*): "O caráter projetivo do compreender constitui a abertura do aí do ser-no-mundo como o aí de um poder-ser. O projeto é a estrutura existencial[6] de ser do âmbito em que se move o poder-ser fático"

6 Traduz-se aqui por "existencial" o termo alemão *existenzial*, assumindo como parâmetro a tradução espanhola de *Ser e tempo* realizada por Jorge Rivera (1997), que, ademais, traduz o termo alemão *existenziell* por "existentivo". A tradução italiana realizada por Pietro Chiodi (1969) e atualizada por Franco Volpi (2005) traduz, respectivamente, por *existenciale* (existencial) e *esistentivo* (existentivo). A tradução espanhola de José Gaos (1951), por sua vez, traduz por "existenciário" o primeiro termo e por "existencial" o segundo. As traduções para o português fazem as seguintes opções: Márcia Sá Cavalcante (1988) traduz, respectivamente, por "existencial" e "existenciário"; e Fausto Castilho (2012) inverte essa ordem, pondo-se na esteira da tradução inaugurada por Gaos. Importa destacar que *existenzial* é um termo introduzido por Heidegger para distinguir aquilo que é próprio da constituição ontológica do ser-aí de outras "categorias" – isto é, distinguir o que é próprio daqueles conceitos que remetem à estrutura fundamental dos demais entes que não são tais qual o ser-aí. Ademais, a adequada distinção conceitual entre *existenzial* e *existenziell* é estabelecida somente em *Ser e tempo*, sendo usada "para distinguir o plano das determinações da existência consideradas em sua imediação ôntica (*existenziell*) daquele das determinações ontológicas que se referem, ao invés disso, à existência como um modo de ser específico ao ser-aí (*existenzial*)" (Volpi, 2015: 559). Dessa maneira, *existentivo* fará sempre menção ao plano ôntico, ao passo que *existencial* dirá respeito aos aspectos ontológicos da

(*SuZ*: 145). A condição de possibilidade da intencionalidade radica na compreensão imediata do ser do ente – ou seja, na intuição hermenêutica do ser, que "não é a última explicação do psíquico, mas a primeira abordagem para a superação do emprego acrítico de realidades tradicionalmente determinadas como o psíquico, a consciência, o conjunto de vivências, a razão" (GA 20: 63).

A investigação acerca da condição de possibilidade da intencionalidade visa romper com pontos de partida determinados reflexivamente, sejam eles favoráveis sejam contrários à própria intencionalidade, tentando alcançar aquilo que ela tem – ou melhor, traz – de efetivo, a saber, a intuição categorial:

> A descoberta da intuição categorial é a prova, em primeiro lugar, de que há uma apreensão simples do categorial, daqueles constituintes do ente que tradicionalmente se denominam categorias e que prontamente se nota, mesmo de forma bruta. Em segundo lugar, é, sobretudo, a prova de que essa apreensão se encontra implícita na mais cotidiana das percepções e em cada experiência [*Erfahrung*] (GA 20: 64).

Antes de tudo, como "intuição" se traduz a expressão alemã *Anschauung*. Nela, há o verbo *schauen* (olhar), que, quando substantivado, forma *Schau* (visão). Também há a preposição *an-*, que direciona o olhar posicionando-o atentamente. Desse modo, *an-schauen* é "o olhar direcionado e atento". Logo, *Anschauung* é "o direcionamento atento do olhar": intuição (cf. Grimm; Grimm, 1971a: coluna 435). Nesse sentido, Heidegger pode afirmar que intuição é o "*simples apreender o que se encontra já dado ele mesmo em carne e osso, tal como ele se mostra*" (GA 20: 64). Trata-se do "simples apreender", do "simples ver" aquilo que mostra-se-a-respeito-de-si-mesmo. Logo, a intuição categorial apreende o fenômeno em seu mostrar-se. Ela diz respeito ao *como* da apreensão, não designando um mero olhar, mas sim um olhar *direcionado*, capaz de perceber o sentido *direta* e *imediatamente*.

O sentido não provém de uma mediação conceitual-reflexiva, mas somente do fato de, em sua facticidade, o ser-aí já sempre transcender o ente

---

existência – "em termos kantianos, às condições de possibilidade da existência mesma" (Adrián, 2009: 85).

em sua onticidade, compreendendo seu ser – ou melhor, projetando uma compreensão de ser, pois "o ser não é tão acessível quanto o ente. Nós não nos encontramos simplesmente em frente a ele, [...] ele deve ser respectivamente visualizado em uma projeção livre" (GA 24: 29/37). Isso é o que a fenomenologia constrói como especificamente seu: "A projeção do ente previamente dado com vistas ao seu ser e às suas estruturas" (GA 24: 30/37). Portanto, se a intuição categorial é a condição de possibilidade da intencionalidade, a transcendência é a da facticidade, mesmo porque:

> O ser só é compreendido na medida em que ele *é*, por seu lado, *projetado com vistas a algo*. [...] Só compreendemos o ente na medida em que o projetamos com vistas ao ser; o ser mesmo precisa ser compreendido aí de certa maneira, isto é, o ser precisa, por sua parte, ser projetado em direção a algo (GA 24: 396/407).

Ao mostrar que o sentido de ser é transcendental, a intuição categorial ratifica a hermenêutica como modo próprio de ser do ser-aí, portanto, não recorrendo ao binômio consciência-objeto. Além disso, sendo o que há de efetivo na intencionalidade, a intuição categorial mostra a hermenêutica como o seu fundamento ontológico. Em Heidegger, intuição categorial é intuição hermenêutica, pois o mundo é compreendido antes de qualquer ato teórico e/ou reflexivo. Ao afirmar a percepção da cátedra, já se intui o seu sentido de ser. A intuição hermenêutica da cátedra é a compreensão do ser-cátedra – presente, por exemplo, na afirmação de que a cátedra *é* demasiado alta. "Os elementos do enunciado todo que não encontram conformidade alguma na percepção sensível, encontram-na por meio de uma *percepção não sensível*: a *intuição categorial*" (GA 20: 80). O apreender simples pretendido pela fenomenologia é justamente este. É o mais difícil de ser alcançado, pois, "de início e na maioria das vezes, o simples passa batido, é o que não é percebido e o que fica esquecido, velado" (Fernandes, 2013: 89). Com isso, a investigação fenomenológica parte da hermenêutica da facticidade, colocando em primeiro lugar a pergunta pelo sentido de ser do ser-aí para, a partir disso, lançar a pergunta pelo sentido de ser em geral, justificando a sua vocação ontológico-fundamental.

Se por um lado a intuição categorial apreende o ser do ente, por outro, a intencionalidade não está direcionada a um mero objeto, mas sim àquilo que mostra-se-a-respeito-de-si-mesmo. Por isso, não é que a fenomenologia é um mero modo de proceder que chega à ontologia como o que deve ser investigado. Na verdade, é que "*a ontologia científica não é outra coisa senão fenomenologia*" (GA 20: 98). O ver simples exigido pela fenomenologia é ontológico-transcendental. No limite, a intuição categorial descobre o ser como fundamento do ente: "A designação terminológica para este caráter da anterioridade do ser em relação ao ente é a expressão *a priori*, aprioridade, o ser anterior. Enquanto *a priori*, o ser é anterior aos entes" (GA 24: 27/35). Assim sendo, à fenomenologia não compete somente direcionar o olhar do ente ao ser, como também elaborar as estruturas metodológicas necessárias para levar a cabo tal diferença, denominada diferença ontológica.[7]

Para a fenomenologia, o *a priori* é um "*título do ser*" (GA 20: 101) e, por isso, não guarda relação alguma com qualquer noção de subjetividade, tampouco com uma consciência, e muito menos com uma concepção imanentista, à qual se contraporia uma concepção transcendental: "O *a priori* não só não é nada imanente, primariamente inerente à esfera do sujeito, como também não é nada transcendente, especificamente atrelado à realidade [*Realität*]" (GA 20: 101). Desse modo, o *a priori* está necessariamente vinculado à intuição categorial e, consequentemente, à intencionalidade.

Portanto, o conteúdo próprio da investigação fenomenológica é o ser. A pergunta posta é pelo seu sentido. "Todo perguntar é um buscar. Todo buscar está previamente direcionado pelo que se busca" (*SuZ*: 5). Se a fenomenologia, como método de uma ontologia-hermenêutica, coloca a pergunta pelo sentido de ser, então está "fora de questão que ela pronuncie determinadas teses dotadas de um conteúdo específico sobre o ente e defenda, por assim dizer, um ponto de vista" (GA 24: 28/35). A sua investigação é direcionada previamente pelo que mostra-se-a-respeito-de-si-mesmo, tratando-se, pois, de um direcionamento *a priori*.

Por que a fenomenologia não pronuncia teses sobre um conteúdo específico acerca do ente? Porque *ser* nunca é algo objetivo. Ou seja, mesmo

---

7 Cf. Segunda seção, capítulo 4.1.

a fenomenologia, como método da Ontologia Fundamental, pressupõe "*o projeto do ser com vistas ao horizonte de sua compreensibilidade*" (GA 24: 459/468). A pergunta pelo sentido de ser é previamente direcionada por uma compreensão pré-ontológica. Logo, o "*a priori* significa ao mesmo tempo aquilo que torna possível o ente enquanto ente naquilo *que* e no modo *como* ele é" (GA 24: 461/470). A fenomenologia deve encontrar aquilo que mostra-se-a-respeito-de-si-mesmo tal como se mostra, sem determiná-lo previamente: "Como significado da expressão '*fenômeno*' se deve manter, pois, *o-que-mostra-se-a-respeito-de-si-mesmo*, o que se manifesta" (*SuZ*: 28). *Fenômeno* diz respeito ao modo de encontrar o conteúdo da investigação. "O λόγος faz ver algo (φαίνεσθαι), a saber, aquilo sobre o que se fala e o faz ver *para* quem fala (*Medium*) ou para os que falam entre si" (*SuZ*: 32). *Fenômeno* e λόγος são componentes do método na medida em que remetem à sua estrutura formal.

Capítulo 2

O SENTIDO FENOMENOLÓGICO DE FENOMENOLOGIA

Se *fenômeno* designa o modo de encontrar o conteúdo da investigação, então λόγος é o modo de expressá-lo. Exteriormente, "fenomenologia seria, portanto, a *ciência dos fenômenos*" (*SuZ*: 28). E o que seria a fenomenologia em sentido fenomenológico, uma vez que é dessa maneira que Heidegger a lê? Não basta manter o significado de *fenômeno* como o que mostra-se-a-respeito-de-si-mesmo, evocando o seu étimo grego – φαινόμενον? Precisamente. Contudo, é necessário tornar isso claro. De igual maneira, assumir o significado de λόγος como "ciência de..." equivale a não ir em direção ao seu significado originário, com isso assumindo-o desde uma perspectiva derivada, que não é aquela pretendida pela fenomenologia. Por isso, a retomada dos étimos φαινόμενον e λόγος é uma tarefa imprescindível para a construção da fenomenologia como o método da investigação ontológico-fundamental.

Essa retomada também está presente no §7, respectivamente em sua primeira e segunda partes, as quais, juntas, antecipam a apresentação do conceito prévio de fenomenologia. Investigar o que está aí posto não corresponde somente a evidenciar a origem dos termos componentes da expressão "fenomenologia", como se se tratasse de uma investigação etimológica. Trata-se, na verdade, de mostrar que φαινόμενον e λόγος dizem respeito sobretudo ao *como* da investigação, delimitando-a também a respeito do seu *conteúdo*. O §7, contudo e novamente, precisa ser compreendido em articulação com as preleções anteriores a *Ser e tempo*, pois assim ficará mais clara a realização de uma desconstrução crítica desses conceitos tradicionais, preparando dessa maneira o conceito prévio de fenomenologia. Para tanto, também é necessário estar atento a uma chave metodológica apresentada por Heidegger já nas preleções *Introdução à fenomenologia da religião* (1920/1921), a saber: a ideia dos conceitos fenomenológicos como indicações formais, responsáveis pela "análise do 'como' da apreensão de um objeto e não do 'que' do objeto mesmo" (Streeter, 1997: 418).

2.1 A indicação formal como chave metodológica

Se a fenomenologia é o método de investigação da Ontologia Fundamental, e se esta parte necessariamente da Hermenêutica da Facticidade, então nem o significado de φαινόμενον, nem o de λόγος estão desvinculados do sentido de ser em geral, tampouco do sentido de ser do ser-aí. De tal maneira, a de-struição[1] fenomenológica, como se verá posteriormente,[2] ao realizar uma desconstrução crítica da Tradição, visa alcançar as condições de possibilidade para o trato do ente a partir da compreensão do ser – isto é, visa alcançar as "condições de possibilidade das próprias ontologias, que antecedem as ciências ônticas e as fundam" (*SuZ*: 11). Fenômeno não define o ente, mas sim define o modo de encontrar o ser do ente na condição que é a sua, a saber, de algo que mostra-se-a-respeito-de-si-mesmo. Ele não significa "nada mais do que um *modo destacado da presença* [*Anwesenheit*] *do ente*" (GA 17: 9). Por isso, não remete a um *que* objetivo, mas sim a um *como* – ou seja, ao modo do mostrar-se-a-respeito-de-si-mesmo. Conceitualmente, fenômeno indica o modo de encontrar o conteúdo da investigação – o *que* em seu *como*:

---

1 O termo *Destruktion* é a versão germânica do latim *destructio*, cuja origem, de acordo com Moran (1994: 175-177), remete ao século XI, mais especificamente ao contexto das disputas entre fé e razão. Em português, o termo latino deu origem ao termo "destruição", cujo significado corrente diz sobre o ato de destruir, devastar, levar à ruína. Em alemão, no entanto, esse significado corrente se diz através do termo *Zerstörung*, que não guarda nenhuma relação com *Destruktion*, cujo significado, indicado com precisão nos *Seminários de Le Thor* (1969), "deve ser compreendido estritamente como *de-struere*, '*des-construção*' [*Ab-bauen*] e não como devastar [*Verwüsten*]" (GA 15: 337). Nesse sentido, opta-se por traduzir *Destruktion* por *de-struição*, com hífen, marcando assim a diferença entre o significado corrente da palavra e esse outro significado empregado por Heidegger.

2 Cf. Primeira seção, capítulo 3.1.

> O ser deve ser apreendido e tematizado. Ser é respectivamente ser do ente e, por conseguinte, só é acessível de início a partir de um ente. Neste caso, o olhar fenomenológico apreendedor precisa se dirigir, na verdade, para um ente, mas de tal modo que o ser desse ente se destaque e possa chegar a uma tematização possível (GA 24: 28/36).

Como a investigação fenomenológica não prescinde da intencionalidade, pois o ser-aí vive sempre "direcionado a...", os conceitos fenomenológicos não podem prescindir absolutamente de um conteúdo. Mesmo assim, esse conteúdo não é antecipado nem objetiva, nem objetualmente. Tais conceitos não definem o sentido em plenitude do que mostra-se-a-respeito-de-si-mesmo, mas definem somente o modo como a fenomenologia encontra isso que assim se mostra. A indicação formal diz como a fenomenologia tem e expressa o seu conteúdo de investigação – isto é, não como coisa, mas sim como um "'ter fundamental', tendo o fundamento de cada ente" (Kisiel, 1993: 234).

Na condição de indicações formais, os conceitos fenomenológicos são capazes de expressar o direcionamento do olhar para além do ente, mas nunca prescindindo dele. Nesse sentido, "nenhum objeto pode ser alcançado em si mesmo de maneira autêntica ou completa, mas o objeto da filosofia *pode* ser 'genuinamente indicado'" (Streeter, 1997: 419), porque toda e qualquer *redução fenomenológica* já é sempre situada desde um ponto de vista, uma perspectiva e um horizonte. O "ter" o conteúdo da investigação não indica nenhuma posse quiditativa. Indica a consecução do fenômeno como modo não-objetivo de encontrar tal conteúdo, tornando-o questionável em seu *ser-que-como* (*Was-Wie-Sein*), ou seja:

> 1) pelo "*que*" [*Was*] originário, que é experienciado nele (*conteúdo*) [*Gehalt*]; 2) pelo "*como*" [*Wie*] originário, em que é experienciado (*referência*) [*Bezug*]; 3) pelo "*como*" [*Wie*] originário, no qual o sentido referencial é realizado (*realização*) [*Vollzug*]. Essas três direções de sentido (sentido de conteúdo, de referência, de realização) não estão simplesmente colocadas uma ao lado da outra. "Fenômeno" é a totalidade de sentido segundo essas três direções (*EPR*, GA 60: 63).

Como fenômeno não diz respeito ao ente propriamente dito, mas sim àquilo que a intuição categorial capta *a priori* – o ser do ente –, o conceito indicativo-formal de fenômeno o torna questionável em sua totalidade de sentido, inviabilizando a objetivação prévia do ser e, com isso, deixando-o suspenso no que diz respeito ao seu sentido de realização, de referência e de conteúdo: "A indicação formal não está vinculada ao 'que' do fenômeno, mas é apenas indicativa da direção em que a compreensão, ainda não realizada, pode prosseguir" (Hung: 2020: 4). Os conceitos fenomenológicos não são nem lógico-formais, nem formal-temáticos, logo, "o que é formalmente indicado não pode ser tematizado como um todo" (Machado, 2006: 43-44). Isso evidencia que a indicação formal se diferencia tanto da generalização (*Generalisierung*) quanto da formalização (*Formalisierung*).

"'Generalização' quer dizer *universalização segundo o gênero*. Por exemplo, o vermelho é uma cor, a cor é uma qualidade sensível" (*EPR*, GA 60: 58). Na generalização, põe-se algo em relação a uma categoria superior, a qual se denomina "gênero", criando uma necessária hierarquia, de modo que "a generalização é sustentada na impossibilidade de acesso à compreensão do sentido e do domínio particular dos objetos. [...] Apreender o conteúdo numa hierarquia do individual é essencial para a generalização" (Machado, 2006: 35). Ao estabelecer um modo hierárquico do singular ao substancial, a generalização está sempre vinculada a uma região temática determinada, logo, a um conteúdo quiditativo.

"Outro é o caso na *formalização*; por exemplo, 'a pedra é um objeto' [*Gegenstand*]. Aí a atitude não está ligada ao conteúdo quiditativo (à região das coisas materiais e similares), mas é tematicamente livre. Está livre de toda ordenação hierárquica" (*EPR*, GA 60: 58). A formalização não diz respeito ao conteúdo, tampouco a qualquer hierarquia, porque se ocupa com a essência de algo. A hierarquia da generalização não é necessária à formalização, pois esta está direcionada à predicação formal: ela afirma que "a pedra é um *objeto*", que em si mesmo não existe senão enquanto conceito. De tal modo, toda formalização é sempre uma abstração, que, no limite, "presume que todos os fenômenos estão disponíveis para uma apreensão cognitiva (teorética), que todos os fenômenos são dados (experienciados) no comportamento teorético" (Hung, 2020: 4). A formalização também tem em vista uma universalidade, que é o que há de comum entre ela e a generalização, e o que as diferencia radicalmente da indicação formal – pois esta "nada tem a ver com a universalidade. O significado de 'formal' na 'indicação formal' é *mais originário*" (*EPR*, GA 60: 59).

A indicação formal não define nenhuma essência, tampouco uma região temática. Ela somente oferece o "primeiro vislumbre de um fenômeno particular" (Vedder, 2006: 45), determinando o conceito fenomenológico de fenômeno em seu *ser-que-como*, e o definindo desde um ponto de vista, uma perspectiva e um horizonte. A indicação formal mostra "os fenômenos da vida fática sem encobri-los pela explicação teórica" (Hebeche, 2005: 326), justificando o seu aspecto "mais originário" em relação à generalização e à formalização: ela é utilizada para mostrar o caráter prévio a toda predicação formal e a toda ordenação gradual; por isso, para ela "não se trata de uma ordenação. Nela se mantém afastada qualquer classificação, deixando tudo em suspenso" (*EPR*, GA 60: 64). Portanto, a indicação formal garante a possibilidade de a investigação fenomenológica voltar a "situar-se no começo, antes de toda essencialização e universalização" (Hebeche, 2005: 347). Ela trabalha justamente para isso:

> A indicação deve indicar antecipando a referência do fenômeno – em um sentido negativo, como se fosse uma advertência! Um fenômeno deve ser dado previamente de tal modo que seu sentido de referência fique em suspenso. Deve-se evitar assumir que o sentido de referência seja originariamente teórico. A referência e a realização do fenômeno *não* são determinadas antecipadamente, mas estão em suspensão. Essa é uma posição que se contrapõe frontalmente à ciência. Não há nenhuma inserção em uma região temática, mas, ao contrário, a indicação formal é uma *defesa* [*Abwehr*], um *asseguramento* [*Sicherung*] preventivo, de modo que o caráter de realização [*Vollzugscharakter*] ainda permaneça livre (*EPR*, GA 60: 63).

O "estar em suspensão" do sentido de referência e do sentido de realização possibilita que se pergunte pelo sentido de ser do fenômeno em sua totalidade, justamente por ele não estar situado objetivamente. Com isso, os conceitos fenomenológicos não fornecem respostas objetivas para a pergunta sobre o sentido de ser, porém fornecem uma resposta que indica o modo de seu mostrar-se-a-respeito-de-si-mesmo. Tais conceitos assumem a tarefa de manter aberta a pergunta pelo sentido de "ser" disso que aí se mostra: "Na indicação está implícito que a concretização não se dá sem mais, mas representa uma tarefa de tipo próprio e uma tarefa para uma realização da própria constituição. Por conseguinte, o conteúdo definidor deve ser conquistado dessa maneira" (GA 61: 32). A fenomenologia alcança sempre e a cada vez o seu conteúdo de investigação como princípio, tendo como "última instância de legitimação da produção de conceitos o ato histórico da liberdade, isto é, aquele pelo qual a vida se apropria de si mesma e conquista para si as mais claras proposições" (Bertorello, 2005: 139).

Ao perguntar pelo *ser-que-como*, a indicação formal faz prevalecer o *como* ao *que*, permitindo que a resposta a tal pergunta não se oriente a princípio pelo conteúdo objetivo, senão pelo modo como algo se dá e é compreendido. Portanto, não se antecipa o sentido de realização, assegurando que o sentido de ser advenha da necessária relação entre viver e vir-a-ser mundo. Por impossibilitar qualquer prévia definição teórico-conceitual, a indicação formal opera como uma chave metodológica para todos os conceitos fenomenológicos, que por isso são fundamentalmente vazios de conteúdo: "O vazio de conteúdo em sua estrutura de sentido é igualmente aquilo que dá a direção de realização" (GA 61: 33). Como não há a possibilidade de o viver e de o vir-a-ser mundo serem entidades distintas, pois, "ao realizar sua vida, o ser humano realiza seu *ser*" (Rodríguez, 2019: 154), e a realização da vida é plenamente fática, então os atos intencionais não estão dirigidos a meros objetos. Eles são realizações do próprio ser da vida fática. No ser da vida fática há "uma certa reflexividade, uma certa compreensão de si mesmo, que não é um segundo ato sobre o primeiro, senão um momento da realização mesma" (Rodríguez, 2019: 154). Nesse sentido, a orientação prévia a toda e qualquer realização não é dada pelo ente, mas sim pelo ser, entendendo por que se trata de uma indicação *formal*, capaz de indicar "a direção de algo para pôr-se em movimento, para ser atualizado, executado, reordenado" (Machado, 2006: 43).

O método fenomenológico não prescreve nada sobre o que mostra-se--a-respeito-de-si-mesmo, mas, enquanto "explicitação [*Explikation*][3] desta totalidade de sentido, fornece o λόγος dos fenômenos, λόγος no sentido de *verbum internum* (não no sentido de logicização)" (*EPR*, GA 60: 63). De tal maneira, por não possuir conceitos definidores de conteúdo, o λόγος da fenomenologia é descritivo, cumprindo uma função proibitiva: a de "manter à distância toda determinação não demonstrativa" (*SuZ*: 35). A descrição do fenômeno é o pressuposto necessário para a tematização do ser – logo, é o fundamento para qualquer conhecimento ôntico. Daí a contraposição da indicação formal em relação à ciência em geral:

> A investigação científica realiza, ingênua e rudemente, a demarcação e primeira fixação da região temática. A elaboração das regiões em suas estruturas fundamentais já foi, de certo modo, realizada pela experiência e interpretação pré-científica do domínio de ser que demarca a região temática mesma (*SuZ*: 9).

Contudo, se a totalidade de sentido reúne o *sentido de conteúdo* (*Gehaltsinn*), o de *referência* (*Bezugsinn*) e o de *realização* (*Vollzugsinn*), se a indicação formal

3 De acordo com o *Dicionário Duden* (Dudenredaktion, 2021), o termo *Explikation* é uma germanização da expressão latina *explicatio*, que significa a ação de esclarecer, de desenvolver, de desdobrar algo, no sentido de apresentá-lo com a devida transparência a partir de sua origem, porque a preposição ablativa *ex-* possui o significado originário de "ponto de partida", expressando a relação de procedência, de origem, de onde vem ou de onde sai algo (cf. Blánquez, 1975a: 654), ao passo que o verbo *plico*, por sua vez, significa pregar, dobrar, enrolar (cf. Blánquez, 1975b: 1274). Esse sentido de *explicação*, em alemão, também pode ser dito por meio da expressão *Auseinanderrollen*, que significa literalmente "desenrolar". Contudo, ao utilizar *Explikation*, Heidegger faz menção não só à explicação de algo, mas também à sua explicitação – pois, para os latinos, *explicare* possui um significado mais amplo, sendo utilizado não só para a explicação do significado de algo, por exemplo, em seu sentido etimológico, como também para a explicitação disso que aí é dito, no sentido de dar mesmo a ver o que se diz, por exemplo, no desdobrar as velas de um barco, içando-as ou (como também se poderia dizer) explicando-as (cf. Blánquez, 1975a: 674). Esse desdobrar que dá a ver o que é assim desdobrado, ou melhor, esse explicar que mostra e demonstra o que é assim explicado, pode ser dito por meio do termo "explicitação" e por meio do verbo "explicitar" (que parece ser uma boa tradução para a expressão *Explikation*, no sentido empregado por Heidegger).

antecipa o sentido de referência do fenômeno, e se este é o ser e não o ente, então os conceitos fenomenológicos são, a princípio, *impróprios*. Isso porque o que primeiro se mostra é o ente e não o ser – que por sua vez precisa ser conquistado, ou melhor, construído, projetado. Para a investigação fenomenológica, não há algo como um ser puro, um ser em si: "Ser é sempre o ser de um ente" (*SuZ*: 9). De tal modo, a pergunta pelo sentido conceitual de fenômeno não pode cindir o *que* e o *como*, querendo se ocupar única e exclusivamente com o ser e abandonando o ente. Porém, o conteúdo é algo que se tem em vista, ou seja, algo a ser concretizado, não podendo ser antecipado pela indicação formal. Com isso, o λόγος da fenomenologia só pode ser descritivo, pois só há descrição a partir do momento em que algo já se mostrou-a-respeito-de--si-mesmo, podendo a partir disso afirmar um determinado *sentido de conteúdo*. A descrição sucede *à* compreensão, justificando o porquê de o aspecto descritivo do λόγος – denominado como "λόγος apofântico" – não ser originário: ele está radicado em um λόγος hermenêutico, concretizado na linguagem que, evidenciando a apropriação da situação hermenêutica, toma o sentido de ser do fenômeno em *propriedade*.

A vivência imediata do mundo, da qual parte a investigação fenomenológica, embora "mostre a mútua inserção entre eu e mundo na forma de uma radical consonância, não é uma autocompreensão definitiva de nosso ser; a figura ou imagem de *meu* estar no mundo que ela traz implícita está, ao contrário, distorcida, desfigurada" (Rodríguez, 2019: 176). Isso porque, a princípio e na maioria das vezes, o sentido de referência acaba sendo o ente enquanto tal, que é o que primeiro se mostra, e não o modo de ser do ente, que é o que ali está como que oculto. Desse modo, a indicação formal, por não antecipar o sentido de realização e o de conteúdo, dá a conhecer somente o conceito formal de fenômeno como "ἀποφαίνεσται τα φαινόμενα – isso que se mostra tal como se mostra a partir de si próprio, tal como faz ver a partir de si próprio" (*SuZ*: 34). Com isso, conforme prossegue Heidegger: "Não se faz outra coisa senão expressar a máxima acima formulada – 'às coisas mesmas!'" (*SuZ*: 34). Portanto, a indicação formal está na base da caracterização fenomenológica de φαινόμενον e λόγος – logo, na base do conceito formal de fenomenologia.

2.2 O conceito fenomenológico de *fenômeno*

A caracterização de fenômeno em *Ontologia. Hermenêutica da Facticidade* (1923) retoma a importância dada ao seu *ser-que-como*, e já indica seu sentido fenomenológico:

> A palavra *fenômeno* possui sua origem no termo grego φαινόμενον que, por sua vez, deriva de φαίνεσθαι, significando o que se mostra. Fenômeno é, portanto, aquilo que se mostra enquanto tal, em seu mostrar-se. Antes de mais nada, isso significa que a coisa mesma está aí enquanto tal, não representada como quer que seja, nem é considerada de modo indireto, nem tampouco é reconstruída de alguma maneira. Fenômeno é o modo de ser objetual [*Gegenständlichsein*] de algo, um modo certamente privilegiado: o estar presente de um objeto [*Gegenstand*] por si mesmo. Portanto, com isso não se decide absolutamente nada sobre a concretude das coisas, não se faz qualquer referência a algum setor determinado de coisas. Fenômeno designa um modo privilegiado de ser-objeto [*Gegenstand-sein*] (GA 63: 67/75, mod.).

A lida com qualquer fenômeno não pressupõe uma objetivação, mas sim uma atenção direcionada ao ser objetual, evidenciando o primado do *como* sobre o *que*. Essa caracterização inicial também mostra o fenômeno como um modo destacado do ser do ente. De qual ente, porém? Daquele que se encontra aí imediatamente, daquele com o qual toda a gente se ocupa cotidianamente, de tal modo que "a exposição fenomenológica do ser do ente que se encontra mais próximo se cumpre pelo fio condutor do ser-no-mundo cotidiano, que também chamamos de *modo de lidar* no mundo e *com* o ente intramundano" (*SuZ*: 66). Em outras palavras: o ser-aí lida sempre com o ente desde uma determinada perspectiva, que acaba por determinar a totalidade de sentido. E mais: lida com ele, a princípio, não com vistas ao conhecer reflexivo, mas sim lida com ele na ocupação, no manuseio, no uso. Por isso, não há uma apreensão "pura" do fenômeno: toda e qualquer apreensão está fundada numa compreensão já sempre demarcada por um horizonte de possibilidades, no qual o sentido é descoberto. A lida com o ente é um modo específico – o mais cotidiano, na verdade – de descobrir o seu sentido de ser. Dessa forma, a totalidade de sentido pressupõe um nexo de sentido possível, de modo que o sentido de realização (*Vollzugsinn*), ao levar a cabo um determinado modo de ser, dá a ver a perspectiva do olhar. Por isso, "fenômeno não é primeiramente uma categoria, mas faz referência inicialmente ao como de acesso, da apreensão e da verificação" (GA 63: 71/79), o que acaba delegando à fenomenologia a tarefa de "falar de algo tal como esse algo se mostra e apenas na medida em que se mostra" (GA 63: 71/79).

A caracterização de fenômeno como o que mostra-se-a-respeito-de-si--mesmo delega ao λόγος a função de ser a fala de algo enquanto tal. Com isso, reafirma-se a tese de que a fenomenologia não prescreve antecipadamente nenhuma característica ao fenômeno, pois, para realizar qualquer caracterização, já se deve partir do pressuposto de que algo se mostra. Portanto, fenômeno, em sentido fenomenológico, não designa o ente em si. Designa o modo privilegiado de encontrá-lo, de forma que o λόγος não é o falar a respeito do ente, mas sim o fazer ver aquilo que o funda: "Na abertura e explicitação do ser, o ente é sempre o prévio e o concomitantemente temático; o tema propriamente dito é o ser" (*SuZ*: 67). Por não ser uma categoria em sentido metafísico, não há nenhuma classificação prévia do ente. Há somente a explicitação de sua condição, conforme anuncia a raiz grega do termo: "Os φαινόμενα, 'fenômenos', são, pois, a totalidade do que está à luz do dia ou o que pode ser trazido à luz, o que os gregos simplesmente identificaram alguma vez com τὰ ὄντα (o ente)" (*SuZ*: 28).

Fenômeno significa precisamente um *modo destacado* de encontrar o ente – porque "φαίνεσθαι é a forma média de φαίνω – trazer à luz do dia, pôr no claro. Φαίνω pertence à raiz φα-, como φῶς, a luz, o claro, isto é, aquilo [o meio] em que algo pode se tornar aparente, visível em si mesmo" (*SuZ*: 28). Fenômeno é aquilo que está ou é trazido à luz, sendo o *modo destacado* da presença do ente. *Estar ou ser trazido à luz* não é o único modo da presença do ente, mas sim um modo específico, o que ajuda a entender o sentido fenomenológico de fenômeno: "O conceito φαινόμενον não se limita só à presença das coisas na luz do dia; ele é mais amplo e designa tudo o que mostra-se-a-respeito-de-si-mesmo, mostrando-se *no claro* ou *na escuridão*" (GA 17: 10). A escuridão é "um fazer ver totalmente específico" (GA 17: 10) e, por isso, não significa "não deixar ver". Significa "fazer ver de outra maneira". Fenômeno é o que mostra-se-a-respeito-de-si-mesmo seja na luz, seja na escuridão. Ambas as possibilidades são precisamente recolhidas já por Aristóteles:

> E da cor é receptivo o privado de cor; do som, o privado de som. E privado de cor é o transparente, o invisível ou o visto a custo, como obscuro parece ser. E deste tipo é o transparente, e não quando transparente em atualidade, mas quando em potência; pois a mesma natureza ora é treva, ora é luz (*De Anima*: 418b26).

Implicitamente, Heidegger (re)coloca e (re)posiciona o texto aristotélico[4]

4 Em *Meu caminho na fenomenologia*, Heidegger anota que foram decisivas para a sua entrada na filosofia tanto a dissertação de Franz Brentano (1838-1917) – *Sobre o significado múltiplo do ente segundo Aristóteles* – quanto a obra do teólogo Carl Braig (1852-1923) – *Sobre o ser: compêndio de ontologia*, na qual "as seções maiores do texto sempre traziam no fim passagens de Aristóteles, Tomás de Aquino e Suarez, além da etimologia das palavras designantes dos conceitos ontológicos fundamentais" (*MWP*, GA 14: 93/85, mod.). Heidegger aí afirma: "Bastante indeterminada, movia-me a seguinte ideia: se o ente é expresso em múltiplos significados, qual será, então, o determinante significado fundamental? O que quer dizer ser?" (*MWP*, GA 14: 93/85). As figuras de Brentano e Braig são decisivas, pois colocam Heidegger em contato com Aristóteles. No entanto, esse primeiro contato se dá ao mesmo tempo que o seu contato com as *Investigações lógicas* de Husserl, a respeito das quais Heidegger esperava "um estímulo decisivo com relação às questões suscitadas pela dissertação de Brentano" (*MWP*, GA 14: 93/4). Nesse sentido, o contato com Aristóteles é de todo importante, pois é a partir daí que Heidegger inicia o seu percurso filosófico com vistas a alcançar o sentido de ser em geral. A esse respeito, Volpi (2014: 51) afirma: "Heidegger se confronta antes de tudo com a fenomenologia husserliana e aporta depois à interpretação de Aristóteles a partir daquelas interrogações que permaneceram sem resposta no confronto com Husserl. No pensamento deste último, de fato, Heidegger chegou a ver, cumprida e levada às suas últimas consequências, a fundação de uma filosofia do sujeito orientada predominantemente para o conhecimento científico e as categorias lógico-teoréticas. Por outro lado, voltando-se para Aristóteles, Heidegger crê poder detectar um repertório *completo* das determinações ontológicas fundamentais da vida humana, para mais, sem os pressupostos das modernas filosofias do sujeito". Aristóteles, portanto, é uma figura decisiva para Heidegger definir a tarefa fenomenológica como uma ontologia fundamental que parte da hermenêutica da facticidade, o que fica evidente em suas primeiras preleções em Marburgo, *Introdução à investigação fenomenológica*, nas quais o objetivo é, na contramão da direção husserliana,

como expressão da mobilidade própria do fenômeno, bem como do sentido de ser – que por isso não é imposto sobre o ente, mas sim descoberto como significação possível a partir de um nexo de sentido possível. Esse nexo, por sua vez, é delimitado e definido por um horizonte, uma perspectiva e um ponto de vista. Portanto, o sentido de ser acontece como algo do qual o ser-aí se apropria mediante a sua situação hermenêutica. Como o sentido é transcendental, não pertence ao ente e tampouco é nele afixado, o ser é sempre projetado, nunca sendo alcançado de uma vez por todas. O ser não é algo que está aí sempre disponível. No entanto, o transcendental por excelência é o ser-aí, de tal modo que, para Heidegger, ele é a condição de possibilidade para a descoberta e apropriação do sentido. O ser-aí é o aí propício do ser.

Como o conceito fenomenológico de fenômeno traz consigo a condição de possibilidade de que algo mostre-se-a-respeito-de-si-mesmo e, consequentemente, seja compreendido e expressado, fica justificado o porquê de o λόγος ser o *verbum internum* do φαινόμενον: o que ele expressa não é a coisa em si, mas sim a compreensão de ser já projetada, de modo que a *fala* do *fenômeno* expressa concretamente a apropriação do sentido. Também fica evidente o porquê de o conteúdo da investigação fenomenológica precisar ser alcançado sempre e a cada vez: enquanto fenômeno, esse conteúdo não é algo estável, como se permanecesse sempre à luz. Outrossim, o sentido de ser não é algo que está sempre disponível ou algo que, quando alcançado, permanece tal qual um selo anexado à coisa. A fenomenologia é o método através do qual a pergunta pelo sentido de ser é posta sempre e a cada vez. A partir dela, a filosofia está posicionada antes de toda essencialização e universalização.

Uma vez que se posiciona antes de qualquer determinação ôntica, a filosofia não tem em vista "determinar o ente como ente derivando-o de outro ente, como se o ser tivesse o caráter de um ente possível. O ser, como

---

desenvolver o eminente caráter histórico da investigação filosófica, "pondo-a de acordo com o fundamental movimento histórico da vida mesma" (Kisiel, 1993: 233). E ainda, de acordo com Kisiel (1993: 233), "o resultado dessa particular retomada [de Aristóteles] é uma mudança, em Heidegger, da 'definição fundamental de filosofia' em direção de uma ontologia fenomenológica".

o que é perguntado, exige, pois, um modo próprio de ser mostrado, que se distingue da descoberta [*Entdeckung*] do ente" (*SuZ*: 6). Por isso, fenômeno não designa o modo destacado de uma região temática, tampouco um específico objeto temático ele mesmo, mas sim "apenas a maneira como vem ao encontro da investigação e como se lhe apresenta" (Von-Herrmann, 2003: 166). A tarefa descritiva da fenomenologia, nesses termos, deve manter à distância toda determinação não demonstrativa, pois, caso assim não fosse, o fenômeno não seria aquilo que mostra-se-a-respeito-de-si-mesmo. Ele seria uma determinação objetiva de algo. Disso adviria não um sentido, mas uma definição, e se partiria única e exclusivamente da reflexão.

O conceito fenomenológico de fenômeno só pode ser devidamente compreendido desde a chave metodológica da indicação formal – pois, ao manter somente o sentido de referência, ela deixa em suspenso a totalidade de sentido, tornando possível que o fenômeno se mostre tal como é, sem falseá-lo:

> Ele [o significado de fenômeno] não diz apenas, de modo lexical, o que-se-mostra, mas o que-se-mostra-*a-respeito-de-si*-mesmo, de modo a tornar claro que aquilo que se mostra, a coisa que se mostra, mostra-se tal como *ela mesma* é, ou mais precisamente, como ela é a respeito de si mesma. Neste ponto fica decidido que: aquilo enquanto o qual a coisa se mostra, é tal qual a coisa é *na verdade* (Von-Herrmann, 2003: 164).

O mostrar-se (*zeigen sich*) do φαινόμενον está vinculado à *verdade* (*Wahrheit*). Contudo, o que significa *Wahrheit*? "Ser-verdadeiro (verdade) diz ser-descobridor [*Wahrsein (Wahrheit) besagt entdeckend-sein*]" (*SuZ*: 219). Para Heidegger, a verdade não é um princípio gnosiológico, logo, "não se trata de como podemos alcançar a verdade ou com quais critérios nos asseguramos de possuí-la" (García, 2015: 188). Trata-se de compreender o que é a verdade no âmbito da pergunta pelo ser do ente. Para tanto, é preciso aclarar a relação entre *descobrir* (*entdecken*) e *verdade*:

> Em sentido estrito e corretamente compreendida, a expressão que os gregos utilizavam para "ser verdadeiro" [*Wahrsein*] – ἀληθεύειν – significa o mesmo que des-cobrir [*ent-decken*], no sentido de desvelar [*enthüllen*], tirar o encobrimento [*Verborgenheit*] de algo; o termo

> apropriado é des-cobrir, e não no sentido acentuado de trazer algo à luz pela primeira vez, mas no de, em geral, desvelar algo que ainda está velado ou que tornou a estar velado, desvelar de novo, então, o que até agora estava oculto ou tornou a se ocultar (GA 21: 131).

O ἀληθεύειν não visa a fixação de um sentido. Visa o seu descobrimento, e por isso não remete ao âmbito teorético-conceitual. A relação entre φαινόμενον e *verdade* só é possível porque Heidegger a assume em seu sentido originário, a saber, como ἀλήθεια, cujo significado é "*não estar mais encoberto, estar descoberto*. Essa expressão privativa indica que os gregos tinham uma compreensão de que o não-estar-encoberto [*Unverdecktsein*] do mundo deve ser primeiro *conquistado*, que ele é algo que não está de início e na maioria das vezes disponível" (GA 19: 16). A partir desse sentido originário e da indicação formal como chave metodológica, afirma-se que fenomenologia é "*λέγειν τὰ φαινόμενα*; *λέγειν*, porém, diz *ἀποφαίνεσθαι*. Fenomenologia diz, então: *ἀποφαίνεσθαι τὰ* φαινόμενα – isso que se mostra tal como se mostra a partir de si próprio, tal como faz ver a partir de si próprio" (*SuZ*: 34).

A atitude desencobridora, contudo, não se funda no ser-aí, mas sim no fato de o próprio ser se desencobrir através do ente. Precisamente, "a ἀλήθεια *é um caráter ontológico peculiar do ente, na medida em que o ente se encontra em uma relação com um olhar intencional sobre o ente, com um abrir que se movimenta circunvisivamente no ente, com um conhecer" (GA 19*: 17). Logo, a verdade se funda "sobre o fato de o ente mesmo poder ser descoberto e desvelado, ou seja, sobre o fato de ele ter o caráter da manifestabilidade e, enquanto tal, ser acessível ao ser-aí" (Volpi, 2014: 61). Em outras palavras: porque a verdade originariamente significa o não-estar-encoberto, ela designa um caráter ontológico do próprio ente. Se o ente é acessível ao ser-aí, então este pode se dirigir àquele na atitude do não-encobrimento. A fenomenologia, portanto, é o método para fazer ver o ser do ente tal qual ele é na verdade. Desse modo, o conceito fenomenológico de fenômeno remete ao *vir-a-ser mundo* (*welten*) próprio do sentido, e não ao *valer* (*werten*) próprio do juízo propositivo:

> O sentido de ἀληθές como estar-aí não-encoberto [*unverborgen da-sein*], ou melhor, ser visado em si mesmo [como desencoberto], não é, de modo algum, extraído explicitativamente do

> "juízo" [*Urteil*] e, por isso mesmo, não tem aí [no juízo] o seu lugar de origem nem a sua referência. Ἀληθεύειν não quer dizer "tomar posse da verdade", mas custodiar o ente em cada caso visado e, como tal visado, como não-velado (*NB*, GA 62: 377).

Contudo,"há a possibilidade de que o ente se mostre como o que ele *não* é em si mesmo. Nesse mostrar-se, o ente 'tem o aspecto de...'. Chamamos de *parecer* [*Scheinen*] este mostrar-se" (*SuZ*: 28). O sentido fenomenológico de fenômeno não é o de *parecer*, mas sim o de *fazer ver o que é* – logo, é o sentido de *ser na verdade*, e não o de *parecer ser*. A possibilidade do parecer está fundada no sentido originário de fenômeno e, por isso, "só na medida em que algo, conforme seu sentido, pretende se mostrar, ou seja, ser fenômeno, *pode* se mostrar *como* algo que ele *não* é, *pode* 'tão só ter o aspecto de...'" (*SuZ*: 29). Diante disso, o que apenas tem "aspecto de...", na verdade, não é; mas "para que possa aparecer desse modo tem *mesmo* que poder *mostrar-se*" (Von-Herrmann, 2003: 165). "Aparência" é um termo que remete a fenômeno, que por sua vez não é um conceito remissivo, mas sim indicativo-formal. Há dois significados aí: um positivo – o de fenômeno –, que afirma o que mostra-se-a-respeito-de-si-mesmo; e outro privativo – o de aparência –, que designa o parecer, isto é, o mostrar-se de algo como aquilo que ele *não* é.

"O que *ambos* os termos expressam, porém, nada tem a ver com o que se chama 'manifestação' [*Erscheinung*] ou mesmo 'mera manifestação [*bloße* Erscheinung]" (*SuZ*: 29). Em *Prolegômenos para uma história do conceito de tempo*, a assertiva de Heidegger é precisa: "Nenhuma palavra na filosofia provocou tanto desastre e confusão como esta [a saber, *Erscheinung*]" (GA 20: 112). Essa confusão acontece porque tal palavra pode assumir um duplo significado:

> Primeiro, o *manifestar-se* [*Erscheinen*], em sentido de anunciar-se como não-mostrar-se e, então, o que se anuncia mesmo – que em seu mostrar-se indica algo que não-se-mostra. E, enfim, se pode usar [a expressão] manifestar-se como termo para o sentido autêntico de fenômeno como mostrar-se (*SuZ*: 30).

No primeiro sentido, manifestação designa algo como um sintoma, ou seja, algo que remete àquilo que não ele mesmo, por exemplo: a febre que é sintoma de alguma inflamação. O seu primeiro significado, com isso, é o de representação. Contudo, interessa também perceber que, de acordo com o segundo significado, *Erscheinung* pode designar o fenômeno como aquilo que mostra-se-a-respeito-de-si-mesmo: "Uma manifestação – um sintoma – só pode ser o que é, ou seja, remissão a algo que não se mostra pelo fato de que o que se manifesta se mostra a si mesmo, ou seja, que o que se dá enquanto sintoma é fenômeno" (*SuZ*: 20, 113). Fica claro, dessa forma, que a possibilidade da manifestação como essa remissão está fundada no sentido originário de fenômeno. Isso é o que também o diferencia da "mera manifestação" (*bloβe Erscheinung*):

> Se se concebe o que se anuncia, que em seu mostrar-se indica o não-manifestado [*Nichtoffenbare*], como o que surge no que por si mesmo não é manifestado, emanando deste, de tal modo que se pensa o não-manifestado como o que essencialmente *nunca* se torna manifestado, então manifestação quer dizer tanto a produção quanto o produto, que, no entanto, não constitui o ser próprio do que produz (*SuZ*: 30).

O que anuncia, como aquilo que é produzido, mostra-se em si mesmo deixando aquilo de onde emana velado. Ou seja, o que produz não se mostra enquanto tal. O empenho de Heidegger em apresentar a notória confusão presente no termo *Erscheinung* não visa somente justificar a sua escolha por *Phänomen* (fenômeno) como adequada tradução à expressão grega φαινόμενον, mantendo a sua significação originária. Ele visa também, e sobretudo, diferenciar o sentido fenomenológico de fenômeno (*Phänomen*) daquele utilizado pela filosofia transcendental (*Erscheinung*) – da qual Kant é o principal representante, e para a qual "fenômeno" é a manifestação daquilo que aí se denomina como o "ser em si".

Para a filosofia transcendental, o ser é alcançado única e exclusivamente como representação, não sendo um predicado real, pois "a realidade é, por conseguinte, a determinação real, dotada de conteúdo material e correta, que pertence à coisa mesma, à *res*, ao seu conceito: *determinatio*. [...] A tese kantiana nos diz: ser não é nenhum predicado real, isto é, o ser em geral não é nenhum predicado de coisa alguma" (GA 24: 47/57). Se por um lado a tese kantiana diz que o ser não é nenhum ente, por outro fica dito que ser é "aquilo que propriamente não se mostra através do que se mostra". Portanto, para Heidegger, a tese kantiana sobre o ser o assume como manifestação. Logo, ela não pode ser assimilada inteiramente pela fenomenologia, pois esta "não será ciência de nenhum destes vários sentidos na medida em que pretende ser ciência das *coisas mesmas*, daquilo que se mostra a respeito de si mesmo e nunca em lugar de outra coisa" (Jaran, 2015: 42).

Em suma, manifestação é o *não-mostrar-se* de algo através de algo que se mostra. Ou seja, "os fenômenos *nunca* são manifestações, mas toda manifestação está remetida ao fenômeno" (*SuZ*: 30). Por isso, a manifestação é diferente da aparência e do fenômeno, embora, como aquela, também remeta a este. Por fim, ela significa "um tipo de remissão de algo a algo, que não se mostra a respeito de si mesmo – precisamente, não só não se mostra a respeito de si mesmo, mas que, por seu sentido, não pretende se mostrar, senão estar representado" (GA 20: 112). O parecer é ainda um mostrar-se, mesmo que privativo, dando a ver aquilo que o ente *não* é. O "não" privativo do parecer determina a sua estrutura, ao passo que o "não" da manifestação denota a impossibilidade de algo mostrar-se enquanto tal: "Assim, manifestação como manifestação 'de algo' *não* significa, justamente, mostrar-se a si mesmo, mas o anunciar-se de algo que não se mostra através do que se mostra. Manifestação é um *não-mostrar-se*" (*SuZ*: 29). Fica evidente que, no conceito fenomenológico de fenômeno, não há qualquer relação com uma ideia de remissão, pois a sua estrutura fundamental é a do mostrar-se-a-respeito-de-si-mesmo:

> *Fenômeno* – o que mostra-se-a-respeito-de-si-mesmo – significa um modo destacado de encontrar algo. *Manifestação*, ao contrário, significa uma relação de referência no ente mesmo, de tal modo que o *referente* (o que anuncia) só pode cumprir sua possível função se se mostra a respeito de si mesmo, se é "fenômeno". Manifestação e aparência se fundam de diferentes modos no fenômeno. A confusa multiplicidade de "fenômenos" nomeados com o termo fenômeno, aparência, manifestação, mera manifestação, só se deixa desembaraçar quando está compreendido, desde o começo, o conceito de fenômeno: o que mostra-se-a-respeito-de-si-mesmo (*SuZ*: 31).

A diferença entre *manifestação* e *fenômeno* está no fato de aquela representar o que não se mostra através daquilo que se mostra, ao passo que o significado deste designa sempre uma referência ao que se mostra. Portanto, se a fenomenologia deve fazer ver o ser do ente na condição de fenômeno, o ser só pode ser compreendido desde o momento em que se mostra. Ou seja, para a fenomenologia, o ser jamais é uma representação. Em outras palavras: o sentido fenomenológico de fenômeno designa sempre o ser como aquilo que mostra-se-a-respeito-de-si-mesmo através do ente. Contudo, o ser não é o ente, de modo que, ao mostrar-se através dele, o ser é o que por excelência volta a ficar encoberto. O ser é o que fica sempre e a cada vez encoberto no ente. Trata-se de uma diferença fundamental, que também permite compreender a diferença entre os sentidos formal, vulgar e fenomenológico de fenômeno: "Se, nesta apreensão do conceito de fenômeno, ficar indeterminado qual ente se designa como fenômeno e ficar em aberto se o que se mostra é um ente ou um caráter ontológico do ente, então se terá alcançado somente o conceito *formal* de fenômeno" (*SuZ*: 31). Ou seja, os conceitos formal e fenomenológico de fenômeno não se equivalem. Quando fenômeno designa um ente alcançado mediante a intuição empírica, assume-se o conceito no seu sentido vulgar. O sentido fenomenológico, porém, não pressupõe a intuição empírica, mas sim a intuição categorial – logo, a intuição hermenêutica –, de modo que o sentido *vulgar* de fenômeno só é possível porque há um sentido *fenomenológico*. Dessa maneira, o sentido fenomenológico só pode ser indicativo-formal, pois o que ele sempre indica antecipando é a referência de todo e qualquer ente ao ser, confirmando a intuição hermenêutica como ponto inicial e, portanto, como condição de possibilidade da ontologia. Além disso, tal sentido se opõe frontalmente à ciência em geral, que por sua vez assume seus objetos de investigação sempre tematicamente.[5] A ciência ôntico-positiva não coloca a questão do "ser do ente", tampouco coloca como é possível aceder ao ente objetivamente. Com isso, não se cria uma hierarquia entre a filosofia e as outras ciências, mas sim se mostra a diferença fundamental entre elas: enquanto as ciências

---

5 Cf. Segunda seção, capítulo 4.3.

ôntico-positivas estão ocupadas com os entes, a filosofia, por ser ontológico--transcendental, ocupa-se única e exclusivamente com o ser, sendo por isso uma investigação de todo fundamental.

Diante disso, a investigação fenomenológica se ocupa expressamente não com aquilo que se mostra em sentido vulgar, mas sim com aquilo que não se mostra – aquilo que volta a ficar encoberto no que se mostra, e que, mesmo assim, pertence originariamente a isso que se mostra, na medida em que constitui o seu sentido, e na medida em que é o seu fundamento. O ser só é alcançado mediante uma projeção livre: "Nós designamos essa projeção do ente previamente dado com vistas ao seu ser e às suas estruturas como *construção fenomenológica*" (GA 24: 29/37). Na medida em que o ser do ente é aquilo que não se mostra, uma das tarefas da fenomenologia é torná lo acessível enquanto fenômeno. Ou seja, ela deve fazer ver o ser do ente como aquilo que não se mostra através do que se mostra. Por isso, "*ontologia só é possível enquanto fenomenologia*" (*SuZ*: 35).

Viu-se que a intuição hermenêutica é a condição de possibilidade de toda e qualquer pergunta pelo sentido de ser. Logo, a fenomenologia é confirmada como o método de uma investigação ontológico-hermenêutica. O λόγο , diante disso, deve ser descobridor (*aufdeckendsein*) e, portanto, guardar uma relação direta com o *ἀληθεύειν*: "*Ser-descobridor*, retirar o mundo do fechamento e do encobrimento. E esse é um modo de ser do ser-aí humano. Esse modo de ser se mostra inicialmente no falar um com o outro, no *λέγειν*" (GA 19: 17). Justifica-se por que a apresentação de um significado de λόγος se antecede à delimitação do conceito prévio de fenomenologia. Pois o que se tem em vista é justamente "esclarecer em qual sentido a fenomenologia pode ser 'ciência dos' fenômenos" (*SuZ*: 31).

2.3 O λόγος e a constituição existencial do ser-aí

"Quando dizemos que o significado fundamental de λόγος é fala [*Rede*], esta tradução literal só terá pleno valor depois de determinar o que é a fala mesma" (*SuZ*: 32). Se λόγος – como ação de λέγειν – é fala, então ele faz ver o ser como fenômeno, tornando-o explícito em seu aí antes de qualquer objetivação. Como o ser-aí é o ente capaz de colocar a pergunta pelo sentido de ser, o significado de λόγος deve conduzir à exposição da constituição existencial do aí – que, por sua vez, diz respeito ao caráter fático-transcendental do ser-aí enquanto ser-em (*In-Sein*): "'*In*' [em alemão] procede de *innan-*, morar, *habitare*, deter-se em; '*an*' significa: estou acostumado, familiarizado com, cultivo algo; tem o significado de *colo*, no sentido de *habito* e *diligo*" (*SuZ*: 54). Só se alcança o adequado entendimento do conceito de λόγος quando, antes de vinculá-lo ao significado de *fala*, parte-se da constatação de que o "*ser-em é a expressão existencial formal do ser-aí, que tem a constituição essencial do ser-no-mundo*" (*SuZ*: 54).

O conceito de λόγος não pode ser desvinculado da constituição existencial do aí, porque "o ser-aí traz consigo o seu aí, se prescindisse dele, não só não seria faticamente, como sequer seria o ente dessa essência. *O ser-aí é sua abertura*" (*SuZ*: 133). Assim sendo, Heidegger apresenta não só as características de um conceito, como também realiza, na verdade, uma investigação fundamental acerca do λόγος em seus diversos aspectos, dos quais a *fala* é o mais primordial e, por isso, a tradução mais literal:

> *A fala é existencialmente co-originária à afetividade e à compreensão.* A compreensibilidade já está sempre estruturada, antes da interpretação apropriadora. A fala é a articulação da compreensibilidade. Por isso, a fala está já na base da interpretação e do enunciado. Chamamos de sentido o que se articula na interpretação e, por conseguinte, mais originariamente já na fala. Chamamos de totalidade significativa o que, enquanto tal, se estrutura na articulação da fala. [...] A compreensibilidade afetiva do ser-no-mundo *se expressa como fala*. [...] A exteriorização da fala é a linguagem (*SuZ*: 161).

A fala (*Rede*) é o fundamento ontológico da linguagem (*Sprache*), de modo que esta é a forma mundana daquela. A fala articula o sentido e a linguagem o expressa. A manifestabilidade do fenômeno sempre acontece já em um contexto consistente de significatividade, a partir do qual o sentido é descoberto enquanto possibilidade: "Longe, portanto, de fundamentar as significações na figura do sujeito ou da consciência, Heidegger situa a sua origem no ser-no-mundo" (Silva, 2002: 381). Como a fala é co-originária à afetividade (*Befindlichkeit*)[6] e à compreensão (*Verstehen*), todo sentido designa um compreender afetivo articulado em palavra.

A afetividade é o que primeiramente abre o ser-aí ao mundo enquanto tal, de modo que toda abertura é ontologicamente sempre disposta afetivamente. Não se trata de um termo para designar uma teoria psicológica dos estados anímicos. Trata-se do próprio estar situado do ser-aí no mundo: "*O estado de ânimo [Stimmung] já abriu o ser-no-mundo em sua totalidade e torna possível pela primeira vez um direcionar-se para...*" (*SuZ*: 137). Dessa maneira, o ponto de vista, desde o qual o ser-aí configura a perspectiva do olhar – a partir da qual ele se "volta a..." e delimita um determinado horizonte –, é sempre disposto afetivamente. Ou seja, a situação hermenêutica nunca é um mero compreender, mas sempre um compreender afetivo.

Uma vez que o ser-aí é sempre situado originariamente como ser-no-mundo, a afetividade abre-o à condição que lhe é mais própria, a saber, a de já sempre ser-lançado (*Geworfenheit*) em seu aí: "Enquanto ser-no-mundo, o ser-aí é o aí" (*SuZ*: 135). Abre-o não só a si mesmo, como também ao mundo (*Welt*) e ao ser-com (*Mitsein*): "A afetividade é um modo existencial fundamental da *abertura co-originária* do mundo, do co-ser-aí e da existência, porque ela mesma é essencialmente em si mesma ser-no-mundo" (*SuZ*:

6 Traduz-se aqui o termo *Befindlichkeit* como "afetividade", seguindo a justificativa apresentada por Borges-Duarte (2012: 47), cuja proposta ressalta que "se o termo *Befindlichkeit* surge, pela primeira vez, na conferência de 1924 sobre *O conceito de tempo*, ao traduzir as *affectiones* de Santo Agostinho, a decisão que lhe deu origem procede da meditação que se inicia nos anos 1918/19 (sobre a questão da *Erlebnis* em relação com a *Weltanschauung*), mas sobretudo do estudo intensivo de Agostinho de Hipona nas Lições de 1921 [*Agostinho e o neoplatonismo*], onde [Heidegger] realiza uma análise do *Livro X* das *Confissões*". Dessa maneira, mesmo não fazendo menção a Agostinho, e tampouco às *Confissões*, o §29 de *Ser e tempo*, no qual a afetividade é descrita como uma constituinte originária do aí, deve ser lido desde a perspectiva antes alcançada por Heidegger – a saber, de que a condição ontológica da afetividade está marcada originariamente pela caracterização da vida fática em sua "conflituosidade e expressa em *moléstias et difficultates*, mas também no *gaudium* e na procura da *beata vita*" (Borges-Duarte, 2012: 47). Numa palavra: a afetividade não pode ser considerada como um fenômeno inadvertido e indiferente no ser-aí, mas sim como um modo a partir do qual ele estabelece uma relação com o mundo: o que vem ao encontro no mundo, então, sempre o faz "*desde e em uma certa disposição afetiva*" (Lara, 2015: 146).

137). Portanto, a afetividade permite ao ser-aí encontrar-se consigo mesmo, com o mundo e com os outros desde a condição que é a sua.

Enquanto aí-do-ser, o ser-aí está lançado no mundo, de tal maneira que "o encontrar-me comigo mesmo implica a articulação do 'quê' no seu respectivo 'como' afetivo" (Borges-Duarte, 2012: 48). A afetividade não diz respeito a qualquer mero sentimento, mas sim a um sentir que sente:

> No ter sentimento *por* algo reside sempre simultaneamente um sentir-*se* [Sich*fühlen*], e, no sentir-*se*, um modo do se tornar manifesto. O modo e a maneira como eu me torno manifesto para mim mesmo no sentir é codeterminado por aquilo pelo que eu tenho um sentimento nesse sentir. Assim, mostra-se que o sentimento não é uma simples reflexão sobre si mesmo, mas um sentir-*se* no ter sentimento *por* algo. [...] O fenomenologicamente decisivo no fenômeno do sentimento é que ele descobre e torna acessível diretamente o que é sentido [*Gefühlte*], e, na verdade, não sob o modo da intuição, mas no sentido de um direto ter-a-si-mesmo [*Sich-selbst-haben*] (GA 24: 187/195, mod.).

O ser-aí sempre se encontra afetivamente de alguma maneira naquilo que faz e, de igual modo, o ente que vem ao encontro no mundo é sempre acolhido desde uma tonalidade afetiva, afetando o ser-aí de alguma maneira. Por isso, a afetividade é o encontrar-se enquanto um sentir-se situado, sendo de fato "o modo em que o ser-aí se encontra remetido à facticidade de seu existir" (Araújo, 2007: 7).

Ao descrever ontologicamente a afetividade, Heidegger reúne a "permeabilidade do *sentir* e do *sentir-se*, que dá *sentido* ao que, assim, é *sentido*" (Borges-Duarte, 2012: 49). Com isso, ele mostra que a afetividade não diz só sobre ser afetado por algo. Ela também, e sobretudo, diz sobre um "deixar-se afetar por...". O assim sentido é retido no sentimento que, por fim, vincula quem se deixa afetar com aquilo que propriamente o afeta, "vínculo que, por sua vez, afeta a compreensão deste último e de tudo o que com ele se manifesta" (Borges-Duarte, 2012: 50). Por meio da afetividade, abre-se ao ser-aí a sua própria condição de ser-lançado e o mundo como aquilo no qual sempre se encontra. A investigação fenomenológica, por sua vez, não predetermina a abertura originária do ser-aí, "ela só acompanha essa abertura para conceituar existencialmente o conteúdo fenomênico do que se abre" (*SuZ*: 140).

O assim aberto na afetividade é sempre de alguma maneira compreendido. E não há aqui uma hierarquia ontológica, como se a afetividade devesse ser anterior à compreensão, nem há a designação de uma e outra como diferentes capacidades cognitivas, tais como distintas faculdades: "O que Heidegger está afirmando, na verdade, é que nosso cotidiano ser-no-mundo tem o caráter de se ocupar de assuntos nos quais algo se nos dá e nos quais nos encontramos de alguma maneira" (Lara, 2015: 150). A compreensão é devidamente orientada pela afetividade: o que assim é compreendido não é uma coisa, mas "o ser enquanto existir. Na compreensão se dá existencialmente esse modo de ser do ser-aí que é o poder-ser [*Sein-können*]" (*SuZ*: 143). Daí a caracterização da compreensão (como constituinte ontológica do aí) estar marcada sobretudo pela possibilidade e não pela realidade: o ser-aí não é meramente um ser-lançado sempre já em um mundo, é um ser-lançado enquanto poder-ser. Só enquanto "*possibilidade lançada*" (*SuZ*: 144) o ser-aí pode se apropriar de si mesmo.

O ser-lançado e o poder-ser são as condições fundamentais que permitem ao ser-aí se orientar pela verdade enquanto desencobrir-se do ser em seu aí. O assim aberto e compreendido é interpretado dessa ou daquela maneira. Toda interpretação é orientada fundamentalmente pela compreensão e pela afetividade, de cuja vinculação se origina o *círculo hermenêutico*:

> Enquanto compreensão, o ser-aí projeta seu ser para possibilidades. Este *ser para possibilidades* que compreende, pela repercussão que essas possibilidades enquanto abertas têm sobre o ser-aí, é também um poder-ser. O se projetar da compreensão tem sua própria possibilidade de elaboração. Essa elaboração da compreensão chamamos *interpretação*. Nela, a compreensão se apropria compreensivamente do por ela compreendido (*SuZ*: 148).

A própria abertura originária do ser-aí é ela mesma um poder-ser. Portanto, a afetividade dá a ver possibilidades nas quais o ser-aí é ele mesmo. E com isso, "a familiaridade que caracteriza nossa habitual lida com o mundo é mostrada como compreensão de possibilidades, nas quais estamos desde sempre e a partir das quais se abre para nós este mundo" (Lara, 2015: 151). Nesses termos, a linguagem que torna expresso o mundo afetivamente compreendido não pode ser uma elaboração puramente abstrata, tampouco algo estritamente possível a partir de uma condição fisiológica. Se de fato a linguagem denota e expressa o compreender afetivo do ser, então ela é fático-transcendental. Por isso, ao fazer ver o ser como fenômeno, ela mostra a situação hermenêutica a partir da qual todo e qualquer sentido é descoberto.

O sentido de ser, enquanto ato articulado em palavra, é dotado de caráter eminentemente hermenêutico, pois "compreensão significa: ἑρμηνεία – o compreendido no compreender. Compreender – comportamento fundamental do ser-aí" (GA 21: 150). O λόγος não é só e primeiramente a expressão lógico-objetiva da linguagem enunciativa, pois, conforme anota Rodríguez (2016: 106), "a linguagem destaca e apresenta a interpretação compreendida, antes de toda predicação ou enunciação expressa, na lida imediata com o mundo. Como tal, é radicalmente in-objetiva e pré-reflexiva". Logo, a fenomenologia, desde o seu ponto de partida, não tem uma pretensão lógico-epistêmica que serviria de parâmetro para outros conhecimentos:

> A hermenêutica não tem por objetivo a posse de conhecimentos, mas um conhecer existencial, isto é, um *ser*. A hermenêutica fala *desde* o ser interpretado e para o ser interpretado. O *colocar em ação hermenêutico* [*hermeneutische Einsatz*] – que, como em uma carta [de um jogo], coloca-se tudo –, isto é, *o* "*enquanto que*" [*als was*], no qual a facticidade é assumida de antemão, o caráter ontológico decisivo colocado em ação, não pode ser inventado. Contudo, tampouco é algo que se possui de modo definitivo, mas surge e brota de uma experiência fundamental [...], na qual o ser-aí se afronta consigo mesmo, em que o ser-aí aparece diante de si mesmo (GA 63: 18/24, mod.).

Esse "*colocar em ação hermenêutico*", sendo ontológico justamente por descobrir o aí do ser não como uma representação, mas sim como a condição de possibilidade de toda e qualquer compreensão afetiva – logo, de todo sentido articulado em palavra – não equipara a interpretação à compreensão, não confunde o ôntico e o ontológico. O filosofar, como transcender expresso, acontece no seio de uma diferença ontológica. Com isso, embora não se confunda o compreender e o compreendido, há uma eminente circularidade: "Esse círculo do compreender não é um cerco, no qual se move qualquer tipo de conhecimento, senão que é a expressão da *estrutura prévia* existencial do ser-aí mesmo" (*SuZ*: 153). Isso quer dizer que, por meio do círculo hermenêutico, a investigação fenomenológica garante a si o tema da investigação de modo a não o confundir com o ente, chegando às coisas mesmas e, ao proceder dessa forma, não lhes adjudicando nada. "Às coisas mesmas" significa a tarefa e o limite intrínsecos à fenomenologia. O círculo hermenêutico, porque dá a ver uma diferença ontológica por meio da fala, assegura como *tema científico* da investigação fenomenológica o ser em seu aí propício. Desse modo, "o decisivo não é sair do círculo, mas entrar nele da maneira correta" (*SuZ*: 153).

O limite descoberto mantém toda investigação atenta ao seu ter prévio (*Vorhabe*), à sua visão prévia (*Vorsicht*), e à sua concepção prévia (*Vorgriff*), e, com isso, remete a investigação ao contexto histórico-fático próprio do ser-aí – que por sua vez assume-o desde uma perspectiva com "vistas a...". Com isso, mundo e historicidade são aspectos formativos do círculo hermenêutico, justificando por que ele não tem uma pretensão lógico-epistêmica, sendo antes projeto de possibilidades. Nesses termos, para Heidegger, "a interpretação não é subjetiva nem objetiva, mas sim projetiva, visto que consiste numa elaboração ou exploração de possibilidades" (Silva, 2013: 57). Através da circularidade hermenêutica, garante-se um acesso originário ao ser do ente, um acesso que precede qualquer determinação de sujeito e/ou de objeto:

> Nele [no círculo hermenêutico] se abriga uma possibilidade positiva do conhecimento mais originário que, no entanto, só será apreendida de modo autêntico se a interpretação tiver compreendido que sua primeira, permanente e última tarefa é de não deixar que o ter prévio, a visão prévia e a concepção prévia lhe sejam dados por ocorrências e opiniões populares, senão assegurar o tema científico mediante sua elaboração a partir das coisas mesmas (*SuZ*: 153).

O "'vir à palavra', então, marca absoluta continuidade entre sentido vivido (a coisa, o ente que se mostra) e a fala" (Rodríguez, 2016: 106). De tal modo, a pergunta pelo sentido de ser não é posta artificiosamente, mostrando além disso que sentido não é coisa, mas sim mundo, e, por isso, na condição de já articulado e expressado, apresenta-se sempre em sua condição fático-transcendental. Logo, o significado fundamental de λόγος está diretamente vinculado ao *vir-a-ser mundo*, tal qual o significado fenomenológico de φαινόμενον, tornando possível a afirmação: "A linguagem é o fenomenológico por excelência" (Rodríguez, 2016: 105). Isso porque a linguagem dá expressão à co-originariedade ontológica, fazendo ver a totalidade do sentido de ser do fenômeno, associando de tal maneira o seu *ser-que-como*. Portanto, o λόγος nunca é neutro, pois sempre assume e parte de uma determinada perspectiva.

Se, de fato, a linguagem expressa o sentido já articulado, fazendo ver-lhe desde a situação hermenêutica, então a investigação acerca do conceito de λόγος não considera a linguagem como uma dimensão originária, buscando antes as suas condições de possibilidade. A co-originariedade ontológica, na qual o sentido é articulado, faz ver algo *enquanto* tal, tornando possível que se afirme algo *sobre* ele: "No falar, o ser-aí *se* expressa, de tal modo que fala sobre algo, sobre o mundo" (GA 19: 17). Por fazer ver algo enquanto tal, a linguagem é necessariamente apofântica, ou seja, ela faz ver algo a partir dele mesmo:

> A fala "faz ver", ἀπό... a partir daquilo mesmo de que se fala. Na fala (ἀπόφανσις), na medida em que é autêntica, o *que* é dito deve ser extraído *daquilo* sobre o que se fala, de tal modo que a comunicação falada faça aparente em seu dizer, e assim acessível aos outros, aquilo sobre o que se fala. Essa é a estrutura do λόγος como ἀπόφανσις (*SuZ*: 32).

Contudo, essa estrutura apofântica, mesmo fazendo ver o sentido como aquilo que foi descoberto, não torna evidente a estrutura ontológica que a fundamenta. Ou seja, o vir à palavra do sentido descoberto encobre a co-originariedade ontológica. A fala apofântica torna evidente o ente e não o ser. O aspecto apofântico do λόγος pressupõe sempre a situação hermenêutica, logo, a autocompreensão da vida fática. A função fundamental do λόγος é tornar evidente o ser do ente como φαινόμενον, donde a co-originariedade da *fala* (*Rede*) à *compreensão* e à *afetividade*. Só há compreensão porque há uma abertura ao que assim se mostra: para isso trabalha a afetividade, de modo que ela é "o *momento inicial da compreensão, a abertura no seu sentido mais próprio e primordial*" (Borges-Duarte, 2012: 46). O que é assim aberto e compreendido é devidamente articulado, e pode vir à expressão pela linguagem, justificando por que a fala é tão ontologicamente constitutiva do aí quanto a compreensão e a afetividade. Nesse sentido, o λόγος, como fala, dá a ver uma compreensão afetiva articulada em palavra.

Toda concretização apofântica do λόγος parte necessariamente dessa estrutura ontológica co-originária. O sentido descoberto é mostrado através da linguagem, que, ao mesmo tempo, encobre o que a torna possível. O aspecto apofântico da linguagem, ao enunciar algo a respeito de algo, encobre o seu fundamento ontológico.

> Então, descobrir [*Entdecken*] e encobrir [*Verdecken*] são o que determina o λόγος enquanto fazer ver mostrativo. A proposição enquanto enunciado está determinada a partir do descobrir e encobrir. A essência da proposição é *ἀποφαίνεσθαι* – fazer ver um ente, *ἀπο*: a partir dele mesmo. O sentido da fala do enunciado é fazer ver (*δηλοῦν*). O λόγος é *ἀποφαντικός*, cuja possibilidade distintiva da fala está no fazer ver, que, em seu modo de expressão, pode trazer algo à vista; ou brevemente: *ἀπόφανσις* – enunciado, mais precisamente: demonstração [*Aufzeigung*]. Mantemos, porém, a expressão usual "enunciado", só lhe damos o significado que está no fenômeno deste próprio λόγος. Enunciado: dizer o dito a partir da própria coisa, de modo que nesta fala se torne visível seu "sobre que" acessível à apreensão (GA 21: 133).

O λόγος, enquanto apofântico, descobre e encobre, ao passo que, enquanto hermenêutico, articula o sentido a partir da co-originariedade ontológica. Portanto, a estrutura fundamental do λόγος é a *estrutura-enquanto* (*Als-struktur*), que, por conseguinte, é "a estrutura hermenêutica fundamental do ser do que nós chamamos ser-aí" (GA 21: 150). Desse modo, a apresentação do λόγος apofântico no §7 está baseada na *estrutura-enquanto hermenêutico*, pois é sobre ela que se apoia "o significar primário que compreende, tornando possível a abertura do ser-aí ao mundo" (Suárez, 2004: 62). Com isso, justifica-se a inseparabilidade entre o conceito de λόγος e a constituição existencial do aí.

Contudo, há um inegável vínculo entre o apofântico e o hermenêutico: "Esta estrutura fundamental unitária, expressada com o 'enquanto', não pode ser interpretada em pedaços, mas, mais originariamente, enquanto conjunto em sua totalidade" (GA 21: 151). Uma vez que o *enquanto apofântico* pressupõe o *hermenêutico*, a linguagem, ao trazer à tona o sentido já articulado, não mostra a estrutura ontológica co-originária que a torna possível. Se o que ela traz à palavra é, sempre e a cada vez, o sentido de ser do ente, então aquilo que está, sempre e a cada vez, encoberto é o ser, o fundamento do ente. Todo ente pressupõe o ser e o ser só se mostra através do ente. O fenômeno, sendo o que mostra-se-a-respeito-de-si-mesmo, é, em sentido fenomenológico, um conceito indicativo-formal por excelência – pois antecipa o ser como a referência *a priori* de todo e qualquer ente. O ser é o conteúdo próprio da investigação fenomenológica porque é o que, ao desencobrir-se através do ente, volta a se encobrir. O ente não é o ser enquanto tal. Portanto, como já foi afirmado, a fenomenologia é o método de investigação de uma Ontologia Fundamental, que toma forma na e se inicia com a "análise da constituição ontológica do 'aí', enquanto abertura e exposição ao ser, que acolhe em palavra, gesto, ato e obra, dando-lhe abrigo e forma no mundo humano" (Borges-Duarte, 2012: 43).

2.4 As modalidades de concretização da *estrutura-enquanto*

O *enquanto hermenêutico* é a estrutura originária do λόγος, e *é* o que torna possível o seu *enquanto apofântico*. Com isso, "o aberto no compreender, o compreendido, já é acessível sempre de um modo tal que nele se pode destacar expressamente seu 'enquanto que' [*als was*]. O 'enquanto' constitui a estrutura da expressividade do compreendido; constitui a interpretação" (*SuZ*: 149). O sentido é articulado de maneira antepredicativa, de modo que o λόγος apofântico não é, a princípio, meramente assertivo:

> O caráter antepredicativo deve ser acentuado explicitamente, porque, na referência óbvia à expressão linguística, pode-se pensar que esta estrutura-enquanto está dada primeira e propriamente na simples proposição enunciativa: "Este quadro é negro"; ou seja, no falar tematicamente deste quadro enquanto negro; certo que se pode interpretar a proposição assim, deve-se entender que este

> "enquanto" não é primário e propriamente o da predicação *qua* predicação, mas é prévio a ela, de modo que possibilita, pela primeira vez, a estrutura de predicação. A predicação tem a estrutura-enquanto, mas de maneira derivada, e só a tem por que ela é predicação em um experienciar (GA 21: 144).

O λόγος apofântico deve sempre fazer ver algo demonstrando-o, fazendo da descrição uma exigência nos enunciados fenomenológicos: "O sentido metodológico da descrição fenomenológica é *interpretação*" (*SuZ*: 37). A linguagem só torna explícita a interpretação de algo porque "está fundada, essencialmente, no ter prévio, ver prévio e conceber prévio. A interpretação nunca é um apreender sem pressupostos, algo previamente dado" (*SuZ*: 150). Justamente porque é sempre situada, toda interpretação denota um projeto de ser já lançado – o que por sua vez delimita a interpretação a partir de possibilidades determinadas pelo ter, ver e conceber prévios. Por isso, o compreender afetivo torna possível a descoberta do sentido desde um horizonte já delimitado pela situação hermenêutica. Desse modo, "a interpretação não é o tomar conhecimento do compreendido, mas a elaboração das possibilidades projetadas no compreender" (*SuZ*: 148), fazendo com que o conceito fenomenológico de sentido designe a "tripla estrutura prévia que esboça e torna possível a compreensibilidade em cada caso, o 'a partir de onde' que dá fisionomia particular ao que se mostra" (Lara, 2015: 153). Portanto, sentido é algo projetado pelo ser-aí em sua condição de ser-em enquanto tal, e não algo pertencente ao ente que vem ao encontro. Isso justifica por que só se pode falar de sentido na relação entre o ser-aí e o mundo.

Ficam evidentes as distintas modalidades de concretização da *estrutura-enquanto*: a do *enquanto apofântico* do λόγος é a proposição enunciativa, ao passo que a do *enquanto hermenêutico* é a interpretação. Na proposição enunciativa, contudo, a estrutura-enquanto sofre uma modificação, pois o seu sentido originário é transformado, passando a determinar o ente presente-à-vista (*Vorhandenen*):[7] "*É* pela predicação que o ente se constitui em *objeto* [...].

7 O modo de ser do ente presente à vista é denominado *Vorhandensein* ou também *Vorhandenheit*, cujo significado é, literalmente, *estar-aí-adiante*, no sentido de *estar presente*.

Pela constituição do objeto através da predicação, dá-se correlativamente uma profunda alteração na estrutura '*enquanto que*', transformando-a de hermenêutica em apofântica" (Paisana, 1992: 126). Dessa maneira, se o *enquanto hermenêutico* é mais originário que o apofântico, ele não pode descobrir o sentido como proposição enunciativa – pois "para que algo como a ênfase predicativa e a determinação sejam possíveis, o próprio sobre-que [*Worüber*] já deve ter se tornado acessível" (GA 21: 143).

O aspecto originário da estrutura-enquanto descobre o sentido do ser do ente em seu *para-que* (*Wozu*) da lida cotidiana, e não no *sobre-que* (*Worüber*) do enunciado. Descobre-o, portanto, em seu ser *para-algo* (*Um-zu*): "O modo de ser do utensílio, no qual ele se revela a partir de si mesmo, chamamos de *ser-à-mão* [*Zuhandenheit*].[8] [...] O olhar puramente 'teórico' para as coisas carece

---

O termo diz respeito ao caráter ontológico dos entes desprovidos do modo de ser do ser-aí. Por isso, o aspecto fundamental da ideia de *Vorhandenheit* traz o significado de que "a coisa simplesmente *está-aí*, sem nos afetar" (Rivera, 2018: 427), podendo ser determinada e definida desde uma perspectiva teórico-discursiva de observação. Contudo, a atitude teórica – enquanto um comportamento possível do ser-aí e, por isso, um modo possível da descoberta do sentido – só é possível porque o ser-aí é, de início, ser-no-mundo, e, enquanto tal, encontra-se numa lida circunvisiva, que seleciona as coisas a partir de sua utilidade ou inutilidade. Dessa forma, a descoberta da lida prático-poiética é mais originária que a descoberta teórico-discursiva da observação. Esse "outro modo das coisas desprovidas do modo de ser do ser-aí" Heidegger chama de *Zuhandenheit*: *ser à mão* (cf. nota de rodapé n. 21). Note-se: tanto *Vorhandenheit* quanto *Zuhandenheit* são construídos a partir do substantivo *Hand* (mão), que "não designa apenas aquilo que o membro-mão faz. Ela designa o modo, o 'jeito' *como* faz. E 'modo' não quer dizer simplesmente que determinada ocupação possui uma 'qualidade' específica que a distingue de outras ocupações, mas que o *ser-aí, em cada ocupação* (modo de ser), seja ela qual for, 'faz' aparecer o ente, a coisa, assim *como* ele é, isto é, em seu ser" (Pisetta, 2003: 391). Por isso, o caráter do que é *vorhanden* consiste no mero estar presente de algo, que por sua vez já deve ter sido descoberto pela lida prático-poiética: "Para que o ente venha à tona como um *vor-handen* (literalmente como algo que se encontra diante da mão), é preciso que algo se quebre na dinâmica de uso e que o ente repentinamente ganhe uma estranha autonomia em relação à lida manual [sic]" (Casanova, 2012b: 28, nota de rodapé n. 17). Em outras palavras: na passagem do *zu-handen* ao *vor-handen*, é preciso que o ente se desarticule da mão e se apresente à vista, donde a tradução de *Vorhandensein* como *ser presente-à-vista*.

8 *Zuhandenheit* ou também *Zuhandensein* significa, literalmente, *estar-à-mão*, no sentido de *estar disponível ao uso*. Trata-se de um neologismo criado por Heidegger a partir do adjetivo alemão *zuhanden*, cujo significado diz que algo se encontra à mão, está disponível para o

de compreensão do ser-à-mão" (*SuZ*: 69). Com isso, o caráter de *ser-à-mão* é anterior ao de *presente-à-vista*. Logo, o sentido de ser do ente é descoberto originariamente na lida cotidiana e não através da elaboração teórico-discursiva, justificando assim por que o "não-encobrimento não pertence à coisa na medida em que ela é, mas sim na medida em que ela vem ao encontro, na medida em que ela é um objeto [*Gegenstand*] de uma lida" (GA 19: 24).

O ter, ver e conceber prévios circunscrevem o ser do ente em seu *para-que*, tornando possível ao enunciado dizer algo *sobre* o ente. A proposição enunciativa dá a ver o ser do ente desde outra perspectiva, marcando de fato uma transformação:

---

uso. O caráter de ser à mão diz respeito à lida prático-poiética com o ente que vem ao encontro em um mundo. Logo, diz respeito a um comportamento próprio do ser-aí em sua lida com o mundo, a partir da qual descobre o sentido do ente. Tal descoberta ocorre em termos práticos, ou melhor, em termos de usabilidade, sendo o utensílio útil/inútil para isso e aquilo. Dizer que as coisas do "viver cotidiano estejam 'à mão' significa que se nos manifestam em uma peculiar proximidade em virtude de nossos fins e interesses. Antes de se destacar e chamar a atenção para si, o que está à mão nos remete a outras instâncias do nexo prático-instrumental" (Rubio, 2015: 94). Numa palavra, o caráter do que está à mão nunca remete a si mesmo, mas sim ao contexto prático-operativo da própria experiência de uso. Ou seja, o utensílio à mão conduz àquilo que Heidegger denomina mundo circundante (*Umwelt*), cujo "caráter envolvente ou circundante, expressado na partícula '*um*', indica a maneira na qual atua o contexto das atividades cotidianas" (Rubio, 2015: 92). De tal maneira, ao encontrar-se sempre já lançado no mundo, o ser-aí está imerso em meio às coisas, ocupando-se com elas em determinadas circunstâncias, de modo que "o contexto – ou nexo prático-instrumental – configura a experiência sob o caráter envolvente das circunstâncias. O conhecimento prático-instrumental correspondente é um esclarecimento das circunstâncias, uma circunvisão (*Umsicht*) em sentido estrito" (Rubio, 2015: 92). O *ser presente-à-vista* de algo é um modo de ser do ente completamente diferente do *ser à mão* – porque, por mais agudo que seja esse *ver* algo aí presente, ele "nada mais é do que um *visualizar* [*Nur-noch*-hinsehen] este ou aquele aspecto das coisas, não sendo capaz de descobrir o ente à mão" (*SuZ*: 69), logo, não sendo capaz de descobrir o ente em seu ser *para-algo* (*Um-zu*). Há uma ligação eminente entre o ser-aí e a mão, pensada não como o membro, mas sim como o modo de lidar: "Esta ligação com a mão deve ser fenomenalmente pensada de tal maneira que, no ser-aí, todas as suas 'partes' possuam o 'jeito' da mão [...]. Isso assume uma tal radicalidade que podemos dizer ser o ser-aí fenomenologicamente a mão" (Pisetta, 2003: 390). Por isso, *Zuhandenheit* designa o caráter do que está à mão, pois "o *Zuhandenes* é o que 'trazemos entre as mãos', quase sem perceber e sem nenhuma objetivação" (Rivera, 2018: 429), justificando assim a tradução aqui realizada de *Zuhandenheit* e *Zuhandensein* como *ser-à-mão*.

> Na passagem do λόγος hermenêutico para o apofântico, a estrutura explicitativa do "enquanto" sofre uma significativa modificação: perde a conotação temporal de presente no seu estado nascente, atualizando uma possibilidade, para ganhar aquela outra de estado de coisas aí adiante no agora de uma efetividade. De modo que, em vez de atender ao aberto do ser que, tudo diferenciando e recolhendo, se exprime através de todas as línguas, e de, assim, constituir a resposta pensante que o ser humano [sic] dá ao que se manifesta – a articulação significativa do conjunto de relações que estruturam um mundo e determinam o aparecer dos entes intramundanos –, a palavra pensante da filosofia tornou-se, com o privilégio dado à predicação, a expressão das condições que o pensar estatui para o ser verdadeiro (Blanc, 2015: 117-118).

Nesses termos, a lógica não é originariamente a doutrina da verdade, uma vez que ἀλήθεια designa não um juízo, mas sim o não-encobrimento (*Unverborgenheit*) do ser em seu aí. Vincular o λόγος somente à lógica e não à ontologia é assumi-lo única e exclusivamente no *enquanto apofântico* de sua realização. No limite, ***é*** dizer que a sua "determinação se efetua da disciplina para a coisa, e não da coisa para a disciplina" (Zarader, 1990: 206). Só se mantém o sentido fenomenológico de λόγος se for mantida a sua relação com a ἀλήθεια. Isso deixa claro por que "'mostrar' é a tradução interpretativa do ἀποφαίνεσθαι do λόγος ἀποφαντικός, ao passo que 'descobrir' traduz interpretativamente o ἀληθεῦειν aristotélico do λόγος ἀποφαντικός, do ἀληθεῦειν que se opõe ao ψεύδεσθαι, traduzido interpretativamente, por sua vez, como 'encobrir'" (Von-Herrmann, 1996: 47). A transformação do λόγος hermenêutico em apofântico diz respeito à verdade não mais designar o não-estar-encoberto do ser, mas sim designar o ser verdadeiro da proposição enunciativa, que por sua vez erige a lógica como a doutrina da verdade enquanto predicação. Diante disso, ser verdadeiro passa a dizer respeito à validade do enunciado predicativo, onde S é P: a verdade passa a ser um valor, ou melhor, um juízo que avalia a adequação entre algo e seu enunciado.

A predicação leva a cabo o elemento lógico-formal de toda linguagem: todo enunciado desse tipo expressa a pressuposta compreensão de ser de maneira lógico-objetiva, determinando algo a partir dos seus predicados e, ao mesmo tempo, esquecendo-se de que a enunciação pressupõe o mostrar-se-a-respeito-de-si-mesmo de algo. A estrutura lógico-formal do enunciado é o que permite avaliá-lo como verdadeiro ou falso:

> Em sentido grego, "verdadeira" é, ainda mais originariamente que o λόγος, a αἴσθεσις, a simples percepção sensível de algo. Na medida em que uma αἴσθεσις sempre aponta aos seus ἴδια, ou seja, ao ente propriamente acessível só *por* e *para* ela, por exemplo, o ver as cores, a percepção é sempre verdadeira. Isso quer dizer que o ver sempre descobre cores, o ouvir sempre descobre sons. No sentido mais puro e originário, "verdadeiro" – ou seja, só descoberto, de tal modo que nunca pode encobrir – é o puro νοεῖν, a mera percepção contemplativa das mais simples determinações do ser do ente enquanto tal. Este νοεῖν nunca pode encobrir, nunca pode ser falso; ele pode ser, no máximo, uma não-percepção [*Unvernehmen*], um ἀγνοεῖν insuficiente para um acesso simples e adequado (*SuZ*: 33).

Como a compreensão do ser do ente acontece mediante a intuição hermenêutica, e não mediante a percepção sensível, o λόγος da fenomenologia precisa recorrer a outro meio para deixar e fazer ver algo enquanto tal. Mesmo "os atos categoriais são atos fundados, isto é, todo o categorial se apoia em última instância na intuição sensível. [...] Com isso, não se diz que as categorias poderiam ser interpretadas, em última instância, enquanto algo sensível, senão que este 'apoiar' significa 'está fundado'" (GA 20: 94). O que a intuição hermenêutica capta compreensivamente é o ser em seu não-estar-encoberto, de modo que "a descoberta da intuição categorial mostra uma efetiva compreensão da abstração (ideação), da apreensão da ideia" (GA 20: 98). Dessa forma, a princípio o ser não é captado enquanto cópula, tampouco enquanto validade de uma proposição. Como já visto, o ser se desencobre no ente, mas o ente mesmo não é o ser – de modo que, ao desencobrir-se no ente, o ser volta a encobrir-se. Se só a percepção sensível é capaz de desencobrir sem nunca encobrir, então todo compreender afetivo articulado em palavra assume a possibilidade de encobrir. Isso evidencia que "o ser-aí cotidiano se movimenta em um duplo encobrimento: a princípio, no mero desconhecimento; em seguida, porém, em um encobrimento muito mais perigoso, na medida em que o descoberto é transformado em não-verdade [*Unwahrheit*] através do falatório" (GA 19: 16).

O descoberto pode ser transformado em não-verdade porque no falatório (*Gerede*)[9] não se compreende propriamente o referencial da fala – a saber, o ser. Desse modo, "para que a fala encubra, para que interprete de modo deficiente, não é preciso uma intenção explícita de enganar, que conscientemente faça algo passar por algo que não é, mas basta o ser dito e o continuar a ser dito sem fundamento para que se modifique o sentido de ser da fala" (GA 20: 377). Em outras palavras: no falatório, o sentido de referência é o ente simplesmente dado, porque cotidianamente ele é o que primeiro vem ao encontro do ser-aí, que por isso se encontra sempre já lançado em uma condição de impropriedade. O que isso significa? Longe de designar um aspecto negativo, "o falatório é a possibilidade de compreender qualquer coisa sem uma apropriação prévia do assunto do qual se fala" (Adrián, 2016c: 291). Portanto, o falatório denota a condição cotidiana da comunicação – pois, desse modo, "a fala comunicada pode ser amplamente compreendida

9 O termo *Gerede*, tendo uma conotação de particípio passado do verbo *reden* (falar), significa literalmente o conjunto (*Ge*) do que é falado (*Rede*), e constitui um dos modos de ser do ser-aí na cotidianidade – modo este ao qual se juntam a ambiguidade (*Zweideutigkeit*) e a curiosidade (*Neugier*). Deve-se atentar ao fato de que tais termos, assim como todos os aspectos ontológicos do ser-aí, não agregam nenhum valor moral, pois eles designam modos de ser da existência. Na verdade, o falatório, a ambiguidade e a curiosidade demonstram o ser-em cotidiano, que designa um modo de ser fundamental do ser-aí, denominado *decadência* (*Verfallen*): em sentido verbal, *verfallen* quer dizer "desmoronar", "ruir" e "decair"; enquanto substantivo, designa "ruína", "decaimento" e "decadência". Na maioria dos casos, o prefixo *ver-* reforça o simples *cair* (*fallen*); porém, às vezes lhe dá uma conotação reprovadora; por fim, pode não influenciar no significado, de modo que *cair* e *decair* (*verfallen*) signifiquem o mesmo (cf. Grimm; Grimm, 1971f: colunas 295-302). Além disso, o prefixo *ver-* dá às palavras, em alguns casos, o sentido de um afastamento de um caminho anterior e/ou em direção a um caminho deliberadamente escolhido, tendo em vista um determinado objetivo (cf. Grimm; Grimm, 1971f: colunas 51-59). Dessa maneira, tal como utilizado por Heidegger, *Verfallen* traduz precisamente aquilo que em latim se diz *cadere*, bem como *cadentia* (Nascentes, 1955: 86), podendo ser traduzido como *decadência* – que designa o movimento que leva o ser-aí a absorver-se em sua condição mundana, atendo-se única e exclusivamente ao aspecto ôntico das coisas, abandonando-se nele e, em certa medida, passando a depender dele. É justamente essa *decadência* que o falatório, a ambiguidade e a curiosidade dão a ver.

sem que o ouvinte se coloque em um ser que compreende originariamente em relação ao sobre-que da fala" (*SuZ*: 168).

A linguagem nunca dá a ver o ser do ente em plenitude, mas sim somente uma possibilidade determinada por um ponto de vista, numa perspectiva no interior de um horizonte. Logo, "os conceitos e proposições fenomenológicas originariamente alcançadas, enquanto enunciado comunicado, estão expostas à possibilidade de decadência" (*SuZ*: 36). Daí a importância de o conceito fenomenológico de λόγος estar fundamentalmente relacionado à ἀλήθεια:

> O α é um α-privativo. [...] "Verdade" tem para os gregos o mesmo significado negativo que, em alemão, por exemplo, *Unvollkommenheit* [imperfeição]. Essa expressão não é simplesmente negativa, mas negativa de uma maneira específica. Aquilo que expressamos como imperfeito não tem, em geral, nada a ver com a perfeição, mas se orienta precisamente por ela: em relação à perfeição, ele não é como poderia ser. [...] Imperfeito, portanto, é aquilo que possui uma determinada orientação ontológica pela perfeição (GA 19: 15).

O não-estar-encoberto do ser é o que dá a devida condição de possibilidade ao ser verdadeiro ou falso da proposição enunciativa. A proposição é orientada pela ἀλήθεια, assim como o falatório é pela fala. Portanto, a cotidianidade imprópria não é a condição originária do ser-aí, mas sim aquela na qual ele primeiro se encontra, cabendo-lhe a tarefa de ultrapassá-la: "Como é constituído pelo ser-no-mundo, o ser-aí é um ente que em seu ser se projeta *para além* de si mesmo" (GA 24: 425/435). Nesse sentido, a compreensão, a afetividade e a fala dão a devida orientação à existência do ser-aí – que passa a se orientar "desde a referência à verdade do ser" (GA 2: 190).

O ser-aí é fático *e* transcendental, porque "transcendência significa: *compreender-se a partir de um mundo*" (GA 24: 425/435). A transcendência é o fundamento originário do ser-aí. Logo, ela é o que dá o devido direcionamento a toda compreensão afetiva articulada em palavra. Só ao ser-aí compete a tarefa de retirar o mundo do encobrimento, de fazer ver o ser de tudo aquilo que é, e, além disso, de fazer todo sentido já comunicado passar de uma condição de impropriedade à de propriedade, pois é por esta que aquela se direciona. Porém, isso não é uma mera possibilidade do ser-aí, mas sim um modo de ser: ser-na-verdade (*In-der-Wahrheit-Sein*), ou seja, "ter à disposição de maneira não-encoberta o respectivo ente, com o qual o ser-aí costuma lidar" (GA 19: 23).

"A proposição não é aquilo no que a verdade se torna possível pela primeira vez, mas, ao contrário, a proposição só é possível na verdade, na medida em que se viu o fenômeno que os gregos designavam como verdade [ἀλήθεια]" (GA 21: 135). A orientação da investigação fenomenológica é fundamentalmente da fala à linguagem, logo, do *enquanto hermenêutico* ao *enquanto apofântico*. Por isso, a proposição sempre guarda uma relação com a verdade, de tal maneira que o λόγος a princípio nunca pode ser classificado em valores de verdade ou falsidade:

> O "ser verdadeiro" [*Wahrsein*] do λόγος como ἀληθεύειν significa: no λέγειν como ἀποφαίνεσθαι, tirar de seu encobrimento o ente *do qual* se fala e fazer vê-lo como desencoberto (ἀλεθές), *descobrir* [*entdecken*]. De igual modo, o "ser falso" [*Falschsein*] – ψεύδεσθαι – significa enganar no sentido de *encobrir* [*verdecken*]: pôr algo diante de algo (no modo de deixar ver) e, desse modo, fazê-lo passar *como* algo que ele *não* é (*SuZ*: 33).

Tal classificação só é possível a partir do momento em que o *enquanto hermenêutico* é expresso pelo *enquanto apofântico*. Na medida em que os "*enunciados são atos de significação*, eles, no sentido de proposições formuladas, são só formas determinadas de expressividade" (GA 20: 74) e, por isso, não são o fundamento, tampouco o lugar originário da verdade. Caso queira chegar às coisas mesmas, a investigação fenomenológica deve manter essa orientação da fala à linguagem, pois "toda a lógica grega e, por isso, nossa lógica até hoje, está orientada primariamente pela proposição pronunciada" (GA 21: 134). Destacar somente o elemento lógico-formal como componente principal da linguagem é não pôr a pergunta pela condição de possibilidade da própria proposição enunciativa.

Na história da filosofia, a lógica sempre assumiu o ser enquanto cópula, e o λόγος somente em seu *enquanto apofântico*, cindindo-se da ontologia. Com isso, a verdade passou a ser determinada como uma avaliação daquilo que é afirmado pela proposição, algo que vale (*es wertet*). Por não perguntar pela condição de possibilidade de toda e qualquer proposição, a lógica acabou deixando intocada a verdade como o não-estar-encoberto do ser, substituindo o movimento de passagem do não-estar-encoberto ao estar-encoberto pela enunciação. No limite, a lógica passou a se ocupar somente com o ôntico, assumindo o ente como referencial. A proposição passou a ser o local da verdade, que por sua vez foi considerada como algo sempre desencoberto:

> E só *porque* a função do λόγος enquanto ἀπόφανσις consiste em fazer ver demonstrativamente, o λόγος pode ter a forma estrutural da σύνθεσις. [...] O σύν tem um significado puramente apofântico e quer dizer: fazer ver algo em seu estar *junto a* algo, fazer ver algo *enquanto* algo (*SuZ*: 33).

A forma estrutural da σύνθεσις é fundamental à proposição enunciativa, pois é partindo dela que se pode determinar o enunciado a partir de um juízo de valor, avaliando-o como verdadeiro ou falso. Assumida somente como propositiva, a verdade é sempre um valor a ser determinado pela adequação entre a coisa e o juízo, assim direcionando a linguagem somente ao aspecto enunciativo do λόγος. "Através da linguagem mesma, vivemos em uma concepção totalmente determinada das coisas" (GA 17: 36). Entendida como adequação, a verdade assume o sentido de ser única e exclusivamente cópula, rompendo com o sentido fenomenológico de fenômeno, logo, com o ser como a referência de todo ente.

A adequação entre a coisa e o seu enunciado é um sentido não-originário de ἀλήθεια – pois o que o enunciado dá a ver já precisa ter se mostrado e ter sido compreendido. Alcançar algo *enquanto* algo, a princípio, não é possível de maneira temática, mas sim a partir dos nexos de relação próprios à existência do ser-aí em sua lida cotidiana com as coisas mundanas: "A partir da significatividade aberta no compreender mundo, dá-se a compreender o ser ocupado com o à-mão [...]. Que a circunvisão descobre significa que ela interpreta o 'mundo' já compreendido. O à-mão vem *explicitamente* no ver que compreende" (*SuZ*: 148). Por isso, antes de ser uma proposição enunciativa, o λόγος fala de *algo enquanto algo*, descobrindo o sentido como possível modo de ser: "Então, o *ente nunca surge na sua pura entidade*; o que ele é, é sempre em função do modo de ser (possibilidade de ser) do ser-aí" (Paisana, 1992: 131). Como o sentido não é algo fixado no fenômeno tal qual um selo, ele é descoberto à maneira da ἀλήθεια. E, "porque 'verdade' tem este sentido e o λόγος é um modo determinado de fazer ver, o λόγος *não* pode ser chamado de 'lugar' primário da verdade" (*SuZ*: 33). Como a verdade é o desencobrir-se do ser em seu aí, a partir do qual o sentido é descoberto como modo de ser, "o ente surge sempre *já interpretado*, e interpretado *através do seu sentido de ser*" (Paisana, 1992: 132).

Isso, de acordo com von Von-Herrmann (1996: 48), conduz ao seguinte:

> A verdade do enunciado, interpretada a partir da ontologia do ser-aí, é um todo de referências no qual se deve distinguir dois momentos. O enunciar enquanto conhecer enunciativo, enquanto um comportar-se cognoscitivo-enunciativo, é em si mesmo verdadeiro na medida em que descobre o ente, acerca do qual se enuncia conhecendo, tal como este está determinado em si mesmo. O ser-verdadeiro do enunciado, enquanto é o do enunciar, é o ser-descobridor. O enunciado descobridor mostra o ente, acerca do qual enuncia, em seu estar-descoberto. O estar descoberto do ente enunciado não é a única modalidade de estar-descoberto, mas somente aquela que se refere ao descobrir enunciativo. A verdade do enunciado é o todo de referências do ser-descobridor enunciado e do estar-descoberto do ente enunciado. Em correspondência, a falsidade (não-verdade) do enunciado é o todo de referências do ser-encobridor enunciado e do estar-encoberto do ente enunciado.

Por ser apofântico *e* hermenêutico, o λόγος da fenomenologia traz "um elemento lógico-formal que manifesta as coisas na linguagem, e o elemento prático de nossa experiência de mundo anterior à linguagem, mas que não se expressa senão via linguagem" (Stein, 2004: 21). Por isso, a linguagem, como vir à presença do sentido de ser, deve se manter vinculada à estrutura-enquanto, cujos aspectos formam uma unidade fundamental, garantindo à linguagem o aspecto antepredicativo. O λόγος só pode se tornar proposição enunciativa se o ser-aí, de alguma maneira, já compreendeu o ser em seu aí. A linguagem só pode ser fática se for transcendental. "Então, nesse apreender aparentemente simples das coisas mais próximas no mundo circundante, ao entender e compreender, *já* sou sempre *mais além* do que aquilo que, em um sentido extremo, foi diretamente dado" (GA 21: 147).

Portanto, trata-se de perceber que a fenomenologia também é enunciativa, mas que "o sentido articulado de maneira predicativa, ou melhor, a experiência de sentido que possibilita a articulação predicativa, não constitui nem pode constituir jamais um fenômeno de caráter autossustentado, mas deve se ver como um fenômeno necessariamente fundado" *(Vigo, 2012: 76).* Como o *enquanto hermenêutico* é mais originário que o *enquanto apofântico*, e portanto a articulação do sentido é anterior ao enunciado, o ter, ver e conceber prévios não só estruturam a interpretação como também a condicionam, evidenciando que o projeto de ser é sempre situado de maneira prévia – de modo que só "sobre a base de um estar em um mundo familiar e habitual podemos, então, fazer uso de algo para algo, ou, o que é o mesmo, interpretá-lo como algo" (Lara, 2015: 153).

O mundo, na condição de totalidade significativa, torna possível a interpretação, já delimitando-a. A intepretação leva a cabo o ter prévio de um propósito, já delineado por um ver prévio para determinada possibilidade, que, ao compreender algo em seu *para-que*, concebe-o de maneira prévia, tornando-o acessível desta ou daquela maneira. Todo enunciado fenomenológico, dado a ver por meio do *enquanto apofântico* do λόγος, é co-originariamente ontológico e hermenêutico. Portanto, a cópula, própria das proposições enunciativas, "entra no contexto dos problemas da analítica existencial, se o enunciar e a compreensão de ser são possibilidades existenciais do ser do ser-aí mesmo" (*SuZ*: 160).

O λόγος não está fixado na condição de verdadeiro, isto é, de descoberto: ele pode tanto descobrir quanto encobrir. Fica evidente que a fenomenologia tematiza justamente isso que não se mostra e que, na maioria das vezes, permanece encoberto. Na condição de método, ela circunscreve o ser como aquilo a ser investigado e, com isso, pergunta pelo sentido e fundamento de todo e qualquer ente: "Fenomenologia é o modo de acesso e a determinação demonstrativa do que deve ser tema da ontologia. *Ontologia só é possível enquanto fenomenologia*" (*SuZ*: 35). Portanto, se a fala, como o fundamento ontológico da linguagem, não pode ser reduzida a proposições enunciativas

– pois o "enunciado precisa de um ter prévio de algo aberto" (*SuZ*: 157) – então o conceito fenomenológico de λόγος destrói a proposição como lugar da verdade, tal como propõe a metafísica. Dessa maneira, a recondução do olhar da investigação do ente ao ser, ou seja, a consecução da *redução fenomenológica*, está vinculada à projeção do ente ao ser, de tal modo que só há *redução* porque há *construção*. Tal construção, por sua vez, acontece quando se é capaz de *destruir* os conceitos herdados, no sentido de realizar uma desconstrução crítica da Tradição.

A adequada conceituação de φαινόμενον e λόγος, por fim, faz ver a tarefa fundamental da fenomenologia: levar a cabo uma ontologia-hermenêutica que, enquanto ciência, "se abstém de toda determinação que não seja evidente, isto é, que se nega a qualquer tipo de discussão que não se fundamente em uma direta demonstração e justificação" (Jaran, 2015: 44). Dessa forma, tem-se que "*o ser é o único tema próprio da filosofia*" (GA 24: 15/22), ou seja, ela só pode ser levada a cabo na condição de uma Ontologia Fundamental, que parte necessariamente da Hermenêutica da Facticidade:

> Ontologia e fenomenologia não são duas disciplinas distintas junto a outras disciplinas da filosofia. Ambos os termos caracterizam a filosofia mesma em seu objeto [*Gegenstand*] e no modo de tratar. A filosofia é uma ontologia fenomenológica universal, que parte da hermenêutica do ser-aí, a qual, enquanto analítica da *existência*, fixa o fim do fio condutor de todo perguntar filosófico no lugar de onde ele *surge* e para onde *retorna* (*SuZ*: 38).

Capítulo 3

O CONCEITO PRÉVIO DE FENOMENOLOGIA E SUAS TAREFAS PRÓPRIAS

Da maneira como foi até aqui apresentada, a fenomenologia descreve a tarefa fundamental da filosofia como um "transcender expresso" (GA 27: 395/423), ou seja, como "um deixar a transcendência acontecer a partir de e em seu fundamento" (GA 27: 395/423). Desse modo, a concretização da própria filosofia só é possível na medida em que o ser-aí existe. Note-se que há aqui algo cíclico: o "fazer metodológico" já coincide com a descrição do próprio método. Isso porque "só há ser se há compreensão de ser, ou seja, se o ser-aí existe" (GA 24: 26/34, mod.). Logo, a filosofia é, por excelência, uma ontologia fenomenológico-hermenêutica: ela tem a ontologia como propósito, a fenomenologia como método e a hermenêutica da facticidade como ponto de partida – como diz precisamente o terceiro tópico do §7 de *Ser e tempo*, no qual Heidegger apresenta o conceito fenomenológico de fenomenologia, denominando-o *conceito prévio* (*Vorbegriff*).

Contudo, por que se trata de um *conceito prévio*? Seria ele anterior a outro definitivo? Ou o *conceito prévio* estaria indicando somente a condição de possibilidade da fenomenologia, a partir da descrição de φαινόμενον e λόγος, não antecipando nenhum conteúdo quiditativo (*Sachhatigkeit*), mas sim, antes, mostrando por que é possível a objetividade enquanto tal? A articulação de uma resposta se inicia com a constatação de que, se de fato a intenção que preside todo o desenvolvimento de *Ser e tempo* é a questão do ser em geral – mais precisamente, a questão da unidade do seu sentido na multiplicidade dos seus significados –, então a analítica existencial é o primeiro passo para que a pergunta pelo sentido de ser em geral seja alcançada: "A *ontologia fundamental*, da qual todas as outras podem surgir, deve ser procurada na *analítica existencial do ser-aí*" (*SuZ*: 13). Isso dá à analítica existencial uma determinada tarefa: tornar possível a pergunta pelo sentido de ser em geral desde a base ontológica própria do ser-aí, de modo que, "em primeiro lugar, ela só dá ênfase ao ser desse ente, sem dar uma interpretação de seu sentido. Ela deve preparar o pôr em liberdade do horizonte [*Freilegung des Horizontes*] para a interpretação mais originária desse ser" (*SuZ*: 17), denominada como *temporalidade* (*Zeitlichkeit*).

A *ontologia fundamental* só terá vez quando for colocada a devida pergunta pelo tempo como sentido de ser:

> A tarefa ontológica fundamental da interpretação do ser enquanto tal inclui, então, o pôr a manifesto [*Herausarbeitung*] a *temporialidade do ser* [*Temporalität des Seins*]. Na exposição da problemática da temporialidade se dá, pela primeira vez, a resposta concreta à pergunta pelo sentido de ser (*SuZ*: 19).

A ontologia fundamental não exige um método de investigação distinto daquele utilizado na analítica existencial e, na medida em que a tarefa da filosofia é ontológica, ela não pode se distinguir da própria fenomenologia. A concretização desta, em sua condição metódica, só é possível enquanto ontologia fundamental, pois caso contrário não seria cumprida sequer a sua própria máxima. Logo, o "pôr a manifesto a *temporialidade do ser*" só se cumprirá desde os alcances ontológicos da analítica existencial, mostrando que "o primeiro passo filosófico na compreensão do problema do ser consiste em não μῦθόν τινα διηγεῖσθαι, 'não contar histórias', ou seja, não determinar o ente enquanto ente, reconduzindo-o a outro ente em sua origem, como se o ser tivesse o caráter de um ente possível" (*SuZ*: 6). Contudo, porque "ser é sempre ser de um ente" (*SuZ*: 9), não há algo como um fundamento pura e simplesmente ontológico para a ontologia, de modo que ela mesma parte de um pressuposto ôntico. Nesses termos, fica descartada a hipótese de que o *conceito prévio* diz respeito a uma condição provisória do método, no sentido de que a fenomenologia partiria de um fundamento ôntico-ontológico para chegar a um fundamento puramente ontológico.

O conceito fenomenológico de fenomenologia diz respeito a uma tarefa: trazer à tona o ser enquanto fundamento de todo e qualquer ente, e, mais especificamente e em primeiro lugar, trazer à tona o ser do ser-aí – pois é a partir dele que se põe a manifesto o tempo como sentido de ser, tornando possível a pergunta pelo ser em geral. Antes de alcançar qualquer conteúdo quiditativo de investigação, reconduz-se o olhar do ente ao ser. Ao designar tal tarefa, o *conceito fenomenológico* de fenomenologia nunca determina o ente desde outro ente, e, com isso, nunca parte de um fundamento ontoteológico.[1]

---

1 A apresentação do fundamento ontoteológico da metafísica também remete à *Introdução a "O que é metafísica?"* (1949), onde Heidegger, para abordar o fundamento da metafísica, revisita o seu projeto de uma Ontologia Fundamental e, consequentemente, ao fazer uma introdução à sua conferência *O que é metafísica?* (1929), oferece uma (re) leitura de *Ser e tempo*. Ao trazer a metáfora da filosofia como uma árvore, na qual as raízes são a metafísica, os troncos a física, e os galhos os demais tipos de ciência, Heidegger afirma que a verdade do ser é o solo do qual a metafísica se nutre e, com isso, mostra que a pergunta sobre *o que* é a metafísica conduz a uma resposta sobre *como* ela é, chegando à seguinte conclusão: "A metafísica não pensa no próprio ser na medida em que sempre só representa o ente enquanto ente. A filosofia não se recolhe em seu fundamento [*Grund*]. Ela sempre o abandona e o faz, na verdade, através da metafísica" (*EWiM*, GA 9: 367). Nesses termos, pensar a metafísica é pensar o esquecimento do ser. Contudo, "um pensamento que pensa na verdade do ser já não se contenta mais com a metafísica; mas também não pensa contra a metafísica" (*EWiM*, GA 9: 367). Em outras palavras: pensar para além da metafísica não implica negá-la, mas sim implica reconhecê-la como primeira instância da filosofia, e não necessariamente do pensamento. Portanto, afirmar uma superação da metafísica significa "rememorar o próprio ser" (*EWiM*, GA 9: 368), não o abandonando e tampouco destituindo o corpo doutrinário da própria filosofia. No limite, trata-se de fazer notar "se o próprio ser pode fazer acontecer [*ereignen*], a partir de sua própria verdade, a sua referência à essência do ser humano, ou se a metafísica, no abandono de seu fundamento, seguirá impedindo que a referência do ser ao ser humano, a partir da essência dessa mesma referência, chegue a uma clareira que leve o ser humano à pertença ao ser" (*EWiM*, GA 9: 369). Em certo sentido, conduz-se aqui àquela encruzilhada que decide pela vida ou pela morte da filosofia. Chega-se a ela, contudo, desde outra perspectiva: não mais pela discussão da fenomenologia como método, mas sim pela discussão da condição da própria filosofia e do acontecer veritativo do ser.

Para cumprir tal tarefa, Heidegger, já em *Informa Natorp*, propõe um *ateísmo metodológico*, mas não como um enfrentamento da fé religiosa, tampouco como mera negação de Deus: "'Ateísta' não no sentido de uma teoria do materialismo ou algo semelhante. [...] Ateísta aqui significa: manter-se livre da preocupação e da tentação de falar simplesmente de religiosidade" (*NB*, GA 62: 363). O *ateísmo metodológico* designa a posição assumida pela filosofia enquanto investigação fenomenológica, mostrando que a tarefa dela é colocar perguntas, e não necessariamente postular respostas:

> Em seu radical caráter questionador, colocado sobre si mesma, a filosofia deve ser *a-teísta* [*a-theistisch*] de princípio. Justamente por sua tendência fundamental, ela não deve presumir o direito de ter e de definir Deus. Quanto mais radical ela for, tanto mais determinadamente ela é um afastar-se [*weg von*] dele; assim, um próprio e difícil "junto" [*bei*] a ele precisamente na radical realização desse "afastar-se" (GA 61: 197).

Esse "afastar-se" explicita de maneira precisa a recusa de um princípio absoluto, e ainda denota que, ao proceder dessa forma, a filosofia permanece "junto a". Ora, isso é obviamente um paradoxo, pois como ela poderia permanecer junto e se afastar ao mesmo tempo? De fato, trata-se de um paradoxo, porém justificável – pois é justamente ao resistir definir um ente como superior a qualquer outro – e que se constitui como a presença mais própria – que a filosofia pode deixá-lo ser enquanto tal, podendo permanecer junto a ele.

O ateísmo metodológico liberta a filosofia do dogmatismo e, além disso, previne-a de se desdobrar em um: "Só quando a filosofia se torna fundamentalmente ateísta é que ela pode decididamente escolher a vida em sua facticidade e, assim, fazer dela seu próprio conteúdo de investigação" (Vedder, 2006: 267). Ao se guiar por esse princípio, a filosofia está *livre* da busca por um princípio ontoteológico:

> A fenomenologia manterá esse curso de investigação, na medida em que compreende a si mesma, diante de qualquer profecia inerente à filosofia e diante de qualquer tendência para [torná-la] alguma guia da vida. A investigação fenomenológica é e permanece

> sendo ateísmo [*Atheismus*], por isso, pode se permitir a "presunção do pensamento" [*Anmaßung des Denkens*]; não só a permitirá, mas ela é a necessidade interna da filosofia e sua autêntica força, e precisamente neste ateísmo será aquilo que, uma vez, um grande disse: "Gaia ciência" (GA 20: 109).

Ao mesmo tempo, isso garante à fenomenologia um limite: ela não faz qualquer especulação a respeito dos conteúdos quiditativos das ciências ôntico-positivas, pois, na condição de método, ela trabalha somente a favor da ontologia. Desse modo, ao apresentar as estruturas fundamentais dos distintos modos de ser do ente e, no caso da analítica existencial, do ser-aí, a investigação fenomenológica se permite avançar na caracterização da condição de possibilidade de uma determinada região do ser, demarcando um campo: "O projeto [*Entwurf*] da constituição de ser, um projeto prévio não-objetivo e demarcador de campo, é com isso um projeto que fornece um fundamento, um projeto fundamentador. [...] O projeto impele o ente pela primeira vez para a luz, sem nada alterar nele" (GA 27: 196/210).

Com isso, fica evidente aquilo que a fenomenologia faz ver, ou seja, aquilo que é *fenômeno* em um sentido privilegiado:

> O que é que a fenomenologia deve "fazer ver"? O que deve ser chamado "fenômeno" em um sentido privilegiado? O que deve *necessariamente* ser tema de uma mostração *explícita* segundo sua essência? Justamente o que imediata e geralmente *não* se mostra, aquilo que, ao contrário disso, fica *encoberto* [*verborgen*] no que imediata e geralmente se mostra, mas que, ao mesmo tempo, é algo que pertence essencialmente ao que imediata e geralmente se mostra, de modo que constitui seu sentido e fundamento. Mas o que, em um sentido eminente, permanece *encoberto* ou voltou ao *encobrimento* [*Verdeckung*], ou só se mostra "*distorcido*", não é este ou aquele ente, senão, como mostraram as considerações anteriores, o *ser* do ente (*SuZ*: 35).

Como a fenomenologia faz ver o ser do ente na condição de fenômeno, ela não cria para si um ponto de partida absoluto, que uma vez demonstrado permanece tal e qual foi caracterizado, como se fosse um ente à base dos demais entes. Em outras palavras: a fenomenologia não cria algo como *o* ser, pois, como ser é sempre ser de um ente, ela o deve demonstrar descrevendo-o como aquilo que mostra-se-a-respeito-de-si-mesmo, sempre e a cada vez em suas distintas maneiras de se mostrar. Portanto, "enquanto tema fundamental da filosofia, ser não é o gênero dos entes, embora diga respeito a todo ente" (*SuZ*: 38).

O que se torna tema explícito da fenomenologia é algo que se mostra desencobrindo-se e, ao fazê-lo, volta a se encobrir, de modo que o movimento de passagem do estar-encoberto ao não-estar-encoberto (ἀλήθεια) é tão próprio à investigação fenomenológica quanto a pergunta pelo ser. Nesses termos, a fenomenologia primeiro se aproxima daquilo que imediata e geralmente não se mostra, daquilo que, por assim dizer, quedou esquecido na Tradição filosófica, justamente porque a metafísica se configurou como sendo *ontoteológica*: partindo do ente, ela sempre procurou seus caracteres mais genéricos, constituindo-se, por um lado, como ontologia; por outro lado, ao mesmo tempo, tal procura foi seguida da pergunta pela razão de ser do ente – ou seja, procurou-se sempre por sua causa, mais precisamente, por uma primeira causa capaz de explicar tudo aquilo que é, assim lhe conferindo o perfil de uma teologia.

Dizendo respeito ao ente e postulando seu fundamento na condição de um "primeiro princípio", um princípio absoluto, a metafísica ratifica a veracidade do fundamento de maneira assertiva, ou seja, já operando desde a lógica enquanto disciplina – desde um aspecto derivado tanto de λόγος quanto de ἀλήθεια. Com isso, a ontoteologia diz respeito à "investigação do ente enquanto ente em sua totalidade e ao supremo fundamento de sua fundação que reivindica para si o direito de conduzir o ser humano [sic] à verdade correta, imutável, necessária e certa" (Leão, 1978: 17). Por sua vez, a investigação fenomenológica não é ontoteológica porque, para ela, o ser não possui o caráter de algo sempre presente, de modo que ela não o assume como imutável. Ela o encontra em seu desencobrir-se, logo, em seu acontecer errante.

A ideia de ontologia própria à metafísica está fundamentada numa "limitada porção da temporalidade, precisamente naquela que corresponde ao presente estático, ao estar diante de, fixando o primado do *ser presente-à-vista* [sic]" (Nunes, 2016: 35), e delegando à posteridade o primado do ser como presença (*Anwesenheit*). Como foi visto, o ser do ser-aí não é entitativo. E, porque o ser-aí compreende "o metafísico *ente enquanto ente* como presença, como poderá ser ele também qualificado de *pré-sença* sem arrostar com o grande inconveniente de uma dupla identidade? *Pré-sença* diante da *presença?*" (Nunes, 2016: 35). Entende-se aqui a enorme desvantagem, bem como o equívoco central da tradução realizada por Márcia Sá Cavalcante, que traduz *Dasein* como *presença*: caso fosse *presença*, a analítica existencial, levada a cabo em *Ser e tempo*, continuaria tendo uma fundamentação ontoteológica. É justamente disso que Heidegger se distancia ao pautar a investigação fenomenológica desde um ponto de partida não dogmático.

De acordo com Zarader (1990: 207), "o que se encontra fixado na constituição da lógica não é, como se acreditou por muito tempo, o começo grego, mas – o matiz é decisivo – o fim desse começo". Se a lógica não é o começo do pensamento grego, e sim o seu fim, então isso, sem dúvida, traz a imposição de uma determinada perspectiva para toda a Tradição filosófica. Esta assume a verdade somente em sua condição enunciativa, que, como visto, é uma determinação derivada. Toda investigação científica está pautada por esse caráter derivado de λόγος, donde a radical diferença entre a filosofia como ciência ontológico-transcendental e as demais ciências ôntico-positivas: enquanto estas se pautam em um objeto determinado que já se mostrou a respeito de si mesmo, a filosofia, cujo método é a fenomenologia, ao se ocupar justamente com aquilo que não se mostra, investiga as condições de possibilidade desse mostrar-se e, por isso, pauta-se no que é pré-objetivo. Não compartilhando do mesmo princípio de objetividade, o filósofo se coloca em uma perspectiva completamente distinta da do cientista. O filósofo está naquela posição de não mais determinar o ser enquanto ente, mas está na condição de posicionar devidamente a pergunta pelo ser do ente em seus múltiplos modos de mostrar-se-a-respeito-de-si-mesmo, reabilitando essa pergunta, na verdade. Ao invés de oferecer respostas, o filósofo coloca perguntas.

"Não se chega ao λόγος, se se quisesse começar com o mero nomear" (GA 17: 25), ou seja, com o mero determinar e/ou definir as coisas: "A função originária da significação é o demonstrar" (GA 17: 25). Este é o rigor específico da fenomenologia enquanto método da filosofia, como ciência ontológico-transcendental: sempre dizer algo sobre o que mostra-se-a-respeito-de-si-mesmo demonstrando-o. O seu rigor não pode provir da "*ideia matemática de rigor* proposta, de modo não crítico, como *norma absoluta*" (GA 17: 103) – pois "a uma ciência não se prescreve externamente sua possibilidade de rigor, senão que esta deve ser assumida e desenvolvida desde a própria ciência, como descobrimento do ente. O rigor não é uma ideia vazia, mas algo concreto que adquire forma desde a própria ciência" (GA 17: 103). Por isso, o rigor exigido pela fenomenologia a si mesma não se pauta na lógica enquanto *disciplina* filosófica, mas sim no caráter originário do λόγος.

> Portanto, o termo fenomenologia tem um sentido diferente das designações como teologia e outras semelhantes. Estas nomeiam os objetos [*Gegenstände*] de suas respectivas ciências em seu conteúdo quiditativo [*Sachhaltigkeit*] próprio. "Fenomenologia" não nomeia o objeto de suas investigações, nem caracteriza o seu conteúdo quiditativo. A palavra só diz respeito ao *como* do mostrar e o modo de tratar *aquilo* que deve ser tratado nesta ciência. Ciência "dos" fenômenos significa: um *tal* modo de apreender seus objetos, de modo que tudo o que esteja em discussão a seu respeito deve ser tratado em direta mostração e demonstração [*Ausweisung*] (*SuZ*: 34).

O *conceito prévio* de fenomenologia não somente assume um ponto de partida não-dogmático, como também deve abarcar a recondução do olhar, que, como já foi visto, diz respeito às três características principais do método: redução, construção e des-truição. Por isso, a des-truição fenomenológica não pode ser assumida como uma tarefa "puramente historiográfica, que teria sido implantada na analítica do ser-aí externamente, servindo simplesmente como ilustração histórica" (Grondin, 2007: 27). A filosofia só acontece na medida em que é capaz de se apropriar criticamente de sua herança, desmontando-a criticamente – ou seja, não somente a assumindo como algo aí presente, e tampouco a negando, mas sim assumindo-a com vistas a "ganhar uma autêntica vinculação com a tradição" (GA 20: 187). "Só por meio da de-struição pode a ontologia se assegurar fenomenologicamente da autenticidade de seus conceitos" (GA 24: 31/39, mod.).

3.1 A de-struição como passo metodológico

> Toda discussão filosófica, mesmo a mais radical, que procura se iniciar de maneira nova, é perpassada inteiramente por conceitos tradicionais, e, com isso, por horizontes [*Horizonte*] e perspectivas [*Hinsichten*] tradicionais, dos quais não está simplesmente decidido se eles emergiram originária e autenticamente do âmbito ontológico e da constituição ontológica que eles pretendem conceber. Desse modo, pertence necessariamente à interpretação do ser e de suas estruturas, isto é, à construção redutiva do ser, uma *de-struição* [*Destruktion*], ou seja, uma desconstrução [*Abbau*] crítica dos conceitos tradicionais que precisam ser de início necessariamente empregados, com vistas às fontes das quais eles são hauridos (GA 24: 31/38).

A redução fenomenológica está intimamente vinculada ao sentido de referência da indicação formal, dirigindo-se ao modo de ser do ente e, com isso, co-tematizando o ente enquanto tal, jamais o anulando. Em outras palavras: ao encontrar o ente em sua cotidianidade, a primeira estrutura a ser analisada fenomenologicamente é justamente a da cotidianidade – que diz respeito ao caráter impróprio da existência do ser-aí. Nesses termos, como a redução tem em vista a mudança na perspectiva do olhar, mirando o ser e não o ente, e como na cotidianidade o ser-aí está sempre entregue ao ente, então, enquanto passo metodológico, a redução é uma "luta contra a tendência essencial da cotidianidade" (Uscatesco, 2002: 69). Só por meio da redução é que se alcança o ser como o que é próprio da investigação fenomenológica, que por isso não é algo presente-à-vista, senão algo conquistado, ou melhor, construído. Portanto, à redução segue-se a construção. Desta, de imediato, deve-se afastar a ideia de uma "construção imaginária e fantástica sem fundamento" (Uscatesco, 2002: 70). A construção fenomenológica é o que abre as estruturas de ser, tornando possível a sua investigação. Com isso, há uma circularidade entre redução e construção: "Não se realiza aquela se antes não se iniciou, mesmo que ligeiramente, a construção ou explicitação do ser, pois só então o olhar fenomenológico se pode desviar do ente ao ser" (Uscatesco, 2002: 70). Para se passar do ente ao ser, faz-se necessário algo como uma "desobstrução" do caminho – ou seja, uma ruptura na cotidianidade, que não poderá ser alcançada mediante um exercício reflexivo, dada a sua condição *a posteriori*, tampouco poderá prescindir do caráter histórico-fático do ser-aí, pois, caso dele prescindisse, seria criado algo como uma sombra, uma idealização da existência em propriedade. Trata-se, pois, de uma desobstrução que é ela também assegurada faticamente.

Nas preleções de 1925, Heidegger afirma que isso é possível a partir de uma experiência fundamental (*Grunderfahrung*), sendo a da angústia o principal exemplo, pois "a angústia não é outra coisa que a pura e simples experiência do ser no sentido de ser-no-mundo" (GA 20: 403). Isso porque ela independe de qualquer determinação mundana, deixando o ser-aí lançado consigo mesmo na condição que é a sua, a saber, na condição de que ele *tem* que ser. A angústia abre a possibilidade de uma autêntica relação com as coisas, com os outros e consigo mesmo, mostrando o ser-aí como sendo originariamente histórico-fático, pois já é sempre lançado em um mundo. Ao romper com a cotidianidade, "a angústia nos suspende, porque ela faz com que o ente na totalidade venha a se evadir" (*WiM*, GA 9: 112/122). Mas não o faz para deixar o ser-aí suspenso no nada, tampouco para identificar ser e nada, senão para reenviar o ser-aí à sua condição histórico-fática. Essa experiência fundamental viabiliza a compreensão de que o sentido de ser é algo construído e não simplesmente dado. À suspensão propiciada pela angústia segue-se o retorno à cotidianidade, agora assumida em propriedade, justificando por que a autocompreensão cotidiana "não traz consigo uma compreensão de seu ser tal como ele é" (Rodríguez, 2019: 174).

A existência mesma é descoberta enquanto possibilidade, não sendo mais caracterizada por meio de uma determinação metafísica vinculada às categorias do ser humano como animal racional ou criatura divina. Com isso, "a questão da existência será resolvida sempre tão só pelo existir mesmo" (*SuZ*: 12). E mais: será resolvida pelo próprio existir na condição que é a sua – a saber, a de ser já sempre lançado no mundo, de tal modo que o ser-aí descobre a si mesmo em um *aí ocasional*. O próprio esclarecimento da existência pelo existir é conduzido "já sempre num sentido, numa orientação, numa situação, numa circunstância" (Kirchner, 2016: 116). No limite, "o que está em jogo para o ser-aí em sua existência é *o* poder-ser-no-mundo" (GA 24: 420/430).

Contudo, o ser-aí já sempre se projetou em direção a um poder-ser, antes mesmo de se explicitar a pergunta pelo sentido de ser, de modo que há na "existência do ser-aí algo assim como uma *compreensão prévia de mundo, significância*" (GA 24: 420/430). Essa compreensão é o que distingue o ser-aí dos outros entes, tornando explícito que o "seu estado ôntico tem um assinalado caráter ontológico" (Nunes, 2016: 34) e fazendo da compreensão de ser sua possibilidade mais própria. Isso conduz à seguinte conclusão: enquanto ser-no-mundo, o ser-aí sempre já ultrapassou a condição meramente ôntica das coisas e da própria existência, compreendendo o ente com vistas ao ser, mesmo que pré-ontologicamente.

Como o ser é o que se encobre no ente, abre-se a possibilidade de a interpretação mais cotidiana se entregar a esse aspecto ôntico, desviando-se daquele aspecto ontológico-fundamental. Por isso, o ser-aí cotidiano se encontra numa condição que não lhe é a mais própria, embora não lhe seja indiferente: trata-se de uma condição de *decadência*, na qual o ser-aí cotidiano é "*nele* mesmo, *como ele* mesmo, *para si* mesmo, *desde si* mesmo e, em tudo isso, *contra si mesmo*" (GA 61: 131). A compreensão mais imediata do mundo, embora seja a primeira autocompreensão do ser-aí, não é a definitiva, sendo na verdade desfigurada. Isso traz as seguintes consequências:

> 1) Que ela não é um início, nem uma medida fundamental, senão justamente uma temporalização na vida faticamente em ruína; 2) mas que o caráter imediato do mundo dado, dito formalmente, está *mediado*, porém, essa mediação não é a do mero "pensamento" frente à representação, isto é, que nem o caráter imediato, nem a mediação, tomadas no sentido da teoria do conhecimento, podem dizer algo sobre o sentido de objeto [*Gegenstandssinn*] e de ser do mundo (GA 61: 149).

Por isso, mesmo compreendendo pré-ontologicamente o ser, essa compreensão mais imediata tem a tendência de "compreender o mundo segundo a opinião comum, a pensar o que se pensa, a projetar-se na base do anônimo *se* da mentalidade pública" (Vattimo, 1991: 39). Nessa condição, o ser-aí é indiferente à distinção entre ente e ser. No entanto, "esta indiferença da cotidianidade do ser-aí *não* é um *nada*, senão um caráter fenomênico positivo deste ente. É a partir desse modo de ser e retornando a ele que todo existir é como é" (*SuZ*: 43). Isso quer dizer que o modo imediato como o ser-aí compreende as coisas do mundo, bem como a si mesmo, não o determina de uma vez por todas, sendo antes um possível *modo de ser*. Portanto, há dois possíveis modos de ser: o próprio (*Eigentlich*) e o impróprio (*Uneigentlich*). Esses modos não são aspectos valorativos:

> Impróprio e não-próprio não significam, de forma alguma, "propriamente não", como se neste modo de ser o ser-aí perdesse seu ser. Impropriedade não significa algo como não-ser-mais-no--mundo [*Nicht-mehr-in-der-Welt-sein*], senão que, ao contrário, ela constitui um modo destacado do ser-no-mundo, no qual o ser-aí fica inteiramente absorto pelo mundo e pelo co-ser-aí dos outros no impessoal. O não-ser-si-mesmo [*Nicht-es-selbst-sein*] atua enquanto uma possibilidade *positiva* do ente que, estando essencialmente ocupado, absorve-se em um mundo. Este *não-ser* deve ser concebido como o modo mais próximo do ser-aí, o modo no qual, na maioria das vezes, ele se mantém (*SuZ*: 176).

Como o sentido de referência da investigação fenomenológica é o ser, e como o primeiro referencial do ser-aí é o ente, a apropriação da situação hermenêutica deve ser a primeira coisa a ser conquistada, pois só assim o ser-aí estará em condições de entender que, em razão do poder-ser que lhe é constituinte, ele pode se escolher – isto é, ganhar a si mesmo, assim como se perder de seu si mesmo próprio. Justamente por trazer consigo o seu aí, o ser-aí tem responsabilidade pelo próprio ser que é sempre e a cada vez. Nesse sentido, a apropriação da situação hermenêutica tem em vista alcançar a condição hodierna de interpretação e, ao mesmo tempo, alcançar os significados herdados da Tradição para isso que vem ao encontro do ser-aí no mundo. Em outras palavras: trata-se de uma de-struição dos sentidos herdados e, por isso, de um pôr a descoberto o sentido originário de ser, mostrando que, para Heidegger, "o decisivo não é criar novos conceitos, mas reconduzir os conceitos herdados da tradição aos fenômenos originários que se encontram na origem de tais conceitos" (Casanova, 2020: 80). Essa é a maneira pela qual o ser-aí pode sair do modo de ser da cotidianidade, em direção ao ser propriamente dito dos fenômenos como se lhe apresentam.

O fio condutor da de-struição, dado que ela pertence à interpretação do ser e de suas estruturas, é a pergunta pelo sentido de ser, que por sua vez surge de e retorna à hermenêutica da facticidade. Portanto, a de-struição, cuja crítica está dirigida ao presente, parte da cotidianidade fática. Já nas preleções de 1923, Heidegger a nota como "a dimensão histórica decisiva" (GA 63: 106/111), de modo que "toda e qualquer investigação [deve] iniciar a partir do mais próximo e, conforme o caso, realizar isso de uma maneira determinada e concretamente destrutiva" (GA 63: 106/111, mod.). Isso, como se viu, é realizado com vistas a alcançar a diferença entre ser e ente, o que demonstra que a investigação está dirigida ao caráter transcendental do ser, não podendo abdicar do retorno ao seu ponto de partida fático, o ente. Só "a transcendência, o 'para além de' do ser-aí, torna possível que o ser-aí se comporte em relação ao ente enquanto ente, seja este o ente presente-à-vista, os outros ou si mesmo" (GA 24: 426/436, mod.). A compreensão dos diferentes modos de ser dos entes que não são o ser-aí, assim como a compreensão dos diferentes modos de ser si mesmo, só é possível porque o ser-aí percebe a circunstância que é a sua: a de ser o aí propício ao ser. Nesses termos, a de-struição abre o caminho para a diferença ontológica[2] e, com isso, evidencia que todo exercício fenomenológico será sempre "uma perda da experiência fática, embora seja também um modo de a acessar; por isso, a tarefa [da fenomenologia] se situa no interesse em tematizar aquilo que forma o nosso modo de compreender" (Hebeche, 2005: 87).

Dessa forma, fica evidente por que "a tarefa preliminar de assegurar 'fenomenologicamente' o ente exemplar como ponto de partida da analítica propriamente dita já está sempre delineada pela finalidade desta" (*SuZ*: 37). Qual finalidade? Reabilitar a pergunta pelo sentido de ser em geral em sua originariedade. Por que já delineada? Porque já é necessária uma compreensão pré-ontológica de ser para se tornar possível uma compreensão

---

2 Cf. Segunda seção, capítulo 4.1.

ontológica. Nesse sentido, o ser-aí, como único ente capaz de compreender de maneira prévia o próprio ser, já está delineado a partir da meta de toda e qualquer ontologia possível. Daí a de-struição fenomenológica como um passo metodológico necessário: só se garante o acesso à hermenêutica da facticidade, como ponto de partida da ontologia fundamental, porque já se alcançou-a enquanto possibilidade, e não enquanto uma determinação delegada pela tradição. A situação hermenêutica, por sua vez, visa mostrar qual **é** a condição hodierna de interpretação, justificando por que o caráter crítico da de-struição se volta sobretudo ao presente e não ao passado. A de-struição antecede a redução e, consequentemente, a construção, tornando possível que se acesse o ser enquanto fenômeno e em seus diferentes modos de mostrar-se-a-respeito-de-si-mesmo. Nesses termos, ao invés de se apresentar como ciência *dos* fenômenos, a fenomenologia é ciência das possibilidades de ser.

A de-struição é um passo metodológico próprio da fenomenologia, e tem em vista tornar viável o alcance do sentido originário de ser, diante da entrega do ser-aí à cotidianidade. Por isso, ela não é condição de possibilidade da experiência fundamental, mas sim a guia para se "ganhar uma autêntica vinculação com a tradição" (GA 20: 187). Como pontua Rodríguez (2019: 189), trata-se de uma "de-struição *para* um sentido apontado, pré-compreendido no fato mesmo de destruir e que, através da de-struição, chega à condição de fenômeno". Enquanto passo metodológico, ela precisa ser eminentemente crítica, mantendo a fenomenologia atenta à sua pergunta diretriz:

De fato, a de-struição é *crítica*.[3] Mas o que é criticado não é o passado, aberto por meio da de-struição, mas o *presente* é o que cai sob a crítica, nosso ser-aí *hodierno*, na medida em que está encoberto por um *passado que se tornou impróprio*. Não é *Aristóteles* nem *Agostinho* quem são criticados, senão o *presente*. A crítica tem justamente a tendência oposta: fazer ver aquilo ao que se dirige com seu passado originário, de maneira que se torne visível o modo originário de investigar e desperte em nosso ser-aí hodierno algo assim como uma *veneração pela história*, na qual vivemos nosso próprio destino. Portanto, a de-struição como crítica do hoje é a crítica que faz ver própria e originariamente o positivo no passado. Diante disso, faz-se ver, antes de tudo, o passado como nosso próprio ter-sido [*Gewesensein*] e nosso poder-ser-de-novo [*Wiederseinkönnen*] (GA 17: 119).

3 O significado do termo *Destruktion* como *crítica* indica a apropriação por Heidegger da concepção de crítica kantiana. Esta não é uma "crítica de livros e de sistemas, mas da faculdade da razão em geral, com respeito a todos os conhecimentos a que pode aspirar, *independentemente de toda a experiência*; portanto, a solução do problema da possibilidade ou impossibilidade de uma metafísica em geral é a determinação tanto de suas fontes como da sua extensão e limites" (Kant, 2018: AXII). Essa concepção kantiana, ao garantir um limite à razão, assegura que ela "não precede o conhecimento, mas atua sobre os conhecimentos de que o homem efetivamente dispõe, com o fim de determinar as condições de sua validade" (Abbagnano, 2012: 260). O que é apropriado é ter em vista as condições de possibilidade ou impossibilidade do surgimento dos conceitos filosóficos – não com o propósito de elaborar uma teoria do conhecimento, mas sim com o propósito de demonstrar esses conceitos a partir da situação hermenêutica própria de seu surgimento, justificando assim a sua possibilidade ou impossibilidade. Para Heidegger, o aspecto crítico da de-struição prevê um retorno àquilo que se pode chamar de aspecto originário dos conceitos da Tradição. Diante disso, nota-se uma segunda influência decisiva: a de Lutero e de sua noção de *destructio*, cuja pretensão era reabilitar a experiência originária cristã, precedente ao contato do cristianismo com a metafísica grega: "*Destructio* é o nome que Lutero dá ao desmantelamento de Deus dos ídolos do egoísmo humano. [...] Lutero também dá o nome *destructio* à sua própria polêmica contra a soteriologia e antropologia da teologia escolástica. [...] Todas as polêmicas de Lutero contra o escolasticismo, Aristóteles, razão e filosofia equivalem à sua própria tentativa, como guardião da Palavra de Deus, de participar da *destructio* do 'velho homem'" (Crowe, 2006: 66). O sentido luterano de *destructio* torna possível que a filosofia não seja vista só como serva da teologia, tampouco como serva das ciências, como ditava o Positivismo. Portanto, a de-struição não tem em vista a construção de algo como uma ideologia, uma visão de mundo, senão a liberação da vida fática daquilo que a torna imprópria a si mesma. Deve-se atentar, por fim, que o sentido crítico da de-struição traz consigo a consecução da condição de propriedade da vida em sua facticidade, fazendo-a retornar ao seu caráter originário.

Justamente por ter em vista uma construção redutora, o sentido originário de ser não é alcançado de uma vez por todas, podendo na verdade ser alcançado desde outra perspectiva e proceder metodológico. Com isso, a própria fenomenologia se apresenta enquanto possibilidade: compreendê-la dessa forma significa "ter a experiência de que o voltar às coisas mesmas pode ser igualmente realizado dum outro modo que não aquele que se tornou realmente efetivo" (Von-Herrmann, 2003: 193). O conceito prévio afirma a fenomenologia enquanto possibilidade, que por isso está longe de ser um conceito de método "realista": "Acima da respectiva realidade efetiva da fenomenologia está a fenomenologia no seu caráter de possibilidade. Compreender a fenomenologia no seu princípio metódico significa compreendê-la no seu caráter de possibilidade" (Von-Herrmann, 2003: 193). Na verdade, ao reabilitar o significado originário de φαινόμενον e λόγος, o conceito prévio garante à fenomenologia sua tarefa ontológica, logo, assegura-lhe a possibilidade de acesso ao seu conteúdo de investigação mais próprio. Portanto, a fenomenologia "não se move em um caminho intermediário – um tipo de 'filosofia mediadora' [*Vermittlungsphilosophie*] –, senão radicalmente em um sentido completamente originário" (GA 58: 20).

Contudo, a pergunta pelo ser já não é ela mesma herdada da Tradição, por mais que, para Heidegger, na maioria das vezes ela tenha sido feita de maneira inadequada? Já não seria ela um ponto de partida determinado previamente, de modo que se recorreria à Tradição ontoteológica como prova de autoridade para justificá-la? De fato. Porém, a grandeza da fenomenologia não está em repetir a pergunta já feita, tampouco está na descoberta da intencionalidade, da intuição categorial e do sentido originário do *a priori*, mas sim está na "*descoberta da possibilidade de investigar em filosofia*" (GA 20: 184). E isso significa que, por pretender manter aberta tal possibilidade, a fenomenologia precisa se libertar da Tradição metafisica, a única por ela conhecida. Logo, a investigação fenomenológica não cria para si algo totalmente novo, mas o traz em seu aspecto originário.

Por um lado, Heidegger vê que nessa Tradição o ser esteve como que encoberto. Por outro, a proposta de reabilitação da pergunta pelo sentido de ser não pode ter em vista senão essa mesma Tradição. Alcançar sempre e a cada vez a pergunta pelo sentido de ser desde a sua diferença com todo e qualquer ente é a exigência do rigor da investigação fenomenológica. Como essa é também a pergunta originária da filosofia, "a fenomenologia, radicalizada em sua possibilidade mais própria, não é outra coisa que o perguntar tornado novamente vivo de Platão e Aristóteles: *a repetição, a recuperação do início de nossa filosofia científica*" (GA 20: 184). O rigor da fenomenologia exige essa repetibilidade com vistas a garantir "a formulação inteligível e a imprescindível comprovação do visto, sem as quais a filosofia não pode levar o nome de científica" (Rodríguez, 2019: 98).

Para Heidegger, "a possibilidade de rigor de uma ciência não pode lhe ser prescrita externamente, senão que ela deve ser tomada e desenvolvida desde a ciência mesma como descobrimento [*Entdeckung*] do ente" (GA 17: 103). Isso justifica o rigor da fenomenologia como algo dado por ela a si mesma, afastando a ideia de que a sua investigação seria algo como uma visão ingênua das coisas como se apresentam: "A ideia de apreensão e explicitação [*Explikation*] 'originárias' e 'intuitivas' ['*originären' und 'intuitiven'*] dos fenômenos implica o contrário da ingenuidade de uma 'visão' casual, 'imediata' e impensada" (*SuZ*: 37). Portanto, não há ausência de rigor no conceito prévio, senão, na verdade, a confirmação da diferença dos pontos de partida entre a fenomenologia e a ontoteologia. Daí a função da de-struição fenomenológica ser também a função de uma desconstrução crítica dos conceitos herdados, pois a pergunta pelo sentido de ser não pode ser posta senão em relação com a sua própria história:

> Se se quer que a pergunta mesma pelo ser se torne transparente em sua própria história, então é preciso alcançar uma fluidez da tradição endurecida e remover os encobrimentos produzidos por ela. Essa tarefa, a ser levada a cabo pelo *fio condutor da pergunta pelo ser*, é o que compreendemos como a *de-struição* do conteúdo transmitido pela ontologia antiga até chegar às experiências originárias, nas quais se alcançaram as primeiras determinações do ser, que seriam diretivas a partir de então (*SuZ*: 22).

Longe de idealizar sua realização, a fenomenologia está fundada com vistas à própria história da pergunta pelo ser. Isso quer dizer que o movimento de passagem do estar-encoberto ao não-estar-encoberto é assumido em sua originariedade. Trata-se, pois, de uma investigação pelo ser tal qual ele é na verdade, justificando por que na fenomenologia estão implicados, fundamentalmente, φαινόμενον, λόγος e ἀλήθεια. O rigor dessa investigação provém do principal aspecto do conteúdo investigado, a saber: o encobrir-se do ser no mostrar-se-a-respeito-de-si-mesmo. As assertivas ontológicas são as mais difíceis de serem alcançadas, pois, antes de tudo, o caminho para se chegar até elas precisa ser desobstruído: "A dificuldade do autêntico trabalho fenomenológico está justamente em se manter crítico, em sentido positivo, consigo mesmo" (GA 20: 119).

Caso não fosse crítica em relação a si mesma, a fenomenologia incorreria no erro de voltar a assumir o ser como algo sempre presente, como a presença mais elevada de tudo aquilo que é: "Isso implica que o modo característico de apreender os fenômenos – interpretar apreendendo-os originariamente – não supõe um apreender imediato no sentido de que se pudesse dizer que a fenomenologia é um ver simples, que não necessita de disposição metódica alguma" (GA 20: 120). A de-struição, a construção e a redução são o modo de acesso ao método fenomenológico. Este, tal qual apresentado no §7, "remete ao conceito integral de fenomenologia que só posteriormente será alcançado. Esse conceito integral também é denominado como *ideia* da fenomenologia" (Von-Herrmann, 1997: 49).

3.2 O limite da Ontologia Fundamental

Por que o conceito integral de fenomenologia só seria posteriormente alcançado? Precisamente porque a de-struição, na sistemática de *Ser e tempo*, embora já esteja anunciada no §6, entraria somente e pela primeira vez na *Segunda parte* – na qual se levaria a cabo a de-struição da História da Ontologia, conforme dá a ver o §8, o *Sumário do tratado*. Trata-se da parte jamais publicada. Também as preleções de 1927, *Problemas fundamentais da fenomenologia*, preveem para o quarto capítulo da terceira parte a apresentação da ideia da fenomenologia. A respeito delas, atenta-se para a anotação presente em *Sobre a essência do fundamento* (1929): "O todo das preleções pertence a *Ser e tempo*. I. Parte, 3ª seção, 'Tempo e ser'" (*VWG*, GA 9: 134). Porém, como se sabe, tais preleções avançam até o primeiro capítulo da segunda parte, também não apresentando o conceito integral de fenomenologia. Com isso, o que se tem é a apresentação do conceito prévio, ao qual se somam não só a redução, construção e de-struição, mas também a intencionalidade, a intuição categorial e o sentido originário do *a priori*.

Tudo isso caracteriza o *que* em seu *como*, demonstrando que, em Heidegger, *tema* e *método* são indissociáveis, "o que torna impossível o tratamento separado de ambos, como se puséssemos algo assim como uma metodologia válida, que apenas exposta já estaria pronta para ser 'aplicada' a um âmbito novo de conhecimento" (Rodríguez, 2019: 24). Nesse sentido, uma Ontologia Fundamental só é possível se situada a partir do horizonte histórico-fático do ser-aí. A analítica existencial não é a finalidade última da investigação fenomenológica. Trata-se de um estágio necessário com vistas a demonstrar o fundamento ôntico-ontológico do ser-aí, assegurando a base da pergunta pelo ser em geral. Dessa forma, não é mera coincidência que Heidegger, ao expor a Ontologia Fundamental como a meta a ser alcançada, faça tal exposição de maneira a marcar as categorias fundamentais da vida fática:

> Ao esclarecer as tarefas da ontologia, surgiu a necessidade de uma ontologia fundamental, que tem como tema o ente ôntico-ontologicamente assinalado, o ser-aí, e isso de tal modo que ela se coloque ante o problema cardeal, a saber, a pergunta pelo sentido de ser em geral. [...] Agora, na medida em que através do descobrimento do sentido de ser, e das estruturas fundamentais do ser-aí em geral, abre-se o horizonte para toda posterior investigação ontológica dos entes não conforme o ser-aí, esta hermenêutica se torna, ao mesmo tempo, "hermenêutica" no sentido da elaboração das condições de possibilidade de toda investigação ontológica (*SuZ*: 37).

Isso quer dizer que qualquer ontologia só pode acontecer no horizonte da existência do ser-aí – um horizonte finito. Toda ontologia traz consigo um traço de finitude. Logo, o tema da Ontologia Fundamental acaba por lhe dar um limite e, ao mesmo tempo, um parâmetro de realização: a Ontologia Fundamental não cria para si o seu conteúdo, mas sim parte da cotidianidade do ser-aí, o ente capaz de compreender o ser mesmo pré-ontologicamente. Nesses termos, "a ontologia fundamental, base e perspectiva de qualquer ontologia posterior, deve ser procurada na analítica existencial do ser-aí" (von-Zuben, 2011: 89). Para tanto, deve-se perguntar pela necessidade da pergunta pelo ser em geral – isto é, pela necessidade da pergunta pela possibilidade de qualquer ontologia, à qual a analítica existencial serviria de base. Isso fica evidente logo no §1 de *Ser e tempo*: em primeiro lugar, "quando se diz, 'ser' é o conceito mais universal, isso não pode significar que seja o mais claro e que não necessite de qualquer discussão posterior. O conceito de 'ser' é, na verdade, o mais obscuro" (*SuZ*: 3); em segundo lugar, a conclusão tirada da universalidade de ser – a saber, ser é um conceito indefinível – já impossibilita reduzi-lo ao ente, mas "não dispensa a pergunta pelo seu sentido, senão precisamente a exige" (*SuZ*: 4); e em terceiro lugar, a autoevidência de ser só é possível porque "já sempre vivemos numa compreensão de ser e porque o sentido de ser, ao mesmo tempo, está encoberto em obscuridade, demonstrando a necessidade principial de se repetir a pergunta pelo sentido de 'ser'" (*SuZ*: 4).

De tal modo, ao descrever o ser-aí em sua cotidianidade, a analítica não cria uma metafísica da existência, senão a descobre como modo de ser específico desse ente, logo, como modo de ser possível. Outrossim, a conceptualização dos existenciais não pretende estagnar o desencobrir-se do ser em seu aí propício, transformando-o naquilo que ele não é, senão expressar a autocompreensão que o ser-aí tem de si mesmo: "Categorias[4] não são algo

4 Aqui se deve dar um passo atrás: o que, em *Ser e tempo*, Heidegger chama de *existenciais* era o que antes, sobretudo nas preleções de 1921/1922, ele ainda chamava de *categoria*. Heidegger encontra a conexão entre o significado técnico, filosófico e de uso comum do termo "categoria" no pensamento grego, na *Física BI* de Aristóteles, o que, de acordo com Brogan (2005: 114), leva-o a concluir que "a forma categorial para aceder aos entes é apenas um dos muitos sentidos de desencobrir o ser". Além disso, deve-se ter presente a diferença entre "existenciais" e "categorias", explicitamente presente no §9 de *Ser e tempo*, mas ainda não nítida nas preleções de 1921/1922: "Todas as explicações [*Explicate*] que surgem da analítica do ser-aí são alcançadas com vistas a sua estrutura existencial. Porque esses caracteres do ser do ser-aí se determinam a partir da existencialidade, chamamos-lhes *existenciais* [*Existenzialien*]. Eles devem ser distinguidos rigorosamente das *categorias* [*Kategorien*], que são as determinações do ser do ente não conforme o ser-aí. [...] Existenciais e categorias são as duas possibilidades fundamentais de caracteres do ser. O ente, que lhes

inventado ou um conjunto de esquemas lógicos para eles mesmos, 'grades', senão que estão, de modo originário, *na vida mesma para a vida*; na vida para 'formar' vida" (GA 61: 88). As categorias são algo como uma *estância* (*Aufenthalt*) a partir da qual se é possível ver a mobilidade (*Bewegtheit*)[5] do ser e um dos diferentes modos de seu não-encobrimento:

> É equivocado – justamente quando o que se quer é ver a mobilidade da vida, e fazer disso objetualmente o ter prévio da explicação categorial – pretender seguir a mobilidade como tal. Vê-se a *mobilidade* propriamente só a partir da genuína "*estância*" em cada ocasião (GA 63: 109/115, mod.).

O cerne desse argumento diz que só há estância porque há mobilidade e vice-versa. De maneira alguma isso contraria o sentido fenomenológico de

---

corresponde, requer que o interroguem primariamente e cada vez de um modo diferente: ente como um *quem* [*Wer*] (existência) ou como um *que* [*Was*] (algo presente à vista no sentido mais amplo)" (*SuZ*: 44-45). Existenciais são estruturas extraídas de acordo com o fio condutor do conceito formal de existência. Trata-se, pois, de um termo técnico que, em relação ao ser-aí, "desempenha o mesmo papel que as tradicionais categorias dos entes que não tem a forma de ser do ser-aí" (Rodríguez, 2015: 63). Nesse sentido, os existenciais são "categorias ontológicas" cuja referência é o ser do ser-aí, ao passo que o referencial das "categorias" é o ser dos demais entes, ou melhor, dos entes que não são iguais ao ser-aí.

5 Essa mobilidade deve ser interpretada como "*mobilidade própria da vida, na* qual e *pela* qual a vida é, a partir da qual a vida, de acordo com isso, pode ser determinada desse ou daquele modo segundo o sentido de ser" (GA 61: 117). Ao evocar essa mobilidade, Heidegger retoma o pensamento aristotélico, mas não assume o movimento (κίνησις) no sentido da ποίησις, isto é, de um meio para um fim, senão no sentido da πράξις, que, em cada momento, "une o que previamente foi e o que será, seu passado e futuro, ao contrário da κίνησις, da qual a ποίησις é um tipo, que deixa seu passado e futuro separados um do outro" (Taminiaux, 1991: 125). Com isso, deve haver uma necessária vinculação entre essa compreensão de mobilidade e a compreensão de temporalidade, que, por isso, não pode estar fechada em si mesma, senão direcionada sempre para fora, para algo possível e não necessário. Isso aparece já pontuado na conferência *O conceito de tempo*: "O *ser-aí*, enquanto vida humana, é primordialmente ser-possível, o ser da possibilidade do trânsito certo e, no entanto, indeterminado" (GA 64: 116/47). A mobilidade própria da vida fática é o que, no limite, possibilita ao ser-aí deparar-se consigo mesmo na condição que é a sua. Só seria possível compreender a sua importância se a leitura dela fosse vinculada à dinâmica da temporalidade, pois "é em virtude deste trânsito que o ser-aí, em pleno fausto do quotidiano, enche-se de inóspita inquietude" (GA 64: 117/49), ousando apropriar-se de si mesmo.

ser como não-encobrimento. Pelo contrário, confirma-o. Essa estância não faz do ser algo sempre presente, mas, ao contrário, mostra que a condição de possibilidade do não-encobrimento é o encobrimento e vice-versa. Além disso, o "ter prévio" (*Vorhabe*) precisa ser lido como o *ter prévio de um propósito*, um *planejar*, um *ter em vista* que, em alemão, diz-se pelo verbo *vorhaben* (cf. Grimm; Grimm, 1971g: coluna 1129). Em outras palavras: o propósito da explicação categorial é fazer ver a mobilidade e não a estância. Os existenciais só podem ser tais qual a indicação formal, antecipando somente o sentido de referência e deixando suspensos o sentido de realização e o sentido de conteúdo. Dessa maneira, eles não são resultados de uma elaboração meramente teórica, alcançada a partir de um ato reflexivo posterior à relação imediata com o mundo. Eles dizem respeito ao modo fundamental de autocompreensão da vida fática, justificando por que a "sua comprovação não pode estar em outra parte senão no 'saber de si' presente nos comportamentos, nos quais a categoria está sendo realizada" (Rodríguez, 2019: 171).

Fica evidente por que o que se tem em vista é uma ontologia *fundamental*: ela é fundamental porque, para chegar à compreensão ontológica de ser, ela coloca em causa o acesso pré-ontológico do ser-aí aos entes, diferenciando-se das demais ontologias regionais e, consequentemente, das ciências ôntico-positivas. Estas "não só pressupõem uma compreensão do ser, como também não podem realizar seu trabalho propriamente sem antes 'clarificar o significado de ser'" (Inwood, 1999: 148). E como bem pontua Casanova (2012a: 84), "o que está em questão não é como surgiram, por exemplo, a ontologia grega e a ontologia moderna, entre outras, mas antes como é possível que algo assim como uma ontologia possa efetivamente ter lugar".

A estância não pode ser equiparada a um rompimento com a mobilidade. Na verdade, a estância é possível *na* mobilidade, e só por meio dela. Novamente, a pergunta a ser posta não é pelo *que*, mas pelo *como*:

> A estância existentiva [*der existenzielle Aufenthalt*], na estância; o que estabelecer enquanto paragem [*Stillstand*]? Contudo, precisamente por isso, a tarefa suprema [é] alcançar uma estância autêntica e não uma qualquer; a estância na qual nos detemos *antes* do *possível* salto da inquieta decisão; dela não se fala, mas está constantemente

> aí. Na estância se faz visível o movimento e, desse modo, a partir dela, enquanto estância autêntica, a possibilidade do movimento contrário (GA 63: 109/115, mod.).

A estância autêntica não torna visível só o movimento, como também a possibilidade do movimento contrário à cotidianidade. Numa palavra: a estância autêntica torna visível a mudança da perspectiva do olhar, que mira agora o ser e não mais o ente. Essa mudança *já* foi denominada redução fenomenológica. Portanto, os existenciais são "os modos em que a vida fática temporaliza a si mesma e, temporalizando-se, *fala* consigo mesma (κατηγορειν)" (*NB*, GA 62: 363). Eles só são alcançados caso se pergunte pelo ser de tudo aquilo que é, inclusive pelo ser do ser-aí. Isso evidencia que o *sentido de referência* da estância – leia-se, dos existenciais – é o ser e não o ente, donde a possibilidade de se pretender alcançar uma estância autêntica. Nesse sentido, a estância se apresenta não como algo metafísico, mas sim como realização do modo de ser específico do ser-aí. Ao compreender o seu sentido, o ser-aí já se põe a caminho de sua realização, justificando que "a categoria, por sua vez, é uma forma do próprio comportamento: a autocompreensão do viver, que a categoria expõe, é um momento do próprio viver, tem seu próprio modo de ser" (Rodríguez, 2019: 161).

Os existenciais não são tais quais as essências metafísicas – as categorias, propriamente ditas. Estas não são encontradas atrás do ser-aí: "'Atrás' dos fenômenos da fenomenologia não há essencialmente nada, embora seja possível permanecer encoberto o que deve se tornar fenômeno" (*SuZ*: 36). Esses existenciais *são* o próprio ser-aí. Ou seja, eles, "como a própria hermenêutica, são um modo de ser da própria facticidade" (Rodríguez, 2019: 161). O ser-aí é o primeiro a ser investigado fenomenologicamente justamente porque seu aspecto ôntico é ontológico, porque nele há a compreensão do ser em seu aí. Portanto, a analítica do ser-aí impõe limite à proposta de uma Ontologia Fundamental: a pergunta pelo ser em geral só pode ser posta se estiver remetida ao ser-aí – que, sendo, já sempre compreendeu o ser disso que lhe vem ao encontro no mundo, e já sempre compreendeu o próprio ser que ele é de alguma maneira no horizonte do tempo.

Se na cotidianidade o ser-aí se orienta pelo ente, então o tempo também é tido impropriamente, logo, o seu sentido originário também está como que encoberto. Se a Tradição Metafísica interpretou o ente como *ser presente-à-vista*, então o tempo também se acha, de algum modo, como algo presente-à-vista: "Ele está de alguma maneira *copresente-à-vista* [...]. O tempo que se conhece como agora e como uma multiplicidade e uma sequência de agoras é uma *série presente-à-vista*" (GA 24: 385/395, mod.). O sentido próprio do tempo só pode dizer respeito ao "ser-aí que assume radicalmente sua inevitável temporalidade" (Grondin, 2007: 16); ao passo que o sentido impróprio do tempo, enquanto uma fuga ante essa temporalidade, caracteriza-se pela "tranquilidade do permanente seguir-sempre-assim [*Immer-so-weiter*]" (Grondin, 2007: 16). Em sentido próprio, a temporalidade diz respeito àquela pertença não à eternidade dogmática, mas sim à finitude: "É somente porque a temporalidade é finita em sentido próprio que o tempo impróprio é infinito no sentido do tempo vulgar" (GA 24: 386/397).

Falar da temporalidade como se fala de um ente, porém, é um equívoco: "Nem subjetiva, nem objetiva, só podemos dizer que ela se temporaliza" (Nunes, 2002: 26). Na cotidianidade, o tempo se temporaliza como uma sucessão infinita de agoras justamente porque o ser é tido como presença constante, de tal modo que ele tende à infinitude. Contudo, "a infinitude do tempo vulgar só pode fazer sentido ao ser-aí porque a temporalidade mesma se esquece de sua própria e essencial finitude" (GA 24: 387/397, mod.). Em sentido próprio, a temporalidade é finita, pois o finito por excelência é o tempo. Nesse sentido, à fenomenologia não compete a tarefa de fazer o ser-aí passar do caráter impróprio ao próprio. Ela não é nenhum guia da vida. Compete-lhe, antes, trazer à luz o não-encobrimento da própria existência enquanto possibilidade. A decisão de apropriação da própria situação compete ao ser-aí, que, por isso, torna-se o único responsável pela própria existência. Como na cotidianidade o ser-aí ainda não se apropriou de sua própria situação, há uma transferência da responsabilidade para a ordem do impessoal: é-se aquilo que os outros são. "Enquanto estiver sempre assim lançada no mundo do 'se', a existência será sempre originariamente imprópria" (Vattimo, 1991: 39).

A abertura originária que há na angústia como experiência fundamental viabiliza a passagem da condição de impropriedade à de propriedade e, ao mesmo tempo, mostra o ser-aí como sendo radicalmente livre. Nesse sentido, os existenciais, sendo no tempo finito de ser, surgem como indicações de possibilidades de ser. Logo, o que está em jogo na passagem de uma condição à outra é o alcance da temporalidade como modo de ser próprio da existência. Consequentemente, só um ente radicalmente vazio de determinações prévias pode ser no tempo. O ser-aí, por sua vez, é o ente finito por excelência. Desse modo, a estância não somente mostra a mobilidade, como também mostra a finitude, pois mostra-as conjuntamente no horizonte do tempo. Entende-se então por que "enquanto ser-no-mundo, o ser-aí é o aí" (*SuZ*: 135): não é que ele seja com suas circunstâncias, senão que ele é sua própria abertura; ele traz consigo suas próprias possibilidades; ele é o aí, logo, a abertura onde tudo aparece: "Meu ser-no-mundo não é outra coisa que este já se mover compreensivo nestes modos de ser" (GA 21: 146). Por isso, a realização de uma possibilidade é o cumprimento de uma totalidade significativa de ser, o que torna o ser-aí responsável não só pela sua condição individual, como também pela totalidade daquilo que é. Trata-se de uma responsabilidade pelo próprio mundo.

Nesses termos, alcançar a sua condição temporal, o seu modo de ser no tempo, é suprimir toda orientação pela cotidianidade, onde só há estagnação de ser como presença. No limite, é tornar possível que esse horizonte significativo, como um todo, experimente mobilizações, permitindo que o sentido disso que aí vem ao encontro no mundo não permaneça mais tal como era. Dessa forma, a temporalidade existencial serve de base para a mobilidade histórica do mundo, viabilizando a pergunta pela historicidade das ontologias. Com isso, a ontologia-hermenêutica, porque fenomenológica, visa "abarcar a mobilidade arruinadora [*ruinanter Bewegtheit*], quer dizer, tomar a sério a dificuldade, realizar, salvaguardar a complicação *vigilante* [*wache Erschwerung*] que a facticidade comporta" (GA 63: 109/116).

Este é exatamente o "movimento contrário" tornado possível pela estância, que, além do mais, apresenta o limite intrínseco à investigação ontológico-hermenêutica. Ela se configura como assistemática, embora prenhe de circularidade – dado que a condição de reabilitação e, com isso, de repetição originária da pergunta pelo sentido de ser deve figurar como possibilidade, na qual está em jogo a vida ou a morte da filosofia. Logo, a fenomenologia não pode surgir como uma disciplina, mas antes deve ser idêntica à própria filosofia, pois só assim ela se verá na condição de pôr tal pergunta adequadamente. Ao assim se identificar com a filosofia, a fenomenologia assume a Tradição ontoteológica desde outra perspectiva, o que lhe permite de-struí-la e, ao proceder dessa forma, superá-la. Portanto, ela se cumpre – finaliza-se – só quando chega ao princípio, "lá onde a origem 'é' plenamente" (Sassi, 2007: 300).

Assim sendo, "a interpretação categorial, ao ser compreendida, deve ser ela mesma essencialmente *repetida*. Em sua autêntica e sempre mais rigorosa repetibilidade, mostra-se também a sua evidência" (GA 61: 88). Ou seja, a conceptualização de um existencial é posterior à sua compreensão, evidenciando que a intuição categorial já é hermenêutica, como acima se afirmou.

> Como repetição não reflexiva da vida fática, a intuição hermenêutica recolhe o movimento fenomenológico insuprível da doação da "coisa mesma", do aparecer originário do sentido, e, como repetição evidente, garante a formulação inteligível e a imprescindível comprovação do visto, sem as quais a filosofia não pode levar o nome de científica (Rodríguez, 2019: 98).

Desse modo, a repetição pré-reflexiva recolhe a compreensão pré-ontológica de ser, ao passo que a repetição evidente, a compreensão ontológica, já alcançou para si um conceito de ser. Porque sempre fático, todo existencial já é um "projetar-se compreensivo do ser-aí" (*SuZ*: 194), de modo que ele deve acontecer mesmo pré-ontologicamente, ou seja, antes de se alcançar um conceito explícito de ser.

3.2.1 A (in)conclusão do projeto ontológico-fundamental

Como o que há em *Ser e tempo* é "a busca pelo ser em geral a partir daquela relativa ao ser de um ente particular (o ser-aí) e deste dependente" (Araújo, 2013: 59), a historicidade das ontologias, conforme anunciado no §1, está enraizada na multiplicidade de fenômenos que constituem o horizonte de manifestação do ser-aí. Ou seja, a historicidade propriamente dita do ser está colocada com vistas ao mundo do ser-aí como totalidade de possibilidades significativas. Contudo, o que caracteriza o mundo histórico é a unidade da totalidade de fenômenos, de tal modo que só há totalidade se houver unidade. Por isso, pensar a historicidade das ontologias partindo única e exclusivamente do ser-aí, com vistas ao mundo como totalidade fenomênica, é uma incongruência do projeto de *Ser e tempo*. Como "o ser não se deixa fechar no ciclo do existente" (Von-Zuben, 2011: 100), faz-se necessária uma torção, de modo a pensar a historicidade das ontologias a partir das unidades históricas do mundo: "O que se altera não são tanto as questões e as concepções enquanto tais, senão a *perspectiva transcendental-horizontal* até então adotada, na qual se desenvolveu a analítica do ser-aí e se elaborou as perguntas fundamentais" (Von-Herrmann, 1997: 69).

O projeto da Ontologia Fundamental, ao levar a cabo uma analítica existencial, conclui-se como *ontologia fundamental da finitude*, na qual "a instância que indica o ser do ser-aí, o *Zu-sein*, encontra-se, em certo sentido, sempre direcionada àquela do *Sein überhaupt*" (Araújo, 2013: 60). Isso atesta o manter-se atento à originariedade do projeto e, ao mesmo tempo, ao rigor exigido pelo método:

> *Busca-se* a resposta à pergunta pelo sentido do ser em geral e, antes disso, a possibilidade de uma elaboração radical dessa pergunta fundamental de toda ontologia. Mas o pôr-em-liberdade [*Freilegung*] o horizonte em que algo como ser em geral é compreendido equivale ao esclarecimento da possibilidade da compreensão do ser em geral, pertencente à constituição do ente que chamamos ser-aí (*SuZ*: 231).

Por isso, a ideia de uma *virada* (*Kehre*) não denota o abandono de um projeto, senão a permanência no caminho por ele tornado possível desde outra perspectiva, o que se confirma quando se vê que "nas anotações de seu exemplar de *Ser e tempo*, Heidegger parece buscar recuperar a noção de *Sein überhaupt* através de sua reinterpretação" (Araújo, 2013: 61). Embora isso já possa ser percebido entre os §§1-4, é numa anotação presente no §7 que se nota uma singular mudança. Após a afirmação de que "*ser é o* transcendens *pura e simplesmente*" (*SuZ*: 38), é dito:

> *Transcendens* – apesar de toda ressonância metafísica – não à maneira escolástica nem greco-platônica do κοινόν, senão transcendência enquanto o ekstático – temporalidade – temporialidade; senão "horizonte"! O ser [*Seyn*] "cobriu" o ente. Mas transcendência a partir da verdade do ser [*Wahrheit des Seyns*]: o acontecimento apropriador [*Ereignis*] (GA 2: 51).

Em primeiro lugar, reforça-se aí que transcendência não diz respeito a *conhecimento* do ente: "A transcendência significa algo que é o próprio *ser-aí humano* e não precisamente um dos muitos outros possíveis modos de comportamento que só às vezes se realiza, senão a *constituição fundamental deste ente anterior a todo comportamento*" (*VWG*, GA 9: 149). A ideia de transcendência só pode estar referida a horizonte porque o ser-aí é o aí propício do ser. Ou seja, em *Ser e tempo*, por um lado, "o elemento 'ser' no termo 'ser-aí' significa ser enquanto existência, por outro, o elemento 'aí' significa a abertura *integral*, não apenas, portanto, do ser enquanto existência, mas, *juntamente a ela*, dos modos de ser de todo o ente não conforme o ser-aí" (Von-Herrmann, 2003: 175). Exatamente por isso, o ser-aí é o ente privilegiado: porque só no exercício da transcendência se mostra algo como uma compreensão afetiva articulada em palavra, a partir da qual é possível afirmar uma "*individuação* radical" (*SuZ*: 38) do horizonte de possibilidades.

Em segundo lugar, o filosofar, como transcender expresso, não assegura uma posse definitiva da existência em propriedade, mas sim a direciona às múltiplas possibilidades de ser, bem como ao fato de que "ser" se diz de múltiplas maneiras. Daí a importância do §83 para se compreender o porquê de a Ontologia Fundamental se concluir como ontologia fundamental da finitude: tal parágrafo torna explícito que a diferença ontológica – a partir da qual a pergunta pelo sentido de ser ganha sentido autêntico – "não é algo no qual a filosofia possa se aquietar" (*SuZ*: 437). Por isso, pensar o ser é pensar a diferença. A (in)conclusão de *Ser e tempo* é percebida "no momento em que se deve passar da determinação ontológica do ser do ser-aí àquela do ser em geral, ao exame do significado e do papel da noção de *Sein überhaupt*" (Araújo, 2013: 63).

Com isso, o problema que conduz à (in)conclusão não é lógico-epistêmico, senão ele mesmo ontológico, na medida em que "a ontologia não se constitui aqui como uma doutrina dos últimos princípios e causas, isto é, como uma *arqueologia*, senão, melhor dizendo, como uma doutrina da *verdade transcendental*, como uma *aletheologia*" (Vigo, 2008: 130). Isso quer dizer que o sentido de ser está condicionado ao seu desencobrir-se, ou seja, à verdade do ser. Em outras palavras: "O sentido de ser não é condicionado pela compreensão de ser" (MacDowell, 1993: 199). Pelo contrário, é o próprio ser que dá direção à compreensão. Isso justifica a razão de, para pensar o mundo como totalidade de fenômenos, ser preciso pensá-lo enquanto unidade. A (in)conclusão só é avistada quando o projeto ontológico-fundamental é levado ao seu limite: "É necessário buscar e *percorrer* um *caminho* para o esclarecimento da pergunta ontológica fundamental. Se ele é o *único* ou o *correto*, só pode ser decidido *depois do percurso*" (*SuZ*: 437).

Por fim, recorda-se que, em *Fenomenologia e teologia*, Heidegger indica o §7 como guia metodológico da conferência. Porém, o que essa *Primeira seção* mostrou é que o §7 condensa em si o início, o desenvolvimento e a (in)conclusão de uma ontologia fenomenológico-hermenêutica – que de fato é a guia por direito e excelência da conferência. Logo, ao posicionar o §7 como esse fio condutor, Heidegger está implicitamente afirmando que *Ser e tempo* é o espírito e a letra da conferência, na qual a teologia é descrita como uma ciência ôntico-positiva e, enquanto tal, radicalmente distinta da filosofia como ciência ontológico-transcendental. Contudo, como ainda nem se esclareceu o que na conferência se entende por ciência – o que tornará possível descrever a teologia em sua cientificidade e positividade –, não se pode ainda entender essa diferença, tampouco perceber quais são as implicações entre fenomenologia e teologia.

SEGUNDA SEÇÃO

A TEOLOGIA COMO CIÊNCIA ÔNTICO-POSITIVA:

CONDIÇÃO DE POSSIBILIDADE, POSITIVIDADE E CIENTIFICIDADE

O primeiro apontamento da segunda parte de *Fenomenologia e teologia* fala brevemente que a relação entre teologia e filosofia é vulgarmente concebida como "formas de oposição entre fé e saber, revelação e razão" (*PuT*, II: 47). Ou seja, ambas são cotidianamente assumidas como distintas visões de mundo: a primeira pautada na fé e a segunda na razão. É justamente dessa concepção que a conferência se diferencia: "Desde o princípio, nós concebemos o problema da relação de *outra* maneira, e, na verdade, como a pergunta pela *relação entre duas ciências*" (*PuT*, II: 47). Em vez de se enveredar por um debate de tipo "ideológico", Heidegger prefere abordar, a princípio, o tema do ponto de vista "epistemológico" (cf. Greisch, 2003: 435). Para tanto, faz-se necessária uma concepção geral de ciência, descrita por sua vez apenas brevemente: "Ciência é o desvelamento que fundamenta uma região do ente, ou do ser, fechada em si mesma, em virtude de o próprio ter sido desvelado" (*PuT*, II: 48). Esse conceito de ciência diz que ela é o desvelamento de uma região do ente *ou* do ser, portanto indicando duas possibilidades fundamentais: as ciências que desvelam entes – denominadas ciências ônticas – e a ciência que desvela o ser – chamada de ontologia, cujo método é a fenomenologia. Essa parte da conferência não aborda quais são as condições de possibilidade para algo assim como ciência, independentemente de ela ser ôntica ou ontológica.

Contudo, como foi visto introdutoriamente, o que se tem em *Marcas do caminho* é somente a segunda parte da conferência. Mesmo apresentando resumidamente os conceitos de ciência em geral, de ciência positiva e de filosofia como ciência ontológica, essa segunda parte sequer problematiza e desenvolve a condição de possibilidade de algo como ciência em geral – que, por isso, apresenta-se como o primeiro problema a ser agora explorado. A partir da caracterização da condição de possibilidade da ciência, poder-se-á entender por que lhe são fundamentais duas possibilidades, e, posteriormente, quais são as características próprias da teologia como ciência ôntica, tendo em vista que aquelas próprias da filosofia como ciência ontológica já foram apresentadas na *Primeira seção* dessa obra. No entanto, não se trata de realizar uma "arqueologia da ciência". Trata-se de alcançar, em primeiro lugar, a genealogia da ideia de ciência em geral e, posteriormente, a genealogia da ideia da teologia como ciência positiva, uma vez que a construção da filosofia como ciência ontológica, e da fenomenologia como o seu método, já foi realizada.

A ideia da ciência em geral, a sua condição de possibilidade e as suas características próprias fazem parte da conferência como um todo, vide sua primeira parte. Ambas as partes estão indubitavelmente conjugadas. Portanto, explorá-las é uma tarefa crucial. Isso tornará possível entender, em primeiro lugar, que a abordagem "epistemológica" da relação entre fenomenologia e teologia está baseada em uma concepção ontológico-existencial de ciência. Com base nisso, em um segundo momento, será possível descrever a positividade própria da teologia e, a partir disso, caracterizar a sua cientificidade.

CAPÍTULO 4

A GENEALOGIA DO CONCEITO DE CIÊNCIA EM GERAL

4.1 A diferença ontológica como ponto de partida

A principal tese apresentada por Heidegger na conferência afirma que "*a teologia é uma ciência positiva e, como tal, portanto, absolutamente diferente da filosofia*" (*PuT*, II: 49). Como a filosofia é a ciência do ser, a relação estabelecida por Heidegger é entre a filosofia como ciência ontológica e a teologia como ciência ôntica. Se há uma dupla possibilidade para a concretização da ciência, há então uma necessária diferença entre aquilo que elas abordam. Em outras palavras: em Heidegger, o pressuposto inicial para se compreender o conceito de ciência em geral é a *diferença ontológica*. Ela torna possível compreender "o ser em meio aos entes e estes pela visão de seu ser" (Ferreira, 2013: 88). Isso já deixa claro que não se trata de diferentes perspectivas para abordar o mesmo tema, senão de diferentes temas, que por sua vez exigem diferentes métodos.

A diferença ontológica jamais nomeia uma distinção de um ente em relação a outro, senão sempre a de um ente em relação ao ser. Ao formalizar o ser como tema, a filosofia pode ser caracterizada como ontológica. Com isso, não se diz que a filosofia abandona o ente, mas sim que ela não o converte em tema de investigação. Isso evidencia que "aceder ao ser – trazê-lo à luz como fenômeno – só é possível segundo o modo da diferença ontológica, que interpreta o ente em função de seu ser" (Marion, 2011: 177). Ao mesmo tempo, formaliza-se o ente como o tema das ciências ônticas, já evidenciando que "há um questionar que precede o questionar científico. Tal questionar, e a interpretação decorrente dele, criadora de conceitos, têm um caráter ontológico: elaboram uma interpretação da constituição fundamental do ser deste ou daquele domínio do ente" (Melim, 2001: 49).

A distinção entre ser e ente acontece porque o ser-aí é ôntico-ontológico, ou melhor, porque ele é transcendental por excelência: "O ser-aí não poderia exercer, por autotranscendência, a diferença ontológica se, mais essencialmente, não fosse ele mesmo esta diferença" (Marion, 2011: 185). De algum modo, o ser-aí conhece o ente com vistas ao ser, ou melhor, "compreende, enquanto existe, o ser e se comporta em relação ao ente" (GA 24: 454/463, mod.). E mais: comporta-se em relação ao ente já compreendendo o ser, mesmo ainda não tendo um conceito explícito de ser. A diferença entre ser e ente é compreendida pré-ontologicamente, fazendo com que ela pertença ao modo de ser do ser-aí: "Existência, por assim dizer, quer dizer 'ser na realização dessa diferença'" (GA 24: 454/463). Em outras palavras: por existir, o ser-aí não pode deixar de diferenciar ser e ente, o que não quer dizer que, a princípio, tal diferença seja explícita. Na verdade, na maioria das vezes, o ser é considerado como ente, havendo uma indiferença entre eles, o que "obriga a aceder ao ser só pelo viés de uma distinção que não é real, nem formal, nem material, nem de razão, senão ontológica" (Marion, 2011: 177). É preciso diferenciar ser e ente porque o ser só se torna acessível através do ente, e, mesmo assim, permanece onticamente nulo. Só há diferença ontológica à medida que há compreensão de ser:

> Na compreensão do ser se encontra a realização dessa diferença entre ser e ente. Essa diferença é o que, em primeiro lugar, torna possível algo como a ontologia. Por conseguinte, chamamos de *diferença ontológica* essa distinção, a única que possibilita algo como a compreensão do ser (GA 26: 193).

Por isso, a diferença ontológica pode se transformar numa "*diferença expressamente compreendida*" (GA 24: 454/463). Esta, quando levada a cabo, torna conceitualmente explícita a compreensão de ser como aquilo que é ali compreendido *a priori*. Essa passagem do implícito ao explícito dá origem à ontologia, o que faz dela a ciência que tematiza o ser em sua diferença com o ente: "Tarefa fundamental, que só hoje compreendemos claramente no interior da fenomenologia. A pergunta pelo sentido de ser em geral, que deve ser aberta pelo distinguir" (GA 23: 212/228, mod.). Ao proceder dessa forma, a ontologia também garante a possibilidade de as demais ciências se ocuparem tão só do ente em seus aspectos específicos. A concepção expressamente compreendida da diferença ontológica abre a possibilidade de haver, por um lado, uma ontologia fundamental e, por outro, ontologias regionais, que lançam as bases para a edificação das ciências ônticas. Estas, ao se ocuparem do ente, lançam mão de uma determinada compreensão de ser, que não necessariamente lhes deve estar explícita.

Por estar fundada na existência do ser-aí, a concepção explícita da diferença ontológica não é "nada arbitrária e incidental, senão um comportamento fundamental do ser-aí, mediante o qual se constitui a ontologia, isto é, a filosofia como ciência" (GA 24: 454/463, mod.). Porque já sempre ultrapassou o ente, o ser-aí consegue tematizar o ser. Há, então, uma vinculação entre a diferença ontológica e a transcendência. Esta, por sua vez, "não é um comportamento possível (entre outros comportamentos possíveis) do ser-aí em relação a outros entes, senão a constituição fundamental de seu ser, graças ao qual, em primeiro lugar, ele pode se comportar em relação aos entes" (GA 26: 211). É através da distinção entre ser e ente que se alcança o tema da ontologia, ou seja, da filosofia como um todo e, de igual modo, das ciências em geral.

Consequentemente, o "transcender expresso" (GA 27: 395/423), levado a cabo pelo ser-aí, nada mais é do que o exercício filosófico puro e simples. Diante disso, o caráter científico da filosofia surge da transformação da diferença ontológica, compreendida pré-ontologicamente, em uma diferença expressamente compreendida – que faz ver não só o diferenciado, como também a diferença mesma, caracterizando a filosofia como ciência *crítica*:

> A ciência crítica realiza essa diferença e, com ela, alcança como tema não o ente, mas o ser do ente. Agora o conceito de ciência positiva adquire maior precisão. As ciências não filosóficas tratam do ente que já se encontra presente, ou seja, o ente que, a princípio,

> é conhecido e experienciado. E o ente pode ser investigado sem perguntar expressamente pelo ser (GA 22: 8).

A filosofia é crítica não porque critica os resultados das investigações das ciências positivas, mas porque distingue ser e ente: "Crítico, κρίνειν, separar, distinguir. Transformar em tema isso mesmo que se distingue na distinção, o que deve ser conquistado na distinção" (GA 23: 29/37). Porque o ente enquanto tal jamais será tema da filosofia, toda e qualquer investigação ôntica será oposta a ela e, ao mesmo tempo, guardará uma relação com ela, pois, embora distinguíveis, ser e ente são inseparáveis: "Junto à experiência e ao conhecimento do ente, vem compreendido o ser. Junto ao conceito do ser, compreendido o ente" (GA 23: 212/228). Isso faz da diferença ontológica a garantia da fundamentação de todo e qualquer ente em relação ao seu ser. Essa unidade originária entre ambos, de acordo com Heidegger, dá à filosofia a possibilidade de orientar as ciências ônticas, trazendo-lhes à tona o sentido e o modo de ser do ente específico a cada uma delas. Com isso, a filosofia trabalha para que "surjam das próprias ciências motivações para se colocar uma pergunta a respeito do ser" (GA 23: 212/228).

Nesse cenário, a relação da fenomenologia com as ciências pode ser caracterizada como de parceria e não de fundamentação: as ciências ônticas garantem a sua procedência do *positum*, identificado com o ente, enquanto que a ciência ontológica garante a sua procedência da *crítica*, identificada como a capacidade de diferenciar ser e ente. A diferença entre elas se dá porque elas se fundam em bases distintas. Contudo, como ser e ente possuem uma unidade originária, elas, embora distintas, são originariamente unidas: como o ser não é o que primeiro aparece na investigação, as ciências ônticas devem possibilitar que a pergunta pelo ser seja realizada; "a ciência positiva tem a função de fazer com que, em seu interior, se abram caminhos para apreender o ente originariamente, e só então colocar a pergunta filosófica pelo ser" (GA 23: 31/39, mod.). Daí a contribuição específica da ciência ontológica ser a de parceria, pois responder à pergunta acerca do modo de ser do ente não é competência das ciências ônticas. Na verdade, a pergunta pelo ser excede qualquer ciência ôntica, demonstrando que "o limite da ciência é a própria filosofia. E justamente por ser seu limite, por fazer aquilo que a ciência já não pode fazer, compreender a filosofia se torna fundamental para conquistar uma definição completa e satisfatória da ciência" (Pulino, 2020: 67).

As questões de *fundamento* estão para além das próprias ciências e são respondidas pela ontologia. As ciências ônticas continuam sendo o que elas são mesmo sem uma ontologia fundamental explícita, embora guardem com ela uma unidade originária. A ciência ontológica, no limite, deixa claro e evidente o fundamento das ciências ônticas para elas mesmas e qual o contexto específico a cada uma delas. Nesse sentido, a função da diferença ontológica, na economia da caracterização da ciência, é fazer com que não se coloque o ente no lugar do ser e vice-versa. Outra função é evidenciar que a filosofia investiga o ser – isto é, investiga o que está implícito nas ciências ônticas, é compreendido *a priori* e, na maioria das vezes, permanece inquestionado. Nesse sentido, a filosofia pode ser descrita como a ciência crítico-transcendental por excelência, e as ciências ônticas como positivas – pois "'positivo' significa o que se abre no ente previamente dado e não pergunta pelo ser do ente" (GA 22: 8). Enquanto tais, as ciências positivas descobrem o ente num determinado modo de ser e, por isso, "formulam enunciados exclusivamente sobre o ente e *nunca* sobre o ser" (GA 22: 8).

A verdade própria das ciências positivas diz respeito à proposição formulada sobre o ente, tendo um aspecto derivado, pois o enunciado não instaura a relação, mas antes a pressupõe. Em outras palavras: as afirmações científicas são possíveis porque o ser-aí, de algum modo, já se encontra sempre "'junto aos' [*bei*] entes sobre os quais enuncia" (GA 26: 158). O ser-verdadeiro do enunciado se fundamenta no *ser-junto-a* (*sein bei*) próprio do ser-aí – que, na lida cotidiana com o ente, descobre-o em primeiro lugar como um utensílio pronto para ser utilizado: "Enunciar a respeito de... só é possível sobre a base de uma *lida com*... [*Umgang mit*]" (GA 26: 158). O ser-junto-a, então, descobre o ente originariamente em seu *ser à mão*. De tal modo, a verdade da proposição só existe na medida em que o ser-aí compreende algo como o ser – ou seja, só existe "se pertence à essência da existência do ser-aí o desvelamento do ser, verdade ontológica" (GA 27: 205/219, mod.). Desse modo, o ser-aí dá a entender a si o ser, pois só assim pode se comportar em relação ao ente:

> [...] compreensão de ser é um dar-a-entender-o-ser e esse dar-a--entender-o-ser acontece como projeto. Nisso reside, em primeiro lugar, um caráter de ação e, em segundo lugar, simultaneamente, uma ação que dá algo para si, que dá algo a entender, que acolhe esse algo, ou seja, que se mantém nele (GA 27: 205/220).

Dessa forma, o sentido originário da ἀλήθεια põe a descoberto o ser através do ente, tornando possível que o ser-aí o compreenda e se mantenha nessa compreensão. Contudo, como já foi visto, ao mostrar-se através do ente, o ser volta a se cobrir, correndo o risco de permanecer esquecido. Por isso, o *α* de ἀλήθεια é privativo, dando a ela o significado literal de não-esquecimento, não-ocultação. Heidegger traduz ἀλήθεια por *Wahrheit*, substantivação do alemão antigo *wâr*, que dá origem a *wahren*, cujo significado é *manter*, *guardar* (cf. Grimm; Grimm, 1971h: colunas 839-840). No fundo, *verdade* (*Wahrheit*) significa aquilo que *guarda algo*, no caso, aquilo que foi trazido à luz. Ao mesmo tempo, porque guarda, a ideia originária da verdade traz consigo a ação de cobrir, que em alemão se diz pelo verbo *decken*. Entende-se então por que para Heidegger a ideia de verdade está vinculada ao não-encobrimento (*Unverborgenheit*), a aquilo que não-está-encoberto (*Unverdecktsein*), ao ato de descobrir (*entdecken*), de desvelar (*enthüllen*) e, ao mesmo tempo, está vinculada ao velamento, ao encobrimento do ser no ente e, no limite, ao esquecimento do ser. Portanto, uma vez que o ser-aí existente é sempre junto ao ente, ele nunca é fechado em si mesmo, estando, antes de mais nada, aberto ao que lhe aí se apresenta: "O ser-aí é, segundo sua essência, des-cobridor [*ent-deckend*]" (GA 27: 120/127) e, por isso, ele "é essencialmente na verdade" (GA 27: 150/160).

O que a diferença ontológica faz perceber, com isso, não é só a diferença fundamental entre ser e ente, como também aquela entre uma verdade ôntica, baseada na proposição, e outra ontológica, cujo fundamento é idêntico ao modo de ser do ser-aí – ou seja, cujo fundamento é a existência.

> As teses "o ser-aí é na verdade" e "a verdade existe" não designam uma má relativização da verdade em relação ao ser humano: elas colocam o ser humano, segundo sua essência, diante do ente; e de um tal modo que ele – como ente essencialmente aberto – pode

> se guiar pela primeira vez pelo que, necessariamente, se tornou manifesto com a abertura de seu aí (GA 27: 155/166, mod.).

Diante disso, o ser-aí consegue se orientar única e exclusivamente pelo ente, porque já compreendeu o acontecimento veritativo do ser no ente. Só assim pode-se afirmar ou negar algo sobre o ente enquanto tal, ou seja, construir enunciados e verificar a sua adequação – o seu ser-verdadeiro ou falso. A ciência é originariamente pertencente ao ser-aí, pois "não está ligada a ele apenas de modo incidental e ulterior, tampouco é produzida pelo ser-aí humano, mas, como um tipo de verdade, ela é uma determinação essencial do ser-aí; não significa outra coisa senão um modo particular de ser-na-verdade" (GA 27: 157/167, mod.).

4.2 Os aspectos existenciais do conceito de ciência em geral

Como se vê, a ciência em geral não surge como algo extrínseco ao ser-aí, mas sim surge como uma realização possível, o que por conseguinte caracteriza-a como existencial: "O conceito existencial compreende a ciência como modo da existência e, por isso, como modo de ser-no-mundo, que descobre ou abre o ente ou o ser" (*SuZ*: 357). Contudo, em um primeiro momento, o comportamento do ser-aí em relação ao ente não é científico, no sentido de estabelecer com ele uma relação de investigação (cf. *SuZ*: 352-356; *PuT*, I: 188; GA 25: 21). Ainda nem se esclareceu, nem se alcançou a possibilidade da ciência enquanto tal. Tratar-se-ia de um conhecimento pré-científico? Para ser caracterizado dessa forma, já se precisaria da ideia do que é conhecimento científico. Na verdade, trata-se de uma relação mais primordial, que, antes de mais nada, torna evidente que todo comportamento em relação aos entes pressupõe uma certa compreensão de ser e, por consequência, da ideia de ser em geral.

Nesse cenário, a ciência surge como uma possibilidade livre de o ser-aí conhecer o ente já descoberto. O conhecimento científico é um modo da verdade e, por isso, as suas bases não estão propriamente em algo pura e simplesmente "pré-científico", senão na concepção de que só é possível conhecer o ente enquanto tal se ele se mostra em seu ser – ou seja, se ele é no seio da verdade: "A possibilidade interna da ciência, e não em primeiro lugar a produção fática da ciência, está fundada na essência da verdade como um comportamento essencial da constituição ontológica do ser-aí" (GA 27: 157/168). Como modo da verdade, a ciência desvela o ente numa perspectiva específica, projetando-o desde outra compreensão de ser – o que, como será visto, diferencia a ciência de outros modos de desvelar o ente.

A ideia mesma de um ser-aí pré-científico não pode ser entendida a partir da descrição historiográfica dos comportamentos das populações primitivas, pois ela mesma já se acha co-determinada pela ideia de ciência.[1]

> Por ser-aí pré-científico entendemos o ser-aí cuja verdade (não--encobrimento) [*Unverborgenheit*] não é em princípio co-determinada pelo conhecimento científico. Com isso, não está dito que um tal ser-aí não disporia de informações e conhecimentos, mas, ao contrário, que ele os tem de uma maneira totalmente originária (GA 27: 162/173, mod.).

No contexto das preleções *Introdução à filosofia* (1928/1929), Heidegger caracteriza essa ideia de ser-aí pré-científico como uma "concepção fundamental e mítica do ser-aí" (GA 27: 163/174), de modo que os termos "científico"

---

1 No §22 de *Introdução à filosofia*, Heidegger afirma que, para alcançar o ser-aí pré-científico, faz-se necessária uma reconstrução (*Rekonstruktion*). Essa reconstrução "não é algo que possa ser obtido por meio da apresentação de relatos sobre o ser-aí primitivo numa forma genérica; e isso não apenas porque o termo 'primitivo' não coincide com o termo 'pré-científico', mas também porque, ainda nos casos em que esses dois termos poderiam coincidir, os relatos, ou mesmo apenas o modo de perguntar e a articulação linguística de seus resultados, já se encontram submetidos à interpretação atual, ou seja, já se acham co-determinados pela ciência" (GA 27: 161/172, mod.). A caracterização que aí se tem do que seria essa reconstrução é apenas negativa. De fato, Heidegger não avança em direção à caracterização dessa ideia de reconstrução, tampouco a diferencia da ideia de construção, trabalhada em *Problemas fundamentais da fenomenologia* (1927). Ele ainda volta a tratar brevemente desse jogo construção-reconstrução nas preleções *A fenomenologia do espírito de Hegel* (1930/1931), quando aborda o desenvolvimento da dialética hegeliana (cf. GA 32: 102-106), e nas quais já não se ocupa mais com o conceito de ciência em geral.

e "pré-científico" não são utilizados como locuções adjetivas que poriam ambos em posições hierárquicas distintas. A ciência não é a evolução do mito, pois tanto aquela quanto este são distintos modos da verdade. Logo, são distintos modos de o ser-aí se posicionar diante do ente, descobrindo-o com vistas a um específico modo de ser devidamente projetado. O ser-aí pré-científico tem a sua verdade tanto quanto o científico.

Com isso, o que importa não é a origem fática das ciências particulares, o seu surgimento e desenvolvimento, mas sim a conversão do ser-aí pré-científico em científico: "Se nos perguntarmos acerca dessa conversão como uma transformação da verdade do ser-aí, então perguntaremos pelo surgimento da ciência" (GA 27: 163/174, mod.). No fundo, trata-se de comparar o ponto de partida – o ser-aí pré-científico – com o ponto final – o ser-aí científico. Mas como, se ainda não se tem a ideia do científico mesmo? "Essa é uma situação deveras peculiar: não temos absolutamente o que queremos comparar. Para a consideração dessa transformação do ser-aí pré-científico no ser-aí científico, não temos nem o ponto de partida nem o ponto final" (GA 27: 165/175).

O que se tem até aqui é que o ser-aí tanto pré-científico quanto científico descobrem o ente de maneiras distintas, projetando sobre ele distintas compreensões de ser. Em outras palavras: uma vez que há verdade em ambos, está impossibilitada a obtenção da essência da ciência a partir da demarcação entre uma verdade pré-científica e outra científica – pois, no limite, não há diferença essencial entre uma e outra. Ambas dão a conhecer o ente em seu ser. Então, como entender a ciência e sua verdade? Certamente não como distinta segundo um grau de verdade em relação à verdade pré-científica; mas sim entendê-la justamente a partir da constatação de que a ciência é um modo *da* verdade, sendo por isso uma atitude própria do ser-aí – pois este, "na medida em que existe, é no seio da verdade" (GA 27: 167/177, mod.). O que diferencia as verdades pré-científica e científica é a compreensão de ser que é projetada aí.

Nesse sentido, não é que não se tem o ponto de partida e o ponto final da investigação. O que se tem é uma perspectiva já determinada – do que é o ser-aí pré-científico e o ser-aí científico – vinculada a um horizonte previamente estabelecido e consolidado. Esse horizonte é o de que o "nosso atual ser-aí europeu-ocidental é um ser-aí científico, na medida em que o desencobrimento do ente é concomitantemente determinado e marcado pelos conhecimentos científicos" (GA 27: 159/170, mod.). Isso condiciona a perspectiva, permitindo uma interpretação coerente daquilo que é, de maneira propriamente dita, o ser-aí pré-científico e o ser-aí científico: só se analisa o ser-aí pré-científico desde a perspectiva científica, ou seja, desde o modo de ser da verdade projetado pelo conhecimento científico. Diante disso, a caracterização mais usual de ciência deve servir como ponto de partida, visando chegar à sua essência.

A princípio, a ciência deve ser caracterizada por uma via negativa, como não sendo "um conjunto de saber que é ensinado e aprendido de maneira técnico-disciplinar" (GA 27: 13/15). No ambiente da Universidade, a partir do qual Heidegger fala, ciência é *investigação*, "um tipo de conhecimento, ou seja, um tipo e um modo de *desvelar* [*Enthüllen*] e, por isso, de tornar acessível o que é e como é – o ente (natureza – história – espaço – número)" (*PuT*, I: 186). Contudo, a investigação não é feita ao bel-prazer do investigador. Pelo contrário, ela se orienta metódica e sistematicamente, partindo de "uma ordenação de perguntas delimitadas de modo determinado, e visa antes de tudo um conhecimento que deve ser demonstrado com a maior exatidão e elaboração em termos universalmente válidos" (GA 27: 42/45). Com isso, a definição de ciência amplamente difundida caracteriza-se pelo "conhecimento metódico, sistemático, exato e universalmente válido" (GA 27: 42/45), de modo que a concepção de verdade aí presente se pauta pela *exatidão* de suas proposições.

Em primeiro lugar, essa ideia de ciência assume o enunciado como local primário da verdade. A concepção de verdade que o conceito cotidiano de ciência tem é a concepção de adequação do juízo à coisa, decorrendo daí a ideia de um conhecimento verdadeiro, dada a validade da proposição. Com isso, "se a ciência como conhecimento visa a verdade, mas a verdade reside na proposição, então a ciência, como uma conexão de conhecimentos, é uma conexão de proposições verdadeiras" (GA 27: 48/50). É um nexo de fundamentação, portanto. Em segundo lugar, fica evidente que a ciência assim entendida é um resultado da capacidade cognitiva do ser-aí. Por isso, como todo resultado, num determinado ponto ela "se libera do processo de sua fabricação" (GA 27: 48/50), não guardando mais com ele aquela vinculação originária. A ciência cada vez mais tende a se afastar de seu vínculo originário com o ser-aí, tornando-se um produto independente, "um cadáver que, como disse Hegel, deixou para trás a tendência (a vida)" (GA 27: 49/51).

A concepção usual de ciência não tem presente consigo a gênese da própria ciência, senão apenas um espectro de sua essência. Ela pode ser chamada de concepção lógica, pois se orienta pelo **λόγος** – mais especificamente, pela proposição enunciada –, configurando-se como um "nexo de fundamentação de proposições verdadeiras" (*PuT*, I: 186), e se desdobrando, por consequência, em uma concepção axiológica de ciência – pois, à medida que os enunciados valem, eles possuem em si mesmos um valor, o valor da verdade, e por isso se concretizam como um bem, fazendo da ciência um "bem cultural" (*PuT*, I: 186). Embora válidas, as concepções lógica e axiológica captam momentos do conceito de ciência, mas não a sua essência, justamente aquilo que está sendo aqui procurado:

> Queremos compreender a essência da ciência como o encontro e a determinação da verdade, de tal forma que essa compreensão acabe por dar pela primeira vez um esclarecimento sobre de que maneira os resultados e as proposições se comportam em relação à ciência, ou seja, de tal forma que compreendamos a ciência em sua essência não como resultado, não como obra, mas na realização de seu agir [*Vollzug des Wirkens*] (GA 27: 49/51, mod.).

Para tanto, Heidegger parte do princípio de que, de fato, ciência é um tipo de conhecimento. Contudo, em vez de assumi-lo como resultado, ele o tem como comportamento em relação ao ente – não no sentido de um processo cognitivo/psíquico interior à mente, mas sim no sentido de que conhecer é uma possibilidade, pois o ser-aí, a princípio, não descobre o ente através de predicados, senão por meio da lida cotidiana, na qual já está sempre ocupado com as coisas. Dessa forma, há uma eminente relação entre a ciência como conhecimento de algo específico no ente e a verdade como não-encobrimento. Ciência é um modo de ser do ser-aí enquanto ser-na--verdade. Ela é uma possibilidade livre: "O conhecimento científico não é apenas apreendido como possibilidade livre, ele é propriamente registrado como tarefa. A [tarefa] científica é uma tarefa livre" (*PuT*, I: 190). Interpretá-la assim é buscar o conceito existencial de ciência, contrapondo-o ao conceito lógico-axiológico, e, ao mesmo tempo, destacando dois aspectos fundamentais: o ser-no-mundo e a liberdade.

"O ser-aí humano é um ente que tem um mundo. Em outras palavras: o modo de ser do ser-aí, a existência, é essencialmente determinado pelo *ser-no--mundo*" (GA 25: 19). Deve ficar claro que *mundo* não diz respeito, a princípio, à espacialização. Ele é aquilo em direção ao que o ser-aí sempre se dirige de alguma forma. Por isso, não designa a soma dos entes presentes à vista e disponíveis à mão, tampouco a totalidade das coisas naturais, pois, enquanto tal, ele não é "uma determinação do ente intramundano enquanto ente que é em si presente à vista, mas uma determinação do ser do ser-aí" (GA 24: 420/430). Afirmar que o ser-aí *tem* mundo é dizer que ele sempre ultrapassa o caráter meramente ôntico das coisas, dos outros e de si mesmo. É só na relação do ser-aí com os entes que estes aparecem enquanto tais naquilo *que* e *como são.* Trazer o ser-no-mundo à tona é trazer o aspecto relacional da existência como primordial ao esclarecimento da ciência em geral. Afirma-se, com isso, que não é o uso do utensílio que fundamenta a compreensão, senão que tal uso só é possível porque "reside na existência do ser-aí algo assim como uma *compreensão prévia de mundo, significância*" (GA 24: 420/430). O conceito de mundo descrito como parte da "estrutura unitária da transcendência" (*VWG*, GA 9: 139) torna possível afirmar que ser-no-mundo é transcendência.

No exercício da transcendência, o ser-aí, de uma forma ou de outra, está sempre cuidando de seu próprio existir fático no mundo. De tal modo, não é possível estabelecer substancial, definitiva e/ou previamente uma certa identidade prática a cada ser-aí em particular: "O ser do ser-aí humano – enquanto poder-ser – é, no que diz respeito ao modo como ele quer ser, algo de sua *liberdade*. Ser-livre [*Freisein*] pertence à existência. Só *livre, existe*" (*PuT*, I: 187). A liberdade não deixa de estar vinculada ao ser-no-mundo, pois "só o ente que pode se decidir e de uma forma ou de outra já se decidiu pode ter um mundo" (GA 25: 20). O que primeiro está em jogo para o ser-aí é a própria possibilidade de poder-ser-no-mundo em função de si mesmo: "O caráter fundamental de mundo, através do qual recebe a totalidade de sua forma de organização especificamente transcendental, é o em virtude de [*Umwillen*]" (GA 26: 238).

Compete ao ser-aí a decisão de escolher ou não a sua própria determinação. Só há esse *em virtude de* (*Umwillen*) se há um *querer* (*willen*), ou melhor, se há um *interesse* fundamental do ser-aí pela totalidade das possibilidades de ser: "O 'interesse' fundamental do ser-aí pela totalidade em questão equivale a um 'interesse' fundamental pela totalidade de si mesmo (e tanto quer dizer: pela totalidade do mundo)" (Lima, 2013: 436). Enquanto ser-no-mundo, o ser-aí precisa conduzir esse seu ser – a sua existência – de maneira essencial, dando-lhe um fundamento. Isso é o que diferencia o ser-aí dos demais entes: nele há a necessidade da decisão, que, no limite, é já um pôr em andamento a transcendência, ou seja, um pôr em andamento a própria liberdade.

> Só onde há liberdade, há um em virtude de e só assim há mundo. Em outras palavras: a transcendência do ser-aí e a liberdade são idênticas! A liberdade dá a si mesma a possibilidade intrínseca; um ente enquanto livre é, em si mesmo, necessariamente um ente que transcende (GA 26: 238).

Com isso, tem-se a condição de possibilidade da entrada dos entes no mundo, ou melhor, dos entes que não possuem o caráter de ser-aí – que, por transcender o meramente ôntico, proporciona essa ocasião. Dizer que o ente entra no mundo não significa que ele foi descoberto pela primeira vez, mas sim que agora ele pertence à mundanidade do ser-aí – ou seja, significa que o ente é descoberto como intramundano. A intramundanidade não é sua propriedade. Ela é a condição para que ele seja encontrado enquanto tal. Ela não pertence ao ente, senão ao mundo mesmo, logo, ao ser-no-mundo, à transcendência. O caráter intramundano é a condição na qual o ente se encontra, ou melhor, *é a condição* na qual ele pode ser encontrado pelo ser-aí. Ao ingressar no mundo, não acontece *nada* de fundamental no ente:

> Mas, se no acontecimento da entrada no mundo não acontece nada com o que entra, é, então, o mundo mesmo nada? De fato: o mundo é nada – se "nada" significa não um ente no sentido do presente à vista e, além disso, nada no sentido do não-ente, nada daquilo de que o ser-aí mesmo enquanto tal transcende; mas se transcende também a si próprio. O mundo: um nada, um não-ente – e, contudo, algo; nada de ente – mas ser (GA 26: 252).

Nesses termos, a descoberta do ente na sua condição intramundana só é possível desde a projeção de uma determinada compreensão de ser. Tal descoberta é originariamente ontológica, mesmo que ela não tenha um conceito explícito de ser: "Denominamos essa compreensão de ser, que ilumina e orienta toda relação com o ente, *compreensão pré-ontológica de ser* – porque ela é pré-conceitual e não-objetiva" (GA 25: 23). Com isso, entende-se por que num primeiro momento os entes estão como que já dados, sendo posteriormente descobertos através da lida cotidiana: "A princípio, não aprendemos essa compreensão no uso, senão o uso só é possível com base em tal compreensão" (*PuT*, I: 188).

No fundo, o ser-aí só é capaz de usar o ente de maneira específica porque já o compreendeu desde um determinado modo de ser. A descoberta do ente como intramundano independe do conhecimento científico, e "a ciência não é requerida para que os entes sejam descobertos em comportamentos regulados pela compreensão de ser" (Reis, 2018: 123). Nesse sentido, a ciência só pode ser entendida como uma realização possível da transcendência do ser-aí, tratando-se de uma possibilidade, de uma tarefa livre e interessada que dá a si um fundamento e, com isso, um nexo de fundamentação possível para tudo aquilo que é. Descobre-se, assim, a diferença que há entre o "pré-científico" e o "científico": eles compreendem o ente desde diferentes perspectivas, pois projetam distintos modos de ser.

Uma vez que é por meio do comportamento transcendental que o ente entra no mundo, a ciência se configura como uma tarefa transcendental e, por isso, como um modo pelo qual o ente entra no mundo. A verdade própria do conhecimento científico não surge como uma necessidade, tampouco como uma evolução, revisão ou privação da verdade própria da lida cotidiana. Ela surge de uma conversão no sentido originário da verdade em um outro tipo. Isso só é possível porque há uma transformação na perspectiva do olhar do ser-aí para o ente, com vistas não a compreendê-lo em sua conjuntura prática, mas sim a "desvelar o que está previamente dado, sendo seu único propósito exatamente esse descobrimento" (Reis, 2018: 124). Trata-se de um descobrir específico, cujo propósito é o próprio descobrir. Esse é o *interesse* próprio da ciência, em virtude do qual ela descobre o ente enquanto tal. Esse é o modo pelo qual a ciência faz o ente entrar no mundo e pelo qual ela se vincula livremente a ele. Seu vínculo é tão somente com o ente em si – com a sua objetividade – e com o seu específico modo de ser projetado: "A única instância de descobrimento é a própria coisa e a objetividade é a meta que delimita a tarefa do comportamento científico" (Reis, 2018: 124).

> O conhecer *científico* é determinado pelo fato de o ser-aí existente pôr diante de si, como uma tarefa livremente escolhida, o desvelamento dos entes, que já estão de algum modo acessíveis, *em virtude de seu ser-desvelado* [*Enthüllensein*]. A livre apreensão da possibilidade de tal desvelamento – como tarefa da existência – é, como apreensão do desvelamento do ente em si mesmo, um livre vincular-se ao ente desvelado enquanto tal. Através da colocação dessa tarefa, o ente mesmo é assumido no *que* e *como* é como a única instância que agora regula o comportamento investigativo. Com isso, todos aqueles propósitos de comportamento, que visam o uso do que é descoberto e conhecido, são suprimidos, bem como aqueles limites que mantêm a investigação dentro da intenção técnica planejada – a luta é direcionada apenas ao ente mesmo, a fim de arrancá-lo de seu encobrimento e, justamente através disso, deixá-lo ser como o ente que é em si mesmo (GA 25: 26).

A ciência busca a verdade *em virtude* da própria verdade, conduzindo-se por aquilo que, na Antiguidade Clássica, denominou-se ἀλήθεια. Construir a proposição enunciativa se apresenta à ciência como a sua *prática* específica. Trata-se de uma prática *teórica*.[2] Isso porque "πρακτικός e πρᾶξις – prático

---

2 Essa ideia não é nenhuma originalidade de Heidegger. Ela é uma apropriação da implicação originária que há entre πρᾶξις e θεωρία – presente sobretudo no *Livro* da Ética a Nicômaco. Esse livro foi citado em *Ser e tempo só como uma nota de rodapé no*

e *práxis* – não significam ser ativo na aplicação e no emprego de algo, mas sim designam o agente e a ação. O que é prático não é a obra, o resultado da ação, mas essa ação mesma" (GA 27: 175/187). Portanto, a πράξις é a ação que, ao invés de remeter a um fim extrínseco a si, inclui em si mesma a própria finalidade, o que a torna superior à ποίησις, cuja finalidade do agir remete a algo extrínseco. No fundo, ποίησις e πράξις são distintos modos da verdade. A primeira designa o produzir no sentido de trazer algo à luz,

---

§44 (SuZ: 225), mas foi amplamente trabalhado nas preleções de 1924/1925, *O Sofista de Platão*. Nessas preleções, mostra-se com especial clareza a importância da concepção aristotélica da verdade, entendida no sentido do não-encobrimento. Nessa concepção, "ainda não se acha previamente julgado o fato de o próprio descobrir precisar ser necessariamente o conhecimento teórico ou uma determinada possibilidade do conhecimento teórico, como a ciência ou mesmo a matemática; como se a matemática, como a mais rigorosa ciência, também fosse a mais verdadeira; e como se verdadeiro, em última análise, fosse só aquilo que equivalesse ao ideal de evidência da matemática. A verdade, o não-encobrimento, o ser-descoberto, orienta-se muito mais pelo ente mesmo e não por um determinado conceito de cientificidade. Isso está presente na tendência do conceito grego de verdade" (GA 19: 24). O caráter prático do θεωρειν se mostra no enunciado, ou melhor, no "ser descobridor" do enunciado, em seu aspecto *apofântico* – que diz respeito ao "deixar ver" o ente em si mesmo. Contudo, não se trata de um "ver" meramente teórico-contemplativo. Trata-se, em primeira instância, de um "ver circunvisivo" (*Umsicht*), responsável por compreender os entes como disponíveis à mão na lida cotidiana. Nesse sentido, ao mesmo tempo em que se mostra o caráter derivado do ser verdadeiro da proposição, "compreende-se que, na nova caracterização da verdade como 'não-encobrimento', já está co-implicada a radical inversão na concepção das relações entre teoria e *práxis* que representa a análise do 'ser-no-mundo'" (Vigo, 2008: 22). O θεωρειν também torna o ente manifesto, mas numa perspectiva distinta daquela da *Umsicht*. Dessa forma, ele não deixa de ser um modo do ἀληθευειν: na πράξις própria do θεωρειν, "não é o ente que é elaborado, mas sim o não-encobrimento do ente que é alcançado por meio do agir, ou seja, a ação promove o acontecimento do não-encobrimento, da verdade" (GA 27: 176/189). Então, o próprio sentido de ἀλήθεια torna possível que se veja, no *conhecimento teórico*, o ideal próprio do conhecimento como o *tornar manifesta a verdade em virtude de si mesma*. Isso justifica por que, para o gregos, a βίος θεωρητικός representava a postura fundamental da existência humana: nela se podia levar a cabo o que lhe era mais próprio, a saber, o *pôr em prática a verdade*. Por isso, a prática própria do conhecimento científico é *teórica* não no mero sentido da contemplação – da *vita contemplativa* –, senão como "um agir que, como ato de tornar manifesto, só deixa acontecer a manifestação que, pertencendo ela mesma ao ser-aí, leva esse ente àquilo que ele pode ser, uma vez que é *qua* existente na verdade" (GA 27: 176/189).

do não ser ao ser, por meio da τέχνη; o que é assim produzido é externo ao agente, tal como acontece, por exemplo, na produção de uma casa – trata-se, pois, de um "fazer produtor" (GA 27: 173/185). A segunda designa um ato que se exprime imediatamente na ação – um "agir existentivo" (GA 27: 185), descrito pelos gregos como a φρόνεσις (cf. GA 19: 48-57; 135-138), por meio da qual o próprio ser-aí "aponta à plena realização de suas possibilidades e à configuração de sua vida tomada como um todo, ou seja, põe em jogo seu próprio 'ser' total" (Vigo, 2008: 28). Nesse sentido, toda πράξις corresponde a "*uma tarefa que deve ser tomada em uma προαίρεσις*" (GA 19: 52). Logo, toda e qualquer ciência só pode ser resultado de uma deliberação, de uma resolução (προαίρεσις), sendo por isso uma tarefa livremente escolhida.

"O comportamento teórico-científico tem, portanto, uma característica prática constitutiva. Essa ação originária – deixar-ser os entes segundo o que são e como são – revela uma historicidade na própria origem do comportamento científico" (Reis, 2018: 130). Em outras palavras: quando o ente é descoberto cientificamente, nada nele se altera, pois, originariamente, a prática científica está vinculada ao acontecimento da verdade e não a essa ou *à*quela manipulação técnica. Quando o ente entra no mundo por meio da ciência, nada ocorre nele, nenhuma mudança em sua estrutura natural, e, mesmo assim, acontece algo com ele: "Ele entra em uma história [*Geschichte*]" (GA 27: 105/110). Só há uma historicidade na gênese da ciência porque o ser-aí é histórico por excelência.

Quando comparadas, as concepções lógico-axiológica e existencial são contrapostas. Enquanto a primeira compreende a ciência como resultado, determinando-a como um nexo de fundamentação de proposições válidas, a segunda enfatiza "possibilidades científicas" (Rouse, 2005: 177), não se ocupando a princípio com a cadeia de conexões entre as proposições, mas sim tornando explícita a genealogia da ciência e a condição de possibilidade da própria proposição. Na concepção existencial, há uma *lógica produtiva*, que "salta antecipadamente em uma determinada região do ser, abrindo-a pela primeira vez em sua constituição ontológica, e põe à disposição das ciências positivas as estruturas conquistadas como claras indicações para o perguntar"

(*SuZ*: 10). Esse aspecto *produtivo* é o que diferencia o conceito existencial daquele lógico-axiológico. Este, por sua vez, é portador de uma *lógica reprodutiva*, que, ao apenas analisar "o estado momentâneo de uma ciência em seu 'método'" (*SuZ*: 10), nada mais faz do que "descrever o trabalho da ciência em seu passado criativo, tentando em vão formular esse passado em uma epistemologia pela qual a prática científica deveria, presumivelmente, ser guiada no futuro" (Caputo, 2012: 332).

4.3 A edificação da ciência: objetivação e tematização

A genealogia da ciência envolve um comportamento específico em relação ao ente, a partir da projeção positiva de uma determinada compreensão de ser. Com isso, afirmar que o conhecimento científico *descobre* o ente de maneira específica significa: o modo de ser que é aí projetado não surge da privação do comportamento eminentemente prático do ser-aí em relação às coisas. Logo, "não se deve tratar a gênese do comportamento científico de nosso envolvimento concreto com o mundo como uma passagem da prática à teoria" (Caputo, 2012: 338). O conhecimento científico descobre o ente desde a projeção de outra compreensão de ser, que, no limite, não elimina a anterior. De tal modo, o ser-aí científico tem as suas bases no que acima se chamou de ser-aí pré-científico. Este "também continua sempre necessário ao ser-aí científico, uma vez que justamente a ciência, como um modo da verdade, transforma o não-encobrimento do ser-aí em um de um outro tipo" (GA 27: 161/172, mod.). Toda e qualquer ciência comporta uma prática que *transforma* o originário acontecimento veritativo do ser – em seus múltiplos modos – em um de outro tipo. O conhecimento científico, por compreender o ser do ente de maneira distinta daquela própria da lida cotidiana, descobre os entes como "despidos de seu envolvimento prático, como meramente presentes à vista" (Rouse, 2005: 178).

Isso não quer dizer que o nexo instrumental é abandonado, pois simplesmente privar o ente de sua conjuntura não significa conhecê-lo cientificamente: a ciência o descobre desde outra perspectiva, vendo-o de uma maneira nova – não mais como disponível à mão, mas sim como presente à vista (cf. *SuZ*: 361). Portanto, há dois modos de se compreender o ser do ente: como *ser à mão* (*Zuhandenheit*) e como *ser presente à vista* (*Vorhandenheit*). Embora digam respeito ao ente, um não é idêntico ao outro, o que faz surgir de novo "a diferença ontológica fundamental entre dois modos de ser irredutíveis: *Vorhandenheit* e *Zuhandenheit*. A nível da *Vorhandenheit*, as coisas têm propriedades objetivas; a nível da *Zuhandenheit*, há 'apropriações' e 'não-apropriações'" (Greisch, 2003: 140). As apropriações e não-apropriações remetem ao nexo de pertença, à conjuntura específica de cada ente disponível para o uso na lida cotidiana. Elas se reenviam umas às outras, criando uma "estrutura de *reenvio*" (Greisch, 2003: 140), da qual o ser-aí se apropria em totalidade. As propriedades objetivas, por sua vez, podem ser isoladas da conjuntura e analisadas separadamente em si mesmas. Logo, quando for compreendido enquanto instrumento, o ente trará consigo a cada vez um nexo instrumental; e quando for compreendido em si mesmo, como objeto, ele não terá um nexo instrumental, mas sim o caráter de algo arbitrário e aleatório (cf. GA 23: 24/32).

Contudo, não se pode deixar de notar que há uma circularidade intrínseca a essa diferença ontológica: por um lado, o ente presente à vista se apresenta como um modo de ser possível do ente à mão; por outro, a gênese ontológica daquele acontece com uma transformação deste, o que torna possível conhecê-lo enquanto tal. No fundo, "o ser presente à vista [sic] é um modo de ser limítrofe para o ser à mão [sic] e reciprocamente" (Ferreira, 2013: 98). Por isso, a teoria, como prática específica da ciência, não constrói o ente. Ela o descreve, trazendo à luz as características que se encontram nele independentemente do contexto em que ele vem ao encontro do ser-aí. "A ciência *descreve* entes e, por isso, priva-os da significância humana ordinária" (Rouse, 2005: 178): o primeiro aspecto característico do conhecimento teórico, portanto, é a cisão do ente em relação à sua conjuntura (*Bewandtnis*), tornando possível uma *objetivação* (*Vergegenständlichung*), que então passa a ser a condição básica para o acontecimento e desenvolvimento da ciência.[3]

---

3 O exemplo amplamente citado por Heidegger, para mostrar que há diferença entre a projeção da compreensão do ser do ente como *ser à mão* e como *ser presente à vista*, é o

Objetivação significa "fazer de algo um objeto" (GA 25: 27). A sua essência "consiste na realização expressa *da* compreensão de ser, na qual a constituição fundamental do ente, que se tornará objeto, torna-se compreensível" (GA 25: 28). Contudo, o que quer dizer *objeto*? A palavra alemã para designá-lo é *Gegenstand*. Ela é composta pela preposição *gegen* (cujo significado é *em contraposição a...*) e pelo verbo *stehen* (estar em pé), mas originalmente também pelo verbo *stellen* (pôr), de acordo com o *Deutsches Wörterbuch* (cf. Grimm; Grimm, 1971c: colunas 2264-2268). Literalmente, objeto é *aquilo que está em contraposição a...*, ou ainda *aquilo que é/está posto em contraposição a...* . Como a objetivação transforma o ente em objeto, ela o mostra como contraposto a quem descreve, determinando-o em virtude de si mesmo. Isso justifica o porquê de o ente tornado objeto aparecer como a única instância de legitimação e de referência do conhecimento científico. A objetivação

---

exemplo do martelo (cf. *SuZ*: 69-72; 154-157; 360-361; GA 20: 259-262; 278-285; GA 24: 412-418/422-427). A partir desse exemplo, Heidegger mostra a *transformação* (*Umschlag*) na projeção da compreensão de ser e, com isso, traz à luz o momento primário da gênese ontológica da ciência. Como visto, esse momento difere radicalmente da interpretação usual, a qual sustenta que a ciência se origina da eliminação da lida prática com os instrumentos. O exemplo deixa claro que essa diferença está entre o comportamento teórico (*theoretische Verhaltung*) e a ocupação cotidiana. Esta nem por isso é uma mera prática, pois lhe é inerente uma visão específica – a saber, aquela circunspectiva, dirigida por "uma visão de conjunto [*Übersicht*] mais ou menos explícita do todo dos instrumentos que conformam o respectivo mundo pragmático e seu correspondente mundo circundante público" (*SuZ*: 359). A *Introdução* das preleções *História da filosofia: de Tomás de Aquino a Kant* sintetiza muito bem essa passagem: "Disponível à mão – conjuntura – ser para. Martelo: muito pesado, muito leve ou bem apropriado – como disponível à mão. Ao contrário, como coisa presente à vista: pesá-lo. Não faz sentido dizer: muito pesado, muito leve. Por que não? Porque ele agora não está num nexo instrumental; só apenas coisa, de acordo com suas propriedades presentes à vista e a determinidade legal [*gesetzliche Bestimmtheit*]. Seu peso não é orientado pela manualidade [*Handlichkeit*] e não-manualidade [*Unhandlichkeit*], mas é compreendido simplesmente no sentido da gravidade. O que isso implica? Não em um nexo instrumental, mas simplesmente. Esse 'simplesmente' não significa nada menos que: a totalidade do mundo instrumental foi modificada, o [ente] disponível à mão que vem ao encontro foi projetado de uma maneira positivamente nova – em seu puro ser presente à vista. A partir disso, agora, articulam-se novas características no ente: compleição de coisas [*Dingbeschaffenheiten*]. Não manejar com um instrumento, mas (apenas) um livre descobrir do presente à vista e o que está presente à vista nele propriamente, isto é, constantemente, e que rege esse modo de ser" (GA 23: 21/28, mod.).

está intimamente relacionada ao ente já desvelado, agora possível de ser conhecido em si mesmo. Com e a partir disso, a ciência "pode se referir a todos os entes possíveis e de algum modo já determinados – ou avançar por meio do conhecido em direção ao completamente desconhecido" (*PuT*, I: 192).

De fato, a objetivação é o marco fundante da ciência em geral, o momento ontológico fundamental a partir do qual surgem os conceitos fundamentais:

> A gênese de uma ciência se concretiza na objetivação de um *âmbito* do ente, e isso significa: na formação da compreensão da constituição *ontológica* do ente em questão. Na formação dessa compreensão ontológica surgem os conceitos que delimitam o que, por exemplo, caracteriza a realidade histórica como tal, os entes como seres vivos, ou seja, os *conceitos fundamentais* da ciência em questão. Com a formação dos conceitos básicos se delimita o respectivo fundamento e base da determinada ciência e sua área. O que se circunscreve como área por meio da objetivação pode agora se tornar *tema* enquanto objeto, o contexto objetivo pode ser questionado em diferentes perspectivas e ser firmado como objeto de investigação. A respectiva tematização se baseia na objetivação em geral (GA 25: 28).

Por ser projetiva, a objetivação, como ato ontológico fundamental, contém "o desenvolvimento prévio e a fixação da constituição ontológica do ente que se tornará tema. O ato fundamental da objetivação comporta, então, um projeto da constituição ontológica" (*PuT*, I: 195). Em outras palavras: a objetivação lança mão da fixação prévia da constituição ontológica do "ente em geral possível de ser conhecido cientificamente". O conjunto desse desenvolvimento prévio e dessa fixação, ou seja, o conjunto desse projeto, recebe o nome de *tematização*. A *tematização* contém a totalidade da projeção, à qual pertencem "a articulação da compreensão de ser, a delimitação da região objetiva [*Sachgebiet*], guiada por essa articulação, e o prévio delineamento da conceptualidade adequada ao ente" (*SuZ*: 363). Nesse cenário, objetivação e tematização só são possíveis se estiverem vinculadas à compreensão de ser devidamente projetada.[4]

4 Destaca-se que há uma dupla possibilidade de objetivação, porque há uma diferença ontológica entre ser e ente: "Por um lado, a objetivação dos entes (natureza, história

O projeto de constituição ontológica próprio da ciência é *pré-objetivo, demarcador de um campo* e *fundamentador*. Isso faz da ciência, originariamente, "um tipo de conhecimento, ou seja, um tipo e um modo de *desvelar* [*Enthüllen*] e, por isso, de tornar acessível o que é e como é – o ente (natureza – história – espaço – número)" (*PuT*, I: 186). Como modo de ser-na-verdade, a ciência é uma postura fundamental (*Grundhaltung*) do ser-aí (GA 27: 167/178), não excluindo os outros modos de ser. Logo, ela não arroga para si o porte exclusivo da verdade. A projeção feita pela ciência ôntica não é uma privação do *ser à mão*, tampouco uma redução do ente ao modo de *ser presente à vista*, mas uma modificação na compreensão de ser: "A totalidade do mundo instrumental foi modificada, o ente à mão que vem ao encontro foi projetado de uma maneira positivamente nova – na direção de seu puro ser presente à vista" (GA 23: 21/28, mod.).

> Assim, no todo se obtém: o prévio e não-objetivo – mas demarcador de campo e fundamentador – projeto da constituição de ser deixa o ente, cujo ser ele determina, vir à luz pela primeira vez por meio dessa caracterizada determinação. Sobre o pano de fundo do ser projetado no projeto, o ente assim determinado ganha relevo pela primeira vez. Nesse e com esse projeto de ser, o ente em questão se torna pela primeira vez manifestado como algo que se acha e está aí defronte para a contemplação concreta. O projeto impele o ente pela primeira vez para a luz, sem nada alterar nele. O ente é manifesto como algo que se acha aí defronte, o *positum*. Somente se o ente se torna manifesto dessa maneira – como algo que se acha aí defronte – é que ele é cognoscível nele mesmo. O conhecimento do ente nele mesmo – assim caracterizamos o conhecimento científico (GA 27: 196/210, mod.).

---

etc.) e, por outro, a objetivação do ser enquanto tal. Ambas as direções fundamentais de objetivação possível – uma visando o ente e outra visando o ser – estão, evidentemente, essencialmente relacionadas entre si, na medida em que cada ente é e todo ser se dá como ser de um ente" (*PuT*, I: 192). A associação da diferença ontológica à dupla possibilidade de objetivação justifica a possibilidade de dois tipos fundamentais de conhecimento teórico: "As ciências que objetivam os entes – τά ὄντα –, ciências ônticas ou ciências simplesmente; e o conhecimento que objetiva o ser – τὸ ὄν ῄ ὄν –, não o ente, mas este *enquanto* ente, ou seja, no que diz respeito ao seu ser, a ciência que busca o conceito de λόγος do ser – a ontologia" (*PuT*, I: 193). Como tarefa livre, a ciência pode se desdobrar numa ciência do ser (ontologia) ou numa ciência do ente (ciência ôntica).

Ao ser descrito em si mesmo, o ente já não é mais o utensílio disponível à mão: o que aí se destaca é o ente e um atributo seu – por exemplo, o fato de o martelo ter 2 kg, e não a sua adequação a essa ou àquela tarefa, para a qual ele seria muito pesado, muito leve, adequado ou inadequado. A afirmação, por exemplo, de que o martelo é muito pesado o reenvia para fora de si mesmo, para a sua conjuntura específica, na qual ele é primariamente descoberto. Consequentemente, descrever o ente em si mesmo é retirá-lo do seu nexo conjuntural, da sua estrutura de reenvio. Essa privação da significância ordinária nada mais é do que a des-mundificação do instrumento. Entende-se, com isso, o porquê de a totalidade do mundo instrumental ser transformada em uma de outro tipo: "O que surge por meio dessa modificação do 'ver' em um puro 'dirigir o olhar' tematizante é a estrutura 'algo'(sujeito)-'propriedades'(predicado)" (Vigo, 2008: 32). As *proposições enunciativas*, por meio das quais a descrição é realizada, são determinantes para a objetivação, logo, para o conhecimento teórico do ente. Este, como se vê, não precisa ser privado de seu caráter instrumental para se tornar um objeto: "No enunciado se atém, ao menos tendencialmente, ao que há de 'presente à vista' no ente 'à mão', determinando o assim 'presente à vista' no 'como' de seu 'ser presente à vista'" (Vigo, 2008: 32).

Na verdade, a objetivação é a "realização explícita de uma compreensão de ser" (Reis, 2018: 127), justificando por que, em nenhum momento, há privação do *ser à mão*, pois pensar um modo de ser como privação de outro contradiz a própria característica projetiva da compreensão. Se assim o fosse, ter-se-ia a compreensão hermenêutica do mundo – limitada pelos pressupostos próprios da existência fática do ser-aí – como algo a ser superado pela compreensão científica, responsável por projetar o ser do ente de maneira objetiva e sem pressupostos. O grande risco na compreensão de ser própria do conhecimento científico é justamente esse: a redução de tudo o que é à objetividade, fazendo com que "o fenômeno *seja* para o cientista apenas na medida em que é um objeto a ser medido na pesquisa" (Richardson, 2012: 53). A objetividade é apenas um modo possível, mas não necessário, nem originário do acontecer veritativo do ser – o que, de certo modo, "impede ou não permite que a teoria que lhe corresponde, ou seja, a ciência, aceda à plenitude da essência do próprio ser" (Blanc, 2018: 305).

Como toda e qualquer compreensão de ser é sempre limitada fundamentalmente pelo horizonte hermenêutico, "um ponto de vista *puramente* científico é uma ilusão; a ciência é sempre um empreendimento projetivo do ser-no-mundo" (Caputo, 2012: 347). A ciência não deixa de ser em hipótese alguma um acontecimento histórico e, justamente por isso, carrega consigo as marcas do entrelaçamento originário do ser-aí com a sua realidade fática. Não há como ela não ser projetiva, ou seja, para Heidegger, "não há fatos 'nus' ou não interpretados" (Caputo, 2012, 340). Não há a necessidade de o ente se tornar objeto para ser o que e como é (cf. GA 25: 27), pois a própria objetivação pressupõe um ente intramundano já descoberto. Mesmo a descrição das características próprias do ente, independentemente da conjuntura em que ele vem ao encontro, não deixa de ser uma apreensão direcionada por uma certa perspectiva – a saber, aquela que pretende buscar o desvelamento do ente em virtude de seu ser-desvelado, no momento histórico que lhe é próprio. Com isso, objetivação e tematização se mostram como exigências específicas para a fundamentação das ciências ônticas: "O que se exige é que esta ciência [a teologia, no caso] (e, portanto, cada ciência dos entes) só possa ser ciência enquanto se assegure da constituição ontológica de seu âmbito ontológico específico" (*PuT*, I: 196).

Isso viabiliza a afirmação de *ontologias regionais*, responsáveis por demarcar *a priori* e pré-objetivamente o ser do ente. O trabalho efetivo das ciências (descrição, levantamento de hipóteses, colocação de problemas, experimentação, análise e resultados) pressupõe justamente essa ontologia regional, que "abre pela primeira vez e de maneira concreta os domínios do ente" (Melim, 2001: 49). A subdivisão das ciências, por exemplo, em da natureza e do espírito, demarca dois âmbitos específicos e, consequentemente, campos ônticos de ação. Contudo, embora haja uma diferença no conteúdo investigado por essas ciências, ambas estão próximas quanto ao modo de se fundamentarem: são ciências à medida que dão a ver o ente enquanto objeto, assumindo-o "no todo desse projeto" (*SuZ*: 363), ou seja, tematicamente.

Por isso, "a objetivação não é a projeção de um único modo de ser, mas sim a elaboração expressa de uma compreensão de ser" (Reis, 2018: 128). E não só isso: quando alcançada, a objetivação expõe de maneira precisa a compreensão de ser. De tal modo, há em cada ciência um rigor específico, que não pode ser prescrito externamente, senão "tomado e desenvolvido desde a ciência mesma, como descobrimento do ente. O rigor não é uma ideia vazia, mas algo concreto que adquire forma desde a ciência mesma" (GA 17: 103).

Desse modo, a ciência como um todo não pode ser regulamentada por uma única ideia de rigor – por exemplo, o rigor da "exatidão" que vigora na física-matemática.[5] Se as ciências do espírito não admitem essa exatidão, então isso não pode significar que elas são menos rigorosas que as ciências da natureza, mas sim que "a correlação entre o projeto e a confirmação não tem o caráter de 'exatidão'. O motivo é simples: a sua área de investigação é profundamente incalculável" (Richardson, 2012: 49). Daí a necessidade de os conceitos fundamentais indicarem o domínio próprio daquilo que será investigado – história, natureza, número, vida – e, ao mesmo tempo, serem avaliados e justificados de acordo com a sua adequação às determinações próprias do objeto investigado e não a partir de parâmetros extrínsecos. Isso, de certo modo, reafirma a importância da função crítica da filosofia. Ela é

5 De fato, a ciência moderna traz como uma de suas marcas características a exatidão. Contudo, isso não pode ser simplesmente imposto sobre a ciência em geral, que não abarca somente os entes matemáticos, computáveis e calculáveis. A possibilidade de exatidão, ou melhor, de matematização de uma ciência reside no próprio conteúdo objetivo que lhe é próprio. Desse modo, "a exatidão do conhecimento pode ser justamente inadequada no que concerne ao objeto a ser conhecido" (GA 27: 43/46). Nesse sentido, se rigor não é sinônimo de exatidão, nem exatidão é sinônimo de conhecimento verdadeiro, então a exatidão não pertence à essência da verdade – pois "por 'rigor da ciência' compreendemos o modo como o conhecimento adequado ao objeto pode ser conquistado e determinado. [...] Para ser considerada rigorosa, uma ciência não precisa ser exata" (GA 27: 44/46). Contudo, a ideia de rigor só tem sentido no interior do conhecimento científico, que busca a verdade em virtude de si mesma: "Rigor é o modo de conquista da verdade" (GA 27: 45/47). Para satisfazer o máximo grau de rigor, a investigação científica acabou se fiando aos ideais de objetividade e cientificidade da ciência matemática, que "se tornou o ideal do conhecimento científico em geral, cobrado, portanto, precisamente da ciência encarregada de alcançar os primeiros fundamentos de todo saber em geral – a filosofia" (GA 23: 13/20).

responsável por reconduzir as ciências e os seus campos temáticos a uma "experiência original e pré-teórica, onde os fenômenos em questão se dão, livres de toda a prescrição metodológica acerca do *que* e do *como* do seu ser ou do espartilho de uma conceptualidade científica particular" (Blanc, 2018: 298).

Nesse cenário, o desenvolvimento científico está vinculado não tanto à divulgação massiva de resultados, mas sim à revisão dos conceitos fundamentais. Estes, por sua vez, estão sempre referidos a um determinado conteúdo, o que os diferencia dos conceitos fenomenológicos, que, como visto, são indicações formais. Isso marca uma crucial diferença entre as ciências ônticas e a filosofia como ciência ontológica: para aquelas, há "uma postura metafísica que vê os entes encontrados no mundo como sendo nada mais que objetos para um sujeito" (Richardson, 2012: 54); para esta, interessa interrogar o ser no sentido de "meditar a verdade como o processo de não-ocultação, por meio do qual os entes são revelados, tornam-se manifestos, estão presentes para o ser humano" (Richardson, 2012: 58). Cabe à filosofia, enquanto ontologia fenomenológico-hermenêutica, trazer à luz a compreensão de ser a partir da qual a ciência descreve o ente, perfazendo, de fato, "uma elaboração das condições de possibilidade das ciências ônticas, suas áreas temáticas e respectivas categorias" (Blanc, 2018: 296).

Quanto mais próxima uma ciência estiver dos seus conceitos fundamentais, quanto melhor ela for capaz de os investigar, melhor será o seu desenvolvimento: "Em uma teoria horizontal da compreensão, portanto, o desenvolvimento científico não é uniforme e contínuo, mas em certos momentos deve ser chocado com revisões mais ou menos radicais dos horizontes existentes" (Caputo, 2012: 345). Com isso, não há equívoco em se afirmar que a *crise* faz parte do desenvolvimento científico.[6] Trata-se de algo

6 No período de *Ser e tempo*, a crise da ciência deve ser entendida sobretudo como um processo interno à própria ciência. No contexto das preleções *Introdução à filosofia*, tal crise é caracterizada por três aspectos. Em primeiro lugar, como "crise na relação do indivíduo com a própria ciência" (GA 27: 27/29), cuja consequência é o distanciamento entre o cotidiano de homens e mulheres em geral e o empreendimento científico, gerando uma "crescente incerteza quanto à posição da ciência como tal" (GA 27: 28/30). O fundamento desse aspecto da crise consiste numa certa incapacidade de a ciência, em

intrínseco à sua atividade, responsável por mostrar que objetivação e tematização não estão dadas de uma vez por todas – ou seja, responsável por mostrar que "a historicidade básica da ciência consiste na modificação da atitude fundamental, em relação ao domínio temático da investigação" (Reis, 2018: 131). O momento de revisão dos conceitos fundamentais é aquele em que as ciências ônticas mais se aproximam da filosofia como ciência ontológica. Isso pois aí a discussão passa a ser a constituição e a delimitação do objeto, podendo saltar, na verdade, à problematização de seu próprio vir à presença – isto é, podendo saltar à problematização de seu acontecer veritativo, perguntando pelo "processo de ἀλήθεια pelo qual os entes se revelam em sua presença, ou seja, o ser como não-ocultação" (Richardson, 2012: 65).

Ao proceder dessa forma, o conhecimento científico apresenta outra de suas características: o fato de o próprio projeto tematizador não ser algo de domínio das ciências: "Aquilo na direção de que o projeto projeta, portanto,

---

relação direta com a existência, transmitir de maneira simples o seu "conteúdo ontológico primário e originário" (GA 27: 28/30). A solução para isso, contudo, não pode ser pensada nos termos de um estreitamento da relação entre as partes – pois, essencialmente, a ciência pressupõe o caráter relacional, que não lhe pode ser atribuído extrinsecamente. A crise da ciência em relação ao indivíduo resulta na perda do *ideal de formação* (*Bildungsideal*). Disso decorre, em segundo lugar, a "crise em relação à sua posição no todo de nosso ser-aí histórico-social" (GA 27: 27/29): uma vez que o ideal de formação se perdeu, cresceu uma incerteza quanto à posição da ciência no todo da cultura histórico-social europeia ocidental. Por conseguinte, também cresceu uma incerteza quanto à posição da ciência num desconhecimento da essência dela própria, logo, da ciência da verdade que a fundamenta. Por fim, em terceiro lugar, Heidegger caracteriza essa crise como parte da estrutura interna da própria ciência – algo que é comumente nomeado pelo bordão "crise dos fundamentos da ciência": trata-se de quando se põe em questão o próprio campo temático de investigação, a estrutura fundamental disso que aí se apresenta como objeto de investigação, e, sobretudo, os conceitos fundamentais daí advindos. "A crise atual em todas as ciências tem suas raízes, portanto, na tendência de recuperar de modo originário a respectiva região de objetos, ou seja, na tendência de penetrar no campo de coisas que pode vir a ser tema da investigação" (GA 20: 4). Com isso, entende-se porque, para Heidegger, a ciência avança conforme ela revisa os seus conceitos fundamentais, não se tratando de um processo de superação da crise, senão de torná-la algo vital: "O propósito de vitalizar a crise não radica em fazer avançar a ciência melhor e rapidamente, mas sim radica em que ela pode existir de acordo com a sua própria natureza, ou seja, como uma possibilidade existencial" (Reis, 2018: 133).

na descoberta natural do ser presente à vista e de tudo que a ele pertence; no descobrir, isso tudo não é apreendido, nem sequer concebido tematicamente" (GA 23: 26/34, mod.). De acordo com Heidegger, a ciência não acede cientificamente àquilo que a torna possível. A compreensão de ser que é aí projetada não lhe é aparente, logo, não é objetivada: "O tema não é aquilo na direção de que se projeta – ser presente à vista, ser –, mas sim aquilo que é projetado nessa perspectiva, e isso significa, agora, apreensível e compreensível no horizonte da ideia de ser aberta, embora não concebida" (GA 23: 26/34, mod.). Só à luz do horizonte dessa ideia podem surgir e ser justificados os conceitos fundamentais. Esse "conteúdo não aparente é inevitável (*unumgängliche*) à ciência, sendo-lhe também inacessível (*unzugängliche*)" (Richardson, 2012: 64) – ou melhor, inacessível a ela pelos meios que lhe são próprios, pois a investigação a respeito do modo de projetar o ser do ente exige uma conversão na perspectiva do olhar, deixando de mirar o ente e indo em direção ao ser.

> As ciências positivas dos entes não incluem tudo o que, em uma objetivação, pode vir a ser tema. O momento constit[uinte] da ciência positiva mesma, o projeto da constituição ontológica, expressa seu próprio limite e, portanto, a necessidade e a possibilidade de uma ciência completamente diferente – a ciência transcendental do ser, a ontologia. As ciências ônticas carregam em si um limite que não significa nada além da exigência de uma ciência fundamentalmente diferente (*PuT*, I: 198).

Por fim, três pontos são destacáveis: primeiro, a importância da Ontologia Fundamental para se entender o conceito de ciência em geral; segundo, a gênese existencial da ciência a partir da existência fática do ser-aí – o qual, existindo em um mundo, dá a si a possibilidade de um modo de desvelar o ente já previamente conhecido por meio da lida cotidiana, mesmo que pré-ontologicamente; terceiro, o significado ontológico dessa gênese como descoberta do ser presente à vista. Isso leva à conclusão de que a ciência propriamente dita – e a filosofia – não é um produto, mas sim um modo de ser-na-verdade, "uma possível postura fundamental [*Grundhaltung*] da existência humana" (GA 27: 167/178).

CAPÍTULO 5

A CONSTRUÇÃO DO *POSITUM* DA TEOLOGIA CRISTÃ

Como apresentado no capítulo anterior, três elementos estruturam as ciências ônticas. Em primeiro lugar, já se delimitando qual é o campo próprio da ciência, o ente – que, de algum modo, já deve ter sido desencoberto para poder ser encontrado de antemão, em um certo âmbito de abrangência, como possível tema de uma objetivação (cf. *PuT*, II: 50). Em segundo lugar, esse *positum* é apreendido pré-cientificamente, logo, ele está vinculado à cotidianidade do ser-aí. E em terceiro lugar, a apreensão pré-científica já é "iluminada e conduzida por uma compreensão de ser, mesmo que ainda não conceitual" (*PuT*, II: 50). Esse conceito de ciência está na base da teologia em *Fenomenologia e teologia* – que, para mostrar a relação entre a teologia como ciência ôntica e a filosofia como ciência ontológica, parte da "construção ideal das ideias das duas ciências" (*PuT*, II: 47).

Nesse sentido, um dos objetivos da conferência é construir o conceito de teologia, dando a ver a sua positividade e cientificidade originárias. "Não se trata aqui de uma comparação do estado fático de duas ciências históricas simplesmente dadas" (*PuT*, II: 47). Ou seja, Heidegger não irá simplesmente se apropriar de um conceito de teologia para compará-lo à fenomenologia, tampouco irá se deter nos conteúdos próprios da ciência teológica aplicando neles o método fenomenológico. A construção do conceito científico de teologia faz parte da lógica interna da conferência e diz respeito a um aspecto formal necessário para que se compreenda a articulação posteriormente proposta com a fenomenologia. O que agora propomos é seguir tal construção de perto, com vistas a formalizar a teologia como possibilidade de compreensão da fé – que, como se verá, é o *positum* teológico por excelência.

Contudo, a definição do *positum* não é suficiente para esclarecer a teologia como ciência:

> De acordo com a orientação da positividade específica da teologia, trata-se de determinar simultaneamente seu caráter específico de ciência, sua cientificidade específica, caso se queira que a tematização se ajuste ao respectivo *positum*, de acordo com a direção da pergunta, o modo da investigação e sua conceptualidade (*PuT*, II: 50).

O conceito científico de teologia é construído com a devida caracterização de sua *positividade* e de sua *cientificidade*. No entanto, o *positum* da teologia não é meramente assumido por Heidegger como algo simplesmente dado. Apresentá-lo tal e qual faz parte da "construção ideal da ideia de teologia".

Desse modo, a seguir apresentaremos a fé como o *positum* originário da teologia cristã, mais especificamente, a fé em Cristo, o "Deus crucificado" (*PuT*, II: 52). Isso já indica que todos os conteúdos próprios das análises teológico-cristãs remetem a Cristo, à sua cruz. Então, deve-se também investigar qual a função da cruz para a fé. E isso deve ser feito ainda através das lentes da conferência, o que conduzirá, a princípio, à afirmação de que esse regresso à cruz, ou melhor, à fé como *positum* originário só é possível mediante uma de-struição do cristianismo como objeto de investigação. A análise da construção ideal da teologia requer, em primeiro lugar, que se entenda o que é o seu *positum* e, posteriormente, o que leva Heidegger a indicá-lo como originário.

5.1 A fé como *positum* originário

Seguindo o desenvolvimento da conferência, o primeiro ponto apresentado diz o que *não é* o *positum* da teologia – a saber, o cristianismo (*Christentum*). Na sequência, afirma-se que o seu *positum* originário é a *cristicidade*

(*Christlichkeit*),[1] aquilo que torna possível o cristianismo enquanto tal. De fato, a teologia cristã só é possível no interior do cristianismo enquanto evento histórico. Logo, a sua investigação está fundamentalmente atrelada a tal evento, pertencendo ao seu conjunto, mas investigando a fé. Ou seja, "a ciência da fé não diz respeito ao divino, entendido como uma região [ôntica] entre outras, mas nasce propriamente do cristianismo como evento temporal" (Savarino, 2001: 115). Por isso, assumir o cristianismo como o *positum* originário seria uma "determinação errada da teologia" (*PuT*, II: 51), pois o acontecimento de um está vinculado ao desenvolvimento da outra.

1 A indicação da *cristicidade* e não do *cristianismo* como *positum* originário da teologia está diretamente relacionada a dois autores, apontados por Heidegger no *Prefácio* da conferência: Nietzsche e Overbeck. Mais especificamente, está relacionada às suas respectivas obras, ambas de 1873: a primeira parte das *Considerações extemporâneas* e *Sobre a cristicidade de nossa atual teologia*. Na primeira, Nietzsche estabelece uma crítica à cultura científica de sua época, enviesada em si mesma e incapaz de responder à pergunta acerca da própria utilidade da ciência; "aos nossos eruditos, curiosamente, sequer ocorre a mais próxima de todas as perguntas: para que serve seu trabalho, sua pressa, seu doloroso atordoamento" (Nietzsche, 1983: 56). Na segunda, Franz Overbeck, teólogo protestante muito influenciado por Schopenhauer e Nietzsche (cf. Peter, 1992: 191), afirma já no primeiro capítulo que entre ciência e religião, entre conhecimento e fé, não há conciliação possível e, mesmo assim, "a religião não pode evitar ser afetada pelo conhecimento racional" (Overbeck, 2005: 30). Para ele, a teologia, como conhecimento racional da fé e da religião, ao tentar estabelecer um vínculo entre ambos os pontos, nada mais faz do que trair a própria fé que a sustenta. Ou seja, a teologia passa a ser "a traidora da religião, na verdade, a destruidora do cristianismo" (Peter, 1992: 191). Além disso, para Overbeck, o cerne do cristianismo reside em sua escatologia, "interpretada por ele como nada mais que um *memento mori* autorreflexivo – em outras palavras, um reconhecimento da mortalidade de todas as coisas, o que deve incluir necessariamente a transitoriedade do próprio cristianismo" (Wolfe, 2014: 53). A indicação de ambos os autores mostra a importância não só de reabilitar a pergunta pela utilidade da ciência em geral, mas também a importância de perguntar por aquilo que de fato importa à teologia enquanto ciência – ou seja, trata-se de perguntar por aquilo que faz a teologia ser teologia. Na verdade, a implicação entre ambas as questões acompanha Heidegger desde o início de sua docência, já sob a influência do texto de Overbeck, conforme demonstra Wolfe (2013: 90-102): a remissão a Overbeck no *Prefácio* da conferência não é pontual, mas está ali posta com vistas a recuperar aquilo que Heidegger já havia tentado realizar no período das preleções sobre fenomenologia da religião, que, conforme relata Gadamer, seria "'encontrar a palavra que é capaz de chamar à fé e de fazer permanecer na fé' (palavras que o ouvi dizer em uma discussão teológica em 1923)" (Gadamer, 2003: 158).

> É evidente, então, que a teologia não pode ser ciência do cristianismo enquanto um acontecimento [*Vorkommnis*] histórico-universal, mas é uma ciência que pertence ela mesma a essa história do cristianismo, sendo sustentada por essa história e determinando, por sua vez, ela mesma essa história (*PuT*, II: 51).

A teologia, na medida em que pertence à história do cristianismo e a determina, poderia ser caracterizada como "a autoconsciência [*Selbstbewußtsein*] do cristianismo em sua manifestação histórico-universal" (*PuT*, II: 52). Nesse sentido, o λόγος da teo*logia*, em primeiro lugar, não diria respeito àquela *fala* do *falar*, ao trazer à palavra e à luz do ver tudo aquilo que é, mas diria respeito ao conhecimento daquilo que possibilita o cristianismo enquanto tal, o que, no limite, acabaria circunscrevendo o seu campo de investigação. O pertencimento da teologia ao cristianismo não se dá por razões histórico-culturais adequadas, que tornaram possível, por exemplo, o encontro do pensamento helênico com o cristianismo dos primeiros séculos. A teologia se volta àquilo que pela primeira vez torna possível algo como o cristianismo enquanto tal. Logo, ela é "um saber conceitual a respeito do que permite pela primeira vez que o cristianismo se torne um acontecimento [*Ereignis*] originariamente histórico, um saber do que chamamos pura e simplesmente cristicidade" (*PuT*, II: 52).

Não se trata de uma mera substituição: cristianismo por cristicidade, como se esses termos fossem sinônimos. O cristianismo se nutre da cristicidade e a dispõe ordenadamente ao longo dos tempos por meio de ritos, dogmas, padrões de comportamento etc. Há no cristianismo uma institucionalização da cristicidade, que por sua vez não se reduz ao cristianismo, embora um e outra façam parte de um mesmo destino/envio histórico. Na história do Ocidente, nem sempre o cristianismo andou integrado à cristicidade e vice-versa, mas, conforme anota Leão (2015: 17), "em qualquer tempo e lugar, a cristicidade [sic] é e tem sido a caminhada da 'libertação da verdade' de Deus nas chegadas históricas". Toda institucionalização levada a cabo pelo cristianismo tem a cristicidade como legítimo fundamento e, mesmo assim, a cristicidade não se reduz a nenhuma instituição.

O que está aí previamente dado à teologia é a cristicidade. A construção ideal da teologia proposta por Heidegger se efetiva por meio de uma de-s-truição do cristianismo como objeto próprio da investigação teológica, e a isso se segue a recondução do olhar: do cristianismo à cristicidade.

O que a cristicidade mostra enquanto tal? O cristianismo é aquilo que se mostra em primeiro lugar e, por isso, aparece como o mais imediato e evidente objeto de investigação. Contudo, como já foi visto, o que primeiro se mostra supõe algo mais originário, em busca do qual parte toda investigação fundamental. Da ideia da teologia, então, faz parte a construção de seu fenômeno originário. Isto é, para alcançar a positividade própria da teologia, deve-se projetar formalmente a cristicidade enquanto tal. "Chamamos de crístico à fé" (*PuT*, II: 52), logo, deve-se indicar formalmente o significado de fé:

> A fé é um modo de existência do ser-aí humano, que, segundo seu próprio testemunho – pertencente essencialmente a esse modo de existência –, *não* é temporalizado *a partir* do ser-aí e *por meio* de sua livre decisão, mas sim a partir do que se revela nesse e com esse modo de existência, a partir daquilo que é crido. O ente primariamente revelado para e só para a fé, [o ente] que, enquanto revelação, temporaliza pela primeira vez a fé, é, para a fé 'cristã', Cristo, o Deus crucificado (*PuT*, II: 52).

A princípio, destaca-se que a fé é um modo de existência que não acontece por livre iniciativa do ser-aí, por sua decisão, de modo que "fé é existir não a partir de si mesmo, mas a partir de Cristo crucificado" (Fernandes, 2015: 103). Há aí um evidente problema: se, do ponto de vista da analítica existencial, o que primeiro está em jogo para o ser-aí é a possibilidade de poder-ser-no-mundo em função de si mesmo e, nesse cenário, se a ciência aparece como uma possibilidade livre de o ser-aí conhecer o ente já desvelado, como justificar a teologia como ciência da fé, uma vez que a fé não acontece a partir de uma livre iniciativa do ser-aí e nem por seu intermédio? Em outras palavras: pode a teologia ser entendida como uma possibilidade livre de investigação? A fé impossibilita uma escolha livre, até mesmo aquela que avança sobre a própria fé? De fato, há um eminente paradoxo ao se afirmar uma liberdade da fé, conforme anota João Batista Libânio, teólogo católico:

> De um lado, o ser humano é criado livre e responsável. Todas as respostas das pessoas passam pela liberdade. E suas respostas a Deus também. Por isso, todo ato de fé é livre. Por outro lado, essa liberdade está orientada para relacionar-se com Deus de tal modo que rejeitar tal relação é frustrar a liberdade (Libânio, 2004: 194).

Do ponto de vista teológico, a liberdade humana é e não é autônoma. Por um lado, ela é autônoma no sentido de que só ela pode responder a Deus, logo, o ser humano é o único responsável por tal resposta; só há responsabilidade porque há liberdade. Por outro lado, ela não é autônoma porque não "se dá sua própria norma. É criada. É dependente quanto ao sentido e ao dinamismo último que o Criador lhe deu" (Libânio, 2004: 194). Ou seja, a liberdade humana não é autônoma porque, fundamentalmente, ela foi dada por Deus ao ser humano, o que quer dizer que seu "sentido, sua finalidade última, seu dinamismo mais profundo não podem ser escolhidos arbitrariamente por ela mesma" (Libânio, 2004: 194). Para o crente, sua liberdade não é livre, pois foi criada e dada enquanto dom. Com isso, nota-se já aqui que a perspectiva desde a qual Heidegger está elaborando o conceito de teologia não é ela mesma teológica, mas sim uma perspectiva que segue fielmente a perspectiva metodológica da ontologia fenomenológico-hermenêutica.

Em sentido formal, fé é um modo de existência do ser-aí a partir do evento fundante da cruz. Portanto, "ela não é um 'o quê', mas um 'como', que diz respeito à existência do ser-aí, tal qual um lugar onde se abre um horizonte de sentido" (Pietropaoli, 2016: 153). Em termos teológicos, a fé é graça de Cristo, dom de Deus. O testemunho que ela dá de si própria nada mais é do que o testemunho da cruz como ato salvífico, algo compreendido tão somente na fé e para a fé – isto é, "só se pode saber propriamente deste evento na graça da própria fé, atendo-se ao testemunho da Sagrada Escritura" (Fernandes, 2015: 103).

Na conferência, fé não diz tanto respeito à crença em sentido epistemológico, mas sim à participação ontológico-existencial do ser-aí no evento da cruz. Logo, a revelação cristã não pode ser a mera transmissão de um saber herdado pela tradição, mas deve transformar aquele que professa a fé em partícipe da cruz. A princípio, aquilo em que os cristãos acreditam não é um conjunto de fatos acontecidos e/ou por acontecer, tampouco uma lista de dogmas e declarações: "A fé é muito mais fundamental que o credo, porque é o modo de existência decisivo que se expressa em todos os princípios teóricos e práticos que constituem a cristicidade de uma vida cristã" (Peperzak, 2014: 321).

Se essa distinção entre fé e crença é verdadeira, então acreditar/crer passa a ter dois possíveis significados: em primeiro lugar, designa o ato mesmo de fé, e, em segundo lugar, diz respeito à confissão religiosa, na qual se crê serem verdadeiras determinadas declarações e/ou doutrinas. Por exemplo, há cristãos católicos, luteranos, ortodoxos, anglicanos. Para todos eles, a Sagrada Escritura revela que Jesus Cristo é o Filho de Deus encarnado, morto na cruz – trata-se, pois, de um ato de fé, o primeiro sentido de acreditar/crer. Os católicos reconhecem a autoridade do Papa, o Bispo de Roma, figura sem autoridade alguma para luteranos, ortodoxos e anglicanos, e inexistente em suas respectivas instituições – trata-se, pois, de uma confissão religiosa, o segundo sentido de acreditar/crer. O sentido existencial da fé não está necessariamente vinculado a um conjunto de doutrinas, o que traz uma consequência para a ideia de teologia aqui buscada: na condição de ciência da fé, ela é independente da confissão religiosa, mas totalmente dependente da cruz como evento fundante.

O primeiro significado de acreditar/crer é proeminente na conferência e ganha destaque quando Heidegger afirma que "acreditar" é *tomar-parte* (*Teil-nehmen*), *ter-parte* (*Teil-haben*), no evento salvífico da cruz. Trata-se de um constituinte da existência cristã:

> Contudo, esse *tomar*-parte, que se realiza apenas no existir, é *dado* enquanto tal só como fé e pela fé. Nesse "tomar-parte" e "ter-parte" no acontecimento [*Geschehen*] da crucificação, porém, todo o ser-aí se coloca diante de Deus como cristão, isto é, como referido à cruz; e a existência tocada por essa revelação torna-se revelada para si mesma em seu esquecimento de Deus. E, assim, segundo seu sentido – eu falo sempre apenas de uma construção ideal da ideia –, o ser colocado diante de Deus é uma guinada no posicionamento da existência na e pela misericórdia de Deus aprendida pela fé (*PuT*, II: 53).

A fé jamais pode ser algo parcial. Ela é entrega total ou, conforme afirma Peperzak (2014: 321), ela corresponde ao "abandono de si mesmo, por meio do qual os verdadeiros crentes se entregam à realidade revelada na qual depositam sua fé". A fé, portanto, transforma o indivíduo em "'participante' do acontecimento que é a revelação = o que nela é o próprio revelado" (*PuT*, II: 53). Isso, no fundo, determina a perspectiva de compreensão do ser-aí cristão: sua existência e seu mundo são compreendidos única e exclusivamente desde a fé. À teologia cabe a tarefa de investigar a fé sem jamais cindi-la da existência, ou seja, jamais abdicando dela como modo de ser. Em outras palavras: a ideia de teologia apresentada por Heidegger é radicada na hermenêutica da facticidade e não na especulação metafísica.

Se a fé determina a perspectiva de compreensão da existência cristã, então a revelação, enquanto atitude divina, é o que mostra a verdadeira existência ao existente. De acordo com Gadamer, esse é um dos pontos inquestionáveis na ideia de revelação: "Que o ser humano não pode chegar por sua própria força a uma compreensão de si mesmo" (Gadamer, 2003: 46). O crente nada sabe de si mesmo, de sua própria existência, a não ser por meio da fé e daquilo que nela é revelado – de modo que, se a teologia é a autoconsciência do cristianismo, ela, em primeiro lugar, nada mais evidencia do que a dependência do crente em relação a Cristo, o Deus crucificado. Daí o recurso utilizado por Heidegger de descrever esse "tomar-parte" como uma "guinada no posicionamento da existência na e pela misericórdia de Deus" (*PuT*, II: 53), o que fica sintetizado da seguinte maneira: "*fé = renascimento*" (*PuT*, II: 53).

A fé como renascimento dá a ver a referência à Sagrada Escritura – nomeadamente, ao terceiro capítulo do Evangelho de João,[2] onde há o diálogo

2 A sutil referência ao Evangelho de João possibilita perceber o intercâmbio entre Heidegger e Bultmann, também professor em Marburgo nesse período. De fato, há uma verdadeira e amplamente reconhecida influência de Heidegger em Bultmann (Vetter, 2000; Pieper, 2016; Cabral, 2017), sobretudo na elaboração daquilo que o teólogo chama de "demitologização". Bultmann e Heidegger compartilham interesses por temas comuns, tais como a história, a teologia e a sua importância na formação do Ocidente, além das leituras do Evangelho de João, e dos escritos de Agostinho e de Lutero. No fundo, conforme analisa Pöggeler (2009: 34-94), Bultmann e Heidegger traçam um caminho convergente, que, no âmbito da conferência, pode ser visto justamente na indicação da fé como renascimento – consequentemente, na exegese ali implícita do Evangelho de João. Conforme dão a ver Großmann e Landmesser (2009: X), "Heideg-

entre Nicodemos e Jesus. Aí, Jesus afirma ser necessário ao homem nascer de novo para que o Reino de Deus possa ser visto (Jo 3, 3), ao que Nicodemos pergunta se e como é possível um homem, já sendo velho, nascer de novo. Jesus responde: "Não te admires de eu te haver dito: vós deveis nascer de novo. [...] Em verdade, em verdade, te digo: falamos do que sabemos e damos testemunho do que vimos, porém não acolheis o nosso testemunho" (Jo 3, 7; 11). Na condição de renascimento, a fé evoca a entrega radical do crente àquilo que aí é revelado, e que por isso exige um acolhimento. Para tanto, mesmo na condição de dom de Deus, a fé exige uma disposição perante Deus. Só é possível tomar-parte e ter-parte porque há um duplo gesto, que torna contemporâneos quem professa a fé e a revelação mesma: "Gesto humano de disposição em relação a Deus (o ser humano toma parte), e gesto divino, antecedente ao primeiro, que revela o existente humano a si mesmo (o ser humano tem a si mesmo)" (Capelle-Dumont, 2012: 36).

---

ger e Bultmann se encontravam regularmente aos sábados para lerem conjuntamente o Evangelho de João". Também não é sem importância o fato de, nesse mesmo período, Bultmann estar desenvolvendo o seu *Comentário ao Evangelho de João*, publicado em 1941, do qual Heidegger afirma o seguinte na carta de 14 de março de 1927: "Seu comentário deve impelir novamente a teologia aos problemas concretos e deve deixar claro que algo como uma 'teologia dialética' é um fantasma" (14.3.1927, *BwBH*: 22). Em resposta, Bultmann escreve a Heidegger: "Consegui escrever um pedaço do comentário [ao Evangelho] de João e separei algumas perguntas para você" (27.3.1927, *BwBH*: 23). Contudo, Heidegger, em nova resposta a Bultmann, deixa clara a diferença de perspectiva entre ambos, fazendo notar que o trabalho do teólogo, embora ôntico-positivo, não faz desaparecer o ontológico: "Só avançamos em algo se trabalhamos radicalmente desde posições extremas. Você [Bultmann] aborda o assunto desde o lado teológico, ôntico-positivo, o que não faz desaparecer o ontológico, mas [este] não se faz temático e apenas [aparece] com pontos de interrogação em cada caso. Eu [abordo o assunto] desde o lado filosófico, de forma ontológico-crítica, mas não faço temático o ôntico no sentido da positividade do cristão e deixo-o sempre com um ponto de interrogação [a respeito de seu modo de ser]. Andar de um lado para o outro em um campo intermediário, sem se sentir firme nem aqui, nem ali, e sem ter conhecimentos concretos e amplos, traz uma única coisa, se traz algo: confusão" (29.3.1927, *BwBH*: 25). Essa diferença radical de perspectiva entre a teologia e a filosofia, bem como a afirmação de que a abertura dos campos ônticos de investigação depende de uma compreensão prévia do sentido de ser do ente, são pontos retomados na conferência. Além disso, a carta não deixa dúvida a respeito de qual perspectiva Heidegger trabalha.

A princípio, o acolhimento da fé nada tem a ver com a transmissão de um conhecimento. Não é necessário saber da fé para compreendê-la. A sua compreensão é pré-teórica. Logo, se a teologia é a ciência da fé, então a existência cristã toma parte da revelação e tem a si mesma pré-teologicamente. A teologia está a serviço da fé somente enquanto possibilidade derivada, de modo que "a fé é aquilo que entra na própria teologia, como tematização que abarca o todo do ente desvelado – o evento revelado – que deve ser zelado pela teologia em seu desenvolvimento como ciência ôntica" (Gonçalves, 2014: 945). O *positum* da teologia não é aquilo que se desdobra a partir da fé, mas sim é a fé mesma: "O todo desse ente que a fé desvela, de tal modo que a fé mesma pertence ao nexo do acontecer desse ente desvelado pela fé, constitui a positividade que a teologia encontra de antemão" (*PuT*, II: 54).

Se tal *positum* permanece sempre o mesmo para toda e qualquer investigação teológico-cristã, e se manifesta de diferentes formas e em diferentes épocas, a revelação então é sempre algo histórico, nunca algo ocorrido só no passado. Assim sendo, a teologia se ocupa com a fé dos dias atuais e, por isso mesmo, ela é chamada a revisitar constantemente o seu fundamento. Por ser hodierna, a fé traz consigo marcas históricas e, nesse sentido, como renascimento, ela nada mais é do que um "modo de existir histórico do ser-aí faticamente crente no interior *da* história, que começa com o acontecimento da revelação; no interior *da* história, à qual, segundo o sentido da revelação, já foi posto um determinado fim extremo" (*PuT*, II: 53).

Justamente porque é renascimento, a fé é histórica e pré-teológica. Quem crê "não 'entende' essencialmente a *fé* como um saber teórico, uma vez que 'crê' sempre e nunca abandona sua própria determinação" (Capelle-Dumont, 2012: 36). O crente está implicado por inteiro naquilo que crê. O evento da cruz não é algo passado, mas sim aquilo que condiciona a experiência de uma nova possibilidade de ser, ou melhor, de uma nova modalidade de ser. Por isso, a afirmação de que "a fé compreende a si mesma sempre só crendo" (*PuT*, II: 53) não é tautológica, pois diz respeito à condição de compreensão na qual se encontra quem crê.

> Só que a fé não é algo por meio do qual e no qual se revela simplesmente o acontecimento da salvação [*Heilsgeschehen*] como um incidente [*Vorkommnis*], ou seja, em certa medida, ela não é um outro modo modificado de conhecimento, mas a própria fé, enquanto apropriação da revelação, constitui concomitantemente o acontecimento cristão, isto é, o modo de existência que determina o ser-aí fático em sua cristicidade como uma destinação [*Geschicklichkeit*] específica. *A fé é um existir que compreende crendo que se revelou no interior da história, isto é, que aconteceu com o crucificado* (*PuT*, II: 53).

Cristo, o Deus crucificado, é a marca central da fé cristã. Em outras palavras: com o evento da cruz, a história acontece e, por isso, a cruz aparece como o destino (*Geschick*)[3] autêntico da existência cristã. Todo cristão está referido à cruz, porque ela faz vir-a-ser aquilo que se pode denominar "mundo cristão". Logo, ela diz respeito ao acontecer (*geschehen*) veritativo do ser. Em seu vir-a-ser, a cruz faz história (*Geschichte*) e funda espacial e temporalmente um novo horizonte hermenêutico.

---

3 No §74 de *Ser e tempo*, dois termos são utilizados para transmitir a ideia de destino: *Schicksal* (destino) e *Geschick* (destino comum). O primeiro termo remete ao destino do ser-aí individual, ao passo que o segundo remete ao destino coletivo, que inclui os indivíduais, mas não é a mera soma destes – donde a necessidade de distingui-los na tradução. Na conferência, Heidegger utiliza o termo *Geschick*, empregando-o em relação ao ser-aí individual, que não deixa de estar imerso no interior de uma comunidade, donde a nossa escolha de traduzi-lo como "destino" em vez de "destino comum". Na verdade, essa distinção deixa de ser nítida nas obras posteriores à de 1927, à medida que a ideia de destino passa a ser utilizada mais em relação à História do Ser do que em relação ao ser-aí propriamente dito. A diferença em relação a *Ser e tempo* está, sobretudo, no fato de que as considerações acerca do destino não estão mais associadas à decisão do ser-aí em assumir a sua condição de ser-lançado no mundo. Na obra de 1927, "mais essencial do que qualquer destino coletivo com outros é o *destino individual* e sua relação com a própria *decisão*" (Löwith, 2006: 207). Posteriormente, o significado de destino não deixa de estar vinculado ao ser-aí, mas não remete primariamente a ele, a uma decisão sua, e sim remete ao jogo de espaço-tempo (*Zeit-Spiel-Raum*) que delimita, faz surgir e unifica as possibilidades próprias de uma época. Conforme afirma Heidegger em *A pergunta pela técnica*, destino é "aquele enviar que recolhe e que primeiramente leva o ser humano para o caminho do descobrir" (*FT*, GA 7: 25). Quando, falando do ser, utiliza-se a palavra "destino", tem-se em vista o arranjar próprio do jogo espaço-tempo, no qual o ente pode aparecer. Nesse cenário, "a palavra a respeito do destino do ser não é uma resposta, mas uma pergunta, entre outras, a pergunta pela essência da história, na medida em que pensamos a história enquanto ser e a essência a partir do ser" (GA 10: 91).

Vindo-a-ser mundo, a cruz faz *época* (*Epoche*) não tanto como a marcação de um período desde o ponto de vista da historiografia (*Historie*), tampouco como o uso husserliano de *epoché*, mas sim como o "manter-se em si próprio que faz clarear – e que se detém em si próprio com a verdade do seu estar-a-ser" (*SA*, GA 5: 337/391). A cruz faz época porque retém uma determinada compreensão de ser ocorrida historicamente. No limite, a cruz é um modo do lançar-se errante do ser em direção ao seu destino: "Da Época do Ser, vem a essência epocal do seu destino, no qual a autêntica história do mundo *é*. De cada vez que o ser se detém no seu destino, acontece [*ereignet sich*], súbita e inesperadamente, mundo" (*SA*, GA 5: 338/391).

Nesses termos, a cruz é o destino autêntico de todo e qualquer cristão, porque, antes de significar acaso ou fim, ela remete ao destinar (*schicken*), cujo significado primordial é "preparar, ordenar, levar cada coisa para onde ela pertence, por isso também arrumar e guardar" (GA 10: 90). A cruz é destino porque ela ordena – põe em ordem – originariamente o mundo cristão e, por isso, situa o cristão em um sítio específico a partir do qual ele compreende a si mesmo. Portanto, a fé pode ser compreendida como a apropriação mesma da revelação desde um sítio determinado. Logo, tal apropriação só pode ser feita tendo em vista a finitude do ser-aí. Ao fundar o horizonte hermenêutico do mundo cristão, a cruz se institui como o ponto referencial por excelência, a partir do qual o cristão pode *se decidir* a respeito de si mesmo em sua facticidade. Para o cristão, a cruz diz respeito ao *caráter-de-decisão* (*Entschlossenheit*) mais próprio acerca de si mesmo.

5.2 A cruz como fundamento da fé

5.2.1 Uma incursão ao poder-ser-si-mesmo próprio em *Ser e tempo*

No âmbito de *Ser e tempo*, guia metodológico da conferência, a decisão (*Entschluß*) é definida como "*o projetar que abre e o determinar da possibilidade cada vez fática*" (*SuZ*: 298). Ela remete ao poder-ser-um-todo (*Ganzseinkönnen*) do ser-aí, estabelecendo a possibilidade fática de um si mesmo próprio, e sendo caracterizada como um ato existentivo concreto, no qual, de acordo com Rodríguez (2015: 308), "o ser-aí assume explicitamente (isto é, projetando-se 'em direção a') o seu mais próprio ser-culpado [*Schuldigsein*],[4] seu ser fundamento de uma niilidade [*Nichtigkeit*]".

Na economia de *Ser e tempo*, o poder-ser-um-todo aparece bem na transição da *Primeira* para a *Segunda seção*, sendo um marco necessário para se prosseguir em direção à exposição da temporalidade como o fundamento ontológico originário da existencialidade da existência. O §45 atesta que no ter-prévio até ali investigado ainda não se havia encontrado o ser-aí como um todo, mas que, na verdade, "sempre se encontrou apenas o ser *impróprio* do ser-aí e este como *não-todo*" (*SuZ*: 233). E prossegue: "Se a interpretação do ser do ser-aí, como fundamento da elaboração da pergunta ontológica fundamental, deve se tornar originária, então ela deve, a princípio, trazer existencialmente à luz o ser do ser-aí em sua possível *propriedade* e *totalidade*" (*SuZ*: 233). Dessa forma, o poder-ser-um-todo não aparece só como marco da transição de uma seção à outra. Aparece também como marco necessário para a transição da impropriedade do impessoal à propriedade do si mesmo. Tanto um quanto o outro são justificados, ou melhor, obtidos e testemunhados no interior da analítica existencial. Ou seja, o ser-aí, a partir de seu ser-lançado no mundo, dá a conhecer a si mesmo a sua totalidade e a sua propriedade.

Os dois primeiros capítulos da *Segunda seção* de *Ser e tempo* trabalham justamente para isso, fazendo uma análise estrutural de tais possibilidades.

4 Como o próprio Heidegger adverte, o ser-culpado não coincide com a compreensão teológica da condição de pecado, mas sim, na verdade, pode ser visto como o fundamento ontológico da mesma: "O ser-culpado, originariamente pertencente à constituição de ser do ser-aí, deve ser bem distinguido do que teologicamente é compreendido por *status corruptionis*. A teologia pode encontrar na determinação existencial do ser-culpado uma condição ontológica de sua possibilidade fática. A culpa implicada na ideia desse *status* é uma culpabilidade fática de um tipo inteiramente peculiar. Ela tem seu próprio testemunho, que, de maneira fundamental, permanece fechado a toda experiência filosófica. A análise existencial do ser-culpado não prova nada nem *pró* nem *contra* a possibilidade do pecado. Em sentido estrito, não se pode sequer dizer que a ontologia do ser-aí deixa aberta, *a partir de si mesma*, essa possibilidade, uma vez que, enquanto pergunta filosófica, ela não 'sabe' absolutamente nada do pecado" (*SuZ*: 307). Em *Fenomenologia e teologia*, isso é retomado quando se afirma que a condição de pecado só pode ser compreendida completamente porque o ser-culpado é um constituinte ontológico do ser-aí (*PuT*, II: 64), o que, por exemplo, permitirá perceber que a fenomenologia serve de corretivo ontológico para os conteúdos ônticos da teologia.

Em primeiro lugar (§§46-53), a analítica do poder-ser-um-todo estabelece um corte longitudinal, tomando o ser-aí desde o seu nascimento até a sua morte, entendida tanto como a possibilidade da impossibilidade quanto como indelegável a outrem. Contudo, à medida que o ser-aí existe, a morte ainda não é, e quando ela vier a ser, ele já não mais será. Em termos gerais, o ser-aí é, para si mesmo, a possibilidade do não-ser: ele "*já é a cada vez seu ainda-não* [*Noch-nicht*]" (*SuZ*: 244). De tal modo, a não-totalidade do ser-aí não é nada que lhe falta, tampouco algo que ainda não se tornou acessível, mas é justamente esse ainda-não que ele em algum momento irá levar a cabo e que não pode, de um modo ou de outro, superar ou delegar. Enquanto tal, a morte é uma possibilidade de "ser" indelegável e insuperável, na qual está em jogo aquilo que é mais próprio do ser-aí, a saber: o seu ser-no-mundo. Logo, ela diz respeito à possibilidade de o ser-aí dar a si mesmo o suporte fático para a sua existência. O poder-ser-um-todo está vinculado ao ser-para-a-morte. Portanto, com a compreensão da morte como possibilidade indelegável e insuperável, o ser-aí se torna iminente para si mesmo em seu poder-ser mais próprio.

Em segundo lugar (§§54-60), busca-se um poder-ser-si-mesmo (*Selbstseinkönnen*) próprio testemunhado pelo ser-aí mesmo. Ou seja, se a condição originária do ser-aí é a da impropriedade do impessoal e ele só encontra apoio em seu ser-no-mundo, então é o próprio ser-aí quem deve dar a ver a si mesmo a possibilidade de poder-ser-si-mesmo. Isso não pode ser assumido desde a circunmundaneidade de sua existência. O fenômeno que testemunha a favor do próprio ser-aí em razão de si mesmo é a "*voz da consciência*" (*Stimme des Gewissens*)[5] (*SuZ*: 268), que é o vocativo propício para a transição da

5 Em alemão, tanto *Gewissen* quanto *Bewußtsein* designam "consciência". *Gewissen*, como a forma forte do infinitivo do verbo "saber/conhecer" substantivado, significava a princípio o conhecimento de alguma coisa no sentido de perceber algo, em termos gerais. No entanto, o desenvolvimento do termo estreitou o seu significado, aproximando-o do ético-religioso da *conscientia peccatorum*. Esse estreitamento se deu justamente porque o prefixo *con-* latino não coincide com o *Ge-* germânico: o primeiro indica uma associação – ou melhor, uma participação na ação verbal –, enquanto que o segundo é indicador do *Perfeckt* (perfeito) dos tempos verbais. De tal modo, originariamente, em alemão a apreensão do que é percebido/conhecido/sabido se dá como um resultado. Quando o significado de *Gewissen* passa a ser o de uma consciência que acusa, as

impropriedade à propriedade.

Como o caráter-de-decisão indica o poder-ser-um-todo do ser-aí, e para tanto deve-se compreender o ser-culpado – o ser fundamento de uma niilidade –, o que primeiro deve ser apresentado é o significado dessa niilidade, desse ser-culpado, para que assim se cumpra o objetivo de justificar por que, no âmbito cristão, é a cruz que o torna possível.

Para compreender a niilidade, deve-se entender dois pontos. O primeiro diz que "nenhum ser-aí chega à existência em razão de sua própria resolução [*Beschluß*] e decisão" (GA 27: 331/354). Ou seja, não há a possibilidade de o ser-aí escolher vir-a-existir ou não. Ele existe e, de um modo ou de outro, já está sempre jogado na existência. A ideia mesma de jogo (*Spiel*)

---

ações ficam restritas ao sujeito ciente, havendo uma restrição reflexiva. Esta incide no fato de o sujeito da ação não simplesmente percebê-la, mas também julgá-la – o que leva à substituição da percepção pelo julgamento como momento crucial disso que se pode chamar de "consciência" (cf. Grimm; Grimm, 1971d: coluna 6213). Por sua vez, o termo *Bewußtsein* foi formado e frequentemente utilizado no século XVIII em sentido teórico-constatador, podendo na verdade ser assumido na condição de gênero (cf. Grimm; Grimm, 1971a: coluna 1791), conforme o faz Kant, por exemplo, em *A religião nos limites da simples razão*. Nessa obra, a consciência moral (*Gewissen*) é tida como um gênero da consciência em sentido amplo (*Bewußtsein*): "*A consciência moral é uma consciência que é para si própria dever*" (Kant, 1992: 187). Ao utilizar *Gewissen* e não *Bewußtsein*, Heidegger leva em consideração essa crucial diferença entre os termos, de modo que a *voz da consciência* não deixa de ter o aspecto dessa restrição reflexiva-judicativa. Logo, o termo não deixa de indicar "aquela voz que invariavelmente nos acompanha em situações nas quais estamos diante da possibilidade de um agir contrário à moral estabelecida (voz admoestativa), ou diante de uma exortação a uma ação de acordo com o senso de oportunidade em geral (voz exortativa), de algo como uma ação que deveríamos ou não fazer" (Casanova, 2020: 66). No entanto, aqui não entram em jogo as concretizações ônticas da voz da consciência, tais como aquela moral-religiosa que indicaria uma ação como sendo ou não de pecado. O que está em jogo é o caráter transcendental da voz da consciência, ou seja, a voz da consciência não em sua contingência, mas sim como sendo tão somente no modo de ser do ser-aí, e se anunciando "como fato só com e na existência fática" (*SuZ*: 269). Mesmo assim, Heidegger apresenta o conceito a partir de sua significação cotidiana, na qual se encontram dois principais significados: "Em primeiro lugar, a compreensão cotidiana toma o 'ser-culpado' no sentido de 'estar em dívida' [*schulden*], 'ter algo a pagar a alguém'" (*SuZ*: 281); posteriormente, "ser-culpado também tem a significação de '*ser responsável de*' [*schuld sein an*], ou seja, ser causa ou autor de algo ou ainda 'ser a ocasião' para algo" (*SuZ*: 282).

parte da premissa de que "as regras de jogo não são normas fixas, retiradas de um lugar qualquer, mas são variáveis no jogar e por meio do jogar" (GA 27: 312/332). O *ser-jogado* na existência não dá ao ser-aí nenhuma garantia a respeito de seu si mesmo. Na verdade, como não há "regras prévias", não é possível estabelecer substancial, definitiva e/ou antecipadamente uma definição do ser-aí assim jogado: "Ser um ser-aí implica originariamente não ter nenhuma determinação ontológica prévia à sua dinâmica ekstática, e, por conseguinte, implica não ter nenhuma necessidade em si" (Casanova, 2020: 68).

Em certo sentido, isso retoma a tese exposta anteriormente, de que o que primeiro está em jogo para o ser-aí é a própria possibilidade de poder-ser-no-mundo, logo, a própria liberdade. Isso pois "o ser do ser-aí humano – enquanto poder-ser – é, no que diz respeito ao modo como ele quer ser, algo de sua *liberdade*" (*PuT*, I: 187). Contudo, como foi visto antes, o ser-aí já sempre se projetou em direção a um poder-ser. Resoluta ou irresolutamente, ele já se lançou em direção ao seu mundo, e isso desde um ponto determinado: o ponto do mundo circundante, que dá o tom da impropriedade do impessoal, uma vez que o ser-aí, orientando-se pelas coisas que se advém a ele, compreende a si mesmo tal qual essas coisas. Com isso, se o caráter-de-decisão torna possível o poder-ser-si-mesmo próprio, então na impropriedade do impessoal reina o caráter de não-decisão, de modo que tudo já está decidido. No limite, isso significa que o "ser-aí existe cotidianamente como se não fosse ser-no-mundo e como se o mundo fosse apenas um espaço empírico mais amplo, no qual ele se encontraria presente desde seu nascimento" (Casanova, 2020: 103).

> Com a perda no impessoal, já se decidiu sempre o imediato poder--ser fático do ser-aí – as tarefas, as regras, os parâmetros, a urgência e o alcance de seu ocupado e solícito ser-no-mundo. O impessoal, apropriando-se dessas possibilidades de ser, já sempre as retirou do ser-aí. O impessoal encobre até mesmo o desencargo, tacitamente realizado, da *escolha* [*Wahl*] explícita dessas possibilidades. Fica indeterminado quem "propriamente" escolhe (*SuZ*: 268).

É justamente o mundo circundante o que torna algo necessário pela primeira vez, constituindo-se como "uma estrutura normatizante e normalizante" (Casanova, 2020: 64). Porque já é sempre no mundo, o ser-aí já sempre conduziu, mesmo irresolutamente, o seu poder-ser – donde a impessoalidade ser a caracterização desse modo de realizar, ou melhor, desse modo de conduzir a própria existência. Na impessoalidade, há uma "transferência de responsabilidade" para o mundo fático, que é o que determina a princípio quem é o ser-aí.

Entendido esse primeiro ponto, passa-se ao segundo, que diz: "Nenhum ser-aí pode, ao existir, tornar compreensível para si a cada vez que ele necessariamente precisa existir, ou seja, que ele não poderia não existir. Todo e qualquer ser-aí também pode não ser" (GA 27: 331/354). Ou seja, há uma relação originária do ser-aí com o "não", que destoa da ideia de "perda", da mera "negação", da "ausência" de algo que – se e quando encontrado – o completaria. Logo, não há nenhum atributo de valor agregado *a priori* nesse "não". Com isso, reafirma-se a indeterminação ontológica do ser-aí. Ele é radicalmente ausente das tradicionais categorias metafísicas que o definiriam, por exemplo, como "animal racional" e como "criatura". O "não" também indica a possibilidade de o ser-aí não-mais-existir. Na verdade, o ser-aí é determinado pelo "não", pelo *nihil* da niilidade: "Essa niilidade [...] constitui o que há de mais positivo no que pode pertencer à transcendência do ser-aí; sim, precisamente nessa determinação originária coincidem o em-virtude-de e o ter-sido-jogado" (GA 27: 332/355, mod.).

Nesses termos, a gênese do poder-ser-si-mesmo próprio como uma decisão livre está vinculada à niilidade do ser-aí, isto é, ao fato de ele também poder-não-ser. Isso faz ver que a condição de impessoalidade na qual o ser-aí se encontra não diz respeito a "um modo alienado de si, que, ao se singularizar, se daria então uma espécie de retorno a si pensado como retorno a uma outra determinação de ser" (Casanova, 2020: 62). Antes, tal condição diz respeito ao modo como o ser-aí leva a cabo o poder-ser que ele é, mas que não se deu a si propriamente – ou seja, que não foi resolutamente escolhido. A impessoalidade não é a negação na niilidade, mas sim o modo através do qual o ser-aí (re)uniu os sentidos e significações postos a descoberto desde a perspectiva do mundo circundante, a primeira que se abriu a ele. Para tanto, não importa tanto o agir. Importa o "encontrar-se-aí-disposto" (*Sich-dabei--befinden*) (GA 27: 312/332), como que afinado com o espaço de jogo.

Com isso, fica novamente evidente que o ser-aí sempre se conduz desde o mundo que se abriu a ele e a partir do qual ele deu a si mesmo um suporte fático. Pois, como visto, ele é originariamente determinado por um "não", que se configura fundamentalmente como ausência de apoio (*Haltlosigkeit*). O ser-aí é determinado por um *nihil*, que não implica em um "mero vazio", em um "nada": "A falta se dá aqui porque é constitutiva do ente, cujo ser significa poder-ser [...]. Nessa falta se radica o ainda-não [*Noch-nicht*] com toda a incisividade de uma dependência em relação à respectiva escolha necessária" (GA 27: 342/367). No fundo, o único suporte fático que o ser-aí tem de maneira propriamente dita é o seu ser-no-mundo.

> Sendo fundamento, ou seja, existindo como lançado, o ser-aí permanece constantemente aquém de suas possibilidades. Nunca existe *antes* de seu fundamento, mas sempre só *a partir dele* e *com ele*. Ser-fundamento significa, portanto, nunca ser dono do ser mais próprio a partir do fundamento. Este *não* [*Nicht*] pertence ao sentido existencial do ser-lançado. Sendo fundamento, ele mesmo é uma niilidade de si mesmo. Niilidade não significa de maneira alguma não-ser-presente-à-vista, não subsistir, mas significa um não constituinte desse *ser* do ser-aí, de seu ser-lançado. O caráter-de-não desse "não" se determina existencialmente assim: sendo *si mesmo*, o ser-aí é um ente lançado *enquanto* si mesmo. *Deixado não por* si mesmo, mas *em* si mesmo pelo fundamento para ser *esse fundamento*. O ser-aí não é ele mesmo o fundamento de seu ser no sentido de que esse fundamento surgiria de um projeto do próprio ser-aí, contudo, o ser-aí, como ser-si-mesmo, é o *ser* desse fundamento. Esse é sempre apenas fundamento de um ente cujo ser tem de assumir o ser-fundamento (*SuZ*: 284).

Sendo, o ser-aí tem que assumir o ser-fundamento. Ou seja, se na impropriedade do impessoal reina o caráter de não-resolução, o poder-ser-si--mesmo próprio tem que ser uma escolha livre. Ele não pode ser determinado pelas coisas circunmundanas, mas somente pelo ser-aí ele mesmo. Por conseguinte, o poder-ser-si-mesmo próprio não delega a responsabilidade a outrem, mas sim a assume de maneira resoluta e livre. O poder-ser-um-todo só pode ser compreendido com vistas à finitude da própria existência – isto é, com vistas à tarefa que é por si só indelegável e insuperável. Além disso, o poder-ser-um-todo leva em conta a responsabilidade que o ser-aí tem pelo seu si mesmo – o que no fundo também diz respeito à tarefa de poder-ser--si-mesmo ser própria da sua existência.

Então, volta-se ao ser-culpado, que nada diz sobre a fatualidade da culpa. Ou seja, o ser-culpado não significa algo como o não cumprimento de um dever, de uma regra e de uma normativa em geral, tampouco diz sobre um defeito no sentido de uma falta (*Mangel*). "Há na ideia de culpado o caráter do *não*" (*SuZ*: 283): em sua conceituação formal, ser-culpado não significa a ausência de fundamento, mas, ao contrário, significa o "*ser-fundamento de uma niilidade*" (*SuZ*: 283), de modo que o ser-aí é fundamentalmente determinado por um não. Em outras palavras: o ser-aí não é originariamente culpado por lhe ter sido imposta uma falta ou algum tipo de mácula – *até* mesmo porque, uma vez que o ente *é* ontologicamente indeterminado, não faz qualquer sentido pensar em falha ou erro *a priori*. A originariedade da culpa está vinculada ao caráter do "não" constituinte do ser-aí: não é previamente estabelecido o seu sentido de ser, ele não tem rota a ser traçada, tampouco objetivo a ser cumprido; tudo isso porque ele é jogado no mundo, encontrando-se já de antemão lançado na existência, agarrando-se àquilo que se advém a ele em primeiro lugar. Contudo, a culpa aqui referida não é ôntica, mas sim ontológica – porque o ser-aí existe a princípio como que afastado de si mesmo, existindo impropriamente, e não sendo o seu si mesmo próprio. Isso ocorre porque, sendo, ele pode se desviar de si em direção às coisas, às ocupações cotidianas. Quem é responsável por se colocar nessa condição de impropriedade é o ser-aí mesmo. Logo, quem também pode sair dessa condição é o próprio ser-aí.

> Esse ser arrastado sem escolha de ninguém, por meio do qual o ser-aí se enreda na impropriedade, só pode ser revertido se o ser-aí, por si mesmo, recuperar-se da perda no impessoal, retornando a si mesmo. No entanto, esse retorno deve ter *o* modo de ser *cuja omissão* fez o ser-aí se perder na impropriedade. O retornar-a-si a partir do

> impessoal, ou seja, a modificação existentiva do impessoal-mesmo para o ser-si-mesmo *próprio*, deve ser levada a cabo como *recuperação de uma escolha* [*Nachholen einer Wahl*]. Mas recuperar a escolha significa *escolher essa escolha*, decidir-se por um poder-ser a partir do próprio si mesmo. No escolher a escolha, o ser-aí *possibilita* a si mesmo pela primeira vez o seu poder-ser próprio (*SuZ*: 268).

A culpa tem relação com a responsabilidade originária do ser-aí consigo mesmo. Para que seja responsável por si mesmo, o ser-aí precisa ser capaz de escolher a si mesmo, donde a pergunta: o que abre tal possibilidade? Abre tal possibilidade o que acima se indicou como sendo o fenômeno da "voz da consciência" – abre a possibilidade de o ser-aí ser responsável por si mesmo, no modo do caráter-de-decisão. De onde, porém, a voz da consciência recebe a orientação para orientar o ser-aí, senão do próprio mundo no qual ele já se encontra lançado? Em outras palavras: a voz da consciência se expressa cotidianamente de maneira impessoal: ela fala tal qual o falatório cotidiano. Para que venha a ser a condição propícia para o ser-aí se compreender desde o "não" que lhe é constituinte, e para que venha a ser responsável por seu si mesmo, a voz da consciência deve lhe falar a partir da quebra do falatório – ou seja, a partir de uma indeterminação ôntica, tal qual aquela experienciada na disposição afetiva fundamental da angústia: "*A consciência fala única e exclusivamente sob o modo do silêncio*" (*SuZ*: 273). Com isso, não importa tanto o que a voz da consciência diz. Importa que ela, ao falar sob o modo do silêncio, atinge o ser-aí em sua cotidianidade mediana – que, suspensa pela experiência da angústia, deixa-o somente consigo mesmo: "A consciência desperta o si mesmo do ser-aí de sua perda no impessoal" (*SuZ*: 274).

Contudo, a voz da consciência não convoca o ser-aí de sua impessoalidade em direção "a um si mesmo que seja interior, no qual ele deva se fechar ao 'mundo exterior'" (*SuZ*: 273). Convoca-o, na verdade, em direção ao lugar em que ele pode levar a cabo o poder-ser que é o seu: a facticidade. Nesse sentido, a voz da consciência, antes de cindir qualquer relação do ser-aí com a sua facticidade, ressalta-a e, ao mesmo tempo, abre a possibilidade de o ser-aí escolher livremente aquilo que a cada vez é: "Ser um ser-aí não significa outra coisa senão ser tudo aquilo que se pode ser a partir do aí que é incontrolavelmente o seu" (Casanova, 2020: 74).

A voz da consciência reabilita a possibilidade da decisão, a escolha de uma escolha – que, por sua vez, está fundamentalmente vinculada ao mundo que se abriu ao ser-aí. Escolher o próprio mundo é se lançar no aí da própria existência. No limite, é redescobrir o mundo faticamente ordenado, no qual o ser-aí já está de algum modo lançado. Isso não quer dizer que há uma mudança no mundo enquanto tal, tampouco nas coisas que lhe pertencem. Trata-se, na verdade, de uma mudança na perspectiva desde a qual o ser-aí vê o mundo que é e que foi sempre e a cada vez o seu.

> O caráter-de-decisão, como *ser si mesmo próprio*, não separa o vínculo do ser-aí com seu mundo, nem o isola em um eu flutuante no ar. [...] A partir do em-virtude-de do poder-ser escolhido por ele mesmo, o ser-aí decidido torna-se livre [*gibt es frei*] para seu mundo (*SuZ*: 298).

Tornando-se livre para seu mundo, o ser-aí concretiza o poder-ser-si--mesmo próprio. Decidir-se por seu mundo é decidir-se pelo si mesmo próprio, é assumir a finitude, é compreender a convocação da consciência. Ou seja, é querer-ter-consciência (*Gewissen-haben-wollen*) como "a disponibilidade à convocação ao mais próprio ser-culpado" (*SuZ*: 307). Nesse sentido, o caráter-de-decisão faz irromper o poder-ser-culpado enquanto tal como algo próprio ao ser-aí e, ao mesmo tempo, coloca-o diante de sua condição mais própria: o ser-para-a-morte, como aquela possibilidade indelegável e insuperável. Tal caráter-de-decisão não é uma construção arbitrária e flutuante no ar, tornando-se, na verdade, "uma interpretação que deixa livre o ser-aí *para* sua mais extrema possibilidade de existência" (*SuZ*: 303). Logo, é o que propicia a transição da impropriedade do impessoal à propriedade do si mesmo, conduzindo à "*verdade* originária da existência" (*SuZ*: 307), à qual pertence um originário estar-certo (*Gewißsein*), uma certeza (*Gewißheit*).

> *Então, o que significa a certeza pertencente a tal caráter-de-decisão?* Ela deve se manter no que foi aberto pela decisão. Mas isso quer dizer que

> ela não deve justamente se *obstinar* na situação, mas que deve compreender que, por seu próprio sentido de abertura, a decisão deve *se manter* livre e *aberta* para a respectiva possibilidade fática (*SuZ*: 307).

O estar-certo da decisão não coincide com a cotidiana seguridade das coisas, como se a certeza fosse em relação ao caráter objetivo da situação. É justamente contra isso que o estar-certo trabalha: ele não visa a obstinação, o aferrar-se renitente na facticidade – o que, no limite, tornaria o ser-aí uma mera peça da engrenagem cotidiana na qual ele já se encontra. Antes, o estar-certo diz respeito ao manter aberta a possibilidade de tal situação, mas de modo que o ser-aí possa se decidir por ela: "O que se mostra é a possibilidade permanente de *repetir-se* a si mesmo (*Wiederholung ihrer selbst*), de manter a forma de encaixe na situação ou de refazê-la em maior ou menor medida" (Rodríguez, 2015: 310). Com isso, o ser-aí é sempre radicalmente situado, não podendo deixar de pertencer a uma situação. Essa repetição de si mesmo também é uma retomada (*Zurücknahme*) da própria facticidade na qual está situado, o que indica a articulação originária entre o âmbito existencial e o existentivo, logo, a unidade entre ser e ente.

No entanto, o estar-certo da decisão não elimina a impropriedade do impessoal, como se levasse o ser-aí a uma condição permanente de propriedade de si mesmo. Desviar-se do si mesmo próprio é tão constituinte do ser-aí quanto o poder-ser próprio. Por isso, o estar-certo do caráter-de-decisão não cria representações abstratas de realização do poder-ser, mas indica a "*modalidade existentiva possível de sua própria propriedade*" (*SuZ*: 305). Decidindo-se pelo mundo que é o seu desde a condição finita que é a sua, o ser-aí coloca em jogo todo o campo de sentido no qual projeta as suas possibilidades. Ou seja, ele projeta a si mesmo de maneira calada, pois é conduzido pela voz da consciência. Concomitantemente, o ser-aí está pronto para a angústia – isto é, pronto para "um retroceder diante de... que, sem dúvida, não é mais nenhuma fuga, mas uma quietude fascinada" (*WiM*, GA 9: 114/124), que já não recebe sua orientação do ente enquanto tal. Recebe-a da própria condição de niilidade, a partir da qual "surge a abertura originária do ente enquanto tal: o fato de que o ente é – e não nada" (*WiM*, GA 9: 114/124). Essa abertura originária modifica também o "caráter-de-descoberto [*Entdecktheit*] do 'mundo'" (*SuZ*: 292), de modo que o poder-ser-si-mesmo próprio cria um novo vínculo com o mundo fático: um vínculo que, conforme afirma Casanova (2020: 119), "supera completamente a distância entre o ser-aí e o seu aí".

O ser-aí é culpado porque não pode simplesmente transferir a responsabilidade de ser nessa ou naquela situação fática para outrem. Mas, justamente por isso, ou melhor, porque o ser-aí é seu aí, ele pode decidir-se por ela, retomando-a em propriedade, (re)lançando-se nela. Nesse sentido, a verdade originária da existência, à qual pertence o estar-certo, não provém de uma confrontação do ser-aí com o mundo enquanto tal, mas sim da confrontação com o si mesmo sendo no mundo – ou seja, provém da própria condição de impropriedade na qual se encontra:

> O si-mesmo-impessoal [*das Man-selbst*] é convocado ao si mesmo. Mas não ao si mesmo que pode ser para si "objeto" de apreciação, nem ao si mesmo que examina inquieto, curioso e incessante sua "vida interior" e tampouco ao si mesmo de uma contemplação "analítica" dos estados anímicos e suas profundezas. [...] O chamado [*Ruf*] passa por cima de tudo isso e os destrói invocando unicamente o si mesmo, que, entretanto, não é de outro modo senão o de ser-no-mundo (*SuZ*: 273).

Isso quer dizer que a verdade originária da existência provém do ser-aí sendo si mesmo em cada situação, o que "depende da redução do ser-aí ao horizonte de sentido de ser que o determina essencialmente, o tempo" (Casanova, 2020: 122). Trazendo à luz a verdade da existência sempre de maneira situada, o ser-aí supera a restrição imposta pela impropriedade da impessoalidade cotidiana, e, decidindo-se por si mesmo, ele tem certeza de si, logo, da própria situação, do próprio lugar onde se encontra. A verdade da existência, portanto, não deixa de ser verdade do mundo.

5.2.2 A cruz como vocativo propício ao poder-ser-si-mesmo próprio do cristão

Essa incursão no poder-ser-si-mesmo tal qual exposto em *Ser e tempo* não é nenhum desvio de rota. É algo necessário para que se possa compreender que a cruz é o vocativo propício ao poder-ser-si-mesmo do cristão – o que tornará explícita a diferença entre a fé e a filosofia como modos de ser. Como vocativo, a cruz é uma concretização ôntica da voz da consciência. Por isso, não interessa a *Ser e tempo* – o que não quer dizer que isso não esteja implicado em *Fenomenologia e teologia*.

A partir do que acima foi dito e retomando a hipótese de a cruz dizer respeito ao caráter-de-decisão no âmbito cristão, conclui-se que o cristão só pode se decidir a respeito de si mesmo tendo a cruz como referência, porque o caráter-de-decisão pertence a ele e não propriamente ao horizonte hermenêutico aberto por ela. Em outras palavras: a cruz não institui, mas, antes, indica ao cristão o caráter-de-decisão que lhe é próprio. E isso porque, no fundo, ela é o vocativo que o convoca diante de si mesmo, propiciando-lhe poder-ser um si mesmo próprio.

Já se nota aqui uma radical diferença em relação àquilo que foi postulado a partir de *Ser e tempo*, onde o vocativo da voz da consciência não se dá a conhecer, o que "pertence a seu caráter fenomênico" (*SuZ*: 274). No âmbito da fé, porém, o vocativo é explícito: não há fé por livre iniciativa humana, sem a graça de Deus; "a iniciativa é sempre de Deus, ainda que o cristão perceba em sua consciência ser um ato começado e realizado só por ele" (Libânio, 2004: 205). A fé é uma concretização ôntica da voz da consciência, que convoca o ser-aí a ser si mesmo e, dando-se a conhecer, pode se tornar tema de discussão e investigação.

Se é verdade que o ser-aí compreende a si mesmo desde a abertura de mundo que é o seu, e se, no âmbito cristão, é a cruz que abre, ou melhor, funda tal mundo, então todo e qualquer cristão, de algum modo, já se compreendeu a partir dela, mesmo por ela não tendo se decidido. Ao não se decidir por ela, mas compreender-se já a partir dela, o cristão está lançado na impropriedade do impessoal, o que conduz a um problema: enquanto modo de ser, a fé abre a possibilidade de o cristão ser um si mesmo próprio?

Em caso afirmativo, de alguma forma e em algum momento, no modo de ser da fé, deve se garantir as condições para que o cristão chegue à compreensão de sua condição de impropriedade, e recupere inclusive a possibilidade de escolha. Ou seja, deve se garantir as condições para que ele seja capaz de decidir-se a respeito de seu si mesmo próprio, desde a condição finita que é a sua, desde seu originário ser-culpado, e seja capaz de suportar tal escolha a partir de seu ser-no-mundo. Isso, porém, não pode ser feito abdicando da fé, suspendendo-a momentaneamente para depois recuperá-la. Para que haja a possibilidade de o cristão poder-ser um si mesmo próprio, o modo de ser da fé deve garantir que a afirmação "eu creio" seja livre. Se isso for cumprido, o decidir-se pela fé será um decidir-se pelo si mesmo próprio a cada vez livre e aberto para a sua respectiva possibilidade fática. Só dessa maneira a fé poderá ser aquilo que Heidegger, citando Lutero, afirma: "'Fé é entregar-se-como-cativo às coisas que não vemos'" (*PuT*, II: 53).

Em caso negativo, a fé deve ser classificada como um modo de ser impróprio a todo momento, de modo que nela só haveria a perda radical do ser-aí no impessoal, estando excluída a possibilidade de quem crê ter a si mesmo em propriedade – o que implicaria uma radical ausência de liberdade. Mas não é exatamente isso o que acontece no âmbito da fé? Para quem crê, já não está tudo disposto, do princípio ao fim, numa ordem estabelecida e imodificável por uma livre disposição sua? E já não está tudo disposto de modo que toda decisão a respeito de si mesmo tem como condicionante a fé – que, por isso mesmo, determina-o radicalmente – e não o livre em-virtude-de específico do ser-no-mundo? Não é ela a impossibilidade radical de qualquer escolha, visto que ela não acontece por uma livre iniciativa do ser-aí? De fato. Por isso, a fé enquanto modo de ser permanece como "o inimigo mortal frente à *forma de existência*, fática e extremamente mutável, que pertence essencialmente à *filosofia*" (*PuT*, II: 66).

Isso impede que se leve adiante a investigação a respeito da positividade e cientificidade próprias da teologia, uma vez que é específico a esse modo de ser um sempre estar determinado radicalmente, logo, uma radical ausência de liberdade? Na verdade, isso torna tal empreitada mais fundamental, pois as condições de possibilidade de efetivação da teologia enquanto ciência passam a depender não só daquelas próprias da ciência em geral, como também daquelas próprias de seu *positum* originário: a fé, que, enquanto tal, deve oferecer as garantias necessárias para se levar a cabo uma investigação a respeito de si. Só há teologia se esta for possível e justificada no próprio âmbito da fé, que, uma vez caracterizada como possível modo de ser, leva consigo as determinações do ser-aí anteriores à fé.[6] A investigação teológica, em certo sentido, não deixará de ter em vista os aspectos ontológicos próprios ao ser-aí que independem da fé. Isso já permite perceber por que a filosofia tem relação somente com a teologia como ciência ôntica e não propriamente com a fé, prestando-lhe um auxílio a respeito do fundamento ontológico daquilo que para ela se apresenta apenas de maneira ôntica.

Os aspectos ontológicos próprios do ser-aí não são abandonados pela fé como modo de ser, tampouco são substituídos. Na verdade, eles são concretizados de acordo com o horizonte hermenêutico aberto pela cruz. Por essa razão, uma vez que a cruz, porque funda um mundo, torna possível ao cristão compreender a si mesmo impropriamente, então também deve ser ela a possibilitar que ele se decida a respeito de seu poder-ser-si-mesmo próprio. Logo, a cruz é o vocativo propício que convoca o cristão diante de si mesmo com vistas a tornar-lhe possível escolhê-la de acordo com a sua própria liberdade. A cruz convoca o cristão a se decidir por ela, convoca-o a se entregar como cativo.

Como ela é esse vocativo, não se pode determinar com precisão o momento em que ela irá convocar o cristão propriamente dito diante de si mesmo. Torna-se assim propícia a percepção da impropriedade de uma interpretação cotidiana já referida à cruz, bem como a de o cristão poder assumir a condição fática que se abriu a ele, decidindo-se por ela. Ao cristão, resta estar preparado para, por meio da cruz, ser convocado diante de si mesmo. Com isso, fica decidido que a verdade da existência do cristão vem à tona também por meio da cruz e somente quando ele puder se decidir por ela. E isso significa: ao decidir-se pela cruz, o cristão está certo de sua fé, assumindo-a em propriedade, podendo resolutamente se entregar como cativo, rearticulando a situação fática na qual já se encontrava. Só dessa maneira a fé pode ser anunciada como renascimento. O poder-ser-si-mesmo próprio no âmbito cristão diz respeito à resolução a respeito da cruz, não como evento passado, mas sim como o *instante* propício à percepção do *aí* da existência.

---

6 Cf. Terceira seção, capítulo 7.2.

Nesses termos, o cristão tem certeza da fé quando se decide pela cruz, e só assim pode compreendê-la enquanto tal – como fundamento da fé –, bem como trazer à luz aquilo que ela torna possível e tudo o que nela está implicado. Logo, o estar-certo da fé estabelece a quebra necessária na impropriedade da interpretação cotidiana já guiada pela fé. Com isso, há a apropriação do si mesmo próprio específico ao âmbito cristão, o que torna propício fazer da fé o objeto de investigação teológica, bem como o objeto do cristão, convocado diante de si mesmo pela cruz, seu tema específico.

É o estar-certo da fé que mostra a cruz como o fundamento dela, viabilizando que se tome a fé objetivamente como tema de uma discussão e de uma investigação. Portanto, a investigação teológica propriamente dita surge da certeza da fé, o que não deixa de ser uma quebra no modo cotidiano de compreender-se a partir dela. Nesses termos, a teologia, como a autoconsciência do cristianismo, cujo fundamento é a cristicidade, tem como ponto de partida a hermenêutica da facticidade – pois a "racionalidade da fé" se situa no horizonte da interpretação da própria existência humana (cf. Libânio, 2004: 179-182), de modo que fica superada "a ideia de uma teologia pura, isenta de mediação hermenêutica e da articulação com outras ciências" (Gonçalves, 2014: 933).

As condições de aparecimento da teologia estão vinculadas à fé, que é o princípio de razão da teologia.

> No entanto, *supondo* que a teologia, a partir da fé, está encarregada à fé e pela fé mesma, mas a ciência é uma objetivação, realizada *livremente*, em vista de um desvelamento conceitual, então, a teologia se constitui na tematização da fé e daquilo que com ela é desvelado, o que significa, nesse caso, "revelado". É preciso certamente notar que a fé não é apenas o modo da doação prévia [*Vorgabe*] que desvela o *positum* que a teologia objetiva, mas que a fé mesma entra no tema. Não só isso! Enquanto a teologia está encarregada à fé, ela só pode ter uma razão suficiente para si mesma na própria fé. Se a fé se opusesse por natureza a uma interpretação conceitual, então a teologia seria uma apreensão inteiramente *inadequada* de seu objeto (a fé). Faltar-lhe-ia um momento essencial, sem o qual, desde o princípio, ela jamais poderia se tornar ciência (*PuT*, II: 54).

A menção a Cristo não é uma trivialidade no interior da conferência. Trata-se da indicação do fundamento último da fé cristã, que, como *positum* teológico originário, dá a ver o Deus crucificado – ou seja, dá a ver a cruz desvelada em sua integralidade. Contudo, a condição de possibilidade da fé não é outra senão a cruz; a fé acontece com o crucificado e, por isso, "a relação da fé com a cruz, determinada por Cristo, é uma relação cristã" (*PuT*, II: 52). Assim, a teologia alcança o adequado fundamento de seu objeto – a fé –, bem como a sua respectiva tematização – o ser convocado pela cruz diante de si mesmo do ser-aí. Nessa altura, vale para a teologia aquilo que Heidegger diz no §61 de *Ser e tempo*: "Um método autêntico se apoia em uma adequada visão-prévia da estrutura fundamental do 'objeto' [*Gegenstand*] ou do âmbito de objetos por abrir" (*SuZ*: 303). O método teológico deve se apoiar fundamentalmente na cruz, de tal modo que toda teologia cristã se desdobra essencial e primordialmente a partir de uma cristologia – que por sua vez deve ser, a princípio, um indubitável discurso da cruz.

O desdobramento primordial da ideia de teologia em uma teologia da cruz não é uma trivialidade. É a expressão da importância de Lutero para Heidegger, não só para a sua compreensão da tarefa da teologia, mas também para a elaboração da de-struição como uma decisiva etapa metodológica de sua ontologia fenomenológico-hermenêutica (cf. Van-Buren, 1994: 171-173; Crowe, 2006: 62-66).[7] Logo, tal influência não tem relação direta só com o ambiente de inspiração luterana da Faculdade de Teologia de Marburgo e com a amizade de Bultmann. Heidegger está às voltas com Lutero desde as preleções programadas e não realizadas *Os fundamentos filosóficos da mística medieval* (1918/1919) (cf. *PGM*, GA 60: 310). E menciona-o posteriormente tanto com Paulo e Agostinho, naquelas preleções sobre fenomenologia da religião (cf. *EPR*, GA 60: 67-68, 97; *AN*, GA 60: 281), quanto com Aristóteles e Husserl, nas preleções de 1923 (GA 63: 5/11).

Também não é sem importância o contexto e o porquê do aparecimento da teologia da cruz em Lutero, já conhecida por Heidegger em 1921 (*AN*, GA 60: 282): é nas teses de 1518 da *Disputatio* de Heidelberg que Lutero propõe

7 Cf. Primeira seção, capítulo 3.1, nota de rodapé n. 3.

uma destruição da *theologia gloriae*, dominante na Escolástica Medieval, em direção à *theologia crucis*.[8] A *Tese 19* de Lutero, citada por Heidegger, é precisa ao dizer que "não merece o nome de teólogo quem vislumbra o invisível de Deus por meio daquilo que tiver sido criado" *(AN*, GA 60: 282), ao que Heidegger acrescenta: "A doação prévia [*Vorgabe*] do objeto da teologia não é alcançada pelo caminho de uma consideração metafísica do mundo" *(AN*, GA 60: 282). Em outras palavras: a teologia não nasce da especulação metafísica a respeito do ser de Deus; ela nasce aos pés da cruz e deve se moldar de acordo com o que aí está oculto e revelado – ou seja, a cruz, como fundamento da teologia, tem a liberdade para determinar a sua estrutura interpretativa.

A *theologia crucis* tem em vista um retorno à experiência cristã originária, justamente a que "prescinde da metafísica e reflete as fraquezas da experiência fática da vida" (Lehmann, 2007: 155). Nesse sentido, o *logos* de tal teologia, de acordo com Van-Buren (1994: 168), "[...] surge e retorna à configuração intencional de uma fé em inquieta vigília (sentido de referência), que está relacionada a um Deus ausente escondido na cruz (sentido de conteúdo) e que realiza e sofre (sentido de realização) o tempo misterioso parúsio-cairológico dessa relação (sentido de temporalização)".

Quando Heidegger indica a cruz como fundamento da fé e, por consequência, de toda e qualquer teologia cristã, ele tem em vista não só o retorno à experiência cristã originária, mas também a de-struição da presença da metafísica grega no interior da teologia cristã, construindo com isso "o caminho para uma teologia cristã originária – livre da [teologia] grega" (GA 59: 91). Trata-se de uma tarefa filosófica na qual a ideia de de-struição aparece desde logo não para "enterrar o passado em nada" (*SuZ*: 23), mas sim como o caminho por

8 A *theologia gloriae* se caracteriza, basicamente, por dar a ver Deus por meio de suas obras, das coisas visíveis, calculáveis, descrevendo a experiência religiosa por meio do gozo contemplativo de Deus (*fruitio Dei*). Este, no período Escolástico, é caracterizado como *summum ens*, o que mostra a forte influência da metafísica grega de inspiração aristotélica na concepção de Deus específica a esse período. Isso, no limite, conduz a teologia em direção a "uma estrutura interpretativa alheia, não elaborada pela cruz ela mesma e que não é possível modificar. Algo diferente [a metafísica] é chamado a ser o fundamento e o critério da teologia e, assim, molda a maneira na qual a cruz é interpretada" (McGrath, 2011: 206).

meio do qual o presente vai ao encontro de sua tarefa fundamental, fazendo com que "da história surja a pergunta constante de até onde (o presente) mesmo está preocupado com a apropriação das radicais possibilidades fundamentais e suas interpretações" (*NB*: 368). Portanto, "o teólogo da cruz diz como as coisas são" (*AN*, GA 60: 282), diferentemente do teólogo da glória, que escamoteia a experiência cristã originária ao descrevê-la não em si mesma, mas por meio de categorias que lhe são alheias.

Como a cruz convoca o cristão em direção ao poder-ser-si-mesmo específico ao âmbito da fé, ela não chama a responsabilidade unicamente para si, mas faz dele um partícipe: o cristão toma-parte da cruz. Com isso, entende-se por que a fé, mesmo sendo dada como dom, é algo da responsabilidade de quem a recebe, o que também possibilita entender por que há nela um paradoxo a respeito da liberdade, conforme indicado por Libânio, que também afirma: "A criatura está em si, encontra-se a si mesma e está também remetida ao Mistério Absoluto. Ser livre é estar em autonomia verdadeira diante do Absoluto de Deus de quem recebe o ser livre e a quem está referido fundamentalmente" (Libânio, 2004: 195).

Porque convoca, a cruz não faz outra coisa senão lançar o cristão na situação por ela mesma aberta, o que está de acordo com o exposto em *Ser e tempo*: o ser-aí não se realiza a si mesmo desde uma liberdade abstrata, mas sim desde a sua condição fática, isto é, desde o seu ser-no-mundo. A liberdade está unida originariamente à facticidade, de modo que no limite o que a cruz propicia ao cristão, num primeiro momento, é a compreensão da própria existência desde uma determinada situação fática, e, ao convocá-lo diante de si mesmo, propicia que a afirmação "eu creio", como expressão do estar-certo da fé, seja livre dentro dos moldes dessa mesma situação. Nas palavras do §62 de *Ser e tempo*: "A compreensão do chamado da consciência desvela a perdição no impessoal. O caráter-de-decisão traz o ser-aí de volta a seu poder-ser-si-mesmo mais próprio" (*SuZ*: 307). Só a partir do caráter-de-decisão o cristão pode estar certo da fé e se manter na situação por ela aberta, assumindo-a de maneira livre, responsabilizando-se pela própria condição de ser-no-mundo, dizendo-a de fato como ela é enquanto tal, e não a escamoteando a partir de categorias alheias. Nesse cenário, o originário ser-culpado assume a expressão existentiva da condição de pecado na qual se encontra o cristão.

Enquanto possibilidade livremente assumida de investigação da fé no interior da própria fé, a teologia dá a quem a faz as condições necessárias para entender a própria situação hermenêutica. Ao ser levada a cabo, a teologia deve perceber que a fé em si mesma é um modo de ser que acontece própria e impropriamente, e que, no fundo, pode ser pensada, ou melhor, dá-se a pensar dentro de certos limites horizontais. O caráter-de-decisão não cria outra situação, mas remete àquela em que já sempre se é. E isso também é válido para a fé, recebida como dom, mas vinculada à Tradição na qual o próprio cristianismo acontece – o que responde à pergunta: desde onde a cruz convoca? Desde o interior da história na qual se encontra, e no interior da qual abriu um horizonte hermenêutico de compreensão, ou seja, no interior da qual fez-se história. Assim, a fé é renascimento "no interior *da* história, que começa com o acontecimento da revelação; no interior *da* história, à qual, segundo o sentido da revelação, já foi posto um determinado fim extremo" (*PuT*, II: 53).

Ao decidir-se pela cruz, o cristão, por meio da fé professada, mantém-se vinculado à Tradição inaugurada com e pela cruz. Isso porque "o caráter-de-decisão, no qual o ser-aí retorna a si mesmo, abre as possibilidades a cada vez fáticas do existir próprio *a partir do legado* que esse existir *assume* enquanto lançado" (*SuZ*: 383). Nesse sentido, dá-se continuidade à Tradição mesmo dela não se apercebendo, pois "o retorno decidido à condição de lançado traz consigo uma *entrega* de possibilidades recebidas *por tradição*, embora não necessariamente *como* recebidas" (*SuZ*: 383). Ao decidir-se pela cruz, o cristão a compreende desde a sua situação hermenêutica, assumindo o seu ter-sido a partir do porvir próprio de sua existência finita.

Como vocativo, a cruz convoca desde o mundo por ela fundado, jamais deixando de se orientar também pela Tradição da qual faz parte. Só dessa forma ela pode ser descrita em sua historicidade, podendo ser transmitida e repetida por meio de um legado de possibilidades:

> Não é necessário que o caráter-de-decisão saiba *expressamente* a respeito da origem das possibilidades nas quais se projeta. Mas é

> na temporalidade do ser-aí e somente nela que reside a possibilidade de buscar *expressamente*, a partir da compreensão tradicional do ser-aí, o poder-ser existentivo no qual o ser-aí se projeta. O caráter-de-decisão que retorna a si e a si se entrega torna-se, então, a *repetição* de uma possibilidade de existência legada. A *repetição é a tradição expressa*, isto é, o retorno às possibilidades do ser-aí que existiu-aí [*dagewesen Dasein*] (*SuZ*: 385).

Por isso, não se trata de fundar sempre e a cada vez uma nova teologia. Trata-se de ela, enquanto ciência, sempre revisitar o seu fundamento, justamente para não incorrer no erro de dizê-lo a partir de categorias que lhe são extrínsecas. A teologia também herda por Tradição o que teologicamente já se elaborou a respeito e a partir da cruz – o que não quer dizer que ela deve assumir isso pura e simplesmente. E a teologia deve destruir para poder construir. Em outras palavras: faz parte da tarefa teológica um exercício *arqueológico*, não só no sentido de uma investigação que vai em direção à *origem* (ἀρχή), como também no sentido de que surge radicalmente dela.

Na condição de ciência, a teologia não está isenta daquilo que acima se chamou *crise*, responsável, sobretudo, por mostrar que a objetivação e a tematização devem ser sempre alcançadas de maneira intrínseca – pois da historicidade da ciência como um todo faz parte a modificação da atitude fundamental em relação ao objeto e ao tema investigados. Outrossim, a teologia não pode se furtar da tarefa de lidar com a fé a partir da temporalidade específica fundada com a cruz – a saber, uma temporalidade na qual o eterno se integra ao finito.

> *Em primeiro lugar*, a teologia trata do ser-aí humano como ser perante Deus, e do seu ser temporal na sua relação com a eternidade. [...] *Em segundo lugar*, a fé cristã deve, nela mesma, referir-se a algo acontecido no tempo – num tempo, de que ouvimos dizer ser o "da plenitude dos tempos" (cf. Gálatas 4; Marcos 1, 15 e Efésios 1, 9 seg.) (GA 64: 107/21).

A cruz, enquanto evento salvífico, remete à "plenitude dos tempos". Especificamente, remete à manifestação de Deus por meio da Encarnação e Crucificação de Cristo, que deverá vir ainda uma segunda vez – o evento da παρουσία: "O sentido da temporalidade se determina a partir de sua relação fundamental com Deus, de tal modo, porém, que apenas quem vive a temporalidade de maneira realizadora compreende a eternidade" (*EPR*, GA 60: 117). O sentido de temporalização próprio do mundo cristão só é compreendido com vistas à παρουσία – que sem dúvida indica um acontecimento vindouro, mas um acontecimento que não está objetivamente disponível antecipadamente para ser esperado, representado e calculado. Na verdade, trata-se de algo só expectável de acordo com o καιρός que o rege, e não propriamente de acordo com a mensurabilidade proporcionada pelo κρόνος.

Por não ser mensurável, a παρουσία acontecerá num instante – literalmente, num piscar de olhos (*Augenblick*) – tal como descrito por Paulo na Primeira Carta aos Tessalonicenses: "No tocante ao tempo e ao prazo, meus irmãos, é escusado escrever-vos, porque vós sabeis, perfeitamente, que o Dia do Senhor virá como ladrão noturno" (1Ts 5, 1-2). Todavia, viver a temporalidade de maneira realizadora com vistas à παρουσία não é recusar o tempo cronológico. Trata-se de assumir a condição fática desde outra perspectiva, a do ὡς μή: "Esse ὡς significa positivamente um novo sentido que vem ao encontro. O μή se refere ao nexo de realização da vida cristã" (*EPR*, GA 60: 120). Em outras palavras: a vida cristã em propriedade não se deixa guiar pelos conteúdos mais imediatos do mundo circundante, porém, ela não propõe algo como uma fuga desse mundo no qual se encontra lançada. De acordo com Vattimo (2004: 165), "mesmo permanecendo totalmente imerso nos conteúdos próprios de sua condição histórica, o cristão permanece na fé, espera pelo retorno do Senhor". Ou seja, o cristão vive o "já" de sua existência na condição de "ainda não": por meio da morte e ressurreição de Cristo, ele *já* está salvo, mas isso *ainda não* se realizou em plenitude, pois ao evento da cruz deve se suceder a παρουσία.

A temporalidade do mundo cristão está voltada fundamentalmente ao porvir (*Zukunft*), mas não renuncia *à* condição na qual se encontra, ou seja, não abdica do presente (*Gegenwart*). Este, na verdade, deve ser assumido desde o evento fundante da fé. Ela, por sua vez, conforme testemunha Paulo na Carta aos Gálatas, não é recebida ou aprendida de algum homem, mas sim da própria revelação de Cristo (Gl 1, 12). Orientar a vida com vistas a esse porvir, certo por um lado e incerto por outro, significa orientá-la desde uma constante insegurança, de modo que o cristão, imerso no mundo no qual está lançado, deve estar atento para a incalculável segunda vinda de Cristo. Justamente aquilo que Paulo diz à comunidade de Tessalônica:

> Quando as pessoas disserem: paz e segurança!, então, lhes sobrevirá repentina destruição, como as dores sobre a mulher grávida; e não poderão escapar. Vós, porém, meus irmãos, não andais em trevas, de modo que esse Dia vos surpreenda como ladrão; pois todos vós sois filhos da luz, filhos do dia. Não somos da noite, nem das trevas. Portanto, não durmamos, a exemplo dos outros; mas vigiemos e sejamos sóbrios (1Ts 5, 3-6).

Se a propriedade da existência cristã está no orientar-se inseguro pelo porvir, sem renunciar à situação histórica, então a impropriedade se mostra como a tentativa de mensurar esse porvir, transformando-o em algo certo, datável, calculável e, no limite, controlável tal como acontece sobretudo em "especulações, visões e profecias escatológicas e apocalípticas sobre a vinda dos últimos dias" (Van-Buren, 1994: 164). A busca por uma certeza baseada na cronologia nada mais é do que uma fuga da insegurança na e a partir da qual a existência cristã compreende a si mesma – pois "a vida cristã não é retilínea, mas quebrada: todas as referências ao mundo circundante devem passar pelo nexo de realização do ter-se-tornado, de tal modo que este coexista, porém, as referências mesmas e aquilo a que se destinam permanecem de modo algum intactas" (*EPR*, GA 60: 120). Isso quer dizer que, para Heidegger, "ser cristão não é meramente ter uma opinião sobre a vida; é um modo de se comportar, é um tipo de vida fática" (Vedder, 2006: 53). Portanto, ser cristão diz respeito ao *como* (*Wie*) se conduz a vida, o que faz, por exemplo, com que o discurso paulino não seja uma especulação teórica a respeito da fé, da qual ele próprio não faria parte, em vez disso assumindo o caráter de testemunho: "O destino de Paulo está unido ao da comunidade. A partir dessa 'situação' de solidariedade, ele fala para a comunidade. Seu próprio lugar é parte de sua fala" (Vedder, 2006: 53). Esse modo de ser existe de acordo com uma temporalização específica, a partir da qual o mundo cristão vem-a-ser o que é; trata-se, pois, de "uma conduta que dispõe historicamente um sentido – 'temporaliza-se' – a partir não de si mesma como ser-aí, mas daquilo em que acredita" (Pietropaoli, 2016: 153).

A vivência dessa temporalidade, tal como indicada na leitura fenomenológica das cartas paulinas em *Introdução à fenomenologia da religião*, já permite perceber a fé cristã sendo entendida como fenômeno. Em nenhum momento ela é determinada por conteúdos positivos, mas sim como modo de ser. Em *Fenomenologia e teologia*, tal determinação aparece de maneira explícita na afirmação de que "a fé, como apropriação da revelação, constitui o acontecimento cristão, isto é, o modo de existência que determina o ser-aí fático em sua cristicidade como uma destinação específica" (*PuT*, II: 53). Outrossim, em *Fenomenologia e teologia*, tal determinação também aparece na tese de a fé, como renascimento, ser um modo fático de existir "no interior *da* história, que começa com o acontecimento da revelação; no interior *da* história, à qual, segundo o sentido da revelação, já foi posto um determinado fim extremo" (*PuT*, II: 53).

Não se nega a tese de a cruz fundar uma temporalidade, tampouco a de o cristão viver no interior *da* história que com ela se abriu. A "nova temporalidade" fundada pela cruz direciona o cristão a um porvir escatológico – por um lado incalculável cronologicamente, por outro anunciado pela cruz e cairologicamente certo. Contudo, o sentido de temporalidade do ser-aí em geral, independentemente da fé, também é radicalmente orientado ao porvir, igualmente incalculável cronologicamente e cairologicamente certo: o ser-para-o-fim (*Sein zum Ende*), do qual o ser-para-a-morte é uma expressão. Por isso, não é que na existência cristã há duas temporalidades, uma própria da fé e outra própria da condição de existente do cristão. O que há é uma única temporalidade, compreendida positivamente desde a fé e ontologicamente desde a analítica existencial. O eco disso está no início do terceiro tópico da segunda parte da conferência, onde Heidegger afirma que não é a fé que precisa da filosofia, mas sim a teologia enquanto ciência positiva da fé (*PuT*, II: 61).

Para Heidegger, a teologia não pode ser deduzida pura e simplesmente da razão. Pode ser deduzida da própria fé, que fundamenta, a seu modo, a cristicidade como *positum* teológico:

> A fé motiva não só a intervenção de uma ciência que interpreta a cristicidade; a fé, enquanto renascimento, é igualmente *a* história para cujo acontecer a teologia mesma deve contribuir com sua parte; e é só como esse componente da fé, como o acontecimento histórico caracterizado, que a teologia tem seu sentido e seu direito (*PuT*, II: 54).

Isso faz perceber que há uma diferença em relação ao aparecimento da ciência em geral, pois, como propõe Cabral (2017: 91), "a fé não é um conhecimento específico sobre uma região ôntica que é apreendida pela razão de um modo apodítico"; ela não se apresenta à investigação em decorrência de uma quebra na lida cotidiana com algo, mas sim em decorrência da assunção do poder-ser-si-mesmo próprio específico ao âmbito da fé. A quebra aí estabelecida não é em relação ao uso cotidiano de algo, mas sim à situação de compreensão na qual o cristão se encontra – que, no entanto, depende tanto do chamado da cruz quanto do estar preparado. A teologia não é expressão de "querer-saber" algo a respeito da fé. Ou seja, a teologia não é nenhuma especulação, pois, como afirmado acima, ela "está encarregada à fé e pela fé" (*PuT*, II: 54). "Em sua base, há um incontornável círculo hermenêutico, no qual é necessário saber entrar" (Greisch, 2003: 443). Logo, tanto a fé como objeto quanto o ser-aí humano perante Deus como tema próprio da teologia não surgem de uma "tomada de distância 'crítica'" (Greisch, 2003: 443) em relação a ela. Surgem de a fé também se dar a pensar reflexivamente, não se opondo a "uma 'ciência que explicite a cristicidade' e que, justamente por isso, seja inseparável de sua própria história" (Greisch, 2003: 443).

CAPÍTULO 6

A DESCRIÇÃO DA CIENTIFICIDADE TEOLÓGICA

Nessa *Segunda seção*, caracterizou-se em primeiro lugar a ciência em geral, apresentando a sua condição de possibilidade, e descrevendo-a ontológico-existencialmente, com vistas a demonstrar que era a esse conceito de ciência que Heidegger, em *Fenomenologia e teologia*, referia-se ao afirmar que a teologia é uma ciência. O passo seguinte foi caracterizar a teologia em sua positividade originária – o que acabou de ser feito – e em sua cientificidade específica – o que será realizado agora. Portanto, pensar nesse capítulo como desvinculado dos anteriores é um erro. Ele aparece justamente por último porque a caracterização de uma ciência, como foi visto, deve estar afinada com o objeto e com o tema a serem investigados.

A descrição da cientificidade teológica no interior da conferência está contida no tópico *b) A cientificidade da teologia*, cuja estrutura pode ser dividida em três partes. Em um primeiro momento, Heidegger apresenta os múltiplos significados da afirmação "*teologia é a ciência da fé*" (*PuT*, II: 55); na verdade, são apresentados quatro significados, que, como se verá, dizem respeito ao caráter subjetivo-objetivo do genitivo "ciência *da* fé". A partir desses múltiplos significados, Heidegger, em um segundo momento, apresenta aquela que é a principal característica da cientificidade teológica: o caráter historiológico, ao qual se vinculam o sistemático e o prático, não por derivação, mas sim co-originariamente; desse modo, a teologia será descrita em sua cientificidade como sendo historiológico-sistemático-prática. A partir disso, em um terceiro momento, Heidegger poderá dizer o que a teologia não é – a saber, "conhecimento especulativo de Deus" (*PuT*, II: 59). Com isso, ele retornará à discussão acerca do *positum* teológico com vistas a afirmar que a teologia não tem Deus nem como objeto nem como tema, mas tem a fé como objeto e o ser-aí diante de Deus convocado pela cruz como tema.

Essa estrutura, embora se diferencie na disposição dos fatores, mantém-se fiel ao modo heideggeriano de construção do raciocínio. Nesse modo, a princípio e na maioria das vezes, afirma-se aquilo que algo *não é* para só então descrevê-lo enquanto tal – conforme se viu com o conceito ontológico-existencial de ciência em geral, e outrossim com a caracterização não do cristianismo, mas da cristicidade como *positum* originário da teologia. Nesse tópico da conferência em específico, primeiro se apresentam os múltiplos significados da teologia como ciência da fé para, adiante, caracterizar a sua cientificidade de acordo com a sua positividade originária, com vistas a, por fim, mostrar aquilo que a teologia propriamente dita não é. Seguir essa estrutura é fundamental, analisando-a em sua tripla divisão interna, pois aqui se tem em vista justificar por que a caracterização da teologia como historiológico-sistemático-prática está de acordo com o seu *positum* originário, bem como justificar por que a isso se segue a declaração de que ela não é ciência de Deus. Isso tornará possível entender que a conferência está de acordo com um dos propósitos iniciais da tarefa filosófica heideggeriana: conduzir a teologia cristã à sua originariedade, livrando-a de toda especulação metafísica que lhe é alheia. Nesses termos, ver-se-á que Heidegger, mesmo distanciando-se cada vez mais da teologia confessional e institucional, mantém-se vinculado a ela por tradição.

6.1 Qual é a tarefa da teologia como ciência da fé?

Em primeiro lugar, teologia é ciência da fé porque "ela é ciência daquilo que se desvela na fé, isto é, daquilo em que se crê" (*PuT*, II: 55). Isso, de certa forma, retoma o que se disse no capítulo anterior: a ideia mesma de crença – do acreditar propriamente dito – não diz respeito a um conjunto de proposições às quais se assente de um modo ou de outro. Ou seja, "ninguém pode aderir à fé teoricamente, mas somente pela possibilidade existencial do renascimento" (Gonçalves, 2011: 37).

> Assim, aquilo em que se crê não é algo ao qual simplesmente assentimos como um conjunto de proposições sobre estados de fato e ocorrências, que, teoricamente, não são evidentes, mas podem ser apropriadas precisamente mediante esse modo de assentimento (*PuT*, II: 55).

Nesses termos, e de acordo com o diálogo no Evangelho de João entre Jesus e Nicodemos, pode-se deduzir que a tarefa da teologia está radicada nessa nova possibilidade da existência, o renascimento, um novo modo de ser que só pode ser compreendido, aceitado e praticado na fé. Isso não quer dizer que a teologia se ocupa, em primeiro lugar, com a concepção de renascimento em si, mas sim que se ocupa justamente com aquilo que ele dá a ver: "A teologia realiza um trabalho a respeito do conteúdo que a fé dá a ver, a respeito *daquilo que* é crido, o 'Deus crucificado'" (Capelle-Dumont, 2012: 37). Logo, ela está vinculada à *fides quae creditur*, que não se reduz à razão – "não é ato *rationalis*" (Libânio, 2004: 215) –, mas que é congruente com a razão – "é ato *rationabilis*" (Libânio, 2004: 215).

Como ciência da fé, a teologia também pode ser descrita como "a ciência do próprio comportamento crente [*glaubend Verhalten*], [ciência] do ser-crente [*Gläubigkeit*]" (*PuT*, II: 55). Ou seja, ela não diz respeito só ao conteúdo da fé, como também ao próprio *ato de fé*, à *fides qua creditur*: "A fé enquanto comportamento crente é ela mesma crida, pertence ela mesma àquilo em que se crê" (*PuT*, II: 55). A teologia não é uma simples racionalização da fé. Na verdade, ela mesma pertence à dinâmica da fé. Por um lado, isso quer dizer que ela não está vinculada só ao conteúdo ou só ao ato de fé, mas sim a ambos concomitantemente – de modo que, conforme apontado antes, a fé se lhe apresenta como objeto e o ser-aí diante de Deus convocado pela cruz como tema específico. Por outro lado, isso quer dizer que a teologia não é extrínseca à fé – ou seja, não é algo que surge única e exclusivamente a partir da razão, mas é ela mesma impulsionada pela fé, que não exclui a razão. Ao professar a fé, "age-se conforme a racionalidade, ainda que a razão sozinha não dê conta de explicar tal ato cabalmente" (Libânio, 2004: 215).

Por não ser um sistema que se impõe extrinsecamente à fé, a teologia recebe um terceiro significado: ela é "ciência da fé não apenas enquanto faz da fé e daquilo em que se crê seu objeto, mas porque ela mesma nasce da fé. Ela é a ciência que a fé motiva e justifica a partir de si mesma" (*PuT*, II: 55). Partindo disso, dois aspectos podem ser notabilizados. Em primeiro lugar, o fato de o genitivo "ciência *da* fé" ser subjetivo-objetivo: a fé, seja como *fides quae*, seja como *fides qua*, não é apenas o objeto a ser analisado, mas também o sujeito mesmo da teologia – isto é, aquilo que lhe dá fundamentação, justificando-a enquanto tal. Em segundo lugar, a autonomia da teologia diante das demais ciências – ou seja, ela não necessita recorrer a outras disciplinas científicas para edificar e justificar a sua própria estrutura. Se é verdade que ela encontra impulso e justificativa na fé que a fundamenta, então a sua cientificidade não tem como fundamento o "sistema geral das disciplinas científicas, mas o terreno mesmo do ato de objetivação da fé" (Capelle-Dumont, 2012: 37). Isso confirma que a gênese da teologia provém da certeza da fé, e não do fato de a cruz se lhe apresentar enquanto algo presente à vista, como se ela tivesse passado da condição de uma prática cotidiana da fé à de um símbolo. De tal modo, o critério de avaliação do que se diz cientificamente a respeito da fé não provém de outra fonte senão da ciência impulsionada pela fé. Buscar validar as verdades da fé a partir dessa ou daquela ciência, portanto, é um equívoco. Não admitir a "exatidão" proposta pela física matemática não quer dizer que o método teológico seja mais ou menos rigoroso. Quer dizer que a relação entre a projeção do ser do ente própria da teologia e a confirmação disso na proposição não tem o caráter da "exatidão".

"Por fim, a teologia é ciência da fé não só enquanto tem a fé como objeto e é motivada por ela, mas porque a objetivação da própria fé, de acordo com o que aqui é objetivado, tem como única finalidade contribuir para formar o próprio ser-crente em sua parte" (*PuT*, II: 55). O propósito da teologia não é outro senão contribuir com a formação integral do próprio ser-crente. Ou seja, "a teologia está a serviço não somente do cristianismo enquanto fenômeno histórico-cultural-político, mas também e antes de tudo, a serviço da cristicidade [sic]" (Fernandes, 2015: 104). Por isso, se a finalidade da objetivação da fé é contribuir na formação do ser-crente, então a teologia co-forma o ser-crente, evidenciando que tal ciência não é uma mera interpretação racional de um fenômeno, senão uma autointerpretação da existência cristã e não só do cristianismo enquanto evento histórico. Interpretando a fé, a teologia de um modo ou de outro já interpreta também o próprio cristão em seu ser si mesmo. E assim o faz desde a situação que é a dele, a saber, a de ser lançado no mundo. Desse modo, "essa transparência da existência crente, enquanto compreensão da existência, sempre só pode se referir ao próprio existir" (*PuT*, II: 56). A teologia não é a elaboração de teorias a serem verificadas e/ou aplicadas na prática, como se o âmbito individual e/ou comunitário da fé fosse um campo de experiência desse ou daquele conceito e/ou análise. A teologia não é conhecimento especulativo. Caso fosse, ela seria antes de tudo filosofia da religião, psicologia da religião, ou até mesmo ciência da religião (cf. *PuT*, II: 59), porém não teologia propriamente dita, no sentido aqui indicado.

Essa autointerpretação da fé, contudo, não garante a permanência do sentido da fé na existência. Isso pois, conforme já foi visto, a manifestação de um fenômeno, como aquilo que mostra-se-a-respeito-de-si-mesmo, não traz um sentido em si como algo anexado tal qual um selo. Na verdade, o sentido é algo descoberto somente a partir da relação fundamental que há entre ser-aí e mundo – logo, o sentido é algo histórico-mundano por excelência, estando relacionado a um nexo de fundamentação. Por isso, a teologia não pode se arrogar a prerrogativa de conduzir o não-crente à crença: "A teologia só pode dificultar a fé, ou seja, [só pode] mostrar mais de perto que o ser-crente não pode mesmo ser alcançada por ela – a teologia enquanto ciência –, mas só precisamente pela fé" (*PuT*, II: 56). A ideia de teologia apresentada na conferência, então, traz consigo um aspecto muito mais existencial do que sistemático em sentido estrito. Isso significa que a tarefa da teologia como ciência não é sistematizar a fé – ou melhor, criar para ela e a partir dela um sistema de valores, regras e normas que torne possível acessá-la extrinsecamente, tal qual o assentimento a um silogismo lógico. Não se chega à fé por meio da teologia. E isso porque não é tarefa da teologia conduzir à fé, mas sim se encarregar à fé e pela fé (cf. *PuT*, II: 54).

Uma vez que não se propõe a criar um sistema no sentido acima exposto, a teologia não normatiza a existência cristã, tampouco o ser-crente enquanto tal. A sua função é outra:

> Enquanto autointerpretação conceitual da existência crente, isto é, enquanto conhecimento historiológico [*historische Erkenntnis*], a teologia tem como única finalidade a transparência do acontecer cristão, revelado no ser-crente e delimitado pelo próprio ser-crente (*PuT*, II: 56).

Nesses termos, o aspecto existencial da teologia se torna evidente: como ciência da fé, ela se dirige em primeiro lugar à concretização fática da existência cristã para, posteriormente, trazer à luz os conteúdos de fé objetivamente, porém não "como um saber flutuante de quaisquer fatos" (*PuT*, II: 56). A interpretação conceitual da fé não só não garante a permanência do sentido da fé na existência, como também não fundamenta a fé, que, enquanto tal, está fundamentada na cruz. Antes disso, a tarefa da teologia deve ser a de trazer à luz "a seriedade presente no ser-crente" (*PuT*, II: 56). Isso significa que, em primeiro lugar, a teologia não deve se extraviar em direção a uma apologética que torne a fé aceitável, ou melhor, crível mediante uma gramática ou uma operação silogística. Trazer à luz essa seriedade é tornar manifesto que o ser-crente só pode ser assumido pela fé. Com isso, ao invés de atenuar o escandaloso evento da cruz, a teologia deve pô-lo à tona, "exigindo [ao cristão] levar plenamente a sério o fato de que a fé é o *dom* de um novo modo de existir" (Greisch, 2003: 445). Só assim a teologia poderá levar a cabo a sua tarefa hermenêutica de autointerpretar a existência cristã, estando referida ao existir enquanto tal.

Essa tarefa hermenêutica, porém, não é puramente metodológica ou epistemológica. Antes de tudo, ela é ontológica, pois a teologia lida essencialmente com a fé, que nada mais é do que um modo de ser do ser-aí. Por isso, a teologia é hermenêutica tanto quanto historiológica, não no sentido de ser um conhecimento do passado, tal qual a ciência da história, mas sim porque a fé, como o seu único fundamento, é histórica por excelência:

> Tomada formalmente, a fé, como postura existencial [*existirende Verhältnis*] em relação ao crucificado, é um modo [de ser] do ser-aí histórico, da existência humana, e, na verdade, do ser-histórico em uma história que só se desvela na fé e apenas para a fé. Por isso, como ciência da fé, a teologia, segundo seu núcleo mais íntimo, como um modo de ser em si mesmo *histórico*, é uma ciência *historiológica*; e, na verdade, de acordo com a peculiar historicidade inclusa na fé – "acontecimento da revelação" –, uma ciência historiológica de um tipo particular (*PuT*, II: 55).

O aspecto historiológico é o núcleo da cientificidade teológica, e está de acordo com o seu *positum* originário devidamente objetivado e tematizado. Isso não significa que há somente uma teologia historiológica em sentido estrito, "com exclusão da teologia 'sistemática' ou 'prática'" (*PuT*, II: 57). O que se afirma com isso é a determinação fundamental da teologia como ciência da fé, a partir da qual se pode compreender o seu desmembramento em disciplinas sistemáticas, práticas e historiológicas, em sentido estrito. Ou seja, "como ciência, a teologia é historiológica em geral, quaisquer que sejam as disciplinas em que ela possa se articular" (*PuT*, II: 57). Isso de maneira alguma cria uma hierarquia de valores, fazendo dessa ou daquela disciplina mais fundamental que outra, porém aponta para aquilo que é comum a todas elas: o caráter historiológico, que diz respeito ao modo de ser da fé.

6.2 A circularidade hermenêutica da teologia

Essa descrição do núcleo da cientificidade teológica tem uma consequência direta na construção do próprio conceito de teologia, mostrando que para Heidegger não interessa elaborar um cânon teológico, mas sim "definir a essência mesma da teologia como ciência" (Greisch, 2003: 445). Por isso, uma pergunta ainda persiste: como, a partir desse caráter historiológico, está definida tal ciência? Com essa pergunta não se pretende olhar para a tradição teológica para ver e entender como ela se articulou nessa ou naquela disciplina.

Pelo contrário, trata-se de, "por trás da articulação fática existente, voltar a perguntar e verificar *se* e *por que* essa articulação é exigida pela essência da referida ciência" (*PuT*, II: 57). O que está em jogo não é uma teologia desenvolvida a partir dessa ou daquela confissão religiosa, tampouco a oposição entre uma História dos Dogmas e as Sumas Teológicas, senão o porquê de a teologia poder se articular desse ou daquele modo a partir da cristicidade.

Acima se afirmou que a teologia é uma autointerpretação da existência cristã. Entretanto, agora se pode afirmar que, por ser ciência, tal interpretação se apresenta por meio de conceitos, cujos conteúdos estão vinculados de maneira fundamental ao acontecimento cristão por excelência: a cruz. Nesse sentido, a teologia avança em direção à fé para perguntar pelo *que* é experienciado nela – o conteúdo –, já sabendo de antemão que o *como* em que isso é experienciado – a referência – é a fé ela mesma. Resta também à teologia a tarefa de perguntar pelo modo da realização dessa referência, isto é, pelo *como* esse sentido referencial é experienciado. Isso corresponde à pergunta pela totalidade de sentido do fenômeno. E a partir disso, entende-se a tarefa de uma *teologia sistemática*: "[...] *entender conceitualmente* [*begreifen*] *esse acontecimento* [o acontecimento cristão] *em seu conteúdo objetivo e em seu modo de ser específico, e, na verdade, unicamente segundo o modo como ele se testemunha na fé e para a fé*" (*PuT*, II: 57).

A teologia sistemática se ocupa com o conteúdo e com o modo de ser da fé. Ela lida com tal fenômeno em sua integralidade, devendo partir da experiência fática dele, que só pode ocorrer historicamente. Logo, a teologia sistemática está vinculada ao caráter historiológico da ciência da fé.

> [...] a teologia não é sistemática pelo fato de dividir a totalidade do conteúdo da fé em uma série de *loci*, para depois reordená-los no quadro de um sistema e, desse modo, demonstrar a validade desse sistema. Ela não é sistemática por produzir um sistema, mas, ao contrário, por *evitar* o mesmo, no sentido de que procura unicamente trazer à luz, sem encobrimento, o σύστημα interno do acontecimento cristão enquanto tal, isto é, conduzir o crente, enquanto compreende conceitualmente, para o interior da história da revelação (*PuT*, II: 57).

Se a teologia procura justamente *evitar* o sistema, então os conceitos teológicos não podem antecipar o conteúdo e o modo da realização da fé enquanto fenômeno, embora sempre digam respeito à fé como o seu sentido de referência. Isso aproxima os conceitos teológicos da ideia de indicação formal, mas não os identifica com ela. Tal proximidade se dá porque a ideia mesma de conceito, se entendida desde a ótica da ontologia fenomenológico-hermenêutica, inviabiliza a objetivação e a tematização prévias de um fenômeno. Nesse sentido, os conceitos teológicos, por serem semelhantes à indicação formal, "[...] renunciam à compreensão última, que só pode ser dada na genuína vivência religiosa" (*EPR*, GA 60: 67). Compreendida em sua condição fenomênica pela teologia sistemática, a fé não deixa de ser experienciada em sua facticidade – logo, não deixa de ter um sentido histórico-mundano, proporcionando que a teologia, por ser histórico-hermenêutica, esteja situada "[...] totalmente no *conteúdo*, enquanto o *como* está implícito nisso" (*EPR*, GA 60: 12).

Esse *sistema* não é emprestado aleatoriamente de outro domínio científico, justificando por que a teologia não precisa buscar, por exemplo, na metafísica filosófica os fundamentos necessários para o modo de ser da fé, e tampouco pautar seu rigor científico na exatidão físico-matemática. Quanto mais ela se deixa guiar pela cristicidade, mais científica é e menos depende de suportes externos; "quanto mais inequivocamente a teologia se priva da aplicação de qualquer filosofia e de seu respectivo sistema, mais *filosófica* ela é em sua cientificidade endógena" (*PuT*, II: 58). Isso leva à conclusão de que o caráter historiológico não se opõe ao sistemático, mas, antes disso, serve de garantia à cientificidade da teologia, pois indica a originariedade do saber teológico, de sua tarefa específica e do rigor metodológico.

Na condição de ciência, a teologia faz avanços sistemáticos só a partir de sua condição historiológica – o que de certa forma faz colapsar a ideia mesma de um "sistema" como "aquele fim da história em uma 'logia' abstrata" (Capelle-Dumont, 2012: 39), donde a afirmação: "Quanto mais historiológica a teologia é, quanto mais imediatamente traz à palavra e ao conceito a historicidade da fé, tanto mais 'sistemática' ela é e tanto menos escrava de um sistema" (*PuT*, II: 58). A sistematicidade, por sua vez, conduz a historiologia da fé em sentido estrito enquanto História da Igreja, dos Dogmas, bem como a própria disciplina de Exegese. Nesse cenário, o que a teologia realiza sempre e a cada vez não é propriamente a busca por fontes que comprovem isso ou aquilo factualmente, tampouco é a mera reunião do conjunto de coisas que se fez e que se disse ao longo do tempo. O desdobramento historiológico da teologia em sentido estrito revê – revisita – justamente o seu fundamento, de tal modo que a História da Igreja, dos Dogmas e a Exegese recolhem a interpretação hodierna que se tem do fenômeno crístico, evidenciando aquilo que Heidegger afirmou a respeito da ciência em geral: o que a faz avançar é a crise, que no fundo é a revisão de seus conceitos fundamentais. Colocar os aspectos historiológico e sistemático como contrapostos, portanto, é um erro, pois "a caracterização historiológica está morta se não é sistemática e a sistemática vazia se não é historiológica" (GA 26: 10).[1]

1 Em certo sentido, essa afirmação parafraseia aquela da *Crítica da razão pura*: "Pensamentos sem conteúdo são vazios; intuições sem conceitos são cegas. Pelo que é necessário tornar sensíveis os conceitos (isto é, acrescentar-lhes o objeto na intuição) como tornar compreensíveis as intuições (isto é, submetê-las aos conceitos)" (Kant, 2018: B75/A51). Com isso, fica dito que o conhecimento teológico, em seu aspecto historiológico-sistemático, está fundamentado na ideia mesma de intuição, pois todo conhecimento só pode se referir a objetos por meio da intuição, conforme afirma o próprio Kant: "Sejam quais forem o modo e os meios pelos quais um conhecimento se possa referir a objetos, é pela *intuição* que se relaciona imediatamente com estes e ela é o fim para o qual tende, como meio, todo o pensamento" (Kant, 2018: B33/A19). De acordo com Heidegger, essa afirmação kantiana mostra, em primeiro lugar, que o conhecimento só é possível a partir da relação com os objetos; posteriormente, mostra que há no conhecimento formas diferentes de se relacionar com os objetos, nomeadamente duas, intuição e pensamento, que estão vinculadas (cf. Kant, 2018: B75/A51); e por fim, mostra que a relação originária com os objetos se cumpre como intuição, em direção à qual tende o pensamento (cf. GA 25: 82-83). Caso se queira determinar a essência do conhecimento, deve-se, por um lado, reconhecer a primazia da intuição ante o pensamento, e, por outro, reconhecer a vinculação que há entre este e aquela. Tanto para Heidegger quanto para Kant, a intuição de que dispõe o ser-aí humano é finita – ou seja, ela não cria de maneira propriamente dita o ente intuito, de tal modo que o "objeto cognoscível deve se mostrar por si mesmo. Consequentemente, o que o conhecimento finito pode revelar é, por sua essência, um ente que se mostra, isto é, algo que aparece, uma manifestação [*Erscheinung*]" (GA 3: 31). Nesse sentido, a intuição acede ao ente através de uma receptividade, por isso sendo

Revisar os conceitos fundamentais significa ir sempre e a cada vez em direção à cruz – a origem por excelência do saber teológico –, o que leva à afirmação: "Se o ser-crente é testemunhado na *Escritura*, então a teologia, segundo sua essência, é *teologia neotestamentária*" (*PuT*, II: 57). Contudo, isso não pode ser visto como uma restrição da função da teologia, como se ela relegasse o Antigo Testamento, o Magistério e a Tradição como fontes teológicas. Eles continuam sendo fontes teológicas, mas só desde o evento fundamental da cruz, dado a ver na, pela e para a fé, e testemunhada no *Novo Testamento*. Daí a importância da co-originariedade dos aspectos historiológico e sistemático – pois, a partir disso, "todos os conceitos teológicos se relacionam *fundamentalmente* a um único e mesmo evento fundador que decide sua *coerência*" (Greisch, 2003: 445).

---

chamada de intuição sensível, que não é assim designada por ser afetada pelos sentidos, mas sim justamente "porque nosso ser-aí é finito – existindo em meio ao ente que já é entregue a ele –, por isso tem que necessariamente aceitar o ente que já é, isto é, deve oferecer ao ente a possibilidade de se anunciar" (GA 3: 26). Como visto, para Heidegger a intuição é sempre hermenêutica, acedendo ao ente a partir da projeção de um específico modo de ser, e descobrindo o sentido de ser desde um delimitado e determinado horizonte de compreensão. Contudo, a intuição sem conceitos é cega. Por isso, mesmo a intuição hermenêutica não se priva dos conceitos, como se aniquilasse o pensamento, pois, caso assim procedesse, ela jamais acederia ao ente como fenômeno: "[...] para que a intuição finita possa ser conhecimento, então ela deve ser capaz de tornar acessível o próprio ente, enquanto [ente] manifestado, naquilo que e como é para todo mundo e a todo momento. Os seres [*Wesen*] finitos capazes de intuir devem poder participar da específica intuição do ente. Ora, a intuição finita, enquanto intuição, permanece ligada às particularidades especificamente intuídas. O intuído só é um ente conhecido se todo mundo puder fazê-lo compreensível para si mesmo e para os outros e, desse modo, puder comunicá-lo. [...] Para ser um conhecimento, a intuição finita necessita a todo momento de uma tal determinação do intuído como isso ou aquilo" (GA 3: 27). Nesse sentido, no âmbito de *Fenomenologia e teologia*, pode-se afirmar que a fé, como aquilo que é intuído, não se opõe à tentativa de conceituá-la, pois tal possibilidade é intrínseca à sua manifestação fenomênica. De certa forma, a condição de possibilidade da teologia está condicionada à condição fenomênica da fé. Daí o sentido de Heidegger parafrasear Kant e de isso se adequar à conferência: para que o evento da cruz se mostre em sua historicidade, dando a ver o seu caráter fundacional e fundamental, é preciso que o ser-aí crente aceda a tal evento não só historiologicamente, mas também sistematicamente, trazendo-o à tona como isso ou aquilo. Só dessa forma a fé pode ser comunicada enquanto tal, fazendo valer o caráter prático da teologia.

Aquilo de que o *Novo Testamento* dá testemunho é a entrada de Deus na história, e só dessa maneira a teologia pode vir a se ocupar dele:

> Se Deus só se torna acessível como ente na medida em que se faz acessível como revelador que se revela, então, para o conceito de teologia cristã, isso significa que ela é essencialmente teologia do Novo Testamento, ou seja, igualmente teologia de Deus no interior da história. Teologia cristã só é possível como teologia neotestamentária, historiológica (GA 23: 221/236, mod.).

Nesse sentido, a afirmação de Capelle-Dumont (2012: 55-58) – que de certa forma retoma a afirmação de Zarader (2006: 159-167) – sobre Heidegger esquecer toda a anterioridade veterotestamentária e hebraica no interior da qual acontece o evento crístico, não leva em conta que a construção do conceito de teologia cristã, proposta em *Fenomenologia e teologia*, acontece também como a determinação de uma perspectiva de interpretação – "a configuração da perspectiva é o primeiro no ser" (GA 63: 82/88). Na conferência, não está subentendido que o singular evento cristão não possui anterioridade, mas, ao contrário, que essa anterioridade só pode ser plenamente compreendida e ordenada desde a cruz. Por isso, a cruz é o âmbito originário do cristianismo por excelência. Toda manifestação cristã e todo saber teológico devem ser entendidos como provenientes dessa origem, orientando-se por ela e a partir dela. A cruz, anunciada e testemunhada no *Novo Testamento*, configura a perspectiva de interpretação da existência cristã, donde a ênfase à teologia neotestamentária.

A obra de Zarader,[2] por sua vez, parece desconsiderar que a busca pelo

2 *A dívida impensada: Heidegger e a herança hebraica*, obra publicada originalmente em francês em 1990, traz uma instigante e, ao mesmo tempo, controversa pergunta: por que Heidegger não deu à tradição hebraica a mesma importância que deu à tradição grega? (cf. Zarader, 2006: 5-9) A intenção da autora é justamente argumentar a favor da hipótese de que há uma certa afinidade entre o modo como Heidegger estrutura sua reflexão e aquele modo próprio da tradição hebraica, não reconhecida pelo filósofo alemão. Ele, de acordo com Zarader, reconhece somente a tradição grega como fonte do pensamento ocidental. Para tanto, ela parte da premissa que afirma a coesão em torno daquilo que denomina como "*a* herança hebraica", descrita logo na *Introdução* como um "conglomerado, em si mesmo gigantesco e proliferante, no qual encontramos uma língua (hebraica), um texto (a

aspecto originário – da vida, no caso das primeiras preleções de Heidegger;

Bíblia), uma tradição de pensamento e escrita (literaturas talmúdica, midráxica, cabalística etc.), uma religião (judaísmo) e, por fim, um povo com sua história e seus mitos" (Zarader, 2006: 9). O que torna tal premissa questionável é essa coesão que a autora pretende dar à herança hebraica a partir das fontes escolhidas, a saber: filósofos e filólogos do século XX – sobretudo Gershom Scholem, filósofo e historiador alemão de raízes judaicas que, na verdade, outra coisa não faz senão "reconstruir" isso que aí é denominado como "herança hebraica" a partir de uma visão modernista da própria ideia de herança (cf. Urbach, 1994). A partir disso, o que é chamado de "dívida impensada" é uma semelhança entre a compreensão hebraica de determinadas categorias filosóficas e os conceitos fundamentais da filosofia heideggeriana. Isso leva Zarader à conclusão de que o filósofo alemão não reconhece uma origem não-grega para a filosofia, "não se limitando a *trazer à linguagem* uma certa herança. Há aí um segundo aspecto, pelo qual Heidegger trabalha concomitantemente: *reduzir* outra herança *ao mutismo* [*speechlessness*]" (Zarader, 2006: 201). Para justificar a sua conclusão, na primeira parte da obra Zarader realiza uma reconstrução dos principais temas do pensamento heideggeriano (a linguagem, o pensar, o interpretar e, é claro, o ser), dando especial atenção à divisão entre originário e derivado. A partir dessa divisão, Heidegger lê a filosofia como um todo, identificando-a com a metafísica, cujo fundamento é ontoteológico, responsável por sempre colocar a pergunta pelo ser de maneira derivada. Disso decorre a necessidade de retornar aos pensadores originários (Platão e Aristóteles, Heráclito e Parmênides), com vistas a mostrar aquilo que neles ficou impensado e, assim, preparar o caminho para aquilo que Heidegger chama de "outro início", já não mais metafísico. Esse movimento de retorno – de de-struição da tradição, na verdade –, de acordo com Zarader (2006: 26), conduz Heidegger a "terminar dando um passo em algum sentido fora do próprio [pensamento] *grego*", e justamente em direção à tradição não reconhecida por ele, em relação à qual possui uma "dívida impensada". Na segunda parte de sua obra, a partir de um método comparativo, a autora expõe dois pontos principais. Em primeiro lugar, o ponto das relações entre o conceito heideggeriano de ser e a concepção hebraica de Deus (Zarader, 2006: 115-149), mostrando que a principal semelhança entre ambos está na afirmação de que a manifestação do mundo só é possível mediante o velamento do ser – o que na tradição hebraica corresponde ao retraimento de Deus perante suas criaturas. Em segundo lugar, dada essa semelhança, Zarader parte em direção ao "problema da transmissão" (Zarader, 2006: 150). Ou seja, trata-se aqui de perguntar pelo meio através do qual Heidegger se apropria dessa concepção hebraica de Deus, "secularizando-a" no conceito de ser. A resposta é óbvia: através do cristianismo – da Tradição Bíblica propriamente dita. E aqui está um dos principais pontos da obra: o "esquecimento" da tradição hebraica não é uma peculiaridade de Heidegger, mas sim da tradição cristã na qual ele se encontra, que por sua vez entende a sua origem hebraica como superada na Encarnação de Cristo. Daí a ironia destacada pela autora: "O pensador que, mais do que qualquer outro, *restaurou* ao pensamento ocidental as determinações centrais do universo hebraico é precisamente aquele que nunca disse nada a respeito do hebraico enquanto tal, apagando-o do pensamento e, mais amplamente, do próprio Ocidente" (Zarader, 2006: 185).

da teologia cristã, no caso da conferência – não é aquela busca por uma "fonte escondida" (Zarader, 2006: 162). Isto é, a busca pelo aspecto originário não é aquela busca por algo anterior somente em sua anterioridade. No caso da teologia, trata-se de ir em busca daquilo que torna possível o ser-crente cristão enquanto tal e, além disso, dos momentos – e das figuras – nas quais ele se mostra enquanto tal. Nesse sentido, Paulo, Agostinho, Kierkegaard e Lutero aparecem nas preleções heideggerianas não porque eles são testemunhas diretas dos primeiros cristãos, estando assim "mais próximos da fonte", ou porque neles há um esforço para regressar a essa fonte (cf. Zarader, 2006: 162), mas sim porque eles dão a ver a originariedade cristã ela mesma – o que no fundo dá a ver a vida sendo vivida em sua facticidade. Com isso, mostra-se que os "[...] seus cursos sobre mística medieval (1919/1920), fenomenologia da religião (1920/1921) e Agostinho (1921) não tinham o propósito final de oferecer uma interpretação da consciência cristã, mas de alcançar uma compreensão clara da tarefa própria da filosofia" (Adrián, 2011: 160). Justamente por darem a ver a originariedade cristã ela mesma, essas figuras são vistas como marcos do acontecimento cristão em sua cristicidade e historicidade, e, por isso, o "fazer teológico" levado a cabo por elas diz respeito sempre e a cada vez a uma apropriação da própria condição histórica, logo, da própria facticidade. Com isso, fica justificada a busca pelos momentos – e figuras – nos quais a teologia cristã se mostrou em sua cristicidade, tal como se dá a ver a menção a Lutero no §3 de *Ser e tempo*:

> A *teologia* busca uma interpretação mais originária do ser do ser humano em relação a Deus, traçada a partir do sentido da fé mesma e mantida em seu interior. Lentamente ela começa a compreender de novo a visão de *Lutero* de que sua sistemática dogmática repousa sobre um "fundamento" [*Fundament*], que não surgiu primariamente de um perguntar interno à fé e cuja conceptualização não é só insuficiente para a problemática teológica, mas a encobre e desfigura (*SuZ*: 10).

Uma vez que está vinculada ao acontecer histórico da existência, a teologia tem como primeiro objetivo interpretar conceitualmente o acontecer cristão, que por sua vez foi caracterizado como modo de ser do ser-aí crente.

Como visto, a existência não acontece senão existindo, de modo que do existir faz parte essencialmente uma ação – uma *πράξις*. Esta não é a aplicação de determinado conjunto de regras e/ou conceitos na existência, mas é o próprio movimento de realização da existência. Não se trata, pois, da ação cuja finalidade é alcançar ou até mesmo construir algo extrínseco a si mesma, tal como, por exemplo, um "sistema" teológico. Trata-se da ação que inclui em si mesma a própria finalidade. No caso da existência cristã, age-se pela fé, o que leva à conclusão: "*A teologia, de acordo com sua essência, tem o caráter de uma ciência prática*" (*PuT*, II: 58).

Qual é a finalidade aí incluída? "Como ciência do agir de Deus sobre o homem que age pela fé, ela já é 'por natureza' homilética" (*PuT*, II: 58). A finalidade dessa ação é a comunicação, que não é algo extrínseco ao ser-aí em geral, visto que ele, por excelência, é ser-um-com-o-outro, conforme apresentado no §26 de *Ser e tempo*. Dessa maneira, esse caráter prático é *homilético* não somente porque ele remete à *linguagem* constituída a partir da fé, tampouco só porque a teologia diz algo a respeito da fé em uma série de *loci*, mas também porque o ser-aí crente nunca existe isoladamente. Isso permite entender que "o assim revelado tem a orientação determinada de uma mensagem [*Mitteilung*] dirigida ao homem particular, sempre fática e historicamente existente, seja contemporâneo ou não, ou à reunião desses indivíduos enquanto comunidade" (*PuT*, II: 52). Portanto, a fé, como modo de ser, nunca remete ao ser-aí crente como se ele vivesse isoladamente, mas sim remete a ele como ser-um-com-outro. Só dessa maneira se pode falar de uma "comunidade de fiéis".

O caráter prático da teologia tem sua condição de possibilidade assegurada porque o fundamento da fé é vocativo, convocando o ser-aí em integralidade diante de Deus, e estabelecendo originariamente a comunicação entre um e outro. Ou seja, o seu *positum* originário é quem dá a ver o caráter homilético da teologia, seja na atitude de ouvir, seja na de comunicar. Conforme afirma Gonçalves (2014: 947), "a teologia constata que Deus age falando ao homem, que, por sua vez, guiado pela fé, organiza esta palavra que lhe é dirigida, transformando-a em homilética e catequética".

Nesses termos, a teologia só pode comunicar algo porque, de algum modo, o ser-aí crente *ouviu* e *compreendeu* o chamado realizado por meio da cruz. Para agir por meio da fé, o ser-aí crente deve, em primeiro lugar, ouvir.

E não é justamente isso o que ele faz quando é convocado pela cruz? Ela, na condição de evento fundante da fé cristã, é o vocativo propício ao poder-ser-si-mesmo próprio do cristão, sendo, na verdade, uma concreção ôntica do fenômeno da voz da consciência – o que permite perceber que a convocação aí realizada é feita sob o modo do silêncio. Assim, o silêncio é a primeira exigência feita para que se possa ouvir o chamado da cruz. Silenciar não é emudecer-se, como se nada pudesse ser dito. Pelo contrário, silenciar é "a tendência 'para dizer'" (*SuZ*: 164). O cristão se emudece não porque nada pode dizer a respeito da fé, mas sim porque deve, em primeiro lugar, ouvi-la, e só assim anunciá-la, comunicando-a. Ouvir e silenciar não denotam uma condição de passividade. Um e outro são, na verdade, as primeiras ações exigidas para que algo de fato se comunique e seja comunicado. Para silenciar e, consequentemente, para ouvir, "o ser-aí deve ter algo a dizer, isto é, deve dispor de uma abertura própria e rica de si mesma" (*SuZ*: 165). Em outras palavras: ele deve poder-ser um si mesmo próprio.

Em sentido estrito, conforme afirma Gonçalves (2014: 947):

> [...] a homilética corresponde à própria natureza da palavra de Deus dirigida ao homem, que encontra na liturgia cristã um *lócus specialis*, no qual a palavra se vincula ao mistério cristão e à sua revelação. A catequética é a palavra de Deus, revelada em Cristo e ensinada aos homens.

Por um lado, isso mostra que tanto a homilética quanto a catequética jamais deixam de estar vinculadas à cruz de Cristo, o *lócus* por excelência da fé. Por outro, isso também mostra que elas tornam a palavra de Deus sempre hodierna, sendo na verdade concretizações fáticas das possibilidades que se mostram na fé. A função da homilética e da catequética, na cientificidade teológica, é antecipar o sentido de referência da experiência cristã – a fé e seu fundamento crístico. Elas não são uma mera aplicação de enunciados teóricos (cf. *PuT*, II: 59), tampouco os meios para a imposição de um padrão de comportamento. Logo, não prestam serviço a favor de uma doutrinação religiosa, mesmo porque a teologia, ciente de sua condição histórico-hermenêutica, entende que a sua sistematicidade está atrelada ao seu caráter historiológico – o que dá aos conceitos teológicos um aspecto semelhante, isto é, não idêntico, ao da indicação formal. Portanto, o caráter prático da teologia nunca pode deixar de estar vinculado à sua coerência interna, ao seu σύστημα. Homilética e catequética são meios através dos quais a revelação cristã é organizada e anunciada.

Atesta-se, com isso, a circularidade existente entre o caráter historiológico, o sistemático e o prático da teologia em sua cientificidade: "*A teologia só é sistemática se for prático-historiológica. A teologia só é historiológica se for prático-sistemática. A teologia só é prática se for historiológico-sistemática*" (*PuT*, II: 59). Esse é o círculo hermenêutico da teologia, no qual, conforme afirmou Greisch (2003: 443), "é necessário saber entrar". E essa é a contribuição que Heidegger oferece à cientificidade teológica, descrevendo aquilo que ela possibilita a partir de sua positividade. Com isso, ele pode dizer inclusive o que a teologia não é.

6.3 A teologia não é... ciência de Deus

Observando o que até aqui foi feito, já se pode afirmar que o conceito de teologia cristã foi alcançado em sua integralidade, isto é, em sua positividade originária e cientificidade específica. Por que, então, deve-se ainda descrever a cientificidade teológica por uma via negativa, tal como segue?

> O conceito contido na palavra teo-logia [*Theo-logie*] significa: ciência de Deus. Porém, de modo algum Deus é o objeto de sua investigação do mesmo modo como, por exemplo, os animais são tema da zoologia. Teologia não é conhecimento especulativo de Deus. Tampouco encontraremos seu conceito se ampliarmos o tema e dissermos: o objeto da teologia é a relação de Deus em geral com o homem em geral e vice-versa (*PuT*, II: 59).

Em primeiro lugar, isso está assim posto com vistas a diferenciar a teologia cristã da metafísica, cujo fundamento é ontoteológico. Em segundo lugar, está assim posto também para (re)afirmar a autonomia da teologia cristã enquanto ciência positiva, mostrando que ela, por não ser conhecimento especulativo de Deus, não pode ser um tipo especial de filosofia da religião, história da religião e psicologia da religião, tampouco ciência da religião.[3]

3 Para entender a diferença entre Teologia (*Theologie*) e Ciência da Religião (*Religionswissenschaft*) na Alemanha, deve-se levar em consideração a formação histórica desta que, conforme afirma Tworuschka (1975: 191), é "a filha emancipada da teologia". Pode-se falar de quatro períodos que tornam evidente essa formação e respectiva distinção: a institucionalização da Ciência da Religião; o debate com a teologia, sobretudo com o método histórico-religioso; a delimitação diante da teologia; e, por fim, a guinada empírica dos estudos científico-religiosos. O primeiro desses períodos pode ser fixado entre 1873, ano da instalação da primeira cátedra em História Geral da Religião na Universidade de Genebra, e 1924, ano da publicação da tese de Joaquim Wach, *Ciência da religião: prolegômenos para sua fundamentação teórico-científica* – tese que, de acordo com Usarski (2003: 13), "enfatizou a complementariedade do lado empírico-histórico *e* do sistemático como estrutura obrigatória da Ciência da Religião". Para uma adequada compreensão desse primeiro período, deve-se levar em consideração alguns pré-requisitos espirituais, socioculturais e instrumentais da Europa no século XIX, conforme apontam Kohl (1988: 217-262), Kippenberg (2002: 16-39), Usarski (2003: 15-20) e Hock (2010: 31-41). Isso culmina na quebra do monopólio da teologia cristã como única instância competente e autorizada a investigar e oferecer respostas aos assuntos relacionados à religião. Essa quebra é explícita na declaração de Max Müller (2019: 14), tido como um dos pilares fundantes da Ciência da Religião: "Quem conhece uma religião não conhece nenhuma". Como resposta, Adolf von Harnack, na condição de reitor, em 1901 declara: "Quem não conhece esta religião [o cristianismo] não conhece nenhuma, e quem a conhece, juntamente à sua história, conhece todas elas" (Harnack *apud* Hock, 2010: 205). Essa rusga está na base do segundo período, no qual se nota, na Alemanha, uma marginalização da Ciência da Religião nas faculdades de Teologia: "Ao longo de décadas, conforme a compreensão predominante da Ciência da Religião em muitas faculdades de Teologia, meramente a 'História da Religião' era de interesse – uma História da Religião cuja tarefa era vista prioritariamente em se dedicar às religiões do mundo dos tempos veterotestamentário, neotestamentário e cristão primitivo, ou seja, a religiões 'mortas', superadas pela história do cristianismo" (Hock, 2010: 207). O que se percebe é uma submissão dos interesses científico-religiosos aos interesses da teologia cristã – mais precisamente, aos interesses de uma história universal da religião voltada à verdade do cristianismo. Porém, esse ponto não deixou de receber críticas tanto do lado da Teologia, que dizia estar-se aí constituindo uma relação inadequada entre o objeto da religião e o da fé, quanto do lado da Ciência da Religião, que afirmava que a História da Religião estava a serviço da Teologia, o que a levaria a ser desacreditada enquanto empreendimento científico independente, fazendo ela "parecer uma espécie de 'profecia'" (Hock, 2010: 208). A intenção do lado científico-religioso era evidente:

Ambos os propósitos, na verdade, incidem diretamente no rigor científico da teologia, que não deve emprestá-lo de outras ciências positivas, tampouco da filosofia – pois, como visto, ele provém somente de sua positividade, o que leva Heidegger à conclusão, já deduzida anteriormente, mas agora explicitada: "Todo conhecimento teológico, em sua legitimidade objetiva, se fundamenta na própria fé, dela surge e para ela retorna" (*PuT*, II: 61).

Ao afirmar que a teologia cristã não é "ciência de Deus", Heidegger não a está desautorizando de falar algo a respeito de Deus, mas, ao contrário, está indicando que ela só pode fazer isso a partir da fé. Portanto, a descrição que a teologia faz de Deus só pode ser cristã – e isso não é nenhuma redundância. Deus só pode ser pensado pela teologia caso se mostre a respeito de si mesmo. E não é exatamente isso o que se vê em Cristo, o Deus crucificado? Nesse sentido, a teologia cristã fala de Deus a partir da cruz. Trata-se, pois, de uma descrição cristã de Deus, porque "a relação da fé com a cruz, determinada por Cristo, é uma relação cristã" (*PuT*, II: 52). O que a teologia sabe a respeito de Deus lhe é mostrado pela fé e não por um conhecimento especulativo, por

---

desvincular-se dos pressupostos teológicos e da roupagem unicamente cristã que lhe era oferecida. Do lado da teologia, a intenção era manter-se fiel à fé que lhe inspirava, mantendo a sua cientificidade, mas sem submetê-la ao modo de proceder das ciências em geral. Esse ambiente prepara um ponto de virada, possível de ser notado nas décadas de 1960 e 1970, sobretudo com a realização, em 1960, do congresso da *International Association for the History of Religion*. A partir desse congresso, de acordo com Hock (2010: 209), "a Ciência da Religião se defende sempre de novo da tentativa de ser levada de volta para dentro da Teologia, como uma espécie de 'Teologia da Religião'". Para Usarski (2006: 69), o que ocorreu nesse período não foi só a delimitação de uma diante da outra, mas também a orientação da Ciência da Religião pelas "normas das Ciências Sociais, salientando o caráter empírico da disciplina". Isso levou, por exemplo, à exclusão da categoria do "sagrado" – tal como formulada por Rudolf Otto em 1917, em sua obra *O sagrado* – que desde então vigorava nos estudos de religião em geral: "Uma disciplina desse tipo exige que seus membros se restrinjam aos *fatos reais*, ou seja, concentrem-se em manifestações concretas nas dimensões de espaço e de tempo. Demarcando dessa maneira o campo da Ciência da Religião, é óbvio que o sagrado, ou seja, uma categoria que se refere à esfera extra-empírica, é metateoricamente excluído como conceito ilegítimo e disfuncional para pesquisa e teoria" (Usarski, 2006: 69). Essa guinada empírica marca precisamente a quarta fase do desenvolvimento da Ciência da Religião na Alemanha, conforme demonstram Stausberg (2012) e Reuter e Usarski (2021).

meras deduções e/ou induções lógicas, como se ela formulasse conceitos vazios a respeito da essência e da existência de Deus. Na verdade, assumir Deus como um conceito é justamente o que a teologia, em sentido estrito, não deve fazer – pois, se o fizer, abdicará do aspecto historiológico-sistemático-prático proporcionado pela intuição hermenêutica da fé enquanto fenômeno.

O que está em jogo para a teologia cristã não é uma ontologia de Deus, como se ela buscasse os caracteres mais gerais de sua existência. Tampouco está em jogo para ela a procura por uma razão última – ou primeira – para o ser de tudo aquilo quanto é. Esta, na verdade, é a tarefa à qual se propôs a metafísica: não propriamente a tarefa de caracterizar Deus enquanto tal, e não a de perguntar por esse ou aquele ente, mas sim a tarefa de perguntar pela razão de ser da totalidade dos entes (*τὰ πάντα*), pelo ente enquanto tal (*ὄν ᾗ ὄν*), e pelo todo (*ὅλον*), de modo que "se pergunta pelas determinações que constituem o *ente em seu ser*" (GA 19: 221). Para a tradição metafísica, inaugurada pelos gregos, o sentido mais próprio de ser não é outro senão o de presença: "*O ente é aquilo que está presente*, em sentido próprio" (GA 19: 222). Por isso, a metafísica se caracterizou como sendo tanto a pergunta pela presença em seu sentido mais próprio quanto a pergunta pela razão que constitui essa presença em geral. Conforme Aristóteles descreveu, a metafísica é *filosofia primeira* (*πρώτη φιλοσοφια*), à qual está entrelaçada outra ciência fundamental, a teológica (*θεολογικη*), como também observa Heidegger:

> A teologia considera o ente naquilo que ele desde o princípio já é, naquilo que constitui, em sentido mais próprio e supremo, a presença [*Anwesenheit*] do mundo. A presença mais própria e suprema do ente é tema da teologia. Tema da ontologia é o ente, na medida em que ele está presente em todas as suas determinações, não recortado à medida de uma determinada região, não apenas o motor imóvel e o céu, mas o que está sob o céu, tudo o que é, o ser matemático tanto quanto o ser físico. Então, para a *teologia*, o tema é a *presença mais própria e suprema*; para a ontologia, *aquilo que constitui a presença enquanto tal em geral* (GA 19: 222).

A tarefa da teologia cristã, no entanto, não é investigar a presença do ente na totalidade, reconduzindo-o a um ente mais fundamental – Deus. Com isso, ela não pergunta pela presença mais própria e suprema. Outrossim, ela não pergunta por aquilo que constitui tal presença, e por isso não assume Deus enquanto objeto próprio de investigação, tencionando, a partir disso, elaborar uma ontologia de Deus. O tema da teologia cristã é o ser-aí crente diante de Deus convocado pela cruz, e o seu objeto é a fé, cujo fundamento é a cruz, de modo que o que ela pode edificar é uma ontologia da existência cristã. Nesse sentido, a teologia cristã jamais irá encontrar o conceito de Deus ampliando o seu tema, dizendo que o seu objeto é "a relação de Deus em geral com o homem em geral e vice-versa" (*PuT*, II: 59), isto é, como se primeiro fosse necessário descrever a natureza de ambos para só depois encontrar aí uma relação. Ela apenas encontrará a ideia de Deus por meio da fé, ou seja, crendo. Essa relação do ser-aí crente com Deus por meio da cruz de Cristo não é um aditivo, mas sim algo intrínseco ao modo de ser da fé.

Por não terem o mesmo objeto e a mesma temática, há uma diferença radical entre a teologia cristã e a teologia em sentido metafísico – pelo que se entende por que "o caminho para uma teologia cristã originária [deve ser] livre da [teologia] grega" (GA 59: 91). O problema, contudo, é que "essa duplicação [teologia e ontologia] persiste até a Idade Média e mesmo até a ontologia moderna" (GA 19: 222), de modo que a ideia de teologia cristã descrita por Heidegger também não se assimila à *scientia Dei* da Escolástica – esta, por sua vez, "considera como *veritas prima*, como primeira verdade, isto é, como fonte de toda verdade, o entendimento [*Intellekt*] absoluto de Deus" (GA 26: 54). E tampouco se assimila à ideia de uma teologia natural, descrita, por exemplo, na concepção moderna de um conhecimento absoluto, e encontrada na *Crítica da razão pura* sob a forma de intuição divina (cf. Kant, 2018: B71-72), designada por Kant como originária por ser capaz de criar o objeto da intuição no próprio intuir. A teologia natural também se orienta pela *scientia Dei*, a partir da qual o conhecimento finito humano deve ser medido – logo, de um modo ou de outro, ela se fundamenta na raiz ontoteológica da metafísica. Com isso, Heidegger coloca em xeque o caráter estritamente teológico de toda a teologia cristã, pois, como se vê, ela sempre se edificou à luz da ideia de teologia própria da metafísica, buscando um fundamento último para todas as coisas. No limite, o que a teologia sempre fez aqui e ali é uma descrição da essência de um ser supremo – Deus –, no qual coincidem tanto o necessário quanto o contingente:

> Isso significa que Deus, a respeito do fático, tem, desde o princípio, todos os conceitos de cada caso e sabe de forma absolutamente certa o que e como será; ele está de posse de todas as verdades sobre o criado, e estas verdades sobre o criado são para ele pura e simplesmente necessárias e certas como as verdades sobre o possível (GA 26: 59).

Ao afirmar que a teologia cristã não é "conhecimento especulativo de Deus", Heidegger não põe tanto em jogo a ideia cristã de Deus, mas sobretudo o propósito mesmo da teologia enquanto ciência autônoma – que, para ele, baseia-se na fé e não na metafísica, sequer em ciências heterogêneas que se ocupam, por especialização, com temas ligados à fé, ou melhor, à religião em geral. Dessa maneira, fica claro que a teologia não é um tipo particular, ou melhor, uma região específica de determinadas ciências – por exemplo, um caso especial de filosofia da religião, história da religião, ou psicologia da religião. Se assim fosse, a teologia teria que ser descrita como "a ciência psicológico-historiológico-filosófica da religião cristã" (*PuT*, II: 60), e não propriamente como historiológico-sistemático-prática. Recusa-se, com isso, a ideia de que a teologia é um conhecimento diluído nas ciências humanas da religião:

> [...] a teologia sistemática não é uma filosofia da religião ligada à religião cristã, assim como a história da Igreja não representa uma história da religião restrita à religião cristã. Em todas essas interpretações da teologia, é descartada de antemão a ideia dessa ciência, isto é, ela *não* é haurida a partir de uma visão de sua positividade específica, mas conquistada pelo caminho de uma dedução e especialização de ciências não-teológicas e totalmente heterogêneas entre si – filosofia, história e psicologia (*PuT*, II: 60).

Ao mesmo tempo, torna-se evidente a importância de a teologia cristã também destruir a sua própria tradição, pois só assim ela tornará clara para si mesma a necessidade de, em primeiro lugar, tematizar a existência cristã em sua cristicidade. Ao revisitar essa tradição, a teologia irá se deparar com a autoproclamada caracterização de "rainha das ciências", porque a investigação a respeito do mais ente de todos os entes é de sua incumbência. Isso deu à filosofia, consequentemente, o título de "serva da teologia" (*philosophia ancilla theologiae*). Na condição de ciência ôntica, a teologia não investiga o ser, logo, ela não é uma ontologia geral, muito menos fundamental, retirando dela "a possibilidade de falar que ela mesma apreende os mesmos objetos que outras ciências, como a metafísica, porém de modo mais radical" (Cabral, 2017: 102). Por sua vez, a ontologia, tal qual apresentada por Heidegger, uma vez que não é ciência desse ou daquele ente, oferece à teologia as condições de possibilidade da investigação ôntica em geral. Portanto, a relação da filosofia, como ciência ontológica, com a teologia, como ciência ôntica, não pode ser pensada nos termos de "servidão", pois, em certo sentido, "todas as ciências ônticas e positivas dos entes são ontológicas, isto é, de maneira não-temática e provisoriamente. A ontologia, por sua vez, é necessariamente sempre ôntica, embora de maneira não-temática e casualmente" (*PuT*, I: 204).

Não é tarefa da ontologia determinar o objeto e o tema próprios da teologia, pois, como visto, alcançar a determinação da positividade é uma das etapas fundamentais no desenvolvimento e na afirmação da ciência ôntica em geral. No entanto, toda ciência ôntica acede ao seu *positum* específico compreendendo-o pré-ontologicamente, pois este sempre se apresentou a ela dessa ou daquela maneira. Logo, "toda ciência positiva comporta em si uma ontologia mais ou menos desenvolvida" (*PuT*, I: 204). A investigação ontológica, por sua vez, parte dessa compreensão pré-ontológica do ser de determinado ente com vistas a alcançar um conceito de ser – de modo que "a filosofia não está fora das ciências positivas, mas latente nelas; evidentemente, [de maneira] não tangível e executável por elas, pois isso exige um método, que é esotérico [*esoterisch*] em seu caráter metodológico" (*PuT*, I: 204). Por isso, a ontologia, cujo método é a fenomenologia, apresenta-se como o corretivo do conteúdo ôntico das ciências positivas, apresentando-o em seu ser. No caso da teologia, isso não significa que haverá uma definição filosófica de fé. Significa que haverá a descrição da fé como possível modo de ser do ser-aí.

Nesse sentido, a cientificidade teológica não pode ser posta senão pela própria teologia em sua condição de ciência ôntica, e o rigor não pode ser procurado extrinsecamente: "De maneira alguma, devemos determinar a cientificidade da teologia por um caminho que procura antecipar e privilegiar *outra* ciência como padrão condutor da evidência de seu modo de demonstração e do rigor de sua conceptualidade" (*PuT*, II: 60). O conjunto de enunciados e conceitos teológicos surge da própria teologia e deve ser justificado a partir do caráter específico de seu *positum*, e de acordo com os aspectos de sua cientificidade.

> Contudo, onde está o limite da cientificidade da teologia, isto é, até que ponto vão e podem ir as exigências específicas do próprio ser-crente por uma transparência conceitual, a fim de ainda permanecer crendo, é um problema tanto central quanto difícil, que está estreitamente ligado à pergunta acerca do fundamento originário da unidade das três disciplinas da teologia (*PuT*, II: 60).

Isso, de maneira alguma, pode ser interpretado como um "dar de ombros" a respeito de em qual sentido a fé exige uma investigação científica, uma "transparência conceitual". Na verdade, essa é a tarefa mais difícil de ser realizada, pois, como já foi afirmado, a perspectiva desde a qual Heidegger pretende alcançar a ideia de teologia é a perspectiva da ontologia fenomenológico-hermenêutica, e não a perspectiva da teologia. Ou seja, "acontece como se lhe faltasse encontrar um difícil equilíbrio entre um rechaço puro e simples de todo conceito (cujo caso limite seria o fundamentalismo) e uma transparência excessiva que se voltaria contra a fé mesma" (Greisch, 2003: 447). Heidegger deixa entredito que encontrar esse ponto de equilíbrio é tarefa da teologia, e que, para tanto, ela deve se servir da cruz como medida. A ele interessa pensar a teologia como ciência ôntica, descrevendo, em primeiro lugar, a sua condição de possibilidade, a sua diferença em relação à filosofia como ciência transcendental, para, por fim, descrevê-la em sua positividade originária e cientificidade específica. E justamente porque foi assim descrita, a teologia guarda uma relação originária com a filosofia como ciência ontológica, justificando por que é a *ciência* da fé, em vez de a fé propriamente dita, que precisa da filosofia. Só agora, então, a relação entre a teologia cristã, como ciência ôntico-positiva, e a filosofia, como ciência ontológico-transcendental, poderá ser devidamente entendida.

TERCEIRA SEÇÃO

A RELAÇÃO IDEAL ENTRE AS DUAS CIÊNCIAS:

DESCRIÇÃO E PROBLEMATIZAÇÃO

Fenomenologia e teologia se encerra com um tópico que visa descrever a relação possível da teologia, como ciência positiva, com a filosofia, como ciência transcendental. Trata-se da realização do último propósito da conferência: estabelecer a relação entre uma e outra a partir da "construção ideal das ideias das duas ciências" (*PuT*, II: 47).

Como foram idealmente construídas tanto a ideia de filosofia (cf. *PuT*, I: 199-206) quanto a de teologia (cf. *PuT*, II: 51-61), também a relação entre elas é ideal. Ou seja, não se pode esperar encontrar, na parte que conclui a conferência, a apresentação de modelos e/ou exemplos devidamente concretizados da relação aí proposta – o que não impede que se olhe para a tradição teológica com vistas a verificar se a relação proposta já foi levada a cabo de algum modo. Porém, na conferência também não há essa "verificação", o que de maneira alguma pode ser entendido como algo que lhe falta – pois, desde o início de sua segunda parte, ficou claro que "não se trata de comparar o estado fático de duas ciências dadas historicamente" (*PuT*, II: 47). O que faz essa relação ser ideal é a lógica interna da conferência e o modo como ela está construída.

Diante disso, a primeira coisa a ser feita agora é investigar a viabilidade dessa relação e como ela se apresenta, o que conduz à pergunta: por qual razão a teologia está relacionada à filosofia, se, como visto, a teologia é uma ciência autônoma? Não pode ser para a sua fundamentação positiva, pois o seu fundamento – a cristicidade – só é alcançado por meio da e na fé, a respeito da qual, de acordo com Heidegger, a filosofia nada sabe. No entanto, a teologia, tendo sido caracterizada como ciência ôntica, guarda uma relação originária com a filosofia como ciência ontológica: uma relação que diz respeito justamente à fundamentação científica, ou melhor, à condição de possibilidade da ciência em geral. Por isso, como se verá adiante, não é a fé que está relacionada com a filosofia, mas sim a teologia como ciência da fé. A fé, por sua vez, por ter sido caracterizada como um possível modo de ser do ser-aí, dá concretude àquilo que a analítica existencial indica formalmente. Ou seja, no âmbito da fé, os existenciais são encontrados existentivamente. Logo, a relação entre a teologia e a filosofia se apresenta como sendo, respectivamente, entre um conteúdo ôntico (existentivo) e a indicação formal do conteúdo ontológico. No fundo, essa relação está pautada naquela entre ser e ente e, nesse sentido, a relação da filosofia com a teologia passa necessariamente pelo caráter metodológico da fenomenologia em favor da ontologia. Heidegger denomina tal relação como sendo uma relação de "correção" (*Korrektion*), mais precisamente, uma correção ontológica, isto é, formal-indicativa do conteúdo ôntico da teologia.

A essa caracterização da relação ideal entre uma e outra enquanto ciências distintas, segue-se, nos dois últimos parágrafos do último tópico da conferência, a indicação de a filosofia e a fé serem modos de ser do ser-aí radicalmente opostos entre si. Para compreender por qual razão esses modos são opostos, será preciso entender o significado de a filosofia ser um específico modo de ser do ser-aí. Isto é, trata-se de ir ao encontro da afirmação "filosofar é transcender expresso" (GA 27: 395/423), tal como desenvolvida, sobretudo, na segunda parte de *Introdução à filosofia*. Diante disso, poder-se-á entender, reafirmando Greisch (2003: 454), que "o único espaço de reencontro possível entre a filosofia e a teologia, para Heidegger, é o da ontologia fenomenológica".

No tópico concluinte da conferência, porém, parece haver duas gramáticas, como se uma tratasse teologia e filosofia como ciências e, a partir disso, estabelecesse a relação ideal entre elas; e a outra tratasse filosofia e fé como modos de ser não só distintos, mas opostos entre si. Se há de fato duas gramáticas, então a oposição radical entre um e outro modo de ser deve estar implicada necessariamente na relação ideal entre filosofia e teologia, de modo que tal relação deve ser marcada por essa oposição. E isso não só porque o ponto de partida da teologia é ôntico-positivo e o da filosofia é ontológico-transcendental, mas também porque a filosofia, como modo de ser, deve se apresentar de maneira totalmente distinta da fé. No limite, isso acaba incidindo na suspeição da própria condição científica da teologia diante da filosofia. Porém, isso não é evidente na conferência, pois é algo posto em causa por Heidegger em uma carta enviada a Elisabeth Blochmann em agosto de 1928. Nessa carta, ele apresenta uma posição diversa daquela apresentada na conferência: "[...] na verdade, eu estou pessoalmente convencido de que a t[eologia] *não* é uma ciência – mas ainda não estou em condições de *mostrar* isso *efetivamente* e de tal forma que seja concebida *positivamente* a grande função da teologia na história do espírito" (8.8.1928, *BwHB*: 24).

Entretanto, após oferecer uma tradução da carta, ver-se-á que essa afirmação pode ser interpretada a partir de dois referentes: em primeiro lugar, a própria ideia de teologia cristã construída na conferência; em segundo lugar, a concepção ontológico-existencial de ciência, apresentada na primeira parte da conferência, no §69b de *Ser e tempo*, e em toda a *Primeira seção* de *Introdução à filosofia* (§§5-31). Como estes são dois referentes possíveis, seria também possível argumentar a favor de duas outras hipóteses de interpretação da conferência? Tais hipóteses seriam: por um lado, a hipótese de que a teologia não seria ciência porque nunca foi ciência da fé; e, por outro, a hipótese de que a teologia não seria ciência porque a sua cientificidade nunca coincidiu com as exigências do conceito ontológico-existencial de ciência em geral. Argumentar a favor de uma ou de outra dessas hipóteses exigiria indubitavelmente a elaboração de outros dois trabalhos, distintos entre si e com outros objetivos daqueles aqui propostos. O que aqui se fará, ao final, é a apresentação de cada uma dessas hipóteses em suas linhas gerais, a partir da interpretação da referida carta, o que evidenciará que ainda há muito o que se pensar – e trabalhar – em e a partir de Heidegger acerca da relação entre fenomenologia e teologia.

CAPÍTULO 7

A RELAÇÃO IDEAL COMO CORREÇÃO ONTOLÓGICA

7.1 Uma relação delimitada à cientificidade

Já ficou claro que, para Heidegger, teologia é a interpretação conceitual da existência cristã, logo, não é sua intenção trazer à tona "um sumário completo dos mais importantes princípios da fé, mas priorizar seu específico caráter *existencial*" (Peperzak, 2014: 323). Nesse sentido, os termos-chave usados na descrição da fé como o *positum* originário da teologia (tais como "cruz", "sacrifício", "renascimento", "conversão", "pecado", "entregar-se-como-cativo" etc.) sempre fazem menção, de uma forma ou de outra, à existência do ser-aí – de modo que a teologia, ao analisar a fé, está assentada em uma compreensão prévia da existência do ser-aí. No entanto, como a fé foi caracterizada como um possível modo de ser do ser-aí, a teologia, ao objetivar a fé, tematiza a existência a partir desse específico modo de ser. Ela projeta uma constituição de ser do ser-aí direcionada pela fé, o que lhe dá contornos ontológicos, em um sentido específico: "Certamente usamos o termo 'ontológico'/'ontologia' para a apreensão temática e para a concepção do próprio ser" (GA 27: 200/215).

Isso não quer dizer que a investigação teológica se identifica com a investigação ontológico-fundamental, levada a cabo pela filosofia. Esta busca justamente as condições de possibilidade para todas as demais formas de ontologia (cf. *SuZ*: 18). Para tanto, ela parte da analítica do ente capaz de compreender o próprio ser e capaz de colocar a pergunta pelo ser em geral. Como visto, o ponto de partida da ontologia fundamental é a tematização da existência. Nesse sentido, ela coincide com o ponto de partida temático da teologia. Porém, isso não torna os conceitos teológico-fundamentais idênticos aos da analítica existencial. Estes descrevem o ser-aí em sua condição de ser-no-mundo, e não pressupõem algo como a fé, ao passo que os conceitos teológico-fundamentais têm a fé como o sentido de referência mais próprio. Sobretudo, tais conceitos não são idênticos pois a diferença ontológica não se torna tema da investigação teológica. Portanto, a interpretação conceitual levada a cabo por ela permanece ôntico-existentiva, ao mesmo tempo que a filosófica se constitui como ontológico-transcendental, já que tematiza a existência a partir da diferença entre ser e ente.

Ora, se a teologia é uma interpretação conceitual da existência cristã, e se esta, por sua vez, já compreendeu a si mesma desde a perspectiva da fé, então a fé, enquanto objeto a ser teologicamente investigado, já foi compreendida pré-teologicamente. Até aqui não há nenhum problema e, na verdade, o mesmo foi dito a respeito da ciência em geral.[1] Porém, por qual outra via se chega ao conceito de fé senão por meio da teologia? Em outras palavras: como a diferença entre a compreensão pré-teológica da fé e a compreensão teológico-científica vem à tona, senão por meio da objetivação da fé e tematização da existência cristã levada a cabo pela teologia? Por um acaso, poderia a filosofia se ocupar da fundamentação da fé? De maneira alguma, pois, se assim o fizesse, a descreveria partindo de seu sentido de conteúdo, de realização e de referência. Para tanto, já pressuporia essa mesma fé. O máximo que a filosofia faz é afirmar a fé como possível modo de ser do ser-aí. À analítica existencial interessa descrever a existência do ser-aí em sua existencialidade. Portanto, fica impossibilitado que a fé seja um existencial.

Mas por que isso ocorre, se os existenciais são, como apontado antes, "os modos em que a vida fática se temporaliza a si mesma e, temporalizando-se, fala consigo mesma (*κατηγορειν*)" (*NB*, GA 62: 363)? Isso ocorre porque a fé não se temporaliza a partir do ser-aí e por sua própria decisão.

1 Cf. Segunda seção, capítulo 4.

Ela se temporaliza "a partir daquilo que se revela nesse e com esse modo de existência, a partir daquilo que é crido" (*PuT*, II: 52), o que reitera que a teologia tematiza a existência *cristã*. E só pode fazer isso porque, mesmo a fé não sendo dada *a priori* ao ser-aí como possibilidade, a estrutura formal da temporalidade, na qual o conteúdo da mensagem revelada é recebido, é sim dada *a priori*. A ontologia fundamental não decide absolutamente nada a respeito da adequação entre o *positum* teológico e sua cientificidade específica: "O que é dado ao ser-aí, porém, é um meio para lidar com o *positum* da teologia" (Vedder, 2006: 82). Nesse sentido, ainda de acordo com Vedder (2006: 82), "se há uma possível compreensão e hermenêutica da fé a partir da fé, então ela tem de seguir os ditames da hermenêutica", que não é só pré-teológica, mas também anterior à fé, pois independe dela.

Mesmo a compreensão pré-teológica projeta uma determinada compreensão de ser, que já delimita previamente a essência da fé. Por consequência, a teologia se desenvolve a partir de um "projeto não-objetivo da constituição de ser" (GA 27: 195/209), um projeto que "demarca um campo" (GA 27: 196/209). Isso também está de acordo com o que antes se disse a respeito da ciência em geral, pois "toda ciência precisa ter em vista que o ente que ela transforma em objeto já precisa estar, de antemão, suficientemente definido em sua essência, para que toda pergunta concreta possa encontrar um fio condutor para localizar o que é objeto nessa ciência" (GA 27: 188/201, mod.). Por isso, a compreensão da fé antecede a sua concepção conceitual. Mesmo assim, persiste a pergunta: pode a filosofia circunscrever suficientemente o *positum* teológico, definindo-o em sua essência, para que a teologia coloque de fato as perguntas concretas a respeito de seu conteúdo? Evidentemente, não. Quem deve fazer tal definição é a própria teologia, que já parte de certa compreensão pré-teológica da fé. Há aqui algo como um "estágio intermediário" (GA 27: 201/216) entre a compreensão pré-teológica da fé e a sua concepção expressa, um estágio também presente nas outras ciências positivas em geral:

> [...] um tal estágio é justamente *o* projeto da constituição ontológica que, ao ser levado a cabo, por exemplo, por pesquisadores

> das ciências naturais [da teologia, no nosso caso], delimita o campo "natureza" ["fé", no nosso caso]. Pois nesse projeto não fala nem ganha voz apenas uma compreensão de ser pré-ontológica, nem mesmo uma apreensão e uma concepção expressas do próprio ser; ele se acha em um peculiar espaço intermediário entre a compreensão pré-ontológica e a ontológica, um tipo de compreensão expressa de ser, o que não implica, contudo, que tal compreensão também já precisaria ser conhecida e compreendida como tal (GA 27: 201/216, mod.).

Só há teologia a partir do momento em que a fé é objetivada e a existência cristã tematizada. Ou seja, o que a teologia primeiro coloca em questão é a compreensão pré-teológica da fé, com vistas a alcançá-la objetiva e tematicamente. Como, em sentido geral, também se pode usar o termo "ontologia" para descrever "a apreensão temática e para a concepção do próprio ser" (GA 27: 200/215), a teologia pode ser descrita, a princípio, como uma ontologia da fé, enunciando os seus principais aspectos – tais como a cruz, o renascimento, o pecado, o tornar-se-cativo etc. No fundo, trata-se de uma ontologia do comportamento crente, pois o que a teologia tematiza é a existência cristã propriamente dita, que leva a cabo a fé como modo de ser. Nesse sentido, "a teologia, como empreitada conceitual, tem necessidade do 'fio condutor' dos conceitos existenciais elaborados pela analítica [existencial]" (Greisch, 2003: 451) – pois o que o ser-aí crente concretiza ôntico-existentivamente é o que foi descrito de maneira ontológica pelos existenciais na analítica.

Como a compreensão pré-teológica não pode deixar de estar implicada no conceito de fé, a teologia, ao tematizar a existência cristã, não pode deixar de trazer consigo a estrutura de compreensão da própria existência do ser-aí. Isso faz com que as categorias teológicas estejam relacionadas aos existenciais, mas não sejam dependentes deles – pois o que a teologia descobre só é dado a ver por meio da fé, que, por assim dizer, preenche os conceitos filosóficos vazios, que são indicações formais. Nesses termos, uma vez que a compreensão pré-objetiva do *positum* é objetivada pela própria teologia, logo, uma vez que a fundamentação da fé acontece a seu modo, torna-se evidente que a fé não precisa da filosofia. O que precisa da filosofia é a ciência constituída a partir da e na fé, mas não com vistas a trazer à tona a sua positividade.

> A fé não precisa da filosofia, mas [o que precisa dela é] a *ciência* da fé como ciência *positiva*. E, na verdade, aqui é preciso novamente distinguir: a ciência positiva da fé precisa, por sua vez, da filosofia não para fundamentar e desvelar primariamente sua positividade, a cristicidade. Essa [cristicidade] se fundamenta a si mesma a seu modo. A ciência positiva da fé precisa da filosofia apenas no que diz respeito à sua cientificidade. E isso, por sua vez, certamente também apenas de um modo fundamental, mas peculiarmente limitado (*PuT*, II: 61).

O que vale é justamente a distinção e delimitação aí feitas: a filosofia importa para a teologia no que diz respeito à sua cientificidade e não à sua positividade. Ao final do excerto, ainda se diz que essa necessidade é fundamental e, ao mesmo tempo, limitada: fundamental porque se refere a uma parte constituinte da teologia como ciência, a sua cientificidade; limitada porque a filosofia nada pode dizer a respeito do *positum* teológico, fundamentado pela própria teologia. Essa é uma relação fundamental, embora não-necessária: "Só porque há fé pode haver teologia cristã, ou seja, uma ciência positiva que interpreta conceitualmente a fé a partir da cristicidade como *positum*, sem que, no entanto, a fé como um modo de ser precise desta sistematização conceitual" (Pietropaoli, 2016: 158).

Assim como a ciência pôde ser caracterizada como um modo de ser do ser-aí, a teologia também pode. Isso significa que a existência cristã não depende – e não necessita – da teologia, embora a explicitação da concepção de fé só possa ser alcançada por meio da teologia como ciência ôntico-positiva. A explicitação da fé como *positum* originário depende única e exclusivamente da teologia, que mostra a fé em seu pleno sentido fenomênico, isto é, tanto em seu *que* (*Was*) – em seu sentido de conteúdo – quanto em seu *como* (*Wie*) – em seu sentido de referência e de realização. O conceito de fé é teológico por excelência, pois só a teologia pode circunscrevê-lo de maneira suficiente e essencial, o que evidencia que a conceptualidade própria da teologia é exigida, adequada, demonstrada e justificada pela e a partir da fé, "o ente que a teologia assumiu como tarefa interpretar" (*PuT*, II: 62). Isso faz da fé o pressuposto fundamental da teologia e, ao mesmo tempo, aquilo em favor do que ela se desenvolve enquanto ciência.

7.2 A pluridimensionalidade dos conceitos teológico-fundamentais

No entanto, o que quer dizer a teologia precisar da filosofia no que diz respeito à sua cientificidade? Deveria a filosofia prestar um auxílio no modo historiológico-sistemático-prático de a teologia expressar teórico-conceitualmente a fé?

Em primeiro lugar, deve-se dizer novamente que a filosofia não presta um auxílio à teologia porque lhe é "superior", tampouco porque a razão está acima da fé: "Para a fé, não há uma razão racional, filosófica ou ontológica. A fé é a única porta de entrada para a fé" (Vedder, 2006: 72). Nesse sentido, o auxílio prestado pela filosofia não tem a função de servir como apoio apologético à fé, como se lhe oferecesse provas justificadas pela razão. Se assim o fosse, a discussão a respeito da relação entre uma e outra estaria pautada na concepção de fé e saber – revelação e razão – como distintas visões de mundo, que não é a perspectiva adotada pela conferência (cf. *PuT*, II: 47). Afirmar que a teologia precisa da filosofia no que diz respeito à sua cientificidade, portanto, é reafirmar o ponto de partida da conferência, que as assume como ciências radicalmente distintas.

Em segundo lugar, a filosofia não presta um auxílio no que diz respeito ao conteúdo disso que é "essencialmente inconcebível [*wesenhaft Unbegreifliche*]" (*PuT*, II: 62) aos olhos do saber racional fundado na razão, mas sim presta auxílio à sua conceptualização. Isso que é inconcebível deve ser trazido conceitualmente à tona enquanto tal: "Se a inconceptibilidade como tal quiser ser desvelada justamente de modo correto, então isso só acontece no caminho de uma interpretação conceitual adequada, ou seja, de uma que, igualmente, choca-se com seus limites" (*PuT*, II: 62). Isso significa que o *positum* próprio da teologia pode ser inconcebível e inapreensível pela razão e, mesmo assim, não excluir uma apreensão teórico-conceitual. De saída, quem leva a cabo a teologia deve tornar conceitualmente clara a inconceptibilidade de seu objeto de investigação e, ao mesmo tempo, mostrar que os conceitos teológicos "não caem do céu; não são entregues em mão pela transcendência divina ou pela revelação (ou diretamente consignados no texto bíblico, como pensam os partidários de uma 'metafísica bíblica')" (Greisch, 2003: 449). Os conceitos teológicos precisam ser construídos. Quem leva a cabo a teologia "não pode renunciar ao *esforço conceptual*" (Greisch, 2003: 449).

Afirmar que a teologia precisa da filosofia não significa dizer que esta é quem dá a ver o caráter historiológico-sistemático-prático daquela, pois esse caráter é dado a ver somente pelo *positum* teológico. Na verdade, trata-se de dizer que a interpretação conceitual levada a cabo de maneira adequada pela teologia é feita de acordo com uma interpretação que alcança seus limites: "Caso contrário, a inconceptibilidade permanece muda, de certo modo" (*PuT*, II: 62). A filosofia não refunda os conceitos teológicos, dando-lhes um novo fundamento, apreensível por um conhecimento racional fundado na razão. Isso confirma que "essa interpretação da existência crente é mesmo assunto da teologia" (*PuT*, II: 62).

Contudo, mesmo a interpretação teológica da existência se funda numa compreensão prévia "daquilo que esse respectivo ente é e como ele é" (*PuT*, II: 62). No caso, esse ente é o próprio ser-aí, uma vez que a fé não foi descrita como coisa, mas sim como um possível modo de ser do ser-aí – que é tematizado pela teologia em seu estar diante de Deus propiciado pelo chamado da cruz. Por isso, ao levar a cabo uma interpretação teológica da existência, já se parte de uma compreensão prévia do que é a existência enquanto tal. No caso da existência cristã, essa interpretação não é feita a partir da suspenção da fé. Essa interpretação, na verdade, é conduzida pela fé, o que conduz à afirmação: "A existência do ser-aí anterior-à-fé [*vorgläubig*], isto é, não-crente [*ungläubig*], é suspensa no acontecimento cristão, enquanto renascimento" (*PuT*, II: 63).

"Anterior-à-fé" não é uma referência cronológica, como se designasse a condição religiosa ou não-religiosa do ser-aí convocado pela cruz diante de Deus, e como se, sendo assim convocado, passasse de uma condição "pré-cristã" à "cristã" mediante a fé, havendo aí um antes e um depois mensuráveis. Também não se trata de um termo para designar uma condição ou um período. "Anterior-à-fé" é aqui utilizado em sentido ontológico, com vistas a mostrar que "todos os conceitos teológicos albergam em si necessariamente *a* compreensão de ser que o ser-aí humano, enquanto tal, tem a partir de si mesmo desde o momento em que existe em geral" (*PuT*, II: 63). O ser-aí compreende o ser que ele mesmo é, independentemente da fé. Mas, no caso da existência cristã, a fé está conjugada nessa compreensão: "A imagem do renascimento anuncia uma separação entre uma antiga e uma nova existência. Porém, também é necessário ver a continuidade entre elas. Não se trata de um antigo e um novo ser-aí, mas da continuidade de um ser-aí já dado, que é visto com um novo tipo de visão" (Vedder, 2006: 75). Nesse cenário, a afirmação de uma existência anterior-à-fé faz referência àquela existência descrita em *Ser e tempo*, em sua existencialidade – isto é, em seu sentido ontológico –, de modo que, de acordo com Greisch (2003: 450), "os termos 'anterior-à-fé' [sic] e 'ontológico' se tornam quase sinônimos".

À existência cristã, por meio do acontecimento cristão, fica impossibilitada uma compreensão que não seja aquela dirigida pela fé. Isso não quer dizer que a existência em sua existencialidade tenha sido posta de lado:

> Na verdade, na fé, a existência anterior-à-fé é superada ôntico--existentivamente. Mas essa superação existentiva da existência anterior-à-fé, superação que pertence à fé como renascimento, significa precisamente que, na existência crente, o ser-aí pré-cristão [*vorchristlich Dasein*], que foi superado, está co-implicado ontológico-existencialmente (*PuT*, II: 63).

"Superada" não quer dizer abandonada ou deixada para trás. Quer dizer assumida de outra maneira, em outra perspectiva: "Tomar [a existência] em uma nova disposição [*Verfügung*]" (*PuT*, II: 63) – como diz, por exemplo, Paulo na *Carta aos Romanos*, quando afirma uma existência no pecado e uma vida nova em Cristo (Rm 6, 20-23). De acordo com Greisch (2003: 450), isso significa que, "adotando a fé, convertendo-se, renascendo do alto, o crente muda radicalmente de maneira de ser". Contudo, a compreensão da morte como consequência do pecado (Rm 6, 21), e da vida eterna como dom gratuito de Deus (Rm 6, 23), só é possível se o ser-aí crente já compreende algo como morte e vida – o que, de certa forma, reenvia a concretização ôntico-existentiva desses fenômenos à sua possibilidade originária, encontrada na analítica existencial de *Ser e tempo*.

Os conceitos teológicos, porque ôntico-existentivos, unem a existência cristã e a pré-cristã. Pois, na interpretação ôntico-existentiva aí levada a cabo, está co-implicada a interpretação ontológico-existencial, de modo que a filosofia, porque ontológico-transcendental, auxilia a teologia a esclarecer o caráter existencial dos conceitos fundamentais, elaborados a partir da fé. Com isso, afirma-se duas coisas. Em primeiro lugar, que os conceitos fundamentais da teologia não provêm de outra ciência; eles são dirigidos única e exclusivamente pela fé, garantindo o caráter historiológico-sistemático e, no fundo, prestando um serviço a favor da própria teologia – pois isso a mantém articulada de maneira fundamental com a fé, assegurando a sua condição de *ciência da fé*. Em segundo lugar, afirma-se que a filosofia, por meio da fenomenologia, descreve a condição de possibilidade dos conceitos ôntico-existentivos – logo, afirma-se que ela traz à tona os conceitos ontológicos que tornam possível compreender as categorias ônticas da fé. No caso da teologia, o que está em jogo é uma interpretação conceitual da existência cristã. Já para a filosofia – que segundo Heidegger é uma ontologia fenomenológico-hermenêutica –, o que está em jogo é uma analítica da existência em sua existencialidade. Com isso, a relação entre as duas pode ser descrita como uma correção do conteúdo ôntico dos conceitos teológico-fundamentais em direção ao seu conteúdo ontológico – isto é, pré-cristão, anterior-à-fé.

Para que tal correção faça algum sentido, no entanto, a teologia já deve ter alcançado a devida explicitação [*Explikation*][2] e consequente explicação de seus conceitos fundamentais.

> [...] na medida em que é corretamente aplicada, a explicitação dos conceitos fundamentais jamais atua explicando e definindo conceitos isolados em si mesmos, para depois pô-los e atribuí-los

2 Cf. Primeira seção, capítulo 2.1, nota de rodapé n. 3.

> como fichas de jogo aqui e ali. Toda explicitação de conceitos fundamentais tem que se esforçar precisamente para chegar a ver e manter constantemente à vista, em sua totalidade originária, o nexo ontológico primário e fechado, ao qual remetem todos os conceitos fundamentais (*PuT*, II: 62).

Isso quer dizer que a teologia constrói os seus conceitos fundamentais com vistas a esclarecer e dar a ver o próprio núcleo íntimo da fé. Ao proceder dessa maneira, ela supera, mas não abandona, a estrutura de compreensão da existência anterior-à-fé, isto é, aquela estrutura ontológico-hermenêutica. Os conceitos teológicos, nesse caso, podem ser comparados à cabeça de Jano. Isso porque esses conceitos unem uma modalidade da existência à sua descrição ontológica. Ademais, tal comparação é precisa principalmente porque, olhando para a fé em sentido positivo, e dela fazendo derivar uma interpretação ôntico-existentiva da existência, esses conceitos também olham – ou melhor, tornam possível olhar –, embora em sentido oposto, para a existência em sentido ontológico-existencial.

> Todos os conceitos teológicos da existência, centrados na fé, referem-se a uma específica *transição* da existência [*Existenzübergang*], na qual a existência pré-cristã e a existência cristã estão unidas de um modo particular. Esse caráter de transição motiva a pluridimensionalidade característica do conceito teológico, sobre a qual não é possível entrar em detalhes aqui (*PuT*, II: 63, nota de rodapé 1).

Em chave teológica, *Übergang* significa "conversão" (cf. Grimm; Grimm, 1971e: coluna 245), não no mero sentido de mudar de uma condição e/ou estado a outro, mas sim no de tomar a existência em uma nova disposição. Logo, todos os conceitos teológico-fundamentais se referem, de uma forma ou de outra, a essa transição entre planos existenciais distintos: o próprio da fé, o cristão (ôntico-existentivo), e o anterior-à-fé (pré-cristão, ontológico--existencial). Essa é a pluridimensionalidade que os conceitos teológico-fundamentais dão a ver: "Todos os conceitos teológico-fundamentais, tomados em seu pleno contexto regional, sempre têm a cada vez em si mesmos um conteúdo pré-cristão" (*PuT*, II: 63), como é o caso do conceito de pecado, trazido como exemplo na conferência (cf. *PuT*, II: 63). Analisar o pecado como um conceito teológico-fundamental ajuda a entender como, na interpretação cristã da existência, está latente o sentido ontológico-existencial da culpa, assentada no que, em *Ser e tempo*, foi descrito como ser-culpado, "uma determinação ontológica e originária da existência do ser-aí" (*PuT*, II: 64).

7.3 A correção – ou codireção – ontológica dos conceitos teológico-fundamentais

Embora seja um exemplo, essa inflexão em direção ao pecado como conceito teológico-fundamental não é uma casualidade. Contudo, ela também não pode ser simplesmente justificada pelo fato de a conferência, ocorrida em Tubingen em 1927, ter sido feita a convite da Faculdade Luterana de Teologia (cf. 29.3.1927, *BwBH*: 25), ou seja, pressupondo um ambiente (também presente em Marburgo em 1928) onde havia domínio da teologia de Lutero. Nesta, a doutrina da justificação divina dá certa ênfase ao pecado – ou melhor, ela se dá à luz de "um diagnóstico mais radical do pecado do ser humano, cuja origem, sob todos os disfarces e idolatrias, está em seu egoísmo, no fato de ele se erguer contra Deus" (Rupp, 1964: 40). Na verdade, essa inflexão está vinculada à leitura feita por Heidegger do conceito de pecado em Lutero, mais precisamente, nas duas preleções apresentadas no seminário dado por Bultmann sobre *A ética de Paulo* (1923/1924). Recém-chegado a Marburgo, Heidegger participou como membro extraordinário desse seminário e nas sessões de 14 e 21 de fevereiro de 1924, apresentou sua comunicação sobre *O problema do pecado em Lutero*, hoje disponível com as cartas entre Bultmann e Heidegger (cf. *BwBH*: 263-271).[3] Com vistas a entender a inflexão ao pecado – uma inflexão presente na conferência de 1927 –, e a centralidade desse exemplo na economia da conferência, faz-se necessário um passo atrás, indo em direção a essa pontual exposição heideggeriana.

3 O que se tem publicado, na verdade, não é a exposição de Heidegger *ipsis litteris*, mas a transcrição feita por Wilhelm von Rohden, à qual se soma o relatório dessas aulas, presente na edição de Bernd Jaspert (1996: 28-33), sobre os seminários de exegese do Novo Testamento oferecidos por Bultmann.

7.3.1 A digressão a Lutero e ao seu conceito de pecado

A exposição de Heidegger se inicia com a demarcação da abordagem a ser feita: "O problema do pecado não deve ser tratado na medida em que é objeto de consideração religiosa [*religiöse Betrachtung*], mas como um problema teológico [*theologische Frage*] e é a partir desse problema que a teologia de Lutero será esclarecida" (Heidegger, 2009: 263). Como se nota, para Heidegger há uma diferença implícita entre a consideração religiosa e o problema teológico do pecado. Essa diferença evidencia que tal problema não está relacionado, em primeiro lugar, com uma abordagem ético-moral da conduta cristã, como se o pecado estivesse aí posto a partir de determinados valores, que é o que marca precisamente isso que aí é chamado de "consideração religiosa". O verdadeiro problema teológico do pecado diz respeito à relação originária entre Deus e o ser humano, ou melhor, diz respeito à quebra dessa relação, tal como relatada no capítulo três de *Gênesis*. Para Heidegger, a direção fundamental de todo o desenvolvimento teológico de Lutero parte de sua consideração a respeito do pecado, donde a pergunta: "O que significa 'pecado' quando se aborda essa relação do ser humano com Deus como um problema teológico?" (Heidegger, 2009: 264).

Como esse é um problema teológico, deve-se partir também da descrição teológica do ser humano como criatura. Ou seja, por um lado ele deve ser considerado "como *summum bonum* da criação" (Heidegger, 2009: 264) e, por outro, devem ser possíveis para ele, a partir de sua condição de criatura, "a queda e o ser do pecado, sem que esse peso caia sobre Deus" (Heidegger, 2009: 264). Em sua leitura de Lutero, Heidegger destaca que a responsabilidade do pecado é do ser humano e não pode ser impingida a Deus. Também não lhe interessa a especificidade do pecado, mas sim o pecado enquanto tal, isto é, o estado de corrupção do ser humano. Nesse sentido, a condição de ser-pecador não deve ser vista a partir de e como uma mera acumulação de erros ou faltas:

> Lutero dirige o olhar ao *affectus*, isto é, ao modo do ser-situado [*Gestelltsein*] do ser humano em relação às coisas, para o estar-em-choque [*Entsetztsein*] diante delas, estar-em-choque que surge da dependência [que se tem] delas. [...] Assim surge a *desperatio spiritualis*,

> o desespero [*Verzweiflung*] diante de Deus, não pelo erro do pecado, mas pelo *affectus horrens peccatum*; e o pecado é definido por uma determinada maneira de ser-situado em relação ao mundo (Heidegger, 2009: 264).

Dessa forma, há um modo fundamental do ser-situado que define o pecado: justamente aquele *affectus* que se horroriza com o pecado, mais precisamente, que se horroriza com a condição de dependência do ser humano em relação às coisas. E isso porque essa dependência nada mais é do que o afastamento do ser humano em relação a Deus. Ou seja, por meio de sua entrega às coisas do mundo, o ser humano foge da presença de Deus; "e ele foge porque não vê que o *pecado* significa a *vera discessio a Deo* [a verdadeira separação de Deus]" (Heidegger, 2009: 269). Esse afastamento, ou melhor, essa fuga só é possível porque o ser humano ouve uma palavra que não é a de Deus. É disso que trata o episódio narrado no terceiro capítulo de *Gênesis*, no qual Adão e Eva são expulsos do Jardim e por consequência se tornam mortais. Com isso, "pecado não é outra coisa que o oposto à fé, visto que fé significa: estar (ser-situado) diante de Deus. [...] Em Lutero, pecado é um conceito de existência, ao qual já aponta a acentuação do *affectus*" (Heidegger, 2009: 267). Mais precisamente: pecado é a condição na qual o ser humano, estando diante de Deus, afasta-se dele, de modo que "o autêntico pecado é a *incredulitas*, a falta de fé [*Unglaube*], a *aversio Dei*" (Heidegger, 2009: 268).

Mesmo designando a existência oposta à fé, o pecado só pode ser plenamente compreendido com vistas a ela, pois "sem fé, logo, sem teologia, não há nenhum modo de falar de pecado como algo que é essencialmente diferente de falta ou erro" (Hung, 2020: 10). Por isso, se a fé é oposta ao pecado e se o pecado diz respeito a um afastamento, então a existência na fé diz respeito a uma proximidade, ou melhor, a um estar-junto de Deus. Isso pode ser descrito como um "ouvir a sua palavra", pois "o ser de Deus é sempre entendido como *verbum* e a relação fundamental do homem com ele como *audire*" (Heidegger, 2009: 270). Essa é a relação devidamente estabelecida entre criador e criatura. Esse estar-junto, porém, não é de maneira alguma óbvio, e só se torna evidente quando se fala do contraste incisivo que há entre criador e criatura – isto é, quando "Lutero fala da dissociação pela qual criador e criatura estão distanciados – separados, mortamente separados" (Bayer, 2003: 36). De certa forma, isso mostra a diferença entre a proposta luterana e aquela própria da Escolástica. Para esta, o ser humano, ao pecar, perde um certo conhecimento superior de Deus, um conhecimento descrito por meio das três virtudes teologais – fé, esperança e caridade (1Cor 13, 13). Porém, o ser humano não perde a condição de estar-situado diante de Deus (cf. Heidegger, 2009: 267). Já para Lutero, é a natureza humana mesma que está corrompida. Logo, antes do pecado, era algo próprio de Adão e Eva amar, crer e reconhecer Deus como criador (cf. Heidegger, 2009: 268). Ao pecarem, já não estavam mais situados diante de Deus, perdendo sua condição original. Nesse sentido, se a autoria do pecado é de responsabilidade do ser humano, e se o pecado corrompe a sua natureza, o ser humano nada pode fazer para sua própria justificação. Ou seja, a condição de ser-pecador só pode ser reparada através da fé, que não vem por meio de esforço humano algum, seja ele por parte do intelecto ou da vontade: "Por esta maneira, portanto, a alma é justificada somente pela fé, sem as obras, a partir da palavra de Deus, é santificada, tornada verdadeira, pacificada, libertada e repleta de todo bem, e se torna verdadeiramente filha de Deus" (Lutero, 1989: 441).

Se para Lutero a condição humana é a de ser-pecador, que corresponde ao seu afastamento em relação a Deus, e se o reparo dessa condição vem por meio da fé, então a justificação se dá quando a Palavra de Deus é devidamente ouvida e quando Deus é reconhecido como criador – o que, novamente, aponta para a centralidade da experiência do pecado:

> *Experientia* [...] *docet nos de his calamitatibus* [a experiência nos ensina sobre essas calamidades], nomeadamente, os *defectus*, que surgem do pecado. Mas apenas conhecemos toda sua grandeza se, em uma consideração correlativa, vemos a Deus como Deus. Pois só então compreendemos o que significa a *aversio Dei* (Heidegger, 2009: 268).

No caso de Adão e Eva, a recusa de se reconhecerem como pecadores acabou por fazê-los responsabilizar Deus como o autor do pecado, pois criador da serpente, o que por sua vez acaba livrando-os de qualquer responsabilidade pelo pecado. De acordo com Heidegger (2009: 269), essa atitude é "o autêntico desespero", que, no limite, leva Adão e Eva a dizer que Deus não é Deus. Contrariamente, a confissão do pecado se mostra como o gesto que individualiza a universal radicalidade do pecado: "Sem essa confissão do pecado, o ser humano seria apenas um exemplar do gênero, não seria um indivíduo" (Bayer, 2003: 35). Criador e criatura estão unidos na palavra, seja na da confissão, dada pelo ser humano, seja na do perdão, dada por Deus. Como a Palavra de Deus não é outra senão Cristo, "o que realmente acontece é que Deus nos imputa a justiça de Cristo" (Gonzalez, 2004: 59). Desse modo, não se trata só de quanto mais se investiga o pecado, melhor se conhece a natureza humana. Trata-se sobretudo de, ao investigar o pecado, perceber e entender o porquê da Encarnação de Deus. "Em termos teológicos, isso significa: 'Só se pode compreender a fé caso se compreenda o pecado, e só se pode compreender o pecado caso se tenha uma reta compreensão do ser do ser humano mesmo'" (Heidegger, 2009: 270).

Nesse cenário, o pecado não é só a quebra de uma adequada relação. Também é a sua subversão, conforme dá a ver a *Tese 17* da *Disputatio contra scholasticam theologiam*, de 1517 – que, de acordo com Heidegger (2009: 265), traz "precisamente a essência do pecado": "Por natureza, o ser humano não consegue querer que Deus seja Deus; pelo contrário, quer que ele mesmo seja Deus e que Deus não seja Deus" (Lutero, 1987: 16). Em Lutero, o problema do pecado se torna o eixo central de sua teologia e, ao mesmo tempo, de sua antropologia (cf. Bayer, 2003: 34-35). Isso pois investigar a raiz do pecado é investigar a própria natureza humana, justificando por qual razão nessa radicalidade há uma certa universalidade, que "vale para a humanidade toda, mas também para a existência do indivíduo em toda a sua amplitude e profundidade" (Bayer, 2003: 35).

O pecado interessa a Heidegger porque nele o ser humano se encontra entregue à sua própria condição. Por isso, em 1924, quando Heidegger diz que a proposta de Lutero deve ampliar a corrupção, o que ele tem em vista com isso diz respeito não à multiplicação ou à ampliação do pecado em termos de quantidade, mas sim à seriedade com que deve ser vista e entendida a condição que é mais própria do ser humano. Isso sem dúvida ressoa na conferência de 1927, pois, conforme aí se afirma:

> Quanto mais originária e adequadamente e em sentido autenticamente ontológico for trazida à luz a constituição fundamental do ser-aí em geral, tanto mais originariamente, por exemplo, será apreendido o conceito de culpa, e então tanto mais evidente o conceito de culpa servirá como fio condutor para a explicitação teológica do pecado (*PuT*, II: 64).

Nesse sentido, resta compreender apropriadamente a relação corretiva da ontologia em relação à teologia, bem como de que modo isso pode auxiliar na compreensão desse conceito teológico-fundamental, em específico, para que a partir disso se entenda por que e em que o pecado pode ser corrigido.

7.3.2 As correções ontológicas do pecado

Como já foi visto, a teologia precisa da filosofia no que diz respeito à sua cientificidade. Com isso, em relação ao problema teológico do pecado, é "o *conteúdo mesmo* do conceito, não algum capricho filosófico do teólogo, que exige um retorno ao conceito de culpa" (*PuT*, II: 64). O fenômeno da culpa,[4] por sua vez, foi caracterizado formalmente como "ser-fundamento de um ser determinado por um não [*Nicht*] – isto é, *ser-fundamento de uma niilidade*" (*SuZ*: 283). Isso mostrou que o ser-aí não tem um fundamento preestabelecido categoricamente, devendo dar a si, ou melhor, constituir para si um fundamento, à medida que põe a pergunta pelo ser. E deve fazer isso a partir de seu ser-no-mundo, que se mostra como seu único apoio possível para tal empreitada. Desse modo, como bem sintetiza Dreyfus (1991: 306), "a culpa existencial não revela os erros morais do ser-aí impróprio [...]; ela revela uma estrutura essencialmente insatisfatória que define inclusive o ser-aí em propriedade". A ideia de uma "estrutura essencialmente insatisfatória", contudo, não pode ser entendida em sentido pessimista, tampouco pejorativo, como se houvesse nessa estrutura, apresentada pela analítica do ser-aí, algum erro ou até mesmo uma privação no ser mais próprio do ser-aí.

4 Cf. Segunda seção, capítulo 5.2.1.

Na verdade, o que essa estrutura mostra é que o ser do ser-aí não está sob seu controle, sob seu domínio, e que o ser-culpado diz respeito, em primeiro lugar, ao "não" que é constituinte do ser-aí e, ao mesmo tempo, à responsabilidade que o ser-aí deve ter pelo próprio ser – ou seja, "o fato de *podermos* nos tornar culpados deve ter sua origem em nosso ser" (Hung, 2020: 7).

Em primeiro lugar, o "*caráter-de-não* desse não" (*SuZ*: 283) pode ser visto na facticidade do ser-aí, no seu ser-lançado no mundo: o ser-aí *é* sendo – ou seja, na medida em que existe, o ser-aí *é* o seu aí. Isso não é nenhuma decisão do ser-aí, pois, existindo, ele já se encontra, queira ou não queira, no aí de sua existência – o que pode ser resumido assim: o ser-aí *não* é a causa de sua existência.

Em segundo lugar, o caráter de projeto (*Entwurf*) do ser-aí também dá a ver um *não* que lhe é constituinte:

> Existindo, o ser-aí é seu fundamento, ou seja, de tal modo que ele se compreende a partir de possibilidades e, compreendendo-se dessa maneira, é o ente projetado. Pois bem, isso significa que, podendo ser, o ser-aí está em uma ou outra possibilidade, que constantemente *não* é alguma outra, à qual ele renunciou em seu projeto existentivo (*SuZ*: 285).

A escolha de uma possibilidade não aniquila as outras possibilidades. Em vez disso, essa escolha é, ao mesmo tempo, a *não*-escolha das outras. Isso pois o ser-aí não pode se decidir por todas elas a todo momento. O caráter-de-não aí expressado é duplo: por um lado, diz respeito à irrecuperabilidade das possibilidades às quais o ser-aí renuncia ou antecipa em seu projeto existentivo; por outro, diz respeito ao fato de o ser-aí poder avançar em direção a apenas algumas dessas possibilidades, isto é, não em direção a todas. Portanto, "o projeto também é definido pela incapacidade: a incapacidade de ser as possibilidades que foram renunciadas e a incapacidade de se projetar em tudo o que está disponível" (Blattner, 2006: 155), mostrando que há um *não* no ser do ser-aí entendido como projeto.

Em terceiro lugar, o caráter-de-não pode ser visto na decadência do ser-aí:

> [...] o ser-aí é, imediata e constantemente, *junto* ao "mundo" do qual se ocupa. Esse absorver-se junto a... [*Aufgehen bei...*] tem geralmente

> o caráter de um estar-perdido [*Verlorensein*] no caráter público do impessoal. O ser-aí, como poder-ser-si-mesmo próprio, já sempre desertou si mesmo e decaiu no "mundo" (*SuZ*: 175).

De saída, isso significa que o ser-aí se mostra como *não* sendo um si mesmo próprio. Pois, à medida que deserta si mesmo e decai no mundo, ele é conduzido pelo falatório, pela curiosidade e pela ambiguidade – que, conforme dão a ver os §§35-37 de *Ser e tempo*, são os aspectos ontológicos característicos do ser-em na sua condição de ser sempre já lançado em um mundo, mostrando as formas de abertura do ser-em em sua cotidianidade: "O falatório é o equivalente cotidiano da fala, a curiosidade é o equivalente cotidiano da compreensão, e a ambiguidade, produto da união do falatório e da curiosidade, desperta o sentimento de ter sido lançado" (Adrián, 2016c: 291). Em outras palavras: o falatório, a curiosidade e a ambiguidade dão a ver o ser-aí impróprio – ou melhor, dão a ver "o como em que uma determinada *interpretação* de si mesmo está à disposição do próprio ser-aí" (GA 63: 31/39). Nesse sentido, a decadência não representa "a 'queda' [*Fall*] de um 'estado original' mais puro e elevado" (*SuZ*: 176). Ela representa a condição cotidiana do ser-aí permeado por um constitutivo *não*-ser-si-mesmo: "Tanto na estrutura do ser-lançado quanto na estrutura do projeto há essencialmente uma niilidade. E ela é o fundamento para a possibilidade da niilidade do ser-aí *im*próprio na decadência, na qual o ser-aí já está sempre faticamente" (*SuZ*: 285).

Se é o conteúdo do conceito teológico de pecado o que deve reivindicar o conceito ontológico-existencial de culpa, então também deve haver nele esse caráter-de-não – que diz respeito ao não domínio que o ser-aí tem de seu ser, à não capacidade de o ser-aí ser todas as possibilidades que se lhe abrem, e ao não-ser-si-mesmo, que de pronto se manifesta em sua decadência no mundo. Isso porque, para Heidegger, leitor de Lutero, o pecado, assim como a fé, é um conceito de existência. Logo, ambos dizem respeito ao ser do ser-aí, que, após a queda, tem a sua natureza corrompida: "A *natura hominis* é *corrupta*. O ser do ser humano como tal é pecado" (Heidegger, 2009: 267).

Como esse "não" se mostra no pecado? De acordo com a leitura de Heidegger do conceito de pecado em Lutero, há três manifestações distintas desse "não", todas relatadas em *Gênesis*. Em primeiro lugar, homem e mulher se afastam de Deus, ou melhor, dele se escondem: "Eles ouviram o passo de Iahweh Deus que passeava no jardim à brisa do dia e o homem e sua mulher se esconderam de Iahweh Deus, entre as árvores do jardim" (Gn 3, 8). Há aí um flagrante "não" em ação: esconder-se de Deus significa *não* o encarar. Isso já mostra uma indecência do ser humano, de cuja natureza, antes da queda, faz parte o amar, o crer e o reconhecer a Deus como criador. Em segundo lugar, homem e mulher se escondem de Deus porque ouviram uma palavra distinta daquela de Deus. Ou seja, *não* o ouviram, porém não porque ele não os chamou, e sim porque escolheram não o ouvir: "Ao dar ouvidos às palavras da serpente, Eva *não* ouve a palavra de Deus, e, recebendo o fruto de Eva, Adão proclama que a palavra de Deus *não* é aquela que ele deveria ouvir" (Hung, 2020: 11). Em terceiro lugar, o *não* dar ouvidos a Deus resulta na quebra da relação entre ser humano e Deus: ao não o aceitar como justo criador, ou melhor, ao denominá-lo como também criador do pecado, o ser humano declara que Deus *não* é Deus, autojustificando-se, "tomando em suas próprias mãos a realização de sua vida, garantindo a si mesmo, achando que não tem mais necessidade de ouvir e responder – em forma de louvor, súplica e prece" (Bayer, 2003: 162). O que está em ação no pecado são três "nãos": *não* encarar, *não* ouvir e *não* crer. Desses "nãos", a *aversio Dei*, isto é, a *incredulitas*, a falta de fé, é o principal, pois, de acordo com Bayer (2003: 162), para Lutero, "não crer em Deus significa considerá-lo não confiável, indigno de acreditação e, assim, fazer dele um mentiroso. [...] Quem faz isso nega Deus".

Na existência cristã, a justificativa do pecado tem suas raízes no próprio ser do ser humano enquanto criatura de Deus – que por sua vez deve ser constituído de modo a tornar o pecado possível. Logo, "o ser do ser humano deve ser permeado por um 'não'" (Hung, 2020: 12). E não é justamente isso o que diz a estrutura do ser-culpado? Precisamente. Ser-culpado significa "ser-fundamento de uma niilidade" (*SuZ*: 283), o que mostra que o ser do ser-aí é permeado por um constituinte "não". Nesse sentido, o caráter-de-não do pecado provém do próprio ser do ser-aí. Isto é, provém de sua condição ontológico-existencial de ser-culpado, que não é uma instância superior da qual se deduz o pecado, mesmo porque algo como pecado e ser-pecador só pode ser conhecido no âmbito da fé, a respeito da qual a filosofia nada sabe. O que o ser-culpado evidencia, na verdade, é o conteúdo pré-cristão do pecado, e assim o faz porque a filosofia é radical e inevitavelmente ontológica. Com isso, mostra-se o "'limite' que separa o conteúdo pré-cristão e o conteúdo de fé dos conceitos teológicos" (Capelle-Dumont, 2012: 42).

> Mas se toma-se assim o conceito ontológico de culpa como fio condutor, então é a filosofia que decide primariamente sobre o conceito teológico. Desse modo, porém, não está a teologia sob a tutela da filosofia? De modo algum! Porque, em sua essência, o pecado não deverá ser deduzido racionalmente do conceito de culpa. Tampouco o fato [*Faktum*] do pecado, através desta orientação junto ao conceito ontológico de culpa, deverá e poderá ser demonstrado racionalmente de qualquer modo; nem sequer se explica o mínimo que seja através disso a possibilidade fática do pecado. O que unicamente se alcança, mas também permanece indispensável para a teologia enquanto ciência, é que o conceito teológico de pecado, enquanto conceito existencial, ganha aquela correção (isto é, codireção [*Mitleitung*]) que, de acordo com seu conteúdo pré-cristão, lhe é necessária enquanto conceito existencial. – A direção [*Direktion*] primária (derivação [*Herleitung*]), enquanto origem de seu conteúdo cristão, ao contrário, é dada sempre e apenas pela fé (*PuT*, II: 64).

Essa correção, contudo, não diz respeito somente ao conceito ontológico-existencial da culpa, embora essa seja a única correção indicada na conferência. Retornando à leitura de Lutero em 1923, vê-se que a confissão, contrária à situação de ser-pecador, resulta não só como aquele gesto através do qual se reconhece o pecado, mas, sobretudo, como aquele gesto que individualiza o cristão em meio à radical universalidade do pecado. De tal modo, o reconhecimento dessa condição de ser-pecador – na qual o ser humano se encontra e que diz respeito à corrupção de sua própria natureza – também deve implicar uma correção ontológico-existencial.

Pois bem, em Lutero, o pecado foi descrito por meio do *affectus* que dele se horroriza, e esse horror se dá como a percepção da dependência do cristão em relação às coisas do mundo. Logo, o reconhecimento dessa condição deve pressupor que o cristão perceba tal dependência. Mas como, se ele está entregue radicalmente às coisas enquanto tais? Justamente por meio de uma experiência que não seja determinada por elas. Ou seja, por meio de uma experiência que seja determinada por nada ôntico, e que, ao mesmo tempo, mostre a quem é pecador a sua condição mais própria. Tal condição é a de ser-pecador, em sentido teológico, e a de ser-culpado, em sentido ontológico – isto é, a condição de ser constituído por um não. E não é justamente isso o que faz a experiência fundamental da angústia, que, enquanto tal, suspende o ente na totalidade, e mostra ao ser-aí a sua radical condição originária de ser-lançado-no-mundo? De fato, pois "o ante quê da angústia não é nenhum ente intramundano. [...] O ante quê da angústia é completamente indeterminado. [...] Nada do que é presente à vista ou à mão no interior do mundo serve como o ante que a angústia se angustia" (*SuZ*: 186). Não há coisa determinada para a angústia se angustiar, assim como não há lugar e/ou momento preestabelecidos, pois o ante quê da angústia não está em nenhuma parte. "E, no entanto, está já *aí* tão próximo que corta o fôlego" (García, 2015: 171), pois aquilo de que a angústia se angustia é o próprio ser-no-mundo enquanto tal:

> Na angústia se perde o que se encontra à mão no mundo circundante, em geral, o ente intramundano. O "mundo" não é mais capaz de oferecer alguma coisa, nem sequer o co-ser-aí dos outros. Então, a angústia retira do ser-aí a possibilidade de compreender a si mesmo, em forma decadente, a partir do "mundo" e da interpretação pública. Ela lança o ser-aí de volta àquilo pelo que ele se angustia, seu próprio poder-ser-no-mundo. A angústia singulariza o ser-aí em seu próprio ser-no-mundo, que, em compreendendo, projeta-se essencialmente para possibilidades. Com o porquê do angustiar-se, a angústia, então, abre o ser-aí *como ser-possível* e, na verdade, como aquilo que, somente a partir de si mesmo, pode ser singularizado na singularidade (*SuZ*: 187).

O *affectus horrens peccatum* não é o horror diante desse ou daquele pecado, mas sim o horror diante da própria condição de ser-pecador, da própria situação de dependência em relação às coisas, que denota um radical afastamento do ser humano em relação a Deus. "Isso indica que o pecado, como 'decadência da fé', só é possível porque, mesmo no existir crente, o ser-aí é poder-ser e, por isso, ele não possui propriedades previamente dadas, devendo assumir o caráter *verbal* de suas possibilidades de ser, para ser quem é" (Cabral, 2017: 107). Porém, a angústia nada tem a ver com o pecado e com o ser-pecador, pois estes são elaborações puramente teológicas. De igual modo que a culpa em relação ao pecado, a angústia somente corrige o conteúdo ôntico desse *affectus*, indicando de maneira formal o seu sentido ontológico-existencial, isto é, pré-cristão: "Esse conceito [ontológico-existencial] segue sendo determinante em uma perspectiva, e, na verdade, [em uma perspectiva] formal pelo modo em que indica o caráter ontológico *da* região do ser, na qual o conceito de pecado deve necessariamente se manter *como conceito de existência*" (*PuT*, II: 65).

Nesse cenário, a confissão não surge como o ato reparador da culpa, como se a justificação do cristão dependesse só dele mesmo. Tal reparação, alcançada apenas pela fé, só pode ocorrer mediante a palavra de perdão, dada por Deus, que se (re)encontra com a palavra de confissão, dada pelo cristão. Com isso, entende-se por que, para Heidegger, a Revelação de Deus faz do cristão partícipe da fé, ou seja, ele *toma-parte* (*Teil-nehmen*) e *tem-parte* (*Teil-haben*). Isso, de acordo com Capelle-Dumont (2012: 36),

> [...] indica o duplo gesto no qual se inscreve a contemporaneidade entre o crente e a Revelação: gesto humano de disposição em relação a Deus (o ser humano toma parte) e gesto divino, antecedente ao primeiro, que revela o existente humano a si mesmo (o ser humano tem a si mesmo).

A confissão não surge como a enumeração e/ou enunciação dos pecados. Ela surge como a narração da própria existência. Isso pode ser visto de maneira singular nas *Confissões* de Agostinho, que, a partir da fé, narra sua existência em confronto consigo mesma. Como conceito teológico, a confissão também dá a ver aquela pluridimensionalidade acima destacada. No caso das *Confissões*, ela pode ser vista sobretudo na narrativa da conversão,[5]

5 O *Livro VIII* narra o episódio da conversão (cf. *Conf.*, VIII, 12). Interessa, contudo, perceber como Agostinho está num constante confronto consigo mesmo, buscando

dando atenção não tanto ao fato de Agostinho narrar, do primeiro ao oitavo livro, como havia sido a sua existência antes da conversão, mas sim dando atenção à percepção de que, mesmo crendo, a existência ainda é um peso para si – "não estando ainda repleto de ti, sou um peso para mim mesmo" (*Conf.*, X, 28). Isso pode ser muito bem percebido no *Livro X*,[6] onde os olhos

---

assumir-se em sua singularidade, dialogando em sua interioridade com Deus. O *Livro VIII* deixa claro que Deus é o "totalmente outro" da relação: na via da interioridade, ele é aquele com quem Agostinho dialoga. Resgatando a onipresença de Deus, já anunciada no *Livro I*, a narrativa do *Livro VIII* mostra a não interferência divina na edificação da *identidade* do indivíduo. A construção da identidade acontece como uma apropriação do si mesmo, o que implica o fato de a liberdade não ser algo como uma posse: "O ser humano [sic] é que sempre se realiza numa apropriação da liberdade, no sentido de só poder existir enquanto apropriado pelo processo escatológico da verdade de Deus" (Leão, 2015: 23). Dessa maneira, orientar-se por Deus é assumir a felicidade como plena realização da vida – logo, é habitar junto de Deus, o que só é possível mediante a fé.

6 De fato, no *Livro X*, Agostinho continua narrando a sua trajetória, e agora em outra perspectiva: não mais a partir do passado, mas sim a partir de sua situação presente. No *Livro X* ainda é trazida outra decisiva mudança: ele não fala mais dos acontecimentos externos e sim daquilo que se passa em sua interioridade – que embora tenha aí o seu ápice, já aparece desde o início da obra. O *Livro X* torna a questão da interioridade um de seus temas centrais, e faz isso a partir de uma retomada dos nove primeiros livros, atualizando-os no *homem interior*. Com isso, Agostinho revisita a sua própria caminhada, narrando-a de forma confessional. O *Livro X*, longe de perder o caráter narrativo que marca os nove primeiros livros, assume-o na perspectiva da *reflexão* sobre si mesmo, sobre a sua atual situação. Assim, vê-se a importância daquilo que aí é chamado de *meditação*, que antecipa a realização plena da felicidade na contemplação de Deus, aparecendo concretizada sob o desígnio de *beata vita*: o modo agostiniano de realização da vida. É a partir disso que Agostinho se lança à *meditação* sobre a criação, nos *Livros XI* a *XIII*, a terceira parte das *Confissões*. Essa parte não faz somente uma exegese dos primeiros versículos do Gênesis – "No princípio Deus criou o céu e a terra" (Gn 1, 1-2) –, como também faz uma realização de um sentido autêntico de confessar – pois "não serve a confissão para pedir perdão, mas para glorificar o bem, para o manifestar" (Pereira, 2002: 726). Desse modo, a *beata vita* irá se mostrar como concretização da via *reflexiva*, acerca da vida, e da via *meditativa*, acerca da glorificação de Deus através da criação: este é o melhor modo de confessar a bondade de Deus. A *beata vita* expressa a pluridimensionalidade do conceito teológico. Isso faz com que a *confissão* não se limite ao reconhecimento do pecado e ao pedido de perdão, ou que, antes disso, ela só diga respeito ao reconhecimento da bondade de Deus e à glorificação de seu gesto de criação. Sobretudo, isso faz com que a *confissão* descreva a própria condição do existente enquanto tal. Esse de fato é o sentido principal do termo: o de confessar como confissão do bem. Esse sentido se realiza de

de Agostinho estão voltados tanto para Deus quanto para si mesmo. O *Livro X* também apresenta os três modos de tentação: a da carne, a dos olhos e a da soberba. E, posteriormente, apresenta o amor-próprio como ato singular do tornar-se si mesmo, a partir do qual se compreende a *beata vita* como uma apropriação de si mesmo – logo, como entrega de si a Deus. Esse percurso levará Agostinho, no final do *Livro X*, a declarar: "Eis-me, Senhor, eu confio a ti os meus cuidados [*curam meam*] para poder viver, e contemplarei as maravilhas da tua lei. Conheces a minha inexperiência e a minha fraqueza. Ensina-me e cura-me [*sana me*]" (*Conf.*, X, 43).[7] Nesse caso, a confissão de

---

três diferentes modos ao longo das *Confissões*: ora como confissão dos pecados, no sentido de reconhecimento dos erros e invocação da graça de Deus – *Livros I* a *IX*; ora como confissão testemunhal, no sentido de manifestar a prática do bem e da verdade – *Livro X*; ora como confissão de fé e de louvor, no sentido de glorificar o ato bondoso da criação – *Livros XI* a *XIII*. Então, há três diferentes modos de concretização de um mesmo ato, os quais, assim dispostos, mostram a confissão como "um ato ontológico e um ato de fé e confiança na bondade fundadora desse mesmo ato" (Pereira, 2002: 724). Um ato ontológico porque, no limite, trata-se de tornar manifesto para si mesmo aquilo que é mais íntimo, aquilo que, de fato, se é. Assim, "a confissão é uma epifania de vida, da vida, da vida do ser humano [sic]. Uma revelação. Mas não uma revelação qualquer: é um ato de comunicação de nível ontológico" (Pereira, 2002: 723). Ao mesmo tempo, a confissão é um ato de fé e confiança no mútuo diálogo entre criatura e criador: a confissão como ato de fé na criação, gesto supremo de amor, de bondade e de doação. Como gesto de fé, trata-se de um *confessar* que *aceita*, ou melhor, que *responde* ao chamado inicial à conversão, tornando-se partícipe dela – isto é, tornando-se agente e não mero expectador. A confissão do bem está vinculada ao caráter narrativo: "Não palavras vazias de desatenta formulação, mas o aceitar-me no e pelo ato em que me confesso co-laborador na e da criação de mim por Deus" (Pereira, 2002: 724). Essa dupla implicação de toda atitude confessional permite o reconhecimento daquilo que é pecado e graça no horizonte das *Confissões*: pecar é afastar-se de Deus, negando a sua onipresença; graça é poder retornar para junto dele, louvando-o e invocando-o a partir da criação.

7 A entrega de seus cuidados a Deus diz respeito a um modo de sentir *e* pensar, pois o termo latino para cuidado – *cura* – provém de *quaero*, cujo significado é procurar, buscar algo. O seu uso na língua latina, porém, é mais amplo, significando "atenção, aplicação, diligência, empenho, esforço [...]. Inquietude, aflição, preocupação, solicitude [...]. Curar, tratar uma enfermidade, sanar" (Blánquez, 1975: 507). Assim, *cura* é tanto curar no sentido de restabelecer a saúde quanto curar no sentido de tratar de, dar atenção a, preocupar-se por – que, em latim, também se diz através de outro termo, *cogitare*, cujo significado é pensar (Cunha, 2010: 193).

Agostinho, que narra a conversão e os próprios pecados a partir da condição hodierna de sua existência, pode ser entendida a partir do ouvir – e acatar – o chamado de Deus à fé. Esta, por sua vez, pode ser entendida como a entrega do cuidado da própria vida a Deus.

Isso reivindica a possibilidade de o existente, no caso, o cristão, ouvir um chamado que lhe está oculto e que lhe é estranho, na maioria das vezes. Trata-se de um chamado que estabelece uma quebra em sua cotidianidade mediana, ou seja, uma quebra na sua condição de ser-pecador. Além disso, trata-se de um chamado que se diz de outro modo que o do falatório – isto é, que se diz de outro modo que o da "decadência da fé", o pecado –, mas que não surge senão dessa sua condição de ser-pecador entregue às coisas mundanas. Uma vez que se estabelece tal quebra com a cotidianidade, esse chamado não pode provir de nada ôntico: "O convocador não pode ser determinado em seu quem por *nada* 'mundano'. Quem convoca é o ser-aí em seu estranhamento, é o originário e lançado ser-no-mundo enquanto estar-fora-de-casa [*Un-zuhause*], o nu 'quê' no nada do mundo" (*SuZ*: 277). Em sentido teológico, trata-se de um chamado que dá a ver a condição de ser-pecador do cristão como uma situação de queda, não-originária da natureza da existência cristã. E não é precisamente disso que trata o fenômeno da voz da consciência?[8] Não é ela que convoca o ser-aí impróprio para o poder-ser-si-mesmo próprio – não como a fuga de um "mundo exterior" em direção a um "interior", mas sim como a convocação em direção ao lugar mais próprio, em que o ser-aí pode levar a cabo o seu poder-ser? "A compreensão do chamado da consciência [*Gewissensrufes*] desvela a perdição no impessoal. O caráter-de-decisão restitui o ser-aí a seu poder-ser-si-mesmo mais próprio" (*SuZ*: 307).

Contudo, a voz da consciência nada tem a ver com o pecado e o ser-pecador, tampouco se trata da voz de um ente supremo – Deus: "O convocador é o ser-aí, que, no ser-lançado (já-ser-em...) se angustia por seu poder-ser. O interpelado é precisamente esse ser-aí, enquanto chamado a seu poder-ser mais próprio (antecipar-se...)" (*SuZ*: 277). Mesmo assim, há a possibilidade de tal voz ser interpretada como sendo a voz de um ente. Isso

8 Cf. Segunda seção, capítulo 5.2.1.

porque ela, como "um poder estranho que se ergue dentro do ser-aí" (*SuZ*: 275), não podendo ser determinada por nada ôntico – logo, não podendo ser levada a cabo de forma voluntária pelo próprio ser-aí –, deve ser entendida como provinda "*de mim* e, no entanto, de *além de* mim" (*SuZ*: 275) – donde a possibilidade de se lhe atribuir a outrem que não o ser-aí. Nesse sentido, em chave teológica, a voz da consciência pode ser assumida como a voz de Deus, que convoca o cristão, tornando possível uma quebra em sua condição cotidiana de ser-pecador.

Como quem dá o primeiro passo desse chamado é quem convoca e não quem ouve, até mesmo a prerrogativa teológica, de a iniciativa da salvação provir de Deus e não do ser humano, encontra aí a sua correção ontológica – o que não quer dizer que a ontologia a funda. "A correção é muito mais apenas formalmente indicadora" (*PuT*, II: 65), de modo que, teologicamente, os conceitos de culpa, de angústia como disposição afetiva fundamental e de voz da consciência, jamais se tornam tema de investigação. Isso evidencia que "o âmbito da relação entre filosofia e teologia se mostra muito estreito: a filosofia quase não tem necessidade de uma relação desse tipo; longe de voltar a se converter em 'serva' da teologia, ela leva a cabo a remissão crítica da teologia a uma conceptualidade adequada" (Capelle-Dumont, 2012: 44).

A compreensão da fé implica necessariamente uma compreensão do pecado, que por sua vez remete ao que é mais próprio do cristão em sua condição de "decadência da fé". Uma adequada interpretação conceitual da existência cristã, levada a cabo pela teologia, implica uma correção ontológico-existencial – isto é, pré-cristã – da existência enquanto tal. Em outras palavras: é o próprio ser do ser-aí em totalidade que se encontra aí em jogo. A totalidade do ser-aí, por sua vez, não é a mera posterior combinação de diferentes modos de ser:

> A totalidade existencial do todo estrutural ontológico do ser-aí deve ser apreendida formalmente na seguinte estrutura: o ser do ser-aí significa ser-se-antecipadamente-no-já-ser-em(-o-mundo) como ser-junto (ao ente que vem ao encontro no interior no mundo). Esse ser preenche o significado do termo *cuidado* [*Sorge*], utilizado em sentido puramente ontológico-existencial (*SuZ*: 192).

Como expressão dessa totalidade estrutural originária, o *cuidado* é "existencialmente *a priori*, 'antes', ou seja, sempre já *em* todo 'comportamento' e 'situação' fáticos do ser-aí" (*SuZ*: 193). No limite, o cuidado é o *a priori* da intencionalidade.[9] Com isso, essa intencionalidade não é a do mero "dirigir-se a" (*Sichrichten-auf*), mas sim é a do "ser-se-antecipadamente-já-sendo-junto--a" (*Sich-vorweg-seins-im-schon-sein-bei*): "Essa [estrutura] é o fenômeno próprio que corresponde ao que imprópria e simplesmente, em uma direção isolada, entende-se como intencionalidade" (GA 20: 420). O "antecipar" aí anunciado não é cronológico, mas sim ontológico. Ou seja, ele diz respeito ao fato de o ser-aí assumir, sempre e a cada vez, a condição finita que é a sua, tanto quanto a condição de ser, originariamente já sempre junto às coisas – ou melhor, sempre já em um mundo. Por isso, "plenamente apreendido, o ser-se-antecipadamente significa: *ser-se-antecipadamente-já-sendo-em-um-mundo*" (*SuZ*: 192).

Uma vez que o ser-aí já é sempre no mundo, o cuidado é sempre levado a cabo desde um horizonte de possibilidades esperadas, de modo que tais possibilidades não são totalmente livres, pois estão condicionadas àquilo que o ser-aí é. Logo, sua existência está (de)marcada por sua facticidade. Com isso, entende-se por que, na economia de *Ser e tempo*, o cuidado está posto após a descrição da angústia como disposição afetiva fundamental: só é possível saber sobre si mesmo a partir de uma experiência que seja/esteja determinada por nenhum ente – uma experiência que conduza, desde uma perspectiva transcendental, o ser-aí novamente à sua pura facticidade e ao fato de que é e não pode não sê-lo, situando-o de chofre "à única possibilidade de ser: a de assumir as possibilidades que em cada caso somos e o mundo mesmo como horizonte total de nosso ter de ser" (Rodríguez, 2019: 192). Portanto, ao dizer respeito a um ser-se-antecipadamente-já-sendo-em-um-mundo, a intencionalidade do cuidado "institui a possibilidade do surgimento de um modo específico de cuidar de si" (Casanova, 2017: 258). Nesse sentido, importa destacar que, para Heidegger, já desde as preleções sobre Agostinho:

> [...] o cuidado consigo mesmo [*Selbstbekümmerung*] parece fácil e cômodo, interessante e superior enquanto "egoísmo", ao mesmo

9 Cf. Primeira seção, capítulo 1.2.

> tempo, danoso para o "bem da comunidade": um perigoso individualismo. Na verdade, [o cuidado consigo mesmo] tanto mais difícil quando alguém se toma a si mesmo cada vez como menos importante, envolvendo-se cada vez mais; quando se põe à frente uma "objetividade" [*Objektität*], em face da qual a "coletividade" é uma brincadeira, um cômodo ser feito das coisas mesmas e das essências e seus nexos *(AN*, GA 60: 241).

Esse cuidado de si não é nenhum solipsismo, nenhum rompante egoísta no horizonte de *Ser e tempo*, para o qual interessaria somente o si mesmo. Conforme afirma Adrián (2013: 303), trata-se do posicionamento heideggeriano na esteira de uma "tradição do cuidado", iniciada em Platão, presente também no cristianismo, sobretudo no período Patrístico, esquecida no período escolástico, e retomada por pensadores como Pascal, Montaigne e Nietzsche. O que aproxima Heidegger dessa "tradição do cuidado" é a possibilidade de haver um si mesmo mais fundamental, não destacado à primeira vista, e que se percebe entregue às tarefas cotidianas, ao senso comum: "É exatamente essa dupla possibilidade de levar uma vida que está entre a propriedade e a impropriedade, a perdição e a salvação, a ignorância e a sabedoria que é parte constituinte da ambivalência fundamental do cuidado" (Adrián, 2013: 304). O ser-aí precisa se apropriar de seu si mesmo mais próprio, pois, ao se entregar às coisas, às tarefas cotidianas, distancia-se de si mesmo. Nesse sentido, o caráter de ser-se-antecipadamente-já-sendo-em--um-mundo guarda a possibilidade originária de o ser-aí se recuperar de sua dispersão, apropriando-se de si mesmo – pois, caso contrário, não haveria horizonte algum para cuidar do que quer que seja.

Olhando pela perspectiva ontológico-transcendental, o *sentido de realização* do cuidado nunca é previamente determinado. Tal sentido é apenas indicado formalmente enquanto ocupação com as coisas (*Besorgen*) – porque o ser-aí é ser-junto-a – e enquanto procura-solícita (*Fürsorge*)[10] com os outros – porque

10 Ao assim traduzir *Fürsorge*, mantém-se tanto a raiz *quaero* (procurar) do termo *cura* quanto o significado corrente do termo alemão. Tal significado corrente é o de uma inquietação com o futuro, bem como o de uma preocupação com os outros, no sentido de ser movido por algo ou alguém (Grimm; Grimm, 1971b: colunas 825-828). Isso,

o ser-aí é ser-com. Nesses termos, é possível dizer que Agostinho entrega o cuidado de sua vida a Deus e que, a partir disso, contempla as maravilhas de sua lei – porque, para ele, é Deus quem o convoca, sendo a ocasião propícia para a apropriação de seu si mesmo mais próprio. De certa forma, a voz de Deus é a voz do cuidado. Isso pode ser interpretado dessa forma porque "*a consciência se manifesta como chamado do cuidado*" (*SuZ*: 277). Logo, a certeza que o cristão tem da própria fé, conquistada por meio da possibilidade de decisão, nada mais é do que a certeza da própria existência enquanto cuidado. A partir disso, é possível manter-se firme na fé, assumindo de maneira livre tudo aquilo que ela implica, inclusive o ser-pecador. Isso pois "compreender o chamado é escolher – não a consciência, que, enquanto tal, não pode ser escolhida. Escolhe-se o *ter*-consciência, enquanto ser-livre para o ser-culpado mais próprio. *Compreender a convocação* [*Anrufverstehen*] significa: *querer-ter-consciência*" (*SuZ*: 288).

É certo que a teologia pode ser entendida como "a autoconsciência do cristianismo em sua manifestação na história universal" (*PuT*, II: 52). E é certo que a fé, enquanto modo de ser, em algum momento implica o assumir-se pecador – isto é, o *querer-ter-consciência*, que é "*a pressuposição existencial mais originária para a possibilidade do tornar-se faticamente culpado*" (*SuZ*: 288). Com isso, o princípio de razão do pecado não é a Doutrina, tampouco a Tradição, mas sim a Palavra Revelada de Deus, que chama à fé por meio da cruz. Desse modo: o pecado não é deduzido do conceito ontológico de culpa; o horror não é deduzido da angústia como disposição afetiva fundamental; a voz de Deus não é deduzida da voz da consciência; e a totalidade da existência cristã não é deduzida do cuidado como ser do ser-aí. Embora os conceitos da analítica existencial digam respeito à existência anterior-à-fé,

em português, melhor se diz com o termo "solicitude", que, advindo de *sollicitudo*, "é 'cuidado' no sentido de 'estar movido (*citus*, particípio de *ciere*, mover) ou comovido por inteiro' (*sollus*), isto é, sentir inquietude, moléstia, pena. É 'solícito', portanto, quem se aflige por algo ou alguém" (Borges-Duarte, 2010: 118). Com isso, cunha-se a expressão "procura-solícita", unindo-a com um hífen, pois não se trata de um mero procurar, um procurar calculatório e calculador, analítico e objetivista, que acabaria achando algo e não alguém – ou melhor, que acabaria transformando esse "alguém" em "algo". Trata-se de uma procura *com* e não uma procura *por*, entendendo-a de maneira existencial e não categorial, conforme exposto no §26 de *Ser e tempo*.

o que esses conceitos mostram, de fato, é que a maneira de tratar cientificamente o fenômeno da fé, em sua originariedade, nunca é arbitrária, mas sempre orientada em uma direção. Portanto, "o recurso à analítica do ser--aí permite descobrir a dimensão propriamente teológica do conceito de pecado" (Capelle-Dumont, 2012: 43), preservando a relação originária da teologia com a fé e fazendo dela *ciência da fé*.

7.3.3 A relação não-essencial entre filosofia e teologia

A direção primária dos conceitos teológico-fundamentais só pode ser fornecida e alcançada na fé. Dessa forma, "a indicação formal do conceito ontológico, portanto, não tem a função de ligação, mas, ao contrário, de liberação e remissão ao desvelamento específico, isto é, adequado à fé, da origem dos conceitos teológicos" (*PuT*, II: 65). A filosofia não exerce a função de corretivo do conteúdo ôntico da teologia, no sentido de lhe dar o devido fundamento, tal como faz, por exemplo, com o conceito de natureza próprio da física (cf. *PuT*, I: 194-196; GA 25: 30-32), e como se o conceito de pecado fosse uma derivação do de culpa. De acordo com Greisch (2003: 453), "o filósofo não é o 'diretor de consciência' do teólogo, ele lhe faz simplesmente compreender melhor a natureza existencial verdadeira de seus conceitos, isto é, a originariedade do lugar onde o teólogo se mantém".

A correção, porque é formal, é uma codireção. Ou seja, a fé continua sendo a fonte primária dos conceitos teológico-fundamentais. Junto a ela, os conceitos ontológico-existenciais (no caso, o ser-culpado, a angústia, a voz da consciência e o cuidado) *codirecionam* o significado do pecado – pois, "como conceito de existência, ele *supõe* uma compreensão existencial 'pré--cristã' que unicamente a filosofia é capaz de fornecer" (Greisch, 2003: 452). Se para as ciências ônticas não-teológicas em geral a filosofia exerce uma função fundamentadora de seus principais conceitos, estabelecendo uma ontologia regional, para a teologia ela exerce então uma função corretiva, indicando formalmente a direção e a região do ser onde os conceitos teológico-fundamentais estão apoiados.

No entanto, essa tarefa corretiva não é nenhuma imposição da filosofia à teologia. Na verdade, não pertence à essência da filosofia tal função corretiva (cf. *PuT*, II: 65). Trata-se de uma possibilidade, logo, de uma relação não-essencial entre uma e outra. Desse modo, é a teologia que pode se beneficiar de tal relação, no que diz respeito à sua cientificidade. E, por meio da correção proposta pela filosofia, também é ela que pode levar a cabo a interpretação conceitual da existência cristã, tendo em vista a análise ontológico-existencial da existência enquanto tal, levada a cabo pela filosofia.

Diante disso, para Heidegger, a relação entre elas, elaborada a partir da construção ideal da ideia das duas ciências, apresenta-se também como idealmente construída – pois, por meio da correção indicativo-formal possibilitada pela filosofia à teologia, ambas podem se relacionar e, ao mesmo tempo, manter a radical distância que possuem uma da outra. Por consequência, nem a filosofia se constituiria a partir de um princípio teológico, nem a teologia a partir de um ontológico. A pluridimensionalidade dos conceitos teológico-fundamentais só pode ser vista se a teologia se mantiver em seu caminho originário, mostrado única e exclusivamente pela fé – ou seja, só se a teologia estiver livre de qualquer tipo de metafísica, conforme já antecipado por Heidegger: "O caminho para uma teologia cristã originária [deve ser] livre da [teologia] grega" (GA 59: 91).

Nesse cenário, a correção, como codireção, também ajuda a justificar a centralidade da teologia da cruz para Heidegger: tal teologia mostra como as coisas são, mais precisamente, como o ser do ser-aí cristão é enquanto tal. Manter-se junto à cruz é o ato teológico por excelência, pois é a partir da cruz que o cristão se mantém firme na fé, bem como é a partir de onde ele pode interpretar conceitualmente a existência que é a sua. Ao mesmo tempo, isso torna possível olhar para a existência enquanto tal, implicando a análise que só pode ser levada a cabo pela filosofia – que "*pode ser o que ela é sem funcionar faticamente como esse corretivo*" (*PuT*, II: 66).

De maneira alguma isso pode ser entendido como um "dar de ombros" à teologia, pois isso mostra justamente a estreiteza da relação entre as duas ciências: a filosofia indica formalmente o lugar dos conceitos teológico-fundamentais, mas não trata de seus conteúdos, pois isso é de competência única e exclusiva da teologia. Ou seja, quanto mais teológica for, mais próxima da filosofia a teologia estará, e menos dependente do sustento de qualquer tipo de filosofia e/ou metafísica. Desse modo, Heidegger pode apresentar sumariamente a tese que expressa a relação não-essencial entre filosofia e teologia: "*A filosofia é o possível corretivo ontológico, formal-indicador, do conteúdo ôntico, e, na verdade, pré-cristão dos conceitos teológico-fundamentais*" (*PuT*, II: 66).

CAPÍTULO 8
A RADICAL OPOSIÇÃO ENTRE FILOSOFIA E FÉ

Por último, precisa ser devidamente compreendida a indicação da qual Heidegger parte para a conclusão de sua conferência:

> Essa relação particular não exclui, mas implica que a *fé*, em seu núcleo mais íntimo, isto é, enquanto uma possibilidade específica da existência, segue sendo a inimiga mortal diante da *forma de existência*, fática e extremamente mutável, que pertence essencialmente à *filosofia* (*PuT*, II: 66).

Na sequência desse excerto, abre-se a seguinte nota de rodapé:

> Que aqui se trata da contraposição [*Gegenüberstellung*] fundamental (existencial) entre duas possibilidades da existência, que não excluem, mas *implicam* uma aceitação e reconhecimento recíproco, fático e existentivo, não deveria ter de ser discutido mais prolongadamente (*PuT*, II: 66, nota de rodapé n. 3).

Há aí duas gramáticas: a menção à "relação particular" evidencia o trato da filosofia e da teologia como ciências; ao passo que o fato de as duas serem "possibilidades da existência" evidencia o trato da filosofia e da fé como modos de ser do ser-aí, isto é, modos de ele levar a cabo a existência que é a sua. A sustentação do que aí se afirma indica uma oposição que está para além daquela entre o ponto de partida ôntico-positivo da teologia e o ontológico-transcendental da filosofia – ou melhor, não parece se sustentar somente nessa oposição. Então em qual outra? Justamente naquela explicitada posteriormente à conferência, mais precisamente, em *Introdução à filosofia*: uma oposição que é denominada por Heidegger como "concessão de abrigo" (*Bergung*), por um lado, e como "postura" (*Haltung*), por outro. Essas denominações são as duas possibilidades fundamentais da "visão de mundo" (*Weltanschauung*) (cf. GA 27: 357-376/382-403), a partir da qual se pode entender a oposição fundamental (existencial) entre o modo de ser da filosofia – o filosofar – e o da fé – o ser-crente.

No início da segunda parte da conferência, porém, já se deixou claro que o problema da relação entre filosofia e teologia é assumido como a "*relação entre duas ciências*" (*PuT*, II: 47), e não de acordo com a concepção vulgar – decidida não pela argumentação científica, mas sim "apenas pelo modo, pela extensão e pela força da convicção e da afirmação de uma visão de mundo" (*PuT*, II: 47). Não há aí um evidente contrassenso? Aparentemente, sim. No entanto, não fundamentalmente. Pois, nesse ponto específico da conferência, há a utilização de outra gramática, distinta daquela utilizada para descrever a positividade e a cientificidade teológicas, bem como as suas relações com a filosofia. Logo, para justificar a oposição entre o modo de ser da filosofia e o da fé, deve-se em primeiro lugar entender a base dessa outra gramática. Para tanto, deve-se buscar o que significa visão de mundo, mais precisamente, visão de mundo como "concessão de abrigo" e como "postura", conduzindo a algo que não é evidente na conferência, mas que lhe é iminente. Só dessa maneira se poderá justificar a seguinte afirmação:

> Essa *oposição* [*Gegensatz*] *existencial* entre o ser-crente e a livre auto assunção [*Selbstübernahme*] do todo do ser-aí, que já é *anterior* à teologia e à filosofia e não surge delas enquanto ciências, dita *oposição* deve justamente suportar a *possível comunidade* entre teologia e filosofia *como ciências*, caso se queira que essa comunicação possa continuar autêntica, livre de qualquer ilusão e de débeis tentativas de mediação (*PuT*, II: 66).

Nesse sentido, acerca da correção ontológica do pecado, foi necessária uma digressão sobre o conceito de pecado em Lutero, tal qual exposto por

Heidegger em 1924 – o que levou à afirmação de que não é só o ser-culpado que está ali implicado, como também a angústia, a voz da consciência e o cuidado. Pois então agora, acerca da oposição existencial entre filosofia e fé, faz-se necessária uma aproximação às possibilidades fundamentais da visão de mundo, tal qual realizada em *Introdução à filosofia*. Só dessa forma se poderá entender a razão de essa contraposição existencial dar suporte à comunicação entre filosofia e teologia como ciências distintas.

8.1 Uma aproximação às possibilidades fundamentais da visão de mundo

Para Heidegger, em suma, visão de mundo diz respeito à respectiva facticidade da transcendência, logo, ao ser-no-mundo. O que isso significa? Em primeiro lugar, significa que não se trata de algo como uma ideologia, imposta aqui e ali arbitrariamente, tampouco uma mera contemplação das coisas ou ainda a soma do que se sabe sobre elas:

> [...] visão de mundo é sempre tomada de posição e, com efeito, uma tomada de posição tal que realizamos por convicção própria, seja ela uma convicção própria e expressamente formada, seja ela uma convicção que nós pura e simplesmente compartilhamos com outros ou reproduzimos de outros, uma convicção que acabamos assumindo (GA 27: 233/249).

A visão de mundo pertence ao ser-no-mundo: não se trata de algo que ele *tem*, no sentido de ela ser como que adquirida voluntariamente; trata-se de algo que ele *é* (cf. GA 27: 344/369). O seu ponto sustentador é o caráter transcendental do ser-aí, pois o ser-no-mundo não lhe é algo afixado, mas sim é a sua constituição ontológica mais própria – justamente aquela que exige que ele se apoie nela. Como visto, essa constituição é formada por um "não", de modo que ela se apresenta como uma originária ausência de apoio. Com a expressão "visão de mundo", Heidegger tem em vista o manter-se do ser-aí em seu ser-no-mundo, o dar a si um apoio fático nessa radical ausência de apoio que ele mesmo é, donde a conclusão: "Faticamente, a visão de mundo se forma em cada caso de acordo com o modo como a ausência de apoio do ser-aí, o próprio ser-no-mundo enquanto tal, torna-se manifesta para o ser-aí em questão" (GA 27: 337-338/362, mod.).

Nesse cenário, a visão de mundo não designa o ato de ver isso ou aquilo em particular. Ela designa o ato de ver o todo do ente, isto é, o mundo, que não é uma determinação do ente aí presente-à-vista, mas sim é uma determinação do ser do ser-aí (cf. GA 24: 420/430). No fundo, o que a visão de mundo expressa é um comportamento do ser-aí em relação ao mundo, logo, em relação a si mesmo: "Como 'visão', ela é um comportamento – ou melhor – uma postura do ser-aí e, com efeito, uma tal que suporta e determina o ser-aí a partir do fundamento, de modo que, nessa postura, o ser-aí se vê e se sabe posto em relação à totalidade do ente" (GA 27: 234/251, mod.).

Sem deixar de se manter em seu ser-no-mundo – ou seja, não abdicando de sua radical niilidade –, o ser-aí oferece a si mesmo um apoio, que se mostra como visão de mundo. Por isso, no fundo, a visão de mundo significa "ter-o-mundo [*Welt-haben*], possuí-lo, isto é, manter-se no ser-no-mundo, o que implica prescindir da ausência de apoio, que por sua vez, no entanto, dá a indicação para tomar posse dessa visão de mundo" (GA 27: 344/369, mod.). Nesse sentido, a visão de mundo nunca é natural, "ela não possui um conteúdo prévio, indiferente e eterno em relação ao qual o ser-aí entra casualmente em contato, ou acerca do qual está em um processo de constante aproximação" (Albuquerque, 2015: 182). Pelo contrário, a visão de mundo é sempre histórica, "quer ela saiba ou não" (GA 27: 345/370), pois ela pertence ao ser-no-mundo, que, como existente, sempre se singulariza nessa ou naquela situação. Sem essa constituição fundamental do ser-aí, a visão de mundo jamais se efetivaria. E de acordo com Heidegger, como já visto, tal efetivação histórica da visão de mundo ocorre em duas possibilidades fundamentais: como "concessão de abrigo" e como "postura". Essas possibilidades, enquanto tais, "nunca podem ser faticamente cindidas; em uma ressoa a outra, a outra já sempre antecipa a primeira" (GA 27: 357/382, mod.).

8.1.1 A segunda gramática da conferência: a fé como concessão de abrigo

Como possibilidade fundamental de levar a cabo a visão de mundo, o primeiro ponto a ser visto na ideia da concessão de abrigo (*Bergung*) diz respeito ao fato de *Bergung* derivar de *bergen*, cujo significado é: conceder abrigo, no sentido de recolher, proteger, salvaguardar (cf. Grimm; Grimm, 1971a: colunas 1507-1509). O verbo *bergen*, por sua vez, dá origem a *verbergen* ("encobrir"), de onde surge *Verborgenheit* ("encobrimento"), e *Unverborgenheit* ("não-encobrimento"). Esses termos são associados à ideia de verdade (*Wahrheit*) e ser-verdadeiro (*Wahrsein*), em sua significação originária, ἀλήθεια.[1] Logo, a concessão de abrigo está no horizonte conceitual da verdade, de modo que, conforme afirma Casanova (2009: 382, nota de rodapé n. 7), "a visão de mundo concede abrigo na medida em que possibilita ao ser-aí ser em meio ao espaço de manifestação dos entes, e encontrar uma medida válida para os seus comportamentos em geral". Em outras palavras: a visão de mundo concede abrigo ao ser-aí à medida que lhe serve de medida/parâmetro para o seu comportamento.

No entanto, a pergunta é: por qual razão é necessário algo desse tipo, isto é, uma espécie de proteção para o ser-aí? A resposta: porque, a princípio, o ente, em sua supremacia, gera pavor e medo àquele a quem ele se mostra tal como é. Ou seja, o ente causa pavor única e simplesmente porque é e não antes o nada. O pavor não se dá pelo risco oferecido por esse ou aquele ente, mas sim se dá porque o ente, em geral, é da maneira como é. O ser-aí, por sua vez, encontra-se entregue a essa supremacia, de modo que "o ser-aí é absorvido pelo ente, é tomado pelo todo e não apenas pelas coisas" (GA 27: 357/383). Essa supremacia direciona a compreensão do próprio ser-no-mundo e, dominado por ela, o ser-aí não se reconhece enquanto tal. Em outras palavras: ele é, para si mesmo, estranho, e, diante dessa estranheza, procura refúgio, ou melhor, proteção contra isso que se apresenta a ele em sua supremacia: "O ser de todo ente é compreendido nesse sentido, o ser-no-mundo é visto como esse ser

1 Cf. Primeira seção, capítulo 2.2.

entregue à supremacia do ente, com os modos fundamentais do ser que ele comporta e pelo qual é ameaçado" (GA 27: 358/383).

Quanto menos "sabe" a respeito do ente, mais originariamente entregue a ele o ser-aí está. Nesse sentido, o primeiro apoio encontrado por ele não pode ser outro senão aquele que tem o "caráter de concessão de abrigo no ente. [...] O apoio é encontrado no próprio ente que detém a supremacia; ele é aquilo que dá apoio e torna possível o estar abrigado" (GA 27:360/385, mod.). O ser-aí se coloca sob a supremacia do ente, o que demonstra que a procura por proteção não vai além do próprio ente, fundamentando-se nele, na verdade. Com isso, a medida/parâmetro para o comportamento do ser-aí diante do ente é encontrada e orientada pela própria supremacia do ente: "Na concessão de abrigo, o peso do ser-aí reside no ser permeado pelo ente, ainda que a verdade do ser-aí seja primariamente definida pelo desabrigo [*Ungeborgenheit*]" (GA 27: 367/393).

Contudo, isso nada diz a respeito da existência cristã em específico, mas sim diz respeito à existência do ser-aí em geral. Pois bem, por analogia, pode-se afirmar que, no caso da existência cristã, isso significa que o cristão está primeiro entregue ao que decorre da cristicidade. Ou seja, ele está a princípio entregue ao que *é* determinado pelo cristianismo enquanto tal, por exemplo, em suas diferentes estruturas institucionais e eclesiais, em seus diferentes ritos e mitos, em suas distintas e específicas linguagens etc. – que são sustentadas pela fé crística (o fundamento disso que desse ou daquele modo se apresenta), mas que dão a ver essa mesma fé em uma perspectiva derivada. Nesse caso, a religião domina o crente – no sentido de fazer com que ele interprete a sua existência, a princípio e na maioria das vezes, pautando-se nisso que ela lhe apresenta como devidamente consolidado a partir da fé. Em geral, isso assim se dá porque "quanto menos o ser-aí está impregnado inicialmente pelo 'saber', pela teoria, pela técnica, pela organização, tanto mais imediatamente ele se acha permeado pelo ente, na relação com ele, e tanto mais originária é a sua entrega ao ente" (GA 27: 357/383). No entanto, isso não significa que a teologia – como o "saber" algo a respeito da fé, como o concebê-la teoricamente, dispondo, por exemplo, essa e aquela disciplina – seja um "ponto de fuga" do cristão entregue ao todo do cristianismo, como se o saber sobre a fé lhe propiciasse sair desse domínio. Se a teologia de fato é ciência, e se a ciência, em geral, é uma possibilidade do ser-aí, então a teologia se mostra como uma possibilidade – isto é, como outro modo de o cristão estabelecer a sua relação com o cristianismo enquanto tal, estando já orientado pela fé em sua totalidade.

O modo de relação acima descrito, esse modo no qual a entrega do ser-aí ao ente é mais originária, pode ser visto, por exemplo, nos mitos em geral. Pois o que eles fazem na maioria das vezes é oferecer uma resposta à supremacia do ente, encontrando, no próprio ente, um refúgio para o ser-aí. Esse refúgio não vem só por meio da narrativa, que de um modo ou de outro explica as coisas e a razão de elas serem como são. Esse refúgio vem sobretudo por meio da tentativa de domínio do ente: "Nesse contexto, o pavor diante desse ente se dá juntamente à mitigação, com a veneração, com o serviço e a relação com ele – sacrifício. Ao mesmo tempo, porém, surge aqui a tendência de buscar alguma forma de se assenhorar da situação por meio da magia, da oração [...]" (GA 27: 360/385, mod.). No quarto capítulo do *Gênesis*, por exemplo, o que se encontra é justamente essa tentativa de domínio das coisas da terra, por meio da veneração a Deus, entregando-lhe um sacrifício, tal como fazem Caim e Abel (Gn 4, 3-4).

Ainda a respeito do conceito teológico-fundamental do pecado, o todo do relato da criação funciona como mito fundante, que direciona a compreensão do todo da existência cristã como pecadora. Isso, na leitura heideggeriana de Lutero, significa o encontrar-se dependente das coisas, tendo sido a natureza humana corrompida enquanto tal, podendo ser reparada somente por um ato do próprio Deus.

> O mito caracteriza uma possibilidade fundamental do ser-no-mundo. Isso significa, porém, que ao mito pertence um manter-se no ser-no-mundo totalmente determinado, apesar de variável, uma visão de mundo totalmente determinada. Na medida em que essa visão de mundo nos fornece como que uma resposta para a ausência de apoio, a pergunta é essencial: como a ausência de apoio inerente ao ser-aí se manifesta ao ser-aí mítico em geral? A essa pergunta precisamos responder: sob a forma do desabrigo (GA 27: 358-359/384).

O que é essencial é que, como concessão de abrigo, o mito oferece uma resposta à ausência de apoio e, com isso, fica determinado "o todo dos caminhos e dos meios de salvação" (GA 27: 363/389). No caso cristão, a ausência de apoio constituinte do ser-aí, sua niilidade fundamental, sua culpa originária, recebe por meio dessa narrativa mitológica a caracterização de pecado original. Este é assentado, de acordo com a leitura feita por Heidegger de Lutero, na negação de que Deus não é Deus. Por isso, para Heidegger, a pergunta crucial não é tanto pelo conteúdo que é expressado pelo mito enquanto tal, mas sim pelo modo como ele, enquanto concessão de abrigo, torna possível que se veja a ausência de apoio constituinte do ser-aí – "sob a forma do desabrigo" (GA 27: 359/384): "Tudo depende aqui unicamente de ver o caráter essencial do apoio como concessão de abrigo ou o modo da ausência de apoio como desabrigo" (GA 27: 362/387).

No caso cristão, isso pode ser visto na possibilidade de, encontrando-se dependente das coisas, suspender essa dependência – tal como é possível através do horror diante do pecado e através da confissão dessa condição na qual o cristão se encontra. O horror diante do pecado põe o cristão em desabrigo, estabelecendo uma quebra em sua existência. Como para Heidegger, leitor de Lutero, ser cristão significa ser-pecador – que por sua vez significa estar em uma relação de dependência das coisas –, então o pecado, ou melhor, a narrativa mítica do pecado original, leva a cabo a concessão de abrigo, uma possibilidade fundamental da visão de mundo. O pecado só pode ser devidamente compreendido no âmbito da fé. Assim sendo, o que de fato leva a cabo essa concessão de abrigo é a fé enquanto tal. Logo, o ser--crente, como o modo de ser da fé, como aquilo que dá forma à existência cristã em sua integralidade, domina o cristão em todos os seus comportamentos e o assegura sob o abrigo por ela concedido.

Desse estar abrigado surge a tendência de buscar algum domínio sobre isso que se apresenta em sua supremacia: "O manter-se no ser-no-mundo como tal concessão de abrigo atualiza, por conseguinte, toda uma esfera de atividades que se acham submetidas a regras totalmente determinadas no rito e no culto" (GA 27: 360/385, mod.). Ora, não é precisamente isso o que acontece na articulação da cristicidade em cristianismo – que institucionaliza a experiência fundamental da fé e aquilo que dela decorre, de modo que o "todo dos caminhos" está agora sob a égide do cristianismo, que domina e assegura o cristão em sua totalidade? De fato. Contudo, isso não pode ser visto por meio de uma escala valorativa, como se a passagem do mito ao rito, por exemplo, significasse alguma perda ou ganho. Trata-se de um acontecimento próprio da existência enquanto tal. Mais precisamente, trata-se "de um acontecimento que tem lugar concomitantemente em todo e qualquer ser-aí e que todo e qualquer ser-aí sempre repete, mesmo que as formas determinadas da cunhagem histórica tenham se tornado sem efeito ou forem desconhecidas" (GA 27: 361/387). O que se pode dizer é que essa passagem cria uma estrutura que põe em funcionamento tal tendência de domínio, garantindo-a. Trata-se, pois, de um desdobramento interno à visão de mundo como concessão de abrigo.

Essa estrutura de funcionamento (*Betrieb*)[2] é responsável por assegurar que, formada na condição de concessão de abrigo, a visão de mundo determine o todo dos caminhos e dos meios do ser-aí, dando-lhe forma em cada modo particular de comportamento. Desse modo, conforme afirma Albuquerque (2015: 189), "o conjunto desses meios é o que determina o modo como a existência se coloca diante da supremacia [sic] do ente em seu carecer de abrigo e proteção, embora seja através dos mesmos que a existência abra para si a possibilidade de encobrir essa falta original". Para Heidegger, isso comporta o "gérmen da degeneração" (GA 27: 363/389) dessa possibilidade fundamental da visão de mundo. Esta, no limite, totalmente degenerada, deixa de conceder abrigo, no sentido de oferecer o apoio, a proteção e a sustentação necessárias ao ser-aí lançado no mundo. Consequentemente, ela já nem mais possibilita o desabrigo:

---

2 Segue-se aqui a tradução oferecida por Marco Casanova ao termo *Betrieb*, à qual é apresentada a seguinte justificativa: "Em seu sentido mais comum, *Betrieb* significa 'empresa', 'negócio', 'funcionamento em geral'. No contexto da presente preleção, Heidegger procura designar com esse termo a autonomização do modo de funcionamento da existência sob a supremacia do ente. Exatamente para descrever essa autonomização, optamos pela locução 'estrutura de funcionamento'" (Casanova, 2009: 388, nota de rodapé n. 11).

> O que isso significa para a visão de mundo em questão? O manter-se no ser-no-mundo se torna, a partir de então, uma figura determinada do ser-no-mundo; não é mais decisivo o ter abrigo do ser-aí, mas apenas o fato de a concessão de abrigo funcionar, manter o prestígio e o poder. Com essa consolidação da organização da concessão de abrigo se dá uma ineficácia do ter abrigo. O des-abrigo [*Un-geborgenheit*] desaparece, mas não em razão da concessão de abrigo, senão juntamente à degeneração desse abrigo, ou seja, os dois são transformados, nenhum dos dois é aparentemente ausência de apoio e necessidade de apoio porque nenhum dos dois é desabrigo ou concessão de abrigo (GA 27: 364/390, mod.).

O desabrigo fica impossibilitado. Isso significa que toda a concessão de abrigo se encontra degenerada, pois a concessão de abrigo e o desabrigo não são aspectos concorrentes: o primeiro só pode ser visto no segundo, que, quando exposto, mostra o já ter vindo a ser do primeiro. A degeneração da concessão de abrigo acaba por gerar uma visão de mundo alienada, pois, "com o domínio da estrutura de funcionamento, o des-abrigo do ser-aí se dissipa e o ser-aí perde a si mesmo" (GA 27: 364/390). Dissipado o desabrigo e perdido o seu si mesmo, o ser-aí está radicalmente entregue à estrutura de funcionamento. Esta gira em torno de um vazio, não aquele da niilidade, mas o do excesso de ente, do excesso de prescrição, do excesso de um rigorismo que só visa manter essa estrutura em funcionamento: "Não é mais tão essencial agora se a magia [ou o rito, ou a oração] funciona e se experimentamos seu efeito e nele acreditamos. A única coisa essencial é que ela seja executada de acordo com as prescrições e que seu uso seja considerado" (GA 27: 364/389-390).

A estrutura de funcionamento se torna a sua própria meta. Já não se trata mais da concessão de abrigo enquanto tal, pois não importa mais oferecer abrigo ao ser-aí diante da supremacia do ente. Ou seja, já não importa mais a "salvação", mas sim manter o domínio sob o todo dos caminhos e dos meios que conduzem a ela. No fundo, pode-se afirmar que há aí um específico modo de fundamentalismo. Esse modo, no caso cristão, mostra-se como sendo um fundamentalismo religioso, que já não possibilita mais o desabrigo, e para o qual a fé é apenas um instrumento a ser manipulado, no sentido de ela estar totalmente determinada e dominada por essa estrutura de funcionamento, passando a atender aos interesses dela, pois foi subjugada por ela.

> Com o desaparecimento do desabrigo e com a alienação da concessão de abrigo à estrutura de funcionamento, entra em cena necessariamente o que designamos o vazio [*Leere*] do ser-aí, tal como a perdição, a fuga de si – o próprio ser-aí se torna vítima da estrutura de funcionamento: onde quer que a estrutura de funcionamento tenha se tornado essencial, acha-se secretamente presente um vazio do ser-aí, um vazio que deve ser afastado por meio da constante atividade da estrutura de funcionamento (GA 27: 365/391, mod.).

A estrutura de funcionamento impede que o ser-aí seja enquanto tal: nela, ele já é não-mais-ser-aí [*Nichtmehrdasein*], pois ele, como o lugar do incondicionado diante da supremacia do ente (cf. GA 27: 361/386), já perdeu todo o seu vigor. O que importa é somente manter funcionando essa estrutura, que, de algum modo, domina, assegura e subjuga o ser-aí.

Em *Fenomenologia e teologia*, Heidegger afirma que a fé, em seu núcleo mais íntimo, continua sendo a inimiga mortal da forma de existência da filosofia. Ele afirma isso considerando a fé como essa concessão de abrigo, pois, para ele, ela detém o "todo dos caminhos de salvação". Por meio do ser-crente, a fé dispõe e regula o comportamento do ser-aí, oferecendo-lhe uma determinada resposta à ausência de apoio que lhe é constituinte. Ela o mantém sob o seu abrigo e o faz em propriedade, correndo o risco, contudo, de se degenerar numa estrutura que só visa manter a si mesma em funcionamento – um risco assumido, por exemplo, na passagem da cristicidade, como experiência originária da fé, ao cristianismo. Com isso, fica constatado que a fé, como concessão de abrigo, domina o ser-aí em sua totalidade, orientando-o e assegurando-o, como dá a ver, por exemplo, a narrativa mitológica do pecado original – que, ao apresentar uma narrativa integral da criação, recolhe uma compreensão de mundo na qual o originário ser-culpado ganha contornos ônticos, eximindo o ser-aí da responsabilidade originária pelo seu si mesmo próprio. Quando elaborado teologicamente, o conceito de pecado reivindica a concepção de culpa, donde a possibilidade de uma correção ontológica. No entanto, isso é apenas uma possibilidade e não uma necessidade para a teologia – pois, mesmo teologicamente, o conceito de pecado encontra o seu fundamento no mito da criação.

Para Heidegger, a teologia, mesmo na condição de ciência, não precisa sair da concessão de abrigo oferecida pelo ser-crente. Porém, a oposição do ser-crente à forma de existência da filosofia só poderá ficar devidamente evidente quando for apresentada a outra possibilidade fundamental da visão de mundo: a postura. Isso pois, "na visão de mundo como postura, o ser-no-mundo enquanto tal se torna mais essencial. O próprio ser-aí agarra suas possibilidades de comportamento em relação ao ente na totalidade. O transcender se torna expresso" (GA 27: 376/403, mod.). Se, enquanto concessão de abrigo, a visão de mundo encontra a sua medida/parâmetro de realização, ou melhor, de sustentação no ente, na postura ela o encontra então na existência enquanto tal. Desse modo, "o que determina fundamentalmente essa segunda forma da visão de mundo é que nela a existência compreende o próprio ato de se sustentar enquanto um posicionamento acerca do conjunto do ente; não obstante, ainda é para o conjunto do ente que a existência se volta" (Albuquerque, 2015: 196). Com isso, a teologia cristã, antes de tudo, está voltada àquilo que decorre da cristicidade. Isto é, a teologia cristã está voltada ao cristianismo enquanto tal, de forma que, investigando aquilo que desse modo se apresenta, ela corre o risco de deixar passar justamente aquilo que a fundamenta, a cristicidade. O próprio curso da investigação teológica reivindica a possibilidade de uma correção de nível ontológico, o que torna evidente o fato de haver um efetivo avanço científico precisamente quando ela se volta aos conceitos fundamentais, tais como a fé e o pecado.

8.1.2 A visão de mundo como postura: sua relação com a ciência e com o filosofar

Em síntese, pode-se dizer que, como postura, a visão de mundo é um modo livre de o ser-aí se posicionar diante do ente em sua totalidade. Ou seja, trata-se de um modo no qual o ser-aí estabelece uma relação com o ente tendo a sua existência como parâmetro. Uma vez que "existência" designa a "essência do ser-aí" (*SuZ*: 42), o parâmetro dessa outra possibilidade fundamental da visão de mundo é o próprio ser-aí. Logo, nessa visão de mundo, o ser-aí não está mais orientado pela supremacia do ente, embora não deixe de estar dirigido a ela. Nessa visão de mundo, ele está orientado por sua niilidade, pelo seu próprio ser-no-mundo – de modo que, na possibilidade fundamental da postura, "ele se descobre como a abertura finita do mundo. O único apoio é seu 'aí'" (Seibt, 2010: 251). Para entender isso, deve-se ver, antes de tudo, que a postura se torna manifesta por meio da estrutura de funcionamento – não no sentido de ser uma consequência dela, mas sim no sentido de na estrutura de funcionamento, como degeneração da concessão de abrigo, a postura ser preparada como que uma mudança: "Precisamente essa indiferença, isto é, o vazio interior do ser-aí, é ela mesma a situação sinistra em que é preparada uma mudança" (GA 27: 364/390).

Embora propiciar essa mudança não seja o propósito da estrutura de funcionamento (que visa somente manter a si mesma em funcionamento), tal mudança aparece na condição de uma nova possibilidade de apoio, agora não mais fundamentada na e orientada pela supremacia do ente, mas sim por e naquilo que constitui originariamente o ser-aí, o seu ser-no-mundo, a sua niilidade. Esta ficou como que subtraída na concessão de abrigo: "O estar entregue à estrutura de funcionamento significa, na verdade, que o ser-aí em geral não mais se detém propriamente em si mesmo, ou seja, que ele já tinha se detido antes, ainda que obscuramente, em si mesmo, e, apesar de tudo, estava voltado para si mesmo" (GA 27: 365/391, mod.). A radical e originária ausência de apoio do ser-aí, que ficou obscurecida na concessão de abrigo, viabiliza isso que Heidegger chama de postura:

> A estrutura de funcionamento torna manifesta a falta do ser-ele-mesmo próprio do ser-aí, falta essa que designamos como postura e, com efeito, com uma dupla significação: primeiro, a postura torna manifesta a fuga de si, o vazio do ser-aí, o apoiar-se em si mesmo; segundo, juntamente a isso, ela torna manifesta a referência a uma possibilidade própria da atividade – ênfase no comportamento. No tornar-se manifesto do não-mais-ser-aí da postura, há a indicação da possibilidade de uma apropriação originária de uma tal postura. Em outras palavras: uma nova possibilidade da tomada de apoio, isto é, do manter-se no ser-no-mundo emerge da manifestação da ausência de apoio como ausência de postura. Apoio é agora manifesto como postura (GA 27: 365-366/391-392, mod.).

Nesse sentido, o significado de *postura* está vinculado à manifestação da falta do ser-ele-mesmo próprio do ser-aí. Assim, a postura não só torna manifesta tal fuga, como também propicia a conquista de um modo de postar-se. Logo, ela propicia a descoberta de um modo de encontrar/oferecer um apoio para si, isto é, um apoio para a nulidade de sua existência. Disso decorre a articulação originária da concessão de abrigo com a postura, pois a ausência de apoio que diz respeito à postura já está presente na estrutura de funcionamento. Esta, por sua vez, atua como concessão de abrigo, mesmo que de maneira degenerada. No fundo, "a postura permanece em uma conexão essencial com a própria concessão de abrigo e, por isso, com a ausência de apoio como des-abrigo" (GA 27: 367/393, mod.).

Nesse cenário, a estrutura de funcionamento desmorona a partir de sua própria organização/disposição interna, anunciando uma possibilidade livre: aquela na qual o ser-aí pode voltar para si mesmo a partir de seu próprio comportamento. Dessa maneira, o que a postura torna manifesta é a fuga de si mesmo e, junto a isso, "ela torna manifesta a referência a uma possibilidade própria da atividade" (GA 27: 366/392). Enquanto postura, a visão de mundo guarda a possibilidade de o ser-aí se manter em seu ser-no-mundo, pois "é o próprio ser-aí que – como tal – deixa o apoio acontecer e ser" (GA 27: 366/392). Consequentemente, na postura está mantida a possibilidade de o ser-aí ser de acordo com a sua niilidade constituinte, agarrando-a e levando a cabo a transcendência enquanto tal. Desse modo, o transcender se torna expresso. Isso é o que diferencia a postura da concessão de abrigo. Nesta, o peso está todo voltado ao fato de o ser-aí permanecer tomado pelo ente, sendo conduzido e orientado por sua supremacia. Já enquanto postura, o peso está posto no comportamento – isto é, no modo de postar-se diante de seu si mesmo próprio –, de modo que a postura é o agir em-virtude-de-si-mesmo, e não mais de acordo com a orientação dada pela supremacia do ente, tampouco por uma estrutura de funcionamento.

> [...] na visão de mundo como postura, o peso do ser-aí reside no comportamento como comportar-se e agir por si mesmo. [...] O em-virtude-de-si-mesmo surge agora expressamente em meio ao

> manter-se. Isso significa, porém, que o ser-aí assumiu a si mesmo em seu caráter de ter-sido-jogado e em suas possibilidades fáticas. [...] O ser-aí determinado pela postura é um manter-se no interior de possibilidades de seus comportamentos – possibilidades que são mantidas por ele mesmo diante de si (GA 27: 367-368/394).

Na condição de postura, a visão de mundo desvencilha o ser-aí de uma estrutura de funcionamento, no sentido de fazê-lo não mais depender dela, ou melhor, no sentido de fazê-lo não mais ser conduzido e orientado por ela. Dessa maneira, uma vez que na visão de mundo como concessão de abrigo o ser-aí busca refúgio no ente, sendo orientado por sua supremacia e, na verdade, aí ele já compreendeu a si mesmo por meio dela. Uma vez que da estrutura de funcionamento surge a possibilidade de uma mudança – a partir da qual o ser-aí pode voltar a si mesmo, à sua radical ausência de apoio, ao seu ser-no-mundo –, então, na visão de mundo como postura, há também uma mudança no comportamento em relação ao ente na totalidade: "O comportamento expresso, em relação à supremacia do ente, torna-se confrontação do ser-aí no interior de sua existência com essa própria supremacia, em todas as ligações essenciais" (GA 27: 368/394). Com isso, o ser-aí alcança aquela condição de tornar o ente manifesto nele mesmo. Logo, fica viabilizada a confrontação com o ente enquanto tal: "Com a postura, o ser-aí alcança pela primeira vez uma posição fundamental em relação ao ente, de tal forma que somente agora o ente é manifesto nele mesmo" (GA 27: 369/396, mod.). É a partir dessa confrontação que algo como a ciência, em geral, torna-se possível[3] (cf. GA 27: 369/396), pois o ser-aí não é mais conduzido pela supremacia do ente, mas sim por um comportamento orientado em virtude de si mesmo.

Essa confrontação só é possível porque há um rompimento entre o ser-aí e os entes que não possuem o caráter de ser-aí. Tal rompimento expressa a diferença que há entre eles, evidenciada pela diferença ontológica,[4] que por sua vez é propiciada pelo caráter transcendental do ser-aí. Assim, o ser-aí, em virtude-de-si-mesmo, pode escolher, ou melhor, decidir-se por si mesmo e

3 Cf. Segunda seção, capítulo 4.2.

4 Cf. Segunda seção, capítulo 4.1.

por seu si mesmo próprio, agarrando a sua própria niilidade e apropriando--se de si mesmo expressamente, de forma que o significado fundamental da postura pode ser resumido dessa maneira:

> Postura é reunião [*Sammlung*] que confronta o ser humano com o aí-do-ser [*Da-sein*]. Nisso não reside simplesmente um afirmar-se e um impor-se, um mero assegurar-se contra algo. Pelo contrário, postura como ser-aí é, em si, liberação de possibilidades, significa "crescimento", mas não "progresso" (GA 27: 378/405, mod.).

O estabelecimento desse rompimento propicia a passagem da impropriedade à propriedade, a superação daquela dispersão originária do ser-aí, e o surgimento de um si mesmo próprio, "não como uma realidade objetiva [...], mas como a experiência da verdade e do mundo. Da verdade como abertura do ser. É a lembrança do esquecimento que esqueceu seu solo próprio, originário, fático, ser-no-mundo finito" (Seibt, 2010: 265). Esse rompimento não isola o ser-aí do ente em sua totalidade, mas lhe dá certo destaque diante dos entes que não possuem o modo de ser do ser-aí. Ou seja, não é criado "nenhum isolamento em sentido ôntico, algo como um desligamento do ente" (GA 27: 372/399).

No entanto, assim como na concessão de abrigo, a postura corre o risco da degeneração, cujo gérmen está contido nessa expressividade dada ao ser--aí. Tal degeneração se apresenta de três diferentes formas. Primeiro, como antropologismo, isto é, quando a primazia é dada ao ser humano em meio ao ente, de modo que a postura passa a ser um ocupar-se consigo mesmo; nesse caso, "a estrutura de funcionamento é desviada para o ser humano" (GA 27: 373/399). Segundo, como humanismo estético, cuja ênfase está posta na ação concreta, que traz consigo um comportamento: "O que é essencial agora é a postura como gesto [*Gebärde*]; a partir desse momento, cuida-se dos gestos que, na maioria das vezes, se retraem diante da ação real" (GA 27: 373/400), de onde decorre a primazia dada às diferentes formas da arte, culminando numa "renovação literária e estética de cultos e mitos" (GA 27: 373/400). Por fim, como existencialismo cristão, pautado na ideia de "livre escolha", ou seja, a instância da escolha é quem escolhe: "Essa forma da postura se liga facilmente, sim, ela sempre surge uma vez mais em um elo maximamente estreito com uma religião determinada, por exemplo, com a religiosidade cristã" (GA 27: 374/401). Nesse caso, a centralidade não está posta no ser humano enquanto tal (antropologismo), tampouco na ação concreta (humanismo), mas está posta na existência, que é o que aí se busca salvar. Em suma, todas essas formas apontam para o mesmo problema: o subjetivismo. E apontam de modo que, na degeneração da postura, a existência passa a ser compreendida como "um negócio que deve ser mantido em curso, por meio de uma complacência psicológica ou por meio de gestos neo-humanistas, ou ainda por meio dessas agitações paradoxais de um chamado pensamento existencialista" (GA 27: 375/402), independentemente dos meios usados para isso.

O tornar-se linguagem do rompimento, acima mencionado, deve propiciar a nomeação da diferença ontológica, que por sua vez deve se tornar o fio condutor da determinação do ente enquanto tal. Nesse cenário, o problema do ser está imerso na confrontação com o ente na totalidade, de modo que, por meio do transcender expresso, surgem as ciências em geral; "elas são uma consequência dessa postura como confrontação" (GA 27: 387/415). O transcender expresso é o próprio filosofar em sentido estrito, nomeando a filosofia como ciência ontológico-transcendental. Contudo, o exercício da transcendência não tem a necessidade de ser expresso – ou seja, a nomeação da diferença ontológica não é condição de possibilidade para que o ser-aí compreenda, mesmo que pré-ontologicamente, essa diferença. Com isso, o ser-aí jamais está "fora" da filosofia: "Ser-aí como ser humano significa filosofar" (GA 27: 3/3).

O filosofar, como a forma de existência que pertence à filosofia, se dá a ver de maneira dupla. Em primeiro lugar, de maneira ampla, em todo e qualquer transcender sobre o ente na totalidade, o que é levado a cabo cotidianamente. Em segundo lugar, de maneira estrita, como um comportamento científico. Este, por um lado, busca a determinação do ente com base em grandes regiões – tais como natureza, número, ser humano etc. –, portanto, com base em ontologias regionais que dão sustentação às ciências ôntico-positivas; e, por outro lado, busca a determinação do ente por meio de um comportamento livremente assumido. Esse comportamento busca pôr a pergunta acerca das condições de possibilidade do ser do ente em suas múltiplas formas de se mostrar, nomeando a filosofia propriamente dita, desenvolvida como ontologia fundamental. Esta, no que diz respeito à ciência em geral, "trata de descrever o surgimento do modo de existir científico a partir dos comportamentos que descobrem o ente de maneira não-científica" (Reis, 2018: 125).

Portanto, o filosofar pode ter dois significados, um amplo e outro estrito: o primeiro está implicado no segundo de maneira fundamental – pois a pergunta pelo ser em geral só pode ser colocada mediante o postar-se do ser-aí diante de seu si mesmo próprio. Ou seja, "esse tratamento só é possível em razão da visão de mundo como postura" (GA 27: 390/417), que é radicalmente oposta à concessão de abrigo, logo, radicalmente oposta ao ser-crente, o modo de ser da fé. A radical oposição entre fé e filosofia não é uma trivialidade histórica, como se elas se opusessem como razão e revelação. Essa oposição é justificada de acordo com a condição do ser-aí enquanto tal, e pelo modo como ele estabelece a relação com o todo do ente. Não se trata de uma oposição baseada no desenvolvimento histórico da filosofia e da teologia como distintas disciplinas do saber. Ou seja, não se trata de uma oposição única e exclusivamente epistemológica, ou somente fático-histórica, como se uma tratasse daquilo que se apreende mediante a razão, e a outra daquilo que, antes de ser apreendido, deve ser revelado. Trata-se, na verdade, de uma oposição ontológico-transcendental, pois ela está radicada na própria existência do ser-aí e nas possibilidades que nela há de ele estabelecer uma relação com o ente em sua totalidade.

8.2 A teologia diante da concessão de abrigo e diante da postura

Se é essa contraposição existencial que rege a possível relação entre teologia e filosofia como ciências, e se essa contraposição está assentada nas possibilidades fundamentais da visão de mundo – que, enquanto tal, "é um constituinte necessário do ser-no-mundo, da transcendência" (GA 27: 323/344) –, então fica justificado por qual razão o problema da relação entre uma e outra como ciências só pode ser colocado de maneira adequada no interior da problemática sobre o filosofar e o ser-crente, como distintas possibilidades fundamentais de levar a cabo a visão de mundo – respectivamente, como postura e concessão de abrigo. Ao mesmo tempo, fica justificado por que essas duas possibilidades da existência não se excluem, mas, antes disso, se implicam, se incluem, antes mesmo de filosofia e teologia serem assumidas como ciências:

> Essa *oposição existencial* entre ser-crente e a livre auto assunção do todo do ser-aí, que já é *anterior* à teologia e à filosofia e não surge delas enquanto ciências, dita *oposição* deve justamente suportar a *possível comunidade* entre teologia e filosofia *como ciências*, caso se queira que essa comunicação possa continuar autêntica, livre de qualquer ilusão e de débeis tentativas de mediação (*PuT*, II: 66).

Quando, em *Fenomenologia e teologia*, Heidegger afirma que o ser-crente, como o modo de ser da fé, é oposto à forma de existência da filosofia, o que está em voga, a princípio, é a filosofia em seu significado estrito – que no entanto não pode deixar de conter o amplo. Desse modo, a postura (como uma das possibilidades da visão de mundo, justamente aquela no interior da qual surgem a filosofia e a ciência) está ali em iminência, tal como a concessão de abrigo em relação ao ser-crente. A co-pertinência entre concessão de abrigo e postura não exclui a oposição que há entre elas, no que diz respeito à relação estabelecida diante do ente. Isso também está iminente na conferência: a oposição entre crença e filosofia é tão radical, tão absoluta, que "a filosofia de forma alguma sequer tenta combater esse inimigo mortal!" (*PuT*, II: 66). O que especificamente nesse trecho está em voga, para Heidegger, não é a teologia e a filosofia como ciências propriamente ditas, mas sim, antes disso, o ser-crente e o filosofar.

A visão de mundo, como postura, em nenhum momento fala explicitamente da fé. Ela fala da ciência, o que torna possível que se olhe, a partir dela, para a *ciência* da fé: a teologia só é possível quando o cristão tem certeza da fé, quando ele é capaz de assumir, em virtude-de-si-mesmo, o seu poder-ser-si-mesmo próprio de acordo com sua condição fática. Essa assunção, todavia, deve ser justificada pela própria condição ontológica do ser-aí, e não propriamente pela fé, de modo que, quem faz teologia, não escolhe de maneira propriamente dita o ser-crente. Na verdade, a partir do ter-certeza da fé, ou seja, do assumir a própria condição fática na qual se encontra, quem faz teologia pode escolher, ou melhor, pode se decidir pela ciência da fé, pela investigação acerca da existência cristã. Esta, sendo levada a cabo enquanto ciência, apresenta-se ao ser-aí como uma possibilidade aberta nessa condição que é a sua. Dessa maneira, quem leva a cabo a teologia é capaz de justificar o advento dela como uma livre iniciativa do cristão, porém jamais será capaz de justificar o próprio ser-crente sem delegá-lo a outrem – de forma que, na teologia, a co-pertinência entre concessão de abrigo e postura é insigne. Isso está de acordo com o que acima se disse, pois, faticamente, a concessão de abrigo dá a ver a postura e vice-versa, por mais que ambas ontologicamente sejam distintas quanto ao modo de se comportar em relação ao ente.

A fé se apresenta como concessão de abrigo e não como postura. Caso a teologia renunciasse à fé, já não seria mais ciência *da* fé. E uma vez que ela não pode deixar de ser conduzida pela fé, a sua própria condição científica pode ser posta em dúvida – pois, para Heidegger, a ciência em geral é determinada pela postura e não pela concessão de abrigo. Na fé, o cristão não é fundamental e unicamente determinado por uma postura expressamente escolhida em virtude-de-si-mesmo, pois a fé não ocorre por sua livre iniciativa, de forma que, querendo ou não, o cristão fica subjugado à sua supremacia. O que se lhe apresenta como possibilidade livre é a ciência enquanto tal:

> Se anteriormente dissemos que o conhecimento científico é um conhecimento positivo em virtude da verdade, do ser-na-verdade, agora fica claro: o ser-na-verdade pertence ao ser-no-mundo e, com isso, é a cada vez necessariamente determinado pela visão de mundo, isto é, com efeito, pela postura: a ciência, portanto, só é possível na postura (GA 27: 370/396).

Contudo, se a teologia deixar de ser conduzida pela fé, já não poderá ser chamada de ciência da fé. Já seria aí ciência da religião, história da religião, filosofia da religião, psicologia da religião etc. Em todos esses casos, o que orientaria a investigação seria um âmbito diverso daquele da fé, um âmbito que investigaria aspectos particulares da religião, que pressupõe a fé. Isso poderia conduzir ao fato de, nessas investigações, a fé não ser conhecida e investigada enquanto tal. Portanto, só a teologia tem a prerrogativa de sistematizar a fé internamente. Isso evidencia e justifica que o que está em jogo, para Heidegger, não é o desdobramento fático-histórico da teologia, mas sim o seu núcleo como ciência, ou melhor, o núcleo que pode – ou não – levá-la a ser ciência.

Porém, a pergunta que persiste é: como pode o cristão assumir livremente a ciência e, ao mesmo tempo, não abdicar da orientação da fé? Isto é, como o cristão pode se manter tanto na concessão de abrigo do ser-crente e concomitantemente fazer ciência, tal como a postura propicia? Essa é uma pergunta que fica sem resposta na conferência, e é o que pode ter levado Heidegger a pôr em dúvida a própria condição científica da teologia logo após a conferência, conforme dá a ver a carta de 8 de agosto de 1928, enviada para Elisabeth Blochmann.[5]

A teologia é dada a conhecer no interior da fé e não pode abdicar de ser conduzida por ela. Já a filosofia, em sentido amplo, é dada a conhecer no conduzir a vida enquanto tal. E, como a existência é constituída por um nada ontológico, não há qualquer determinação e/ou orientação prévia à essência do ser-aí. Logo, não há nenhuma orientação prévia, tampouco definitiva, e nenhuma resposta, tal como aquela oferecida pela fé. Isso é o que as diferencia radicalmente: na filosofia, não se delega a outrem o princípio orientador, pois este advém da própria niilidade constituinte do ser-aí. O máximo que se pode dizer a respeito da filosofia é: ela filosofa. "Isso quer dizer apenas: ela pode e precisa ser concebida a partir de si mesma; a filosofia só é compreendida no interior do filosofar" (GA 27: 380/407). Nesses termos, entende-se por que a filosofia é extremamente mutável: ela decorre da livre assunção do ser-aí, de maneira que ela deve se tornar um empreendimento livre no ser-aí – isto é, "ela deve se tornar a necessidade interna de nossa essência mais própria, de modo a conferir a essa essência a sua dignidade mais peculiar" (GA 27: 4/5).

---

5 Cf. Terceira seção, capítulo 9.1.

Em *Fenomenologia e teologia*, o significado amplo do filosofar fica suposto no significado estrito, pois aí se fala da filosofia como ciência ontológico--transcendental em oposição à teologia como ciência ôntico-positiva. Assim como a respeito da fé, também há duas gramáticas para falar da filosofia. Quando, ao final da conferência, Heidegger afirma que a fenomenologia é sempre a designação para o proceder da ontologia (cf. *PuT*, II: 66-67), ele tem em vista o filosofar em sentido estrito. Com isso, ele justifica por que é um equívoco afirmar uma "filosofia cristã", uma matemática fenomenológica ou uma teologia neokantiana: "A fenomenologia é sempre apenas a denominação para o proceder da ontologia, que se diferencia essencialmente do proceder de todas as outras ciências positivas" (*PuT*, II: 66-67). Já quando Heidegger afirma que a forma de existência pertencente à filosofia é fática e extremamente mutável, o que ele tem em vista é o filosofar em sentido amplo, como o transcender expresso sobre o ente na totalidade, o que dá a ver o emprego de uma segunda gramática para falar sobre a filosofia. Tanto em uma quanto em outra gramática, algo como uma filosofia cristã continua sendo inconcebível. Pois, no caso da filosofia como ciência ontológico-transcendental, o seu fundamento é o não-ente, logo, ela não pode ser pautada por algo que a qualifica e a determina previamente; ao passo que, no caso do filosofar em sentido amplo, o que o determina é o vazio ontológico do ser-aí que se desdobra faticamente de um e de outro modo, não podendo ser restringido a uma única modalidade, tal como aquela dada a ver pela fé cristã.

Dessa maneira, pode-se afirmar que há uma existência cristã, um modo de se comportar cristão e uma comunidade cristã. Mas não se pode afirmar que há uma filosofia cristã, seja a filosofia tomada em seu significado amplo, seja tomada em seu significado estrito – pois, nesta denominação, "se tenta reunir dois 'modos de existência', duas resoluções essencialmente inconciliáveis. 'Na fé' o ser-aí dispõe historicamente um sentido – se temporaliza – não em relação a si como ser-aí, o que acontece por meio da 'filosofia', mas em relação àquilo em que crê" (Pietropaoli, 2016: 159). Uma filosofia cristã é algo como um "'ferro de madeira'" (*PuT*, II: 66) – ou seja, é algo inconcebível, pois não se pode conceber uma livre assunção que seja previamente orientada por algo que não encontra sua raiz no ser-aí enquanto tal. Para Heidegger, "o problema de uma filosofia cristã recai sobre aquele que quer manter ambas as posições, e não sobre aquele que deve tomar a posição do filósofo" (Vedder, 2006: 76). O mesmo vale para o teólogo, que, ciente de sua condição, não busca fazer filosofia, embora possa ter um apreço por ela:

> É verdade que, além de sua ciência positiva, um pesquisador também pode dominar a fenomenologia ou seguir seus passos e suas investigações. O conhecimento filosófico, no entanto, *só* pode se tornar relevante e fecundo para sua ciência positiva, e só o é em um sentido autêntico, quando, dentro da própria problemática, que surge a partir dessa reflexão positiva sobre os nexos ônticos de sua região, ele se depara com os conceitos fundamentais de sua ciência, e quando se torna problemática a adequação entre os tradicionais conceitos fundamentais e o ente por ele tematizado. Então, a partir das exigências de sua ciência, a partir do horizonte de seu questionar científico próprio, ao mesmo tempo, no limite de seus conceitos fundamentais, ele pode recolocar a pergunta pela constituição originária do ser do ente, que deve seguir sendo e *tornar-se* de novo seu objeto. As perguntas que assim crescem impelem metodologicamente para além de si mesmas, na medida em que *aquilo que* elas indagam só é acessível e determinável ontologicamente (*PuT*, II: 67).

A fenomenologia pode ser reivindicada pela teologia a partir da revisão de seus conceitos fundamentais, no sentido de delegar à fenomenologia a tarefa de codirecionar ontologicamente o conteúdo ôntico dos conceitos teológico-fundamentais – porque eles, de uma forma ou de outra, dizem respeito à existência enquanto tal. No entanto, isso não é uma necessidade, mas sim uma possibilidade. No fundo, o ser-crente não precisa nem mesmo de uma sistematização interna, porque ela não é exigida na visão de mundo como concessão de abrigo – porém não por ignorância ou estupidez do ser-aí nessa condição, e sim porque "o modo de ser-no-mundo que a ciência implica não é absolutamente possível no interior do ser-aí mítico" (GA 27: 362/387).

A teologia, como uma sistematização historiológico-prática da fé, surge por uma livre iniciativa do ser-aí, embora ainda seja orientada pela fé, pois a ciência é uma possibilidade que se apresenta ao ser-aí. Nesse sentido, a teologia, na condição de ciência, pode ser entendida como o voltar-se contra a fé enquanto concessão de abrigo. O que a teologia faz é dificultar o acesso à fé:

> Assim, a teologia pode deixar que a seriedade presente no ser-crente, enquanto modo de existência 'presenteado' [*'geschenkter' Existenweise*], ganhe consciência. A teologia 'pode' fazer algo assim, isto é, é capaz disso, e, na verdade, apenas *possivelmente*" (*PuT*, II: 56).

Isso não quer dizer que a teologia põe de lado, isto é, depõe o mito, no sentido de eliminá-lo. Trata-se, na verdade, da superação do mito, no sentido de não se orientar mais por ele, embora ele ainda faça parte do todo da religião cristã de maneira fundamental. No fundo, trata-se da conquista de um novo modo de o cristão se postar diante da totalidade da fé – isto é, da totalidade de sua própria existência levada a cabo pelo modo de ser do ser-crente. Essa é uma guinada no interior da existência enquanto tal.

Assim sendo, a implicação entre teologia e filosofia pode ser vista particularmente nos momentos de crise da teologia: naqueles momentos em que o que deve se tornar objeto, de novo, é o conteúdo por ela investigado. Precisamente nesses momentos pode ser vista também a autenticidade da comunicação entre os pares:

> Essa comunicação só ganha e mantém sua autenticidade, vitalidade e fecundidade quando o recíproco questionar, que se expressa respectivamente como ôntico-positivo e ontológico-transcendental, é guiado pelo instinto para a coisa e pela segurança do tino científico, e quando toda pergunta sobre o domínio, primazia e validez das ciências desaparece por trás das necessidades internas do próprio problema científico (*PuT*, II: 67).

Em um primeiro momento, essa comunicação é autêntica quando cada investigador se ocupa com aquilo que é próprio da sua ciência, com a coisa mesma a ser investigada, tal como Heidegger havia dito a Bultmann antes mesmo da realização da conferência.[6] Isso não faz da teologia um empreendimento filosófico. Porém, quanto mais a teologia se ocupa com aquilo que

6 Cf. Segunda seção, capítulo 5.1, nota de rodapé n. 2.

lhe é próprio, menos dependente da metafísica filosófica e de qualquer outro sistema externo ela fica, pois mais livre ela se encontra com o seu *positum* originário – objetivando, tematizando e sistematizando-o a partir de si mesma e a partir daquilo que ele mesmo dá a ver. Em um segundo momento, a autenticidade dessa comunicação passa pela não mais necessária discussão interna às ciências, a respeito de seu domínio sobre outras possibilidades da existência do ser-aí – tal como aquela levada a cabo pela concessão de abrigo, sobre sua primazia diante da existência do ser-aí, e sobre a validez do que ela produz. Para tanto, faz-se necessária uma reforma da ciência em geral, implicando necessariamente uma reelaboração do estatuto científico da teologia, cujas linhas gerais estão dispostas no *Apêndice* de *Fenomenologia e teologia*. Tal *Apêndice*, para ser devidamente compreendido, exige que se avance em direção ao pensamento de Heidegger após a *Kehre*, captando-o em sua gênese, desenvolvimento e conclusão. E isso não poderá ser realizado aqui.

CAPÍTULO 9

A OUTRA POSIÇÃO SOBRE A TEOLOGIA: "ELA *NÃO* É UMA CIÊNCIA"

O caráter público da conferência, proferida na Faculdade de Teologia em Tübingen e em Marburgo, pretendeu mostrar o que quem faz teologia pode aprender com quem faz filosofia – não porque o filósofo seja superior ao teólogo, mas sim porque ambos partem de situações distintas e opostas entre si. O estabelecimento de uma comunicação autêntica entre ambos é algo difícil de ser alcançado, pois tal comunicação não pode simplesmente ser postulada a partir da posição cotidianamente expressa de oposição fé/saber, razão/revelação. A posição escolhida por Heidegger é a interlocução entre as duas ciências. Para tanto, em um primeiro momento fez-se necessário apresentar a caracterização de ciência em geral (cf. *PuT*, I: 185-193), de ciência positiva (cf. *PuT*, I: 193-198) e da filosofia como ciência ontológico-transcendental (cf. *PuT*, I: 199-206), orientando-se sempre pelo parágrafo metodológico de *Ser e tempo*. Como visto na *Primeira seção* desse livro, o §7 de *Ser e tempo* sintetiza a ontologia fenomenológico-hermenêutica como um todo, apresentando-a como o verdadeiro ponto norteador da conferência. A partir disso, pôde-se entender a apresentação da teologia como uma ciência ôntico-positiva, tendo sido descrita em sua positividade (cf. *PuT*, II: 51-55) e cientificidade (cf. *PuT*, II: 55-61), para então apresentar qual é a relação possível de "ser" estabelecida entre ela e a filosofia (cf. *PuT*, II: 61-66) – o que não exclui, mas implica o fato de o ser-crente e a filosofia serem modos de ser radicalmente opostos (cf. *PuT*, II: 66-67). Isso, por fim, tornou evidente o que na conferência era iminente: a dupla gramática para falar da fé e da filosofia.

Esse último ponto permitiu perceber que a própria condição de ciência da teologia pode ser colocada em dúvida. Heidegger a pôs em dúvida, não publicamente, a princípio, mas sim na supramencionada carta de 8 de agosto de 1928, enviada a Elisabeth Blochmann. A carta não está no âmbito da conferência só por sua proximidade temporal, mas, sobretudo, também está por sua proximidade temática, prestando um auxílio na sintetização de seus pontos fundamentais. Como já visto, o seu ponto de maior interesse é o problema posto a partir da afirmação aí feita por Heidegger – a afirmação de que, para ele particularmente, a teologia não é uma ciência, embora ele ainda não estivesse em condições de mostrar isso efetivamente. Como se verá, essa afirmação pode ser duplamente interpretada – ou melhor, pode ser interpretada a partir de dois referenciais distintos: a concepção de ciência e a concepção de ontoteologia. Para demonstrar isso, em primeiro lugar apresentamos uma tradução integral da carta. Na sequência, há uma breve análise, onde se indica a razão da possível dupla interpretação. Essa análise encerrará a presente investigação e, de certo modo, dará uma indicação do que ainda pode ser investigado a respeito da relação entre filosofia e teologia, bem como de onde, para tanto, pode-se partir na obra heideggeriana.

9.1 Tradução integral da carta de 8 de agosto de 1928 de Heidegger para Blochmann

> Cara Elisabeth!
>
> Escrevo-lhe em frente à cabana, ao sol da tarde, com o vento do vale e debaixo do ácer, e muito lhe agradeço a longa carta sobre a conferência.[1]

---

1 Embora ainda não mencione a *Fenomenologia e teologia*, é a respeito dela que Blochmann escreve para Heidegger, conforme se torna evidente no transcurso do texto. No entanto, a carta de Blochmann propriamente dita se perdeu, restando somente essa indicação.

O que você me escreveu e como me escreveu me deu uma grande alegria, pois tudo o que você expôs era simplesmente essencial. No entanto, este semestre tempestuoso, que agora felizmente chegou ao final e também me trouxe, de fato, uma bela despedida de meus ouvintes e estudantes, me impediu de lhe responder imediatamente, o que geralmente é a melhor coisa a ser feita. Agora, estou lentamente me reestabelecendo em Friburgo,[2] mas, como percebo cada vez mais nesses dias de descanso, isso é uma maneira de aprofundar as tarefas, ou seja, uma abordagem lenta das coisas que ainda me eram inacessíveis em meus primeiros tempos de Friburgo. E assim, para além das melhores circunstâncias e condições externas, isso será algo completamente novo para mim.

Já o último seminário de Marburgo deste verão era um novo caminho, ou melhor, um enveredar por trilhas que, creio eu, simplesmente ainda devo entrever por muito tempo.

Todas as perguntas que você põe, com todo direito e com toda claridade, pertencem ao campo da metafísica. Minha conferência é intencional e toda unilateralmente delimitada por um determinado problema, que me foi dado previamente pelo objetivo da conferência: o que pode e o que não pode um teólogo aprender da fenomenologia. Assim, por um lado, a filosofia é tomada unicamente na perspectiva teórico-científica e ela mesma como "ciência"; por outro, *pressupõe*-se a teologia e ainda mais a fé crist[ã] – porque o tema é a teologia *crist*[*ã*].

Com essa imposição da tarefa, eu, como filósofo, me encontro em uma luz inteiramente distorcida, como você bem vê, e tudo se torna uma apologética da teologia crist[ã] ao invés de um debate. Se eu tivesse feito disso a tarefa, então a preparação deveria ser totalmente diferente – ou seja, o conceito de filo[sofia] deveria ser exposto em sua totalidade, e, como você vê corretamente, não primeiramente em contraposição à teologia, mas à religião e não apenas à cristã. A religião é uma possibilidade fundamental da existência humana, ainda que de um tipo completamente distinto ao da filosofia. Esta, por sua vez, tem sua própria fé – que é a liberdade do ser-aí mesmo, que só se torna existente no *ser*-livre.

A pergunta se a teologia, em geral, é uma ciência surgiu naturalmente na discussão e, em Marburgo, caracteristicamente por parte

---

2 O semestre de verão de 1928 foi o último de Heidegger em Marburgo, tendo ele proferido a preleção *Princípios metafísicos da lógica a partir de Leibniz*, e posteriormente regressado a Friburgo para suceder a Husserl.

dos meus estudantes. Na verdade, eu estou pessoalmente convencido de que a teo[logia] *não* é uma ciência – mas hoje ainda não estou em condições de *mostrar* isso *efetivamente* e de tal forma que seja concebida *positivamente* a grande função da teologia na história do espírito. A mera negação é fácil, mas dizer o que é a ciência ela mesma e o que é a teologia, se não é nem filosofia, nem ciência – tudo isso são problemas que eu não queria ver arrastados em uma discussão momentânea. Acredito que estou lentamente me aproximando da condição básica para colocar esses problemas em geral – uma timidez natural me impediu de o fazer na conferência e na discussão. Talvez, em setembro, em Berlim, haja um momento favorável para isso. Certo é que isso não é possível na forma habitual, segundo a qual se põe dialeticamente a ciência, a arte, a religião etc. uma contra as outras, sem fundamentação, como peças de jogo no tabuleiro. O problema só se torna vivo se, em primeiro lugar, também as ideias de ciência se transformarem radicalmente.

Isso está vinculado ao que você destacou: nas ciências históricas há uma compreensão própria da existência, inclusive, segundo minha opinião, a divisão trad[icional] de ciências da natureza e ciências do espírito é uma superficialidade em todas as formas. Do ponto de vista da metafísica, há apenas *uma* ciência.

Sua pergunta sobre a compreensão pré-filosófica do ser em correspondência com a fé, diante da sua explicitação na teologia, está completamente correta. De fato, isso consiste naquilo que chamamos *metaphysica naturalis* – visão de mundo natural. Evidentemente, esclarecer o que é essa *metaphysica naturalis* é talvez um dos problemas mais difíceis da filosofia.

Pertence à essência do ser-aí humano que, na medida em que existe, ele filosofa. Ser humano *já significa* filosofar – e por essa razão, a liberação da filosofia *propriamente* e *expressamente dita* é tão difícil. Por exemplo, o que Kant procura em sua dialética transc[endental] sob a forma completamente barroca de uma "lógica da aparência" é a metafísica da visão de mundo natural – isso se tornou completamente claro para mim desde o inverno.[3] E esse é o problema que ainda permaneceu velado para o próprio Kant e que, consequentemente, teve de escapar ainda mais ao idealismo alemão.

3 Heidegger faz referência ao inverno de 1927/1928, consequentemente, às preleções dadas em tal semestre: *Interpretações fenomenológicas da Crítica da Razão Pura de Kant*.

Assim, você pode compreender por que não publiquei essa conferência "pronta para ser impressa".[4] Mas, ao mesmo tempo, essa conferência, para mim, é um documento do período de *Marburgo* e ela deveria mostrar *como* alguém, *se* já está na fé crist[ã] protest[ante] e faz teologia, tem de tomar a filosofia, caso queira tomar ela só como uma ajuda, mas não como uma inquietação fundamental. E assim, o meu trabalho em Marburgo sempre foi conscientemente ambivalente – útil e absolutamente inquietador – e mais de um eu libertei da teologia – se isso é um mérito, ninguém pode dizer. Se os jovens inter[essados] encontraram sua liberdade interior, então isso terá sido por alguma razão.

4 A princípio, a conferência *Fenomenologia e teologia* seria publicada em um volume da *Theologische Rundschau*, um periódico de teologia dirigido por Rudolf Bultmann, que chega a solicitar a Heidegger o envio do texto (cf. 11.4.1928, *BwBH*: 60). No entanto, Heidegger não só não envia o texto como também declina da publicação, justificando sua decisão através de uma carta: "Uma nova tentativa de trabalhar minha conferência sobre teologia me deixou claro que os limites ainda não foram alcançados de forma suficientemente nítida e com suficiência de princípios. O que não foi suficientemente trabalhado é *o* caráter da teologia, que, de um modo formal, a equipara à filosofia, na medida em que também a teologia se dirige ao todo, mas onticamente. [...] Minha conferência está demasiadamente determinada pelo pedido de uma clarificação mais prática da relação entre o trabalho teológico e a fenomenologia. Mas uma vez que essa questão fundamental de teologia e filosofia é, ao mesmo tempo, um debate com movimentos fundamentais da histórica do espírito ocidental, e não apenas uma demarcação de ciências, eu gostaria de me abster de uma declaração, mesmo que de algum modo fundada e fundamentalmente concebida – e, por isso, desisto da contribuição para a revista" (23.10.1928, *BwBH*: 62-63). Após certa insistência de Bultmann (cf. 16.12.1928, *BwBH*: 82-84), Heidegger mantém a sua decisão de não publicar a conferência, e ainda apresenta o seguinte: "Agora, em minha Introdução [à lógica a partir de Leibniz, preleções de 1928] ponderei de forma completamente nova o problema 'filosofia e ciência'. Na conferência, minha colocação da pergunta a respeito da teologia, como ciência, não só é por demais estreita, mas também insustentável. A positividade da teologia, que acredito mesmo ter alcançado, é algo diferente da das ciências. A teologia está fora das ciências de uma maneira totalmente diferente da filosofia. Mas sobre isso [falaremos] outra vez, na mesma [em que falaremos] sobre a *Rundschau*" (18.12.1928, *BwBH*: 87). Essa outra ocasião aí mencionada se revela em outra carta, de abril de 1929, na qual Heidegger, após relatar a sua passagem por Davos, solicita a Bultmann que a seção especial de filosofia da *Rundschau* seja retirada do periódico, afirmando que ele não só não pode contribuir com tal seção, como também lhe parece que "na teologia deveria desaparecer toda discussão filosófica *explícita*" (09.04.1929, *BwBH*: 108).

O debate fundamental com a teologia e com a fé, que só pode acontecer no interior do positivo filosofar, requer, evidentemente, como prévio trabalho metodológico, uma construção da teologia completamente clara e levada ao extremo naquilo que *ela* reivindica ser – só então *ela* poderá ser atacada em seu centro e em sua essência –, mas nunca caso se tome por base um conceito vago. Alegro-me que você tenha ido além desses prolegômenos em direção às questões fundamentais.

Este ano, em um domingo, subimos novamente e nos lembramos do acolhimento do ano passado em Ratschert – aqui em cima é maravilhoso e seria bom se, numa ocasião, você estivesse aqui para uma pequena caminhada sobre o Stübenwasen, quando, amplo e calmamente, sonha ao pôr-do-sol.

Então, no início de setembro chegaremos a Berlin e estamos muito felizes por isso. Você ainda receberá informações detalhadas. Depois também contaremos sobre a casa e traremos as fotos. Tudo deve correr bem.

Na próxima semana, recomeça meu trabalho na Brenderstube, que agora me pertence completamente e deve ser mobiliada para um uso permanente.

Com as mais cordiais saudações.

Vosso Martin

Cara Lisi[.]

Deixe lhe dar cordiais saudações e obrigado pela sua saudação de Ostsee. Alegro-me com nosso encontro em Berlin. Iremos no dia 4 de setembro e ficaremos na casa dos Bauer.

Até lá, tudo de bom.

Elfride. (8.8.1928, *BwHB*: 24-26).

9.2 O duplo referencial de "a teologia *não* é uma ciência"

Não há dúvida de que a carta enviada por Blochmann continha um conjunto de questões, que, embora tenham se perdido, não são de difícil dedução. Deduzi-las, no entanto, não é a tarefa aqui proposta. Trata-se, pois, de mostrar como o ponto nevrálgico da conferência está implicado nessa carta-resposta de Heidegger, e como, a partir de algumas indicações precisas, pode-se ainda olhar para o desenvolvimento posterior na obra heideggeriana a respeito da relação entre filosofia e teologia.

Após o parágrafo introdutório de sua carta-resposta, no qual Heidegger diz estar de volta a Friburgo, ele faz uma sutil, porém precisa indicação: as preleções de verão de 1928, sobre a lógica a partir de Leibniz, são um novo caminho, ou seja, já não se trata mais daquele caminho que culminou em *Ser e tempo*. De fato, o *Apêndice* (cf. GA 26: 196-202) do capítulo um da *Segunda parte* dessas preleções pode ser lido, ao mesmo tempo, como uma retrospectiva, que evidencia o fracasso do tratado de 1927, e como uma prospectiva, que pretende mostrar a viragem (*Kehre*) na ontologia fundamental – e não o seu abandono. Ambos os olhares estão aí sintetizados dessa forma:

> A finitude da filosofia não consiste em se deparar com limites e não poder ir mais além deles, mas no fato de, na simplicidade de sua problemática central, se esconder uma riqueza que exige uma e outra vez um novo despertar. No que diz respeito à ontologia fundamental, deve-se notar, sobretudo, que é precisamente a radicalidade e universalidade dessa problemática central, e só ela, que leva a perceber que esses problemas são centrais, mas justamente por isso, eles nunca são únicos por sua essencialidade. Em outras palavras: a ontologia fundamental não esgota o conceito de metafísica (GA 26: 198-199).

Não é à toa que todas as perguntas postas por Blochmann, de acordo com Heidegger, pertencem ao campo da metafísica e não só ao da ontologia fundamental. A pergunta que persiste, no entanto, é: se a ontologia fundamental não esgota o conceito de metafísica, como completá-lo? É dessa maneira que Heidegger vê a necessidade de ir além da ontologia fundamental, afirmando, para tanto e em primeiro lugar, que ela é uma *repetição do passado*, "mas esse passado se nos transmite na repetição só se lhe damos a possibilidade de transformar-se" (GA 26: 197). O que entra em jogo é o modo como a *tradição* propriamente dita entrega a sua herança e como se possibilita essa entrega. Logo, não se trata apenas do que se transmitiu por meio de proposições estabelecidas e de modos fixos de pôr e expor os problemas: "e porque essa tradição externa e seu tratamento na história da filosofia negam vida aos problemas, ou seja, negam-lhes a transformação, e procuram sufocá-los, a luta é dirigida a ela" (GA 26: 197).

Inequivocamente, trata-se de ir em direção à história da filosofia, que se configura propriamente como história do esquecimento do ser, lendo-a destrutivamente – o que, antes de indicar o abandono da fenomenologia, evidencia a entrada radical em seu modo de proceder. No entanto, já não era precisamente isso o que estava previsto para ser realizado na *Segunda parte* de *Ser e tempo*, conforme dá a ver o §8 em linhas gerais? De fato, o que aí estava previsto era uma *de-struição* fenomenológica da história da ontologia, tendo como fio condutor a temporialidade (*Temporalität*). Diante disso, a de-struição fenomenológica não abandona os dois milênios de filosofia. Na verdade, essa de-struição é justamente a crítica oportuna do que há nessa tradição. Nesse sentido, a não publicação das partes subsequentes de *Ser e tempo* não invalida o projeto fenomenológico como um todo. A ontologia fundamental, porém, não esgota o conceito de metafísica, mas serve, para Heidegger, como porta de entrada na discussão integral acerca de tal conceito – que estará completo quando se levar a cabo "a necessidade de uma peculiar problemática que tem agora como tema o ente em sua totalidade" (GA 26: 199).

Trata-se de um ir além da ontologia fundamental, não a abandonando de todo, entretanto. Um ir além que não surge senão no interior da própria problemática ontológico-fundamental: "Uma vez que só há ser quando o ente também já está no *aí*, encontra-se latente na ontologia fundamental a tendência para uma transformação metafísica originária, que só é possível quando o ser é compreendido em sua plena problemática" (GA 26: 199). A pergunta pelo ser mantém sua primazia. No entanto, deve surgir a pergunta pelo ente em sua totalidade. Isso, de acordo com Terzi (2013: 91), "só será possível se o horizonte de uma adequada compreensão do ser, que o distinga expressamente do ente, for desvelado". Ou seja, a filosofia não pode somente anunciar a diferença ontológica. Ela deve também pensar a diferença propriamente dita, pois só dessa forma conseguirá esgotar o conceito de metafísica.

A pergunta, no entanto, é: como fazê-lo se a linguagem com a qual a filosofia lida é metafísica? Isso justifica a retenção da *Terceira seção* de *Ser e tempo*, conforme Heidegger evidencia posteriormente, em sua *Carta sobre o humanismo* (1946):

> Aqui se faz uma reviravolta que muda tudo. A seção em questão foi retida porque o pensar não foi capaz de dizer essa viragem adequadamente e, com isso, não conseguiu expressá-la com o auxílio da linguagem da metafísica. [...] Essa viragem não é uma mudança do ponto de vista de *Ser e tempo*, mas nela o pensar buscado chega pela primeira vez ao sítio da dimensão a partir da qual *Ser e tempo* foi experienciado, e, na verdade, experienciado na experiência fundamental do esquecimento do ser (*BH*, GA 9: 327-328).

Não se trata de uma mera correção metodológica da ontologia fundamental, mas sim de uma nova colocação da pergunta: "Essa nova colocação da pergunta se encontra na essência da ontologia mesma e se coloca a partir de sua conversão [*Umschlag*], sua *μεταβολή*" (GA 26: 199). Em 1928, Heidegger expressa esse ir além da ontologia fundamental por meio da expressão *metaontologia* (*Metontologie*). Essa expressão é utilizada para evidenciar a exigência de a própria ontologia fundamental se debruçar destrutivamente sobre a história do ser, ou melhor, do esquecimento do ser. No fundo, a relação entre ontologia fundamental e metaontologia diz respeito ao caráter duplo da própria metafísica, que se estrutura como uma ontoteologia. Trata-se de um caminho que vai da analítica existencial à história do ser – ou seja, da tentativa de se fundar toda e qualquer ontologia, a partir da analítica do ser-aí, à história da ontoteologia, visando trazer à tona o problema da verdade do ser em sua "epocalidade".

A viragem na ontologia fundamental não é um acontecimento externo, uma mudança de rota, mas sim uma torção no próprio caminho, uma torção que faz ver, ou melhor, que restitui a história da filosofia como história do esquecimento do ser, como história da ocultação da diferença ontológica. Isso justifica porque, para Heidegger, a porta de entrada nessa nova problemática é o projeto ontológico-fundamental de *Ser e tempo*:

> A necessidade interna de que a ontologia volte para lá de onde partiu pode ser explicada mediante o fenômeno originário da

> existência humana: que o ente 'ser humano' compreende o ser; no compreender o ser há, concomitantemente, a realização da distinção entre ser e ente; há ser apenas quando o ser-aí compreende o ser (GA 26: 199).

A possibilidade da metaontologia está assentada na problemática ontológico-fundamental posta em *Ser e tempo*. Levado às suas últimas consequências, o próprio projeto ontológico provoca, a partir de si mesmo, a viragem. Desse modo, a metaontologia é possível a partir dos fenômenos centrais trazidos à luz pela ontologia fundamental: a compreensão de ser e a diferença ontológica. Logo, ontologia e metaontologia estão mutuamente condicionadas: "O campo da metaontologia é a condição de possibilidade da própria pergunta pelo ser, mas é apenas à luz desta, e, portanto, de um horizonte ontológico geral e originário, que se pode chegar a tematizar filosoficamente o ente na totalidade sem recair em uma simples soma ôntica" (Terzi, 2013: 92). Essa circularidade não conduz a ontologia para algo propriamente novo, mas sim conduz àquilo com que ela já sempre e desde o início lidou: o problema do ser, de seu esquecimento e de sua dupla raiz originária – *filosofia primeira* e *teologia*. Por isso, não se trata de, por meio da metaontologia, (re)fundar ontologias regionais, como se ela servisse de base para rotular diferentes disciplinas e ciências específicas:

> Ontologia fundamental e metaontologia, em sua unidade, formam o conceito da metafísica. Mas nisso não se expressa mais do que a transformação de um problema fundamental da filosofia mesma, que, já antes e na introdução [dessas preleções], foi tratado com o duplo conceito de filosofia como *πρώτη φιλοσοφία* e *θεολογία*. E isso é apenas a respectiva concretização da diferença ontológica, isto é, a concretização da realização da compreensão do ser. Em outras palavras: a filosofia é a concretização central e total da essência metafísica da existência (GA 26: 202).

Isso incide precisamente em um ponto central de *Fenomenologia e teologia*: como conceber a teologia cristã como ciência se, desde a perspectiva filosófica, a *θεολογία*, juntamente à *πρώτη φιλοσοφία*, é o fundamento da metafísica, que se mostra como ontoteologia? Disso procede a justificativa de

Heidegger em sua carta-resposta: "Minha conferência é intencional e toda unilateralmente delimitada por um determinado problema, que me foi dado previamente pelo objetivo da conferência" (*BwHB*: 24). Esse objetivo pressupunha tanto a filosofia como ciência quanto a teologia como evidentemente cristã. Pressupunha isso de modo que o desenrolar do problema central – sobre a relação entre filosofia e teologia cristã, ou melhor, sobre o que pode e o que não pode um teólogo aprender da fenomenologia – já estava previamente orientado e (por que não?) respondido pela determinação de uma teologia cristã. Nesse cenário, conforme relatado, Heidegger está "em uma luz inteiramente distorcida" (*BwHB*: 24).

Dessa forma, a afirmação de que para ele a teologia *não* é uma ciência ganha o seu primeiro referencial de justificação: a ontoteologia, isto é, a metafísica. A teologia não é ciência *stricto sensu*, mas, antes disso e tão somente, ela é um dos fundamentos da metafísica como um todo, de todo o pensar filosófico originado com Platão e Aristóteles. Daí a ideia de que, na conferência, "tudo se torna uma apologética da teologia crist[ã]" (*BwHB*: 24). Pois Heidegger, enquanto filósofo, concebe a teologia de outra maneira: não como teologia cristã, mas sim a partir da metafísica, isto é, da ontoteologia. Disso decorre a necessidade de construir tanto a ideia da teologia como ciência ôntico-positiva quanto a ideia da filosofia como ciência ontológico-transcendental. Isso justifica por que a conferência de 1927 é o único lugar, em toda a obra de Heidegger, no qual a teologia aparece justificada como empreendimento científico.

Tal construção conduz à distinção entre teologia cristã e ontoteologia: o fundamento da primeira é a fé, o seu *positum* originário, ao passo que o fundamento da segunda é o ente naquilo que ele já é desde o princípio, "naquilo que constitui, em sentido próprio e supremo, a presença do mundo" (GA 19: 222). No entanto, isso só agrava a situação da teologia "cristã", pois para Heidegger o que ela fez na maioria das vezes foi escamotear o seu *positum* originário, substituindo-o por categoriais universais provenientes da metafísica grega. Dessas categorias, destaca-se a ideia de Deus, identificado com o ente supremo, criador e não-criado – o que no âmbito cristão acabou por subjugar a possibilidade de uma investigação de cunho ontológico, conforme se expõe em *Introdução à metafísica* (1935):

> Aquele, por exemplo, para quem a Bíblia é verdade e revelação divina, já possui a resposta antes de todo perguntar da pergunta "por que há simplesmente o ente e não antes o nada?": o ente, na medida em que não é igual a Deus, é criado por ele. Deus "é", como criador, não-criado. Quem tem tal fé por fundamento [*Boden*] pode, na verdade, acompanhar e entender o perguntar de nossa pergunta, mas não pode perguntar de maneira propriamente dita sem renunciar a si mesmo, como crente, com todas as consequências dessa atitude. Ele apenas pode fazer como se... [*als ob*] No entanto, por outro lado, aquela fé, se não se expõe constantemente à possibilidade da descrença, também não é nenhuma fé, mas uma comodidade e um compromisso consigo mesmo de se ater firmemente à doutrina como uma tradição qualquer. Nesse caso, não se trata nem da fé nem do perguntar, mas de uma indiferença, que pode agora ocupar-se de tudo, talvez até mesmo com grande interesse, seja da fé, seja do perguntar (GA 40: 8-9).

Dessa maneira, a preleção de 1935 está próxima da conferência de 1927 de uma maneira dupla: por um lado, no que diz respeito à (in)congruência de caminhos entre a fé/ser-crente e a filosofia/filosofar – (in)congruência agora destacada através da pergunta de por que há o ente e não antes o nada –; e, por outro lado, no que diz respeito à possibilidade de uma relação entre ambas, pondo agora a condição de que quem faz teologia, ao se aproximar da filosofia, deve agir "como se..." – isto é, deve agir tendo em vista a possibilidade da descrença, de a própria fé ficar como que suspensa. De fato, a pergunta aí posta é a mais vasta, pois interroga o ente em sua totalidade, e não somente como a mera soma ôntica de tudo o quanto é (cf. GA 40: 4). Também é a pergunta mais profunda, porque é a única que diz respeito ao fundamento do ente. Justamente por ter o caráter de pergunta, ela deixa em aberto se trata-se de um fundamento originário (*Ur-grund*), ou de um fundo sem fundo – isto é, de um abismo (*Ab-grung*) –, ou ainda se o fundamento não é nem uma coisa nem outra, mas sim somente uma aparência, um simulacro, um não-fundamento (*Un-grund*) (cf. GA 40: 4-5). Por fim, também é a pergunta mais originária, porque "ela se depara, em sua busca, com seu próprio por quê" (GA 40: 7). Logo, é ela quem dá origem a todas as outras perguntas a respeito do ente (cf. GA 40: 8). A filosofia é justamente a colocação dessa pergunta e, em tal perguntar, ela ousa "esgotar e interrogar o inesgotável dessa pergunta, através do desvelamento daquilo que essa pergunta exige perguntar" (GA 40: 10). Para o ser-crente, o filosofar é uma loucura -pois, enquanto o ser-crente, pela fé, põe uma resposta; a fé, pelo perguntar que lhe é próprio, coloca uma pergunta, ou melhor, *a* pergunta.

Tendo escamoteado o seu *positum* originário, a teologia "cristã" se configura como sendo uma "metafísica bíblica", desdobrando-se a partir da ontoteologia, e não da cristicidade. Consequentemente, a afirmação de que a teologia não é uma ciência também pode fazer alusão ao fato de raras vezes ter havido uma teologia cristã propriamente dita – isto é, uma teologia cristã que tivesse se ocupado da fé enquanto experiência fundamental, investigando-a adequadamente, tematizando a existência cristã enquanto tal. Nesse cenário, a teologia cristã não seria ciência porque, na maioria das vezes, ela não teria tomado originariamente a fé como *positum*, mas sim como uma categoria proveniente da ontoteologia – Deus.

> [...] o sistema exclui completamente de seu interior uma vivência religiosa dos valores que é originariamente genuína. Quando, apesar disso, irrompe a força elementar da vivência um uma personalidade pertencente a um tal sistema, ali a vivência só consegue efetividade se o sistema for afastado em favor da esfera de vivência e se for buscado um novo tipo de nexo (*PGM*, GA 60: 313).

Para Heidegger, essa "violenta erupção" (GA 58: 205) da fé desprovida do sistema do cristianismo pode ser vista em casos como Agostinho, Lutero, Kierkegaard e, sobretudo, nos místicos medievais (cf. GA 58: 205; *PGM*, GA 60: 315-318, 334-337). Não raras vezes, místicos e místicas não são assumidos pelo sistema "oficial" do cristianismo. Para Heidegger, o que há de efetivo na teologia cristã deve ser aí procurado – isto é, fora da teologia cristã "oficial". Pois, nesses casos, sobretudo em Mestre Eckhart, "o objeto originário [*Urgegenstand*], o absoluto, não é o ainda-não-determinável [*Noch-nicht-Bestimmbare*] e o ainda-não-determinado [*Noch-nicht-Bestimmte*], mas o que, em geral, é essencialmente privado de determinação enquanto tal" (*PGM*, GA 60: 316). Nesse caso específico, o que é "essencialmente inconcebível" (*PuT*, II: 62) pode ser apreendido e concebido sem ser escamoteado, fazendo jus à tarefa científica da teologia. Aí a fé pode ser assumida originariamente e a existência cristã pode ser devidamente tematizada. Nesse caso, ainda há a possibilidade de a teologia cristã ser uma ciência ôntico-positiva – porque ela decorre da e pertence à facticidade do ser-aí, de modo que "ela permanece no interior da ontologia da facticidade; sem isso, ela jamais pode ser compreendida desde a perspectiva de uma ontologia da facticidade" (Vedder, 2006: 89).

Então, por que Heidegger insiste que está particularmente convencido de que a teologia não é uma ciência? Aqui se avista o segundo referencial de justificação: o conceito ontológico-existencial de ciência. Desse modo, para Heidegger, a teologia não é ciência porque ela não está plenamente de acordo com as exigências da concepção por ele apresentada, sobretudo com a exigência de ela ser um empreendimento livre. No fundo, o que está problematizado aí é: não há ciência da fé porque não há liberdade no âmbito da fé. Isso pois o cristão está sob a supremacia da fé, de modo que o ser-crente já subjugou a sua existência, pondo-a sob o seu domínio, orientando-a, e concedendo a ela um abrigo. Qualquer ciência que surja nesse âmbito não será plenamente livre, mas sim previamente orientada, o que entra em rota de colisão com a proposta ontológico-existencial de ciência apresentada por Heidegger.

Assim sendo, a fé é tal qual a visão de mundo como concessão de abrigo. Quanto a isso não há dúvida. No entanto, a concessão de abrigo está faticamente vinculada à postura – a outra possibilidade fundamental da visão de mundo, justamente a que torna possível a ciência e o filosofar. Nesse cenário, o que se justifica a partir do ser-aí é a ciência, que de fato só pode acontecer como um empreendimento livre. Não se justifica a fé propriamente dita, mas sim a ciência da fé. Desse modo, a teologia deve ser um posicionar-se contrário à fé, pois faz dela um objeto (*Gegenstand*), e, ao mesmo tempo, um encarregar-se da fé. Na verdade, a própria teologia já está encarregada pela fé. Ou seja, a "livre" assunção da teologia enquanto ciência depende da prévia orientação dada pelo ser-crente, o que impossibilita concebê-la como um empreendimento radicalmente livre – isto é, pautado no ser-livre do ser-aí. Por isso, a teologia é um insigne acontecimento das duas possibilidades fundamentais da visão de mundo, sendo própria e impropriamente uma e outra ao mesmo tempo.

Parece ser nessa direção que, na carta a Blochmann, Heidegger afirma saber que o seu trabalho em Marburgo é "conscientemente ambivalente – útil e absolutamente inquietador" (*BwHB*: 26), tendo ele "libertado" alguns estudantes da teologia. Isso sem dúvida ratifica a sua posição de que não há liberdade no âmbito da fé – ou melhor, se há, há só parcialmente. Contudo, existe meia liberdade? O ser-livre é exigido por inteiro para o empreendimento científico. Não é exigido apenas parcialmente. Desse modo, por fim, há de se concordar com Peperzak (2014: 336): "Se, já antes de agosto de 1928, Heidegger desistiu dos postulados nos quais baseava sua substituição da concepção 'vulgar' de teologia em relação à filosofia, então toda a argumentação de sua conferência de 1927 desmorona". A seu favor, resta a afirmação: "A mera negação é fácil, mas dizer o que é a ciência ela mesma e o que é a teologia, se não é nem filosofia, nem ciência – tudo isso são problemas que eu não queria ver arrastados em uma discussão momentânea" (*BwHB*: 25). Se não é filosofia, e se não é ciência, resta à teologia ser somente o acontecimento insigne da visão de mundo? Mas não é justamente no interior da visão de mundo como postura que a ciência e o filosofar surgem? De maneira propriamente dita, a teologia não é nem mesmo visão de mundo. O que ela é, então? Em uma resposta apenas especulada, Peperzak (2014: 336) afirma: "Talvez Heidegger respondesse que, em qualquer caso, a teologia tem outras raízes e, portanto, também um estilo de inteligibilidade radicalmente distinto do da filosofia".

Heidegger aponta para essas outras raízes em dois casos insignes. Em primeiro lugar, ele as aponta em outra carta, de 1964, enviada em razão de "um diálogo teológico sobre o *problema de um pensar e dizer não-objetivante na teologia atual*" (*PuT*, Pref.: 45). Essa carta foi posta como *Apêndice* à conferência. Ao final dela se lê de novo que "nesta tarefa também está implícita a pergunta de saber se a teologia ainda pode ser um ciência, porque, provavelmente, não lhe é permitido em geral ser uma ciência" (*PuT*, Ap.: 77). Para compreender essa (re)afirmação, no entanto, é exigido que se debruce no caminho do pensar heideggeriano entre 1927 e 1964. Isso exige que se passe, obrigatoriamente, pela sua outra grande obra, *Contribuições à filosofia: sobre o acontecimento-apropriador* (1936-1938), em toda a sua arquitetura.

Em segundo lugar, Heidegger aponta para essas outras raízes no *Seminário de Zurich* (1951), no qual ele, quando questionado se seria permitido identificar ser e Deus, afirma:

> Deus e ser não são idênticos, e eu nunca tentaria pensar a essência de Deus mediante o ser. Alguns talvez saibam que eu provenho da teologia e ainda tenho um antigo amor por ela e que compreendo algumas coisas dela. Se eu ainda tivesse que escrever uma teologia, coisa que por vezes me sinto tentado a fazer, então a palavra "ser" não deveria aparecer de maneira alguma. A fé não precisa pensar o ser. Se o fizer, já não é mais fé. Lutero compreendeu isso. Mas até em sua própria Igreja isso parece esquecido. Tenho muitas reservas em considerar que o ser seja apto para se pensar teologicamente a essência de Deus. Com o ser, neste caso, não se pode obter nada. Eu acredito que o ser nunca pode ser pensado como fundamento e essência de Deus, mas que, no entanto, a experiência de Deus e de sua revelação (na medida em que encontra o ser humano) acontece [*sich ereignet*] na dimensão do ser, o que de maneira alguma significa que o ser pode valer como predicado possível de Deus. Aqui são necessárias distinções e delimitações totalmente novas (GA 15: 436-437).

Sem dúvida, aí são ditas muitas coisas e, ao mesmo tempo, destacam-se três delas, sumariamente. Primeiro, a mais óbvia de todas: o ser não é Deus e Deus não é o ser. De certa forma, isso retoma e amplia o que Heidegger já havia dito na *Carta sobre o humanismo*, a saber: que é um equívoco ler a analítica existencial, sobretudo a essência ek-stática do ser-aí como uma espécie de secularização do pensamento sobre Deus (cf. *BH*, GA 9: 327). Segundo: o conceito de ser não tem – não deveria ter – nenhuma relevância, ou melhor, não deveria ter nenhuma utilidade no âmbito teológico. Isso fica evidente nessa mesma resposta quando Heidegger, em evidente tom provocativo, diz:

"Eu pedi a um jesuíta, simpático comigo, para me mostrar nas passagens de Tomás de Aquino onde está dito o que '*esse*' [ser] significa de maneira propriamente dita e o que significa a frase: *Deus est suum esse*. Até hoje, não tenho nenhuma resposta" (GA 15: 436). E terceiro: o ser não é um predicado possível de Deus, mas é o horizonte dentro do qual algo como Deus pode se manifestar: "Se Deus é Deus, então ele acontece [*ereignet sich*] com base na e no interior da constelação do ser [*Seyn*]" (GA 79: 77).

Por fim, para Heidegger o ser não é essencial para a teologia. Isto é, o ser não é essencial para o saber algo a respeito da fé – de onde se pode vir a conceituar Deus de maneira autenticamente cristã. Porém, o ser é essencial para o dar-se de Deus ou dos deuses. O porquê disso foge do escopo estabelecido por esse trabalho, mas sem dúvida lhe garante uma nova meta. Consequentemente, garante-lhe um novo ponto de partida também, fazendo com que ele não trilhe infinitamente o mesmo caminho, mas sim que trace, a cada vez, para si mesmo, um novo.

CONCLUSÃO

A motivação para a escrita de uma conclusão não provém tanto da necessidade de fazer uma retomada daquilo que já foi exposto. Ela provém da necessidade de indicar dois pontos que modestamente eu noto como contributivos para eventuais investigações futuras – próprias ou de outrem. E provém também da necessidade de se fazer notar como essa obra, em hipótese alguma, esgota as investigações temáticas sobre fenomenologia e teologia no pensamento de Martin Heidegger.

O primeiro ponto que eu gostaria de destacar é que, embora este tenha sido um trabalho de caráter eminentemente temático e não biográfico, é (quase) impossível tentar compreender a relação entre filosofia e teologia em Heidegger sem notar que tal relação faz parte da proveniência histórico-originária do filósofo alemão – de modo que essa relação incide em sua inserção na filosofia, ou melhor, como ele mesmo diz, no "caminho do pensamento" (*AGS*, GA 12: 91). Esse enraizamento é seguido por um desenraizamento, como se nota de maneira muito breve inicialmente:

> Quem não estava verdadeiramente enraizado e quem não foi impelido por questões, como pode realmente experienciar o desenraizamento? E como é que alguém que não consegue suportar essa experiência pode meditar desde o fundamento sobre uma nova fundação, que não se mostra como nenhuma avidez pelo novo, nem tampouco como uma tíbia mediação e equilíbrio, mas antes como uma transformação criadora na qual tudo o que é inicial se alça até a altura de seu ápice? (GA 66: 416/348).

Retirado do relato autobiográfico *Um olhar retrospectivo sobre o caminho*, tal trecho, embora diga respeito ao campo da metafísica e à sua superação (cf. GA 66: 409/341), ajuda a compreender que é justamente por ter estado dentro, por ter feito parte, por ter estado enraizado junto à teologia cristã, que Heidegger pôde, em algum momento de seu caminho, mesmo não sendo um teólogo cristão de profissão, ousar dizer o que é a teologia cristã, o que a motiva, e como ela se constitui originariamente como ciência. Ao mesmo tempo, isso permite entender que, impelido pelo próprio caráter questionador de quem faz filosofia, Heidegger pôde experienciar o desenraizamento dessa tradição teológica. Desse modo, ele apresenta, em uma mão, a afirmação da teologia cristã como ciência, e, na outra, ao mesmo tempo, a sua dúvida a respeito disso – ou melhor, a sua outra posição: a que afirma que a teologia cristã não é uma ciência, embora ela, de acordo com o próprio Heidegger, exerça uma grande função na história do espírito.

A dupla posição a respeito da teologia cristã, no entanto, não está vinculada ao afastamento de Heidegger de sua proveniência teológica. Ela está vinculada, por um lado, à sua concepção ontológico-existencial de ciência, e, por outro, ao entendimento que ele tem da metafísica como ontoteologia. Considere a pergunta sobre caso se deva dar razão à afirmação de que a teologia cristã é ou não uma ciência ôntico-positiva, e, não sendo, se ela deve realmente se encontrar fora das ciências – mas de uma maneira distinta daquela como se encontra a filosofia. Essa pergunta não pode ser respondida levando em consideração os aspectos biográficos do autor, como se a mera negação derivasse, ou melhor, fosse uma consequência do afastamento e posterior rompimento de Heidegger com o sistema do catolicismo. Esse rompimento foi seguido de sua aproximação com a mística medieval e com a teologia protestante, nomeadamente, a teologia da cruz proposta por Lutero – da qual Heidegger também se afasta posteriormente.

Na verdade, oferecer uma resposta taxativa, e assegurar com total certeza se a teologia cristã é ou não uma ciência, é um empreendimento de pouca valia. Isso pois, como demonstrado acima, ambas as posições são afirmadas por Heidegger, e, de certo modo, estão justificadas no âmbito de seu pensamento. Daí a importância de se analisar a lógica interna de *Fenomenologia e teologia* como um todo, e não apenas o trecho onde o caráter científico da teologia cristã é justificado. O que aqui foi feito é apenas uma de tantas aproximações possíveis a esse texto e a essa temática, destacando-se no interior dela dois empreendimentos.

Em certo momento, demonstrou-se o porquê de, a partir da fé como *positum* originário, a teologia pautar como tema de investigação a existência cristã em sua totalidade: a cruz, como fundamento da fé, e como o vocativo propício ao poder-ser-si-mesmo do cristão, reivindica, ou melhor, convoca o ser-aí cristão. Contudo, como o caráter-de-decisão pertence ao ser-aí propriamente dito, e não ao horizonte hermenêutico aberto pela cruz, é só a partir de sua decisão pela cruz, isto é, a partir do ter certeza da fé, que se pode completar os passos iniciais da investigação científica a respeito dela. O cristão é convocado em totalidade e não parcialmente. O "renascimento" proporcionado pela fé é integral, abarca o todo da existência. A teologia não surge da dúvida sobre a fé, mas sim do ter certeza a respeito dela, do decidir-se do cristão pela cruz. Isso permite desdobrar a fé em todas as suas possibilidades, sistematizando-a prático-historicamente desde si mesma. Desse modo, para Heidegger, não interessa elaborar um cânon teológico, mas sim interessa "definir a essência mesma da teologia como ciência" (Greisch, 2003: 445).

Em outro momento, destacou-se o problema do pecado no interior de um horizonte bem definido. Esse horizonte é o de que, para Heidegger, em *Fenomenologia e teologia*, o espaço de interlocução, encontro e reencontro entre filosofia e teologia é o espaço da ontologia fundamental. Nesse cenário, demonstrou-se que a correção ontológica do pecado remete à interlocução entre a exposição de Heidegger em 1924, sobre o conceito de pecado em Lutero, o ser-culpado em *Ser e tempo*, e o conceito de pecado tal qual exposto na conferência de 1927. Tal interlocução, por sua vez, permitiu demonstrar como a correção ontológica do pecado não se restringe ao ser-culpado. Ela também implica as concepções ontológicas da voz da consciência, da angústia como disposição afetiva fundamental, e do cuidado como ser do ser-aí.

O segundo ponto que eu gostaria de destacar é que esse trabalho não pretendeu realizar uma fenomenologia da religião cristã em sentido sistemático, como se a sua intenção fosse chegar à essência da religião cristã, descrevendo-a em seus principais aspectos. No entanto, não se pode negar que foi por meio do método fenomenológico, tal qual concebido por Heidegger, que se chegou à afirmação de que a teologia cristã atua como uma constituinte histórico-sistemática da fé. O que disso resulta não é uma fenomenologia da religião propriamente dita, mas sim uma fenomenologia da própria gênese da teologia cristã, como ciência ôntico-positiva. Foi precisamente desse ponto que partiu a construção do *positum* teológico originário, bem como a descrição de sua cientificidade específica.

Nesse sentido, o método fenomenológico não deixou de atuar a favor da ontologia fundamental. A respeito da teologia cristã, ele avançou em direção a apresentar sua condição de possibilidade enquanto ciência, atuando de maneira destrutiva a respeito do seu "antigo" *positum*, e atuando na descrição de sua cientificidade específica. Isso impossibilita que seja afirmado algo como uma "fenomenologia teológica", ou melhor, uma fenomenologia com inspiração teológico-cristã – pois, reafirmando Heidegger, a fenomenologia designa sempre o modo de proceder da filosofia. Não há aqui algo como uma mistura de princípios, até mesmo porque, para Heidegger, "a teologia, na acepção de ciência positiva, não lida com questões primeiras. [...] [Ela] não se dedica primariamente a perguntas atinentes aos fundamentos últimos, mas já pressupõe esse âmbito mais originário como solo a partir de onde se desenvolve" (Pieper, 2015: 127).

Foi por essa via que esse trabalho se aproximou da teologia cristã. Consequentemente, os contributos que ela pode oferecer às investigações teológicas e de fenomenologia da religião estão restritos a essa concepção heideggeriana de fenomenologia – a partir da qual se pode desenvolver um método de investigação e análise do fenômeno religioso. No entanto, não se trata de esvaziar o empreendimento filosófico heideggeriano, pondo no lugar da analítica existencial, ou da hermenêutica fenomenológica da facticidade, uma análise do fenômeno religioso. Tampouco se trata da mera aplicação da filosofia heideggeriana à teologia ou à ciência da religião como um todo. Na verdade, trata-se de apresentar um método fenomenológico-hermenêutico de análise do fenômeno religioso ou da experiência religiosa. Evidentemente, é um método elaborado a partir de um fenomenólogo clássico – isto é, a partir de um autor muito bem localizado na área de Filosofia. Mas esse autor pode ser levado "em direção a...". Portanto, ele pode ser levado para o interior de outras áreas de investigação também, por exemplo, a de Ciências da Religião e Teologia.

Essa anotação é aqui de todo importante. Pois, caso se leve em consideração, por exemplo, três fenomenólogos da religião – a saber, Gerardus van der Leeuw, Friedrich Heiler e Geo Widengren –, o que se tem é o desenvolvimento de uma fenomenologia da religião com base na História das Religiões. Esta é a disciplina dos três autores mencionados. Eles, por sua vez, privilegiam dois aspectos que são oriundos sobretudo da fenomenologia transcendental-reflexiva de Husserl: a *epoché* e a *redução eidética* – ou seja, a suspensão do juízo e a contemplação da essência, respectivamente. Como bem pontua Greschat (2005: 136-142), isso de maneira alguma tira a importância desses autores para o desenvolvimento do método fenomenológico no interior da área de Ciência da Religião, mas apenas mostra que, com isso, "procurava-se preservar a pretensão da 'objetividade' pela tentativa de 'colocar entre parênteses' as próprias convicções religiosas e a pergunta pela verdade, e, ao mesmo tempo, tentava-se considerar o fato subjetivo por meio da 'compreensão intuitiva" (Hock, 2010: 75).

Por isso, o contributo que eu gostaria de oferecer aqui não diz respeito à (possível) presença dos conceitos operacionais da fenomenologia heideggeriana nos clássicos da fenomenologia da religião. Ele diz respeito à (re)construção de um método fenomenológico-hermenêutico de análise do fenômeno religioso, com base nos passos fundamentais propostos por Heidegger. Trata-se de um esboço. Para tanto, deve-se ter em vista em primeiro lugar a concepção de fenômeno como o-que-mostra-se-a-respeito-de-si-mesmo, donde a pergunta: o que assim se mostra quando se tem em vista uma análise da "religião"? Indubitavelmente, o "fenômeno religioso" – sendo que "religioso" diz respeito ao que se mostra por meio da experiência fática da vida. Logo, a investigação fenomenológica da religião, a partir de Heidegger, parte da facticidade, isto é, da vida fática, que é onde tudo se dá mundanamente.

A experiência fática da vida exige um viver orientado também em direção a um conteúdo, mas que não o antecipa objetivamente e tampouco o preestabelece conceitualmente. Fenômeno é o conteúdo não objetivo da experiência. Logo, "toda experiência – como experi*enciar*, como o que experi*encia* – pode 'ser assumida no fenômeno'" (*EPR*, GA 60: 63). Uma vez que o que é assim experienciado não é apreendido como *processo* (*Vorgang*), mas sim como *acontecimento* (*Ereignis*), aquele que experiencia nunca é isento de perspectivas, de modo que a experiência fática da vida é sempre marcada por sua situação hermenêutica. Esta mostra o fundamento do qual parte toda interpretação. Dessa maneira, o segundo ponto a ser percebido nessa elaboração metodológica é o caráter intencional-hermenêutico da experiência – pois o seu "estar direcionado a algo" já denota uma determinada compreensão disso que aí se apresenta.

Trata-se, com isso, de um método fenomenológico-hermenêutico que questiona o fenômeno não só no que diz respeito ao seu conteúdo, mas sobretudo também no que diz respeito ao *como* (*Wie*) da relação entre ser-aí e mundo – logo, ao *como* da realização do sentido. Como se trata de uma intencionalidade hermenêutica dada a ver na facticidade, e como a experiência desvela a situação hermenêutica própria do ser-aí, então o fenômeno se torna questionável "1) pelo '*que*' [*Was*] originário, que é experienciado nele (*conteúdo*); 2) pelo '*como*' [*Wie*] originário, em que é experienciado (*referência*); 3) pelo '*como*' [*Wie*] originário, no qual o sentido referencial é *realizado* (*realização*)" (*EPR*, GA 60: 63). Por isso, nessa abordagem fenomenológico-hermenêutica, o conceito de experiência deve sempre ser mantido como indicação formal. A partir disso, pode-se olhar para a concepção de *experiência religiosa*, consequentemente, de *fenômeno religioso*: na condição de fenômeno, a religiosidade é um modo de realização da experiência. Por consequência, ela manifesta a facticidade do ser-aí em sua situação hermenêutica.

A fenomenologia da religião *em* Heidegger, de acordo com Vedder (2006: 36), "[...] formalizou a experiência cristã fundamental da vida. Ele não escolhe uma posição a respeito do conteúdo particular dessa experiência, mas limita-se a investigar as condições de sustentação dessa possibilidade". É justamente isso o que Heidegger encontra, por exemplo, nas cartas paulinas: uma manifestação originária da vida em sua facticidade. O cristianismo apresentado nas e por essas cartas dá a ver uma experiência fundamental da vida em seu aspecto fático e, por isso, histórico-mundano.

Isso viabiliza pensar uma fenomenologia da religião *a partir de* Heidegger. Para tanto, deve-se partir da concepção de fenômeno descrita anteriormente, bem como da intencionalidade hermenêutica e, sobretudo, da concepção de indicação formal como o meio necessário para alcançar o significado do que é *experiência religiosa*. Dessa forma, pode-se elaborar um conceito não-normativo de religião, pois a concepção de experiência religiosa indica apenas um *como* possível de realização da vida em sua facticidade, não antecipando nenhum conteúdo do que aí é experienciado. Da expressão "experiência religiosa" não se deduz nenhuma objetualidade. Antes, ela deve permitir que tal experiência se torne questionável originariamente em seu *conteúdo*, em sua *referência* e em sua *realização*. O caráter indicativo-formal dos conceitos fenomenológicos torna possível a compreensão da religiosidade como fenômeno – isto é, como um modo destacado de encontrar o que aí se mostra. O que caracteriza a experiência como religiosa não é uma definição conceitual preestabelecida, mas sim é o *sentido de conteúdo* (*Gehaltssinn*), *de referência* (*Bezugssinn*) e *de realização* (*Vollzugssinn*) devidamente expressado. E isso exige um retorno às concepções de λόγος hermenêutico e λόγος apofântico.

Uma vez que a fenomenologia, como fala do fenômeno (λέγειν τά φαινόμενα), não prejulga nada sobre qualquer fenômeno ao falar de experiência religiosa, nessa perspectiva fenomenológico-hermenêutica deve-se ter em conta: por um lado, que ela é um conceito indicativo-formal que, com vistas a descrever tal fenômeno, parte do *modo*, isto é, do *como* de sua manifestação; e, por outro, que o sentido advindo é sempre experienciado--manifestado, ou seja, ele é uma concretização da experiência. Com isso, não se alcança uma determinação prévia do que é essa ou aquela experiência religiosa – pois para tanto é necessário que o sentido de conteúdo, de referência e de realização do fenômeno religioso ocorra. É necessário que ele se concretize faticamente. Uma fenomenologia da religião conduzida a partir de Heidegger não pode pretender elaborar um sistema explicativo da religião, pois esse proceder fenomenológico-hermenêutico "[...] se coloca numa atitude de ver o fenômeno no seu mesmo mostrar-se, antes que o pensamento raciocinado avente alguma hipótese explicativa, induza ou deduza alguma explicação causal da sua natureza" (Enes, 1971: 14).

Assim, alcança-se uma fenomenologia hermenêutica da religião a partir de Heidegger, uma vez que se evidencia que: (1) experiência é um conceito indicativo-formal e (2) "religioso" é o fenômeno da experiência. Experiência religiosa é uma possibilidade de realização da experiência, dizendo respeito ao ir orientado do ser-aí em direção a algo desde a sua própria situação hermenêutica. Nesses termos, fenomenologia da religião é sinônimo de fenomenologia da experiência religiosa, na e para a qual a vida fática é o âmbito originário por excelência. Por isso, trata-se de uma fenomenologia hermenêutica da religião, que se propõe uma condução, ou melhor, "[...] um conduzir que, em lugares decisivos e em geral, entrega o compreender vivo ao si mesmo e à autenticidade de sua compreensão da origem" (GA 58: 150).

Essa abordagem não se resume a um conjunto de técnicas de leitura e interpretação de textos sagrados provindos de diferentes tradições religiosas. Tampouco se resume a um conjunto de normas para ir a campo, aplicando-as à linguagem e àquilo que nela se expressa. De fato, não se pode negar que a lida com textos concretos e com os diferentes modos de concretização da linguagem – fala, gesto, dança, música, símbolo, rito, mito, imagem etc. – faz parte da análise sistemática da religião como um todo. No entanto, a abordagem fenomenológico-hermenêutica aqui proposta deve desafiar quem interpreta a compreender/interpretar a religião em suas múltiplas formas de manifestação, e em suas mais variadas tradições, como uma experiência de sentido. Assim, posteriormente, pode-se partir em direção às implicações disso em outros âmbitos, tais como a história, a sociedade e a política. O olhar dirigido à linguagem religiosa, por exemplo, deve se encontrar com a experiência aí realizada e manifestada. Pois o que a linguagem manifesta é o sentido do que aí é experienciado, que, no entanto, nunca se esgota em um só significado. Em suma, o que deve ser abordado em primeiro lugar é o fenômeno religioso, pois só dessa forma se entenderá as suas múltiplas formas de manifestação e as suas mais variadas implicações.

Nesse cenário, o fenômeno religioso, compreendido como experiência viva e vivida, é fundamental para a constituição de uma área autônoma de investigação – denominada no Brasil como "Ciências da Religião e Teologia". Isso ao mesmo tempo dá a ver a implicação entre a teologia e a ciência da religião: somente a investigação teológica fala e aborda histórico-sistematicamente a fé. Ou seja, somente a teologia dá a conhecer o cerne do fenômeno religioso desde o seu interior, isto é, desde a fé professada, compreendendo-a como manifestação de sentido possível – que por sua vez ocorre antes da objetivação científica. Já a ciência da religião não pressupõe a fé, mas sim investiga o que é dado a ver por ela em suas múltiplas implicações – destacando-se sobretudo o caráter público da teologia, que "tem um lugar garantido na Ciência da Religião" (Teixeira, 2013: 181). Dessa maneira, o fenômeno religioso é o que, ao mesmo tempo, vincula e separa teologia e ciência da religião. Isso pois a primeira, professando e investigando a fé em sua lógica interna, mantém-se fiel a um compromisso religioso; ao passo que a segunda guarda uma "liberdade acadêmica" quanto a específicos compromissos religiosos, também guardando uma "consciência da relatividade" diante da multiplicidade de vozes que existem no âmbito religioso.

REFERÊNCIAS BIBLIOGRÁFICAS

1. Obras de Heidegger

BULTMANN, R.; HEIDEGGER, M. *Briefwechsel (1925-1975)*. Frankfurt: Vittorio Klostermann; Tubinga: Mohr Siebeck, 2009.

HEIDEGGER, M.; BLOCHMANN, E. *Briefwechsel (1918-1969)*. Marbach am Neckbar: Deutsche Schillergesellschaft, 1990.

HEIDEGGER, M.; LÖWITH, K. *Briefwechsel (1919-1973)*. Freiburg: Karl Alber, 2017.

HEIDEGGER, M. *¡Alma mía! Cartas de Martin Heidegger a su mujer Elfride (1915-1970)*. Trad. Sebastián Sfriso. Buenos Aires: Manantial, 2008.

______. "Heidegger Luther-Referat" (1924). *In*: BULTMANN, R.; HEIDEGGER, M. *Briefwechsel (1925-1975)*. Frankfurt: Vittorio Klostermann; Tubinga: Mohr Siebeck, 2009, p. 263-271.

______. *Gesamtausgabe. Edição Integral ao cuidado de F-W. von Von-Herrmann*. Frankfurt: Vittorio Klostermann, 1975ss.

______. *Die Grundprobleme der Phänomenologie* (GA 24). Frankfurt: Vittorio Klostermann, 1975; *Os problemas fundamentais da fenomenologia*. Trad. Marco Antônio Casanova. Petrópolis: Vozes, 2012.

______. "Brief über den Humanismus". *In*: *Wegmarken* (GA 9). Frankfurt: Vittorio Klostermann, 1976a, p. 313-364.

______. "Einleitung zu 'Was ist Metaphysik?'". *In*: *Wegmarken* (GA 9). Frankfurt: Vittorio Klostermann, 1976b, p. 365-384.

HEIDEGGER, M. *Logik. Die Frage nach der Wahrheit* (GA 21). Frankfurt: Vittorio Klostermann, 1976c.

______. "Phänomenologie und Theologie". *In*: *Wegmarken* (GA 9). Frankfurt:Vittorio Klostermann, 1976d, p. 45-78.

______."Vom Wesen des Grundes". *In*: *Wegmarken* (GA 9). Frankfurt:Vittorio Klostermann, 1976e, p. 123-176.

______. "Was ist Metaphysik?". *In*: *Wegmarken* (GA 9). Frankfurt: Vittorio Klostermann, 1976f, p. 103-122; "O que é metafísica?". *In*: *Marcas do caminho*. Trad. Enio Paulo Giachini e Ernildo Stein. Petrópolis: Vozes, 2008, p. 113-133.

______. *Prolegomena zur Geschichte des Zeitbegriffs* (GA 20). Frankfurt:Vittorio Klostermann, 1977a.

______. *Sein und Zeit* (GA 2). Frankfurt:Vittorio Klostermann, 1977b.

______. *Metaphysische Anfangsgründe der Logik im Ausgang von Leibniz* (GA 26). Frankfurt:Vittorio Klostermann, 1978.

______. *Einführung in die Metaphysik* (GA 40). Frankfurt: Vittorio Klostermann, 1983.

______. "Aus einem Gespräch von der Sprache: zwischen einem Japaner und einem Fragenden". *In*: *Unterwegs zur Sprache* (GA 12). Frankfurt: Vittorio Klostermann, 1985a, p. 79-146.

______. *Phänomenologische Interpretationen zu Aristoteles. Einführung in die phänomenologische Forschung* (GA 61). Frankfurt: Vittorio Klostermann, 1985b.

______. *Ontologie. Hermeneutik der Faktizität* (GA 63). Frankfurt: Vittorio Klostermann, 1988; *Ontologia. Hermenêutica da facticidade*. Trad. Renato Kirchner. Petrópolis:Vozes, 2013.

______. *Kant und das Problem der Metaphysik* (GA 3). Frankfurt: Vittorio Klostermann, 1991.

______. *Platon: Sophistes* (GA 19). Frankfurt:Vittorio Klostermann, 1992.

HEIDEGGER, M. *Grundbegriffe der antiken Philosophie* (GA 22). Frankfurt: Vittorio Klostermann, 1993a.

______. *Grundprobleme der Phänomenologie (1919/1920)* (GA 58). Frankfurt: Vittorio Klostermann, 1993b.

______. *Phänomenologie der Anschauung uns des Ausdrucks. Theorie der philosophischen Begriffsbildung* (GA 59). Frankfurt:Vittorio Klostermann, 1993c.

______. *Bremer und Freiburger Vorträge* (GA 79). Frankfurt: Vittorio Klostermann, 1994a.

______. *Einführung in die phänomenologische Forschung* (GA 17). Frankfurt: Vittorio Klostermann, 1994b.

______ "Augustinus und der Neuplatonismus". *In*: *Phänomenologie des religiösen Lebens* (GA 60). Frankfurt:Vittorio Klostermann, 1995a, p. 157-299.

______. "Die philosophischen Grundlagen der mittelalterlichen Mystik". *In*: *Phänomenologie des religiösen Lebens* (GA 60). Frankfurt: Vittorio Klostermann, 1995b, p. 301-337.

______. "Einleitung in die Phänomenologie der Religion" *In: Phänomenologie des religiösen Lebens* (GA 60). Frankfurt: Vittorio Klostermann, 1995c, p. 1-156.

______. *Phänomenologische Interpretation von Kants Kritik der reinen Vernunft* (GA 25). 3. ed. Frankfurt:Vittorio Klostermann, 1995d.

______. *Besinnung* (GA 66). Frankfurt: Vittorio Klostermann, 1997a.

______. *Der Satz vom Grund* (GA 10). Frankfurt: Vittorio Klostermann, 1997b.

______. *Hegels Phänomenologie des Geistes* (GA 32). 3. ed. Frankfurt: Vittorio Klostermann, 1997c.

______. "Die Idee der Philosophie und das Weltanschauungproblem". *In*: *Zur Bestimmung der Philosophie* (GA 56-57). 2. ed. Frankfurt: Vittorio Klostermann, 1999, p. 1-117.

______. "Die Frage nach der Technik". *In*: *Vorträge und Aufsätze* (GA 7). Frankfurt: Vittorio Klostermann, 2000, p. 5-36.

HEIDEGGER, M. *Einleitung in die Philosophie* (GA 27). Frankfurt: Vittorio Klostermann, 2001; *Introdução à filosofia*. 2. ed. Trad. Marco Antônio Casanova. São Paulo: WMF Martins Fontes, 2009.

______. "Der Spruch des Anaximander". *In*: *Holzwege* (GA 5). 8. ed. Frankfurt: Vittorio Klostermann, 2003, p. 321-374; "O dito de Anaximandro". *In*: *Caminhos de Floresta*. Trad. João Constâncio. Lisboa: Fundação Calouste Gulbenkian, 2002, p. 368-440.

______. "Der Begriff der Zeit (Vortrag 1924)". *In*: *Der Begriff der Zeit* (GA 64). Frankfurt: Vittorio Klostermann, 2004, p. 105-125; *O conceito de tempo*. Trad. Irene Borges-Duarte. Lisboa: Fim de Século, 2003.

______. "Phänomenologische Interpretationen zu Aristoteles (Anzeige der hermeneutischen Situation)". *In*: *Phänomenologische Interpretation ausgewählter Abhandlungen des Aristoteles zu Ontologie und Logik* (GA 62). Frankfurt: Vittorio Klostermann, 2005a, p. 343-399.

______. *Seminare* (GA 15). 2. ed. Frankfurt: Vittorio Klostermann, 2005b.

______. *Geschichte der Philosophie von Thomas von Aquin bis Kant* (GA 23). Frankfurt: Vittorio Klostermann, 2006; *História da filosofia, de Tomás de Aquino a Kant*. Trad. Enio Paulo Giachini. Petrópolis: Vozes, 2009.

______. "Mein Weg in die Phänomenologie". *In*: *Zur Sache des Denkens* (GA 14). Frankfurt: Vittorio Klostermann, 2007, p. 91-102; "Meu caminho na fenomenologia". *In*: *Sobre a questão do pensamento*. Trad. Ernildo Stein. Petrópolis: Vozes, 2009, p. 85-93.

______. "Phänomenologie und Theologie (8. Juli 1927) I. Teil: Die nichtphilosophischen als positive Wissenschaft und die Philosophie als transzendentale Wissenschaft". *In*: *Vorträge. Teil 1: 1915 bis 1932* (GA 80.1). Frankfurt: Vittorio Klostermann, 2016, p. 179-212.

2. Comentários sobre as obras de Heidegger

ADRIÁN, J. E. "Fenomenología de la vida en el joven Heidegger: de la tesis de habilitación a los cursos de 1919". *Pensamiento*, 55 (212): 217-243, 1999.

ADRIÁN, J. E. *El lenguaje de Heidegger: diccionario filosófico 1912-1927*. Barcelona: Herder, 2009.

______. "'Sin este origen teológico nunca habría alcanzado el camino del pensar'. El estudiante Heidegger y el sistema del catolicismo". *In*: XOLOCOTZI, A.; GIBU, R.; GODINA, C.; SANTANDER, J. R. *La aventura de interpretar: los impulsos filosóficos de Franco Volpi*. Cidade do México: Éon, 2011, p. 157-177.

______. "Heidegger: Being and Time and the care for the self". *Open Journal of Philosophy*, 3 (2): 302-307, 2013. DOI: 10.4236/ojpp.2013.32047.

______. "A la búsqueda de un diálogo entre Husserl e Heidegger". *Studia heideggeriana*, 5: 9-33, 2016a.

______. "El estudiante Heidegger y la teología". *Sofia*, 5 (2): 302-321, ago./dez. 2016b.

______. *Guía de lectura de* Ser y tiempo*, de Martin Heidegger*. Barcelona: Herder, v. 1, 2016c.

ALBUQUERQUE, J. F. S. *A ciência moderna no primeiro Heidegger: a interpretação heideggeriana ao comportamento científico*. Vitória da Conquista: Edições UESB, 2015.

ARAÚJO, P. A. "Nada, angústia e morte em *Ser e tempo*, de Martin Heidegger". *Revista Ética e Filosofia Política*, 10 (2): 1-15, 2007.

______. "A questão do ser em geral em *Ser e tempo* de Martin Heidegger". *Revista Ética e Política*, 16 (2): 50-64, 2013.

BERTORELLO, A. "El discurso sobre el origen en las *Frühe Freiburger Vorlesugen* de M. Heidegger (1919-1923): el problema de la indicación formal". *Revista de filosofía*, 30 (2): 119-141, 2005.

BLANC, M. F. "A interpretação heideggeriana de Aristóteles". *Revista filosófica de Coimbra*, 24 (47): 111-122, 2015.

______. *Leituras sobre Heidegger*. Lisboa: Guerra e Paz, 2018.

BLATTNER, W. *Heidegger's Being and Time: A Reader's Guide*. Londres/Nova Iorque: Continuum, 2006.

BORGES-DUARTE, I. "Introducción a la presente edición". *In:* VON-HERRMANN, F-W. *La segunda mitad de* Ser y Tiempo: *sobre* Los problemas fundamentales de la fenomenología *de Heidegger.* Trad. Irene Borges-Duarte. Madri: Trotta, 1997, p. 9-20.

______. "Husserl e a fenomenologia heideggeriana da fenomenologia". *Phainomenon – Revista de fenomenologia*, 7: 87-103, 2003.

______. "A fecundidade ontológica da noção de cuidado. De Heidegger a Maria de Lourdes Pintasilgo". *Ex æquo*, 21: 115-131, 2010.

______. "A afectividade no caminho heideggeriano". *Phainomenon – Revista de fenomenologia*, 24: 43-62, 2012.

BROGAN, W. A. *Heidegger and Aristotle: the twofoldness of being.* Albany: State University of New York Press, 2005.

CABRAL, A. M. *Heidegger em Bultmann: da destruição fenomenológica à desmitologização teológica.* Rio de Janeiro: Via Verita, 2017.

CÁCERES, J. E. "Dos posibles direcciones de la vivencia interrogativa ¿hay algo? en el joven Heidegger". *Trans/Form/Ação*, 37 (2): 219-232, 2014.

CAPELLE-DUMONT, F. *Filosofía y teología en el pensamiento de Martin Heidegger.* Trad. Pablo Corona. Buenos Aires: Fondo de Cultura Económica, 2012.

CAPUTO, J. D. "Heidegger's philosophy of science: the two essences of science". *In*: GLAZEBROOK, T. (ed.). *Heidegger on science.* Albany: State University of New York Press, 2012, p. 329-352.

CASANOVA, M. *Mundo e historicidade: leituras fenomenológicas de Ser e tempo. Volume 1 – Existência e mundaneidade.* Rio de Janeiro: Via Verita, 2017.

______. *Mundo e historicidade: leituras fenomenológicas de Ser e Tempo. Volume 2 – Tempo e historicidade.* Rio de Janeiro: Via Verita, 2020.

______. "Nota de tradução n. 7". *In*: HEIDEGGER, M. *Introdução à filosofia.* São Paulo: WMF Martins Fontes, 2009, p. 382.

______. *Compreender Heidegger.* Petrópolis: Vozes, 2012a.

______. "Nota de tradução n. 17". *In*: HEIDEGGER, M. *Os problemas fundamentais da fenomenologia.* Petrópolis: Vozes, 2012b, p. 28.

CROWE, B. D. *Heidegger's Religious Origins: Destruction and Authenticity*. Indianapolis: Indiana University Press, 2006.

DREYFUS, H. L. *Being-in-the-world: a Commentary on Heidegger's Being and Time, Division I*. Londres: The MIT Press, 1991.

FEHÉR, I. M. "Heidegger's Understanding of the Atheism of Philosophy: Philosophy, Theology, and Religion in His Early Lecture Courses up to Being and Time". *American Catholic Philosophical Quarterly*, 69 (2): 189-228, 1995. DOI: 10.5840/acpq199569238.

FERNANDES, M. A. "Intuição categorial: um estudo a partir de Heidegger". *Revista de filosofia moderna e contemporânea*, 1 (2): 76-106, 2013.

______. "Fenomenologia e teologia em Martin Heidegger". *Reflexão*, Campinas, 40 (1): 95-108, jan./jun. 2015.

FERREIRA, A. M. C. "Mundanidade e diferença ontológica". *Síntese – Revista de Filosofia*, 40 (126): 85-108, 2013.

FISCHER, N.; VON-HERRMANN, F-W. *Heidegger und die christliche Tradition: Annäherungen an ein schwieriges Thema*. Hamburgo: Meiner, 2007.

GADAMER, H-G. *Los caminos de Heidegger*. Trad. Angela Ackermann Pilári. Barcelona: Herder, 2003.

GARCÍA, J. J. N. "El cuidado como el ser del *Dasein*". *In*: RODRÍGUEZ, R. Ser y tiempo *de Martin Heidegger: un comentario fenomenológico*. Madri: Tecnos, 2015, p. 167-196.

GONÇALVES, P. S. L. *Ontologia hermenêutica e teologia*. Aparecida: Santuário, 2011.

______. "A teologia como ciência ôntica e sua relação com a filosofia". *Horizonte*, Belo Horizonte, 12 (35) : 932-956, jul.-set. 2014.

GREISCH, J. *Ontologie et temporalité: esquisse d'une interprétation intégrale de Sein und Zeit*. Paris: PUF, 2003.

GRONDIN, J. "Die Wiedererweckung der Seinsfrage auf dem Weg einer phänomenologisch-hermeneutischen Destruktion". *In*: RENTSCH, T. *Heidegger: Sein und Zeit*. Berlim: Akademie Verlag GmbH, 2007, p. 1-27.

GROßMANN, A.; LANDMESSER, C. "Vorwort". *In*: BULTMANN, R.; HEIDEGGER, M. *Briefwechsel (1925-1975)*. Frankfurt: Vittorio Klostermann; Tubinga: Mohr Siebeck, IX-XX, 2009.

HEBECHE, L. *O escândalo de Cristo: ensaio sobre Heidegger e São Paulo*. Ijuí: Ed. Unijuí, 2005.

HUNG, Y. Y. "Heidegger's understanding of the relation between his ontological concept of 'being-guilty' and Luther's theological concept of 'sin'". *International Journal of Philosophy and Theology*, 81 (2): 1-16, 2020. DOI: 10.1080/21692327.2020.1728567.

INWOOD, M. *A Heidegger dictionary*. Oxford: Blackwell, 1999.

JARAN, F. "El método científico de la ontología y la idea de la fenomenología". *In*: RODRÍGUEZ, R. Ser y tiempo *de Martin Heidegger: un comentario fenomenológico*. Madri: Tecnos, 2015, p. 37-50.

JONAS, H. "Heidegger and Theology". *In*: *The Phenomenon of Life: toward a Philosophical Biology*. Evanston: Northwestern University Press, 1966, p. 235-261.

KIRCHNER, R. "A analítica existencial heideggeriana: um modo original de compreender o ser humano". *Revista do NUFEN*, 8 (2): 112-128, 2016.

______. "A problemática do tempo na conferência heideggeriana *Der Begriff der Zeit*". *Aoristo – International Journal of Phenomenology, Hermeneutics and Metaphysics*, 1 (1): 105-123, 2017.

KISIEL, T. *The genesis of Heidegger's* Being and Time. Califórnia: University of California Press, 1993.

LARA, F. "El ser-en como tal". *In*: RODRÍGUEZ, R. Ser y tiempo *de Martin Heidegger: un comentario fenomenológico*. Madri: Tecnos, 2015, p. 145-166.

LEÃO, E. C. "Itinerário do pensamento de Heidegger". *In*: HEIDEGGER, M. *Introdução à metafísica*. Trad. Emmanuel Carneiro Leão. Rio de Janeiro: Tempo brasileiro, 1978, p. 7-29.

LEHMANN, K. K. "'Sagen, was Sache ist': der Blick auf die Wahrheit der Existenz: Heideggers Beziehung zu Luther". *In*: FISCHER, N.; VON-

HERRMANN, F-W. *Heidegger und die christliche Tradition: Annäherungen an ein schwieriges Thema*. Hamburgo: Meiner, 2007, p. 149-166.

LIMA, P. A. "Heidegger e a solidão da filosofia". *Revista Filosófica de Coimbra*, 44: 433-472, 2013.

LÖWITH, K. "Martin Heidegger and Franz Rosenzweig or Temporality and Eternity". *Philosophy and Phenomenological Research*, 3 (1): 53-77, 1942.

______. *Heidegger, pensador de un tiempo indigente: sobre la posición de la filosofía en el siglo XX*. Trad. Román Setton. Buenos Aires: Fondo de Cultura Económica, 2006.

MACDOWELL, J. A. *A gênese da ontologia fundamental de Martin Heidegger*. São Paulo: Loyola, 1993.

MACHADO, J. A. T. *Os indícios de Deus no homem: uma abordagem a partir do método fenomenológico de Martin Heidegger*. Porto Alegre: Edipucrs, 2006.

MARION, J. L. *Reducción y donación: investigaciones acerca de Husserl, Heidegger y la fenomenología*. Trad. Pablo Corona. Buenos Aires: Prometeo Libros, 2011.

MCGRATH, S. J. "The Facticity of Being God-Forsaken: The Young Heidegger and Luther's Theology of the Cross". *American Catholic Philosophical Quarterly*, 79 (2): 273-290, 2005. DOI: 10.5840/acpq200579215.

MELIM, N. "Heidegger e as ciências". *Phainomenon – Revista de Fenomenologia*, 3: 43-56, 2001.

MORAN, D. "The destruction of the destruction: Heidegger's version of the history of philosophy". *In*: HARRIES, K; JAMME, C. *Martin Heidegger: politics, art and technology*. Nova Iorque/Londres: Holmes & Meier, 1994, p. 175-196.

NUNES, B. *Heidegger*. São Paulo: Loyola, 2016.

OTT, H. *Martin Heidegger: Unterwegs zu seiner Biographie*. Frankfurt/Nova Iorque: Campus Verlag, 1988.

PAISANA, J. *Fenomenologia e hermenêutica: a relação entre as filosofias de Husserl e Heidegger*. Lisboa: Presença, 1992.

PEPERZAK, A. T. "A re-reading of Heidegger's 'Phenomenology and Theology'". *In*: BABICH, B.; GINEV, D. (eds.). *The Multidimensionality of Hermeneutic Phenomenology*. Cham: Springer, 2014, p. 317-338.

PIEPER, F. "Filosofia e teologia em Heidegger. Notas sobre a conferência *Fenomenologia e teologia* de 1927". *Numen: revista de estudos e pesquisa da religião*, Juiz de Fora, 17 (2): 99-134, 2015.

PIETROPAOLI, M. "Della filosofia non ha bisogno la fede. Sulla conferenza heideggeriana *Phänomenologie und Theologie* (1927)". *Paradigmi: Revisti di critica filosofica*, 3: 153-159, 2016.

PISETTA, É. E. "O manual e a manualidade". *Síntese – Revista de Filosofia*, 30 (98): 385-406, 2003.

PÖGGELER, O. *Der Denkweg Martin Heideggers*. Pfullingen: Neske, 1983.

______. *Philosophie und hermeneutische Theologie: Heidegger, Bultmann und die Folgen*. Paderborn: Wilhelm Fink, 2009.

PROVINCIATTO, L. G. "A fenomenologia da religião em Heidegger à luz dos conceitos experiência e vivência". *Interações*, Belo Horizonte, 16 (2): 273-293, jul.-dez. 2021.

PULINO, M. E. Z. "A questão da essência da ciência em Martin Heidegger: filosofia da ciência ou ontologia?". *Cadernos de filosofia alemã: crítica e modernidade*, 25 (1): 53-68, 2020.

REIS, R. R. "El concepto existencial de ciencia". *In*: RODRÍGUEZ, R. (ed.). *Guía Comares de Heidegger*. Granada: Comares, 2018, p. 121-142.

RICHARDSON, W. J. "Heidegger's critique of science". *In*: GLAZEBROOK, T. (ed.). *Heidegger on science*. Albany: State University of New York Press, 2012, p. 46-68.

RIVERA, J. "Notas del traductor". *In*: HEIDEGGER, M. *Ser y tiempo*. Madri: Trotta, 2018, p. 421-448.

RODRÍGUEZ, R. "El poder ser entero del *Dasein* y la temporalidad como sentido ontológico del cuidado" (§§61-66). *In*: RODRÍGUEZ, R. (org.). *Ser y Tiempo de Martin Heidegger: un comentario fenomenológico*. Madri: Tecnos, 2015, p. 303-338.

RODRÍGUEZ, R. *Hermenêutica e subjetividade*. Trad. Rebeca Furtado. Rio de Janeiro: Via Verita, 2016.

______. *La transformación hermenéutica de la fenomenología: una interpretación de la obra temprana de Heidegger*. San Martín: Unsam Edita, 2019.

ROUSE, J. "Heidegger's philosophy of science". *In*: DREYFUS, H. L.; WRATHALL, M. A. (eds.). *A companion to Heidegger*. Malden/Oxford: Blackwell, 2005, p. 173-189.

RUBIO, R. G. "El estar-en-el-mundo en general como constitución fundamental del *Dasein*". *In*: RODRÍGUEZ, R (org.). Ser y tiempo *de Martin Heidegger: un comentario fenomenológico*. Madri: Tecnos, 2015, p. 71-88.

SAFRANSKI, R. *Ein Meister aus Deutschland: Heidegger und seine Zeit*. Frankfurt: Fischer Taschenbuch Verlag, 1997.

SASSI, V. *A questão acerca da origem e a apropriação não-objetivante da tradição no jovem Heidegger*. Tese (Doutorado em Filosofia) – Faculdade de Filosofia e Ciências Humanas, Pontifícia Universidade Católica do Rio Grande do Sul, Porto Alegre, 2007.

SAVARINO, L. *Heidegger e il cristianesimo (1916-1927)*. Nápoles: Liguori, 2001.

SEGURA, C. P. *Hermenéutica de la vida humana: en torno al* Informe Natorp *de Martin Heidegger*. Madri: Trotta, 2002.

SEIBT, C. L. "Temporalidade e propriedade em *Ser e tempo* de Heidegger". *Revista de Filosofia Aurora*, Curitiba, 22 (30): 247-266, jan./jun. 2010.

SILVA, R. S. "A linguagem em *Ser e tempo*: uma perspectiva crítica". *In*: BORGES-DUARTE, I.; HENRIQUES, F.; DIAS, I. *Heidegger, linguagem e tradução*. Lisboa: Centro de Filosofia da Universidade de Lisboa, 2002, p. 379-387.

______. "O círculo hermenêutico e a distinção entre ciências humanas e ciências naturais". *Ekstasis: revista de fenomenologia e hermenêutica*, 1 (2): 54-72, 2013.

STEIN, E. *Aproximações sobre hermenêutica*. Porto Alegre: Edipucrs, 2004.

STREETER, R. "Heidegger's formal indication: a question of method in *Being and Time*". *Man and World*, 30 (4): 413-430, 1997.

SUÁREZ, L. P. R. *Sentido y ser en Heidegger: una aproximación al problema del lenguaje*. Zaragoza: Prensas Universitarias de Zaragoza, 2004.

TAMINIAUX, J. *Heidegger and the project of fundamental ontology*. Trad. Michael Gendre. Nova Iorque: State University of New York Press, 1991.

TERZI, R. "Ontologia, metaontologia e problema del mondo in Heidegger". *Epekeina: International Journal of Ontology History and Critics*, Palermo, 2 (1): 83-114, 2013.

USCATESCO, J. B. "De la destrucción de la historia de la filosofía como parte integrante del método fenomenológico de Martin Heidegger". *Convivium*, 15: 63-86, 2002.

VALENTIM, M. A. "Heidegger sobre a fenomenologia husserliana: a filosofia transcendental como ontologia". *O que nos faz pensar*, 18 (25): 213-238, 2009.

VAN-BUREN, J. "Martin Heidegger, Martin Luther". *In*: KISIEL, T.; VAN-BUREN, J. *Reading Heidegger from the Start*. Albany: State University of New York Press, 1994, p. 159-174.

VATTIMO, G. *Introduzione a Heidegger*. 7. ed. Roma: Laterza, 1991.

VEDDER, B. *Heidegger's Philosophy of Religion: from God to the Gods*. Pittsburgh: Duquesne University Press, 2006.

VETTER, H. "Hermeneutische Phänomenologie und dialektische Theologie: Heidegger und Bultmann". *In*: KÖRTNER, U. H. J. (ed.). *Glauben und Verstehen: Perspektiven hermeneutischer Theologie*. Neukirchen-Vluyn: Neukirchener, 2000, p. 19-38.

VIGO, A. G. *Arqueología y aleteiología y otros estudios heideggerianos*. Buenos Aires: Biblos, 2008.

______. "Categorías y experiencia antepredicativa en el entorno de *Sein und Zeit*". *Studia heideggeriana*, 2: 71-128, 2012.

VOLPI, F. *Heidegger e Aristotele*. Roma: Laterza, 2014.

VOLPI, F. "Glossario". *In*: HEIDEGGER, M. *Essere e tempo.* Milão: Longanesi, 2015, p. 542-592.

VON-HERRMANN, F-W. "Lógica y verdad en la fenomenología de Heidegger y de Husserl". Trad. Irene Borges-Duarte. *Anales del Seminario de Historia de la Filosofía*, 13: 39-55, 1996.

______. *La segunda mitad de* Ser y Tiempo*: sobre* Los problemas fundamentales de la fenomenología *de Heidegger.* Trad. Irene Borges-Duarte. Madri: Trotta, 1997.

______. "A ideia de fenomenologia em Heidegger e Husserl. Fenomenologia hermenêutica do ser-aí e fenomenologia reflexiva da consciência". Trad. Pedro Sobral Pignatelli. *Phainomenon – Revista de fenomenologia*, 7: 157-194, 2003.

VON-ZUBEN, N. A. "A fenomenologia como retorno à ontologia em Martin Heidegger". *Trans/Form/Ação*, 34 (2): 71-102, 2011.

WALTON, R. "Un ejemplo husserliano de indicación formal". *Studia heideggeriana*, 5: 35-70, 2016.

WOLFE, J. *Heidegger's eschatology: theological horizons in Martin Heidegger's Early Work*. Oxford: Oxford University Press, 2013.

______. *Heidegger and Theology*. Edimburgo: T&T Clark, 2014.

XOLOCOTZI, Á. Y. "Ontología intencional. Heidegger y la transformación de la fenomenología husserliana". *Phainomenon – Revista de fenomenologia*, 24: 27-42, 2012.

______. "Mundo circundante y mundo de vida en 1919". *Studia heideggeriana*, 5: 71-97, 2016.

ZARADER, M. *Heidegger e as palavras da origem*. Trad. João Duarte. Lisboa: Instituto Piaget, 1990.

______. *The unthought debt: Heidegger and the Hebraic Heritage.* Trad. Bettina Bergo. Stanford: Stanford University Press, 2006.

3. Referências complementares

AGOSTINHO, A. (Santo Agostinho). *Confissões*. São Paulo: Paulus, 1997.

ARISTÓTELES. *De anima*. Trad. Maria Cecília Gomes dos Reis. São Paulo: Editora 34, 2012.

BAYER, O. *Martin Luthers Theologie: eine Vergegenwärtigung*. Tubinga: Mohr Siebeck, 2003.

BÍBLIA. Português. "Epístola aos Gálatas". *In*: *Bíblia de Jerusalém*. São Paulo: Paulus, 2002.

BÍBLIA. Português. "Epístola aos Romanos". *In*: *Bíblia de Jerusalém*. São Paulo: Paulus, 2002.

BÍBLIA. Português. "Evangelho segundo São João". *In*: *Bíblia de Jerusalém*. São Paulo: Paulus, 2002.

BÍBLIA. Português. "Gênesis". *In*: *Bíblia de Jerusalém*. São Paulo: Paulus, 2002.

BÍBLIA. Português. "Primeira Epístola aos Coríntios". *In*: *Bíblia de Jerusalém*. São Paulo: Paulus, 2002.

BÍBLIA. Português. "Primeira Epístola aos Tessalonicenses". *In*: *Bíblia de Jerusalém*. São Paulo: Paulus, 2002.

ENES, J. "Estructura coabitacional da vivência religiosa: ensaio de fenomenologia". *Didaskalia*, 1 (1): 11-42, 1971.

GONZALEZ, J. L. *Uma história do pensamento cristão: da Reforma Protestante ao século 20*. São Paulo: Cultura Cristã, 2004.

GRESCHAT, H-J. *O que é Ciência da Religião?* Trad. Frank Usarski. São Paulo: Paulinas, 2005.

HOCK, K. *Introdução à ciência da religião*. Trad. Monika Ottermann. São Paulo: Loyola, 2010.

HUSSERL, E. *A filosofia como ciência de rigor*. Trad. Albin Beau. Coimbra: Atlântida, 1965.

______. *Ideias para uma fenomenologia pura e para uma filosofia fenomenológica: introdução geral à fenomenologia pura*. Trad. Márcio Suzuki. Aparecida: Ideias e Letras, 2006.

______. *Investigações lógicas: investigações para a fenomenologia e a teoria do conhecimento*. Trad. Pedro M. S. Alves e Carlos Aurélio Morujão. Rio de Janeiro: Forense, 2015.

HUSSERL, E. *A ideia da fenomenologia*. Trad. Artur Morão. Lisboa: Edições 70, 2017.

JASPERT, B. *Sachgemäße Exegese. Die Protokolle aus Rudolf Bultmanns Neutestamentlichen Seminaren 1921-1951*. Marburgo: Elwert, 1996.

KANT, I. *Crítica da razão pura*. 9. ed. Trad. Alexandre Fradique Morujão. Lisboa: Fundação Calouste Gulbenkian, 2018.

______. *A religião nos limites da simples razão*. Trad. Artur Morão. Lisboa: Edições 70, 1992.

KIPPENBERG, H. G. *La scoperta della storia delle religioni: scienza delle religioni e modernità*. Brescia: Morcelliana, 2002.

KOHL, K. H. "Geschichte der Religionswissenschaft". *In*: CANCIK, H.; GLADIGOW, B.; LAUBSCHER, M. (orgs.). *Handbuch religionswissenschaftlicher Grundbegriffe*. Stuttgart/Berlim/Köln/Mainz: Kohlhammer, v. 1, 1988, p. 217-262.

LEÃO, E. C. "As confissões: uma caminhada da libertação". *In*: AGOSTINHO, A. *Confissões*. 28. ed. Petrópolis: Vozes; Bragança Paulista: Editora Universitária São Francisco, 2015, p. 17-24.

LIBÂNIO, J. B. *Eu creio, nós cremos: tratado da fé*. 2. ed. São Paulo: Loyola, 2004.

LUTERO, M. *Obras selecionadas. Volume 1. Os Primórdios. Escritos de 1517 a 1519*. São Leopoldo: Sinodal; Porto Alegre: Concórdia; Canoas: Editora da ULBRA, 1987.

LUTERO, M. *Obras selecionadas. Volume 2. O programa da Reforma. Escritos de 1520*. São Leopoldo: Sinodal; Porto Alegre: Concórdia; Canoas: Editora da ULBRA, 1989.

MCGRATH, A. F. *Luther's theology of the cross: Martin Luther's theological breakthrough*. 2. ed. Oxford: Wiley-Blackwell, 2011.

MÜLLER, F. M. *Einleitung in die vergleichende Religionswissenschaft: Vier Vorlesungen im Jahre MDCCCLXX an der Royal Institution in London gehalten. Nebst zwei Essays "Über falsche Analogien" und "Über Philosophie der Mythologie"*. Berlim/Boston: De Gruyter, 2019. DOI: 10.1515/9783111716640.

NIETZSCHE, F. *Considerações extemporâneas*. Trad. Rubens Rodrigues Torres Filho. São Paulo: Abril Cultural, 1983, p. 54-81. (Os Pensadores.)

OVERBECK, F. *How Christian is our present-day theology?* Londres/Nova Iorque: T&T Clark, 2005.

PEREIRA, A. "O acto de confessar (breve meditação)". *In*: *Actas do congresso internacional: As Confissões de Santo Agostinho. 1600 anos depois: presença e actualidade*. Lisboa: Universidade Católica Editora, 2002, p. 723-728.

PETER, N. *Im Schatten der Modernität: Franz Overbecks Weg zur "Christlichkeit unseres heutigen Theologie"*. Stuttgart: J. B. Metzler, 1992.

PIEPER, F. *Mito e hermenêutica: o desafio de Rudolf Bultmann*. São Paulo: Fonte Editorial, 2016.

REUTER, A.; USARSKI, F. "Demarcando as fronteiras da ciência da religião: um esboço com referências à discussão epistemológica na Alemanha". *Rever: Revista de Estudos da Religião*, 21 (1): 209-229, 2021. DOI: 10.23925/1677-1222.2021vol21i1a13.

RUPP, G. *Luther's progress to the Diet of Worms*. Nova Iorque/Evanston: Harper & Row, 1964.

SOUZA, N.; GONÇALVES, P. S. L. *Catolicismo e sociedade contemporânea: do Concílio Vaticano I ao contexto histórico-teológico do Concílio Vaticano II*. São Paulo: Paulus, 2013.

STAUSBERG, M. "Religionswissenschaft: Profil eines Universitätsfachs im deutschsprachigen Raum". *In*: STAUSBERG, M. (org.). *Religionswissenschaft*. Berlim/Boston: De Gruyter, 2012, p. 1-30. DOI: 10.1515/9783110258936.

TEIXEIRA, F. "Ciência da Religião e Teologia". *In*: PASSOS, J. D.; USARSKI, F. *Compêndio de Ciência da Religião*. São Paulo: Paulinas/Paulus, 2013, p. 175-183.

TWORUSCHKA, U. "Partner auf getrennten Wegen. Die Religionswissenschaft und die Theologie". *Lutherische Monatshefte*, 14: 191-193, 1975.

URBACH, E. E. "Gershom Scholem's and Judaic Studies". *In*: MENDES-FLOHR, P. *Gershom Sholem: the man and his work*. Albany: State University of New York Press; Jerusalem: the Israel Academy of Sciences and Humanities, 1994, p. 29-39.

USARSKI, F. "O caminho da institucionalização da Ciência da Religião: reflexões sobre a fase formativa da disciplina". *Religião & Cultura*, São Paulo, 2 (3): 11-28, jan.-jun. 2003.

______. *Constituintes da Ciência da Religião: cinco ensaios em prol de uma disciplina autônoma*. São Paulo: Paulinas, 2006.

VATTIMO, G. *Depois da cristandade: por um cristianismo não religioso*. Trad. Cynthia Marques. Rio de Janeiro: Record, 2004.

4. Dicionários

ABBAGNANO, N. *Dicionário de filosofia*. 6. ed. Trad. Alfredo Bosi. São Paulo: WMF Martins Fontes, 2012.

BLÁNQUEZ, A. F. *Diccionario latino-español. A-J*. Barcelona: Ramon Sopena, 1975a.

______. *Diccionario latino-español. K-Z*. Barcelona: Ramon Sopena, 1975b.

CUNHA, A. G. *Dicionário etimológico da língua portuguesa*. 4. ed. Rio de Janeiro: Lexicon, 2010.

DRUMMOND, J. J. *Historical dictionary of Husserl's philosophy*. Lanham: Scarecrow Press, 2008.

Dudenredaktion. *"Explikation" auf Duden on-line*. Disponível em: https://www.duden.de/node/43631/revision/43660. Acesso em: 03 ago. 2021.

GRIMM, J.; GRIMM, W. *Deutsches Wörterbuch*. Bd 1. Leipzig: Quellenverzeichnis, 1971a.

______. *Deutsches Wörterbuch*. Bd 4. Leipzig: Quellenverzeichnis, 1971b.

______. *Deutsches Wörterbuch*. Bd 5. Leipzig: Quellenverzeichnis, 1971c.

______. *Deutsches Wörterbuch*. Bd 6. Leipzig: Quellenverzeichnis, 1971d.

______. *Deutsches Wörterbuch*. Bd 23. Leipzig: Quellenverzeichnis, 1971e.

GRIMM, J.; GRIMM, W. *Deutsches Wörterbuch*. Bd 25. Leipzig: Quellenverzeichnis, 1971f.

______. *Deutsches Wörterbuch*. Bd 26. Leipzig: Quellenverzeichnis, 1971g.

______. *Deutsches Wörterbuch*. Bd 27. Leipzig: Quellenverzeichnis, 1971h.

NASCENTES, A. *Dicionário etimológico da língua portuguesa*. Rio de Janeiro: Jornal do Comércio, 1955.

Esta obra foi composta em sistema CTcP
Capa: Supremo 250 g – Miolo: Pólen Soft 70 g
Impressão e acabamento
Gráfica e Editora Santuário